Ralf Gréus

Entdeckertouren mit dem Wohnmobil

Languedoc - Roussillon

Die Anleitung für
einen Erlebnisurlaub

WOMO®
Der Wohnmobil-Verlag

8. vollständig neu bearbeitete Auflage – 2024
ISBN 978-3-86903-228-3

Titelbild: Pont du Gard (Tour 13)
Bild in vorderer Klappe: Collioure (Tour 4)
Seite 5: Banyuls (Tour 4)
Seite 9: Blick auf den Tarn (Tour 11)

MIX
Papier | Fördert gute Waldnutzung
FSC® C089473
FSC www.fsc.org

Reihen-, Umschlaggestaltung und Layoutprinzip/Satzvorgaben: www.martinveicht.de
Karten: Ralf Gréus
Fotos, siehe Bildnachweis auf Seite 380
Druck: Beltz Grafische Betriebe GmbH, 99947 Bad Langensalza
Vertrieb: GeoCenter GmbH, 70794 Filderstadt
Herausgeber: WOMO-Verlag, An der Liethe 4, 36452 Kaltennordheim
Telefon +49(0)36946 20691 · verlag@womo.de · www.womo.de
GPS: N 50°36'38.2" E 10°07'55.6"
Autoren-E-Mail: greus@womo.de

Einladung

Freuen Sie sich auf

- das Land im Licht des Südens,
- die Küste – von der Rhône bis zu den Pyrenäen,
- Badeplätze – am Meer und an klaren Gewässern,
- die Tarnschlucht und die Cevennen,
- Paddeln auf der Ardèche und weiteren Flüssen
- antike und historische Bauwerke,
- einen traumhaften Abstecher nach Albi,
- für Sie ausgesuchte Campingplätze,
- die besten Stellplätze?

Dann folgen Sie mir in vorliegender, vollständig überarbeiteter Auflage durch den westlichen Teil des Midi, auch wenn Sie nicht selten die ausgetretenen Wege verlassen.

Dabei wünsche ich Ihnen viel Freude!

Ralf Gréus

Inhaltsverzeichnis

Unsere persönlichen Top Ten

Montpellier

Das postmoderne Stadtviertel Antigone und die neu errichteten *Folies*, architektonische Verrücktheiten in einem Hotspot moderner Baukunst, belohnen jede Parkplatzsuche.

Tour 1, Seite 25

Collioure

Die malerische Sandbucht vor dem eigentümlichen Kirchturm und unter der Burg der Tempelritter wäre auch ohne die bunten Boote eines der beliebtesten Fotomotive im Roussillon.

Tour 4, Seite 96

Katharerburgen

Zum Besteigen der einmaligen Burgen in den Corbières, allen voran des Château de Peyrepertuse, wünschen wir uns eine klare Sicht und nicht zu böigen Wind.

Tour 6, ab Seite 138

Carcassonne

Selten wurden Mauern und Türmchen des Mittelalters gleichermaßen stilwidrig und eindrucksvoll gefällig verfälscht. Dieses Fake-Bauwerk schützt sogar die UNESCO.

Tour 6, Seite 161.

Lagrasse

Ein geschlossenes historisches Ortsbild, ein grasiger Stellplatz, ein Campingplatz mit Traumsicht und eine Flussbadestelle! Das zeichnet einen unserer Lieblingsorte aus.

Tour 7, Seite 169

... das sollten Sie nicht verpassen!

Viaduc de Millau
Der Viaduc de Millau ist eine Autobahnbrücke, die längste Schrägseilbrücke der Welt. Und er ist zugleich ein architektonisches Kunstwerk in den Wolken.
Tour 10, Seite 239

Kathedrale von Albi
Die größte Backsteinkirche der Welt sieht von außen wie eine Trutzburg aus. Aber im Innern hält man vor Bewunderung der Steinmetzarbeiten und Fresken den Atem an.
Tour 10, Seite 243

Gorges du Tarn
Die Tarnschlucht besuchen wir besonders gerne, weil man hier am Ufer des kleinen Flusses so gut campieren, baden, paddeln und nicht nur in die Klamm hinabblicken kann.
Tour 11, Seite 255

Uzès
Selten finden wir einen perfekteren Platz als in dieser liebenswerten Kleinstadt: runder Brunnen, von Arkaden umschlossen und von Platanen bilderbuchmäßig beschattet.
Tour 13, Seite 293

Pont du Gard
Die Wasserbrücke über den Gardon gilt als eines der am besten erhaltenen römischen Bauwerke – weltweit. Und man kann wunderbar hinwandern oder spazieren.
Tour 13, Seite 299

Gebrauchsanleitung

Reisegebiet

Bevor wir zu unserer Rundreise aufbrechen, möchten Sie wissen, wohin ich Sie überhaupt führe. Sie schauen sich auf der Innenseite der hinteren Umschlagklappe unsere Reiserouten an und fragen sich, warum wir gerade das dort abgebildete Gebiet bereisen und durch welche Grenzen das Gesamtgebiet, das wir **Languedoc-Roussillon** nennen, definiert wird.

Diese Frage ist vor allem seit dem 1. Januar 2016 berechtigt, seitdem es die französische ***Région Languedoc-Roussillon*** so nicht mehr gibt. Im Jahr 1956 hatte man in Frankreich einzelne Départements nach dem Maßstab politischer, kultureller und traditioneller Zusammengehörigkeit zum Zwecke staatlicher Regionalplanung zu *Regionen* zusammengefasst und diesen im Jahr 1982 den Status von Gebietskörperschaften, also in gewissem Umfange selbständiger kommunaler Gebilde, zuerkannt, den in Frankreich bis dahin nur Gemeinden und Départements besaßen. Aber die-

Port-Vendres – Tour 4

se Regionen waren und sind weit von dem Status entfernt, den beispielsweise in Deutschland Bundesländer genießen. Frankreich ist ein zentral regierter Staat.

Ab 1. Januar 2016 wurden die zu diesem Zeitpunkt bestehenden 22 Regionen auf 14 verringert, indem bis dahin bestehende Körperschaften zusammengelegt worden sind. Aus dem *Elsass* beispielsweise wurde mit *Lothringen* und der *Champagne* die neue *Région Grand Est* und *Languedoc-Roussillon* wurde mit *Midi-Pyrénées* zur *Région Occitanie* vereint. Der größte Teil unseres Reisegebietes betrifft den Teil der neu gebildeten Region, der von 1956 bis 2016 die *Région Languedoc-Roussillon* ausgemacht hat. Ein wenig war dieses Buch schon immer der Gebietsreform voraus, als wir nämlich ab der 1. Auflage einen Teil des westlich an das Languedoc-Roussillon angrenzenden *Départements Tarn* mit seiner Hauptstadt Albi bereist habe und weiter bereisen. Und in unserer 14. Tour streifen wir nördlich im *Département Ardèche* sogar die *Région Auvergne-Rhône-Alpes*.

Der hauptsächliche Anteil der ehemaligen *Région Midi-Pyrénées* ist übrigens Thema von Band 20 der WOMO-Reihe, in dem Andrea Bergmann und Stefanie Holtkamp die **Pyrenäen** bereisen und am Anfang kurz meine Wege kreuzen.

Karten, Symbole und Kilometerangaben

Alle WOMO-Reiseführer sind nach Touren untergliedert, die mit den wichtigsten Ortschaften auf der **Übersichtskarte** im hinteren Bucheinband dargestellt sind. Einzelheiten zu diesen Touren, insbesondere die dort empfohlenen Stell- und Campingplätze, finden Sie in den jeder Tour vorangestellten **Tourenkarten**, deren verwendete **Symbole** auf der hinteren Einbandklappe erläutert sind.

Die **Kilometerangaben** neben den Tourenüberschriften erlauben nur eine erste Orientierung über die Länge der jeweiligen Tour und betreffen die Entfernung ab dem letzten Stell- oder Campingplatz der vorhergehenden Tour, soweit diese an die beschriebene Tour unmittelbar angrenzt (ansonsten von dem im Text beschriebenen Touranfang), bis zum letzten Stell- oder Campingplatz der aktuellen Tour.

Stellplätze, Parkplätze, Farben und Nummern

Praktische Symbole zeigen die Art des Stellplatzes an:

001	**Offizieller Stellplatz**	von privater oder amtlicher Hand für Reisemobile – meistens über eine Preisangabe oder ein Wohnmobilsymbol – ausgewiesen
003	**Parkplatz**	für Übernachtung geeignet
P	**Parkplatz**	Übernachtung nicht möglich oder verboten
002	**Campingplatz**	

Auch die **Farbe** eines Stell- oder Parkplatzplatzsymboles hat eine Bedeutung: **Blau** steht für eine nahe Bademöglichkeit in natürlichen Gewässern, einer Therme oder einem besonders interessanten Schwimmbad. **Grün** kennzeichnet einen Platz, an dem typischerweise Wanderungen beginnen und dort meistens beschildert sind. **Hellgelb** sind alle Plätze bei Winzern, Bauernhöfen oder Gaststätten, die nicht öffentliche Parkplätze sind. **Orangegelb** sind die Plätze ohne die vorgenannten Merkmale. Nur Plätze, die eine durchlaufende **Nummer** tragen, sind zur Übernachtung geeignet. Diese Plätze werden im Text entsprechend ihrem vorgenannten Zweck farbig unterlegt und stehen meistens in einem **Stellplatzkasten** mit den wichtigsten Informationen. **Olivgrün** sind dort die Campingplätze.

Zum Verständnis der **GPS-Daten**, der Geräteeinstellung und dem Bezug der Daten erfahren Sie genaue Einzelheiten hinten bei den Tipps.

Max. WOMOs meint die Kapazität von Stellplätzen, bei öffentlichen Parkplätzen die geschätzte Anzahl, die man der Bevölkerung noch zumuten kann oder die Wohnmobilen mittlerer Größe zur Verfügung steht. Diese Angaben hängen von der Größe anderer Wohnmobile, von den Dimensionen Ihres eigenen Fahrzeuges und von dem Parkverhalten anderer ab. Selbst auf offiziellen Plätzen, auf denen durch feste Einzeichnungen oder Buchten die Parzellen definiert sind, besteht bisweilen die Möglichkeit, mehr Fahrzeuge unterzubringen. Längst nicht alle in diesem Buch erwähnten Stellplätze kommen für Wohnmobile im Lastwagenformat infrage, zumal die Geeignetheit für **große Reisemobile** zum einen davon abhängt, ob schon andere Großfahrzeuge dort parken, aber auch, ob man lange Wagen beispielsweise mit dem Heck über eine Grünfläche ragen lassen kann. Maßangaben sind daher nur eine grobe Schätzung. Ich bitte um Verständnis, dass

Gruissan – Seite 79

ich auch einige Plätze erwähne, auf die ausschließlich kleinere Fahrzeuge passen. Etwa die Hälfte aller Neuzulassungen betrifft heute Kastenwagenausbauten.

Bei Campingplätzen und offiziellen Stellplätzen nenne ich immer die **Öffnungszeiten**.

Ich vermittele Ihnen die **Ausstattung** der Plätze, insbesondere mit Ver- und Entsorgung, Strom (wobei nicht zwingend jeder Benutzer einen Steckdosenzugang findet), Toilette, Dusche und Müllgefäßen, bei Campingplätzen vor allem mit Pool oder Einkaufsmöglichkeit. Unter **Beschreibung** wird Ihnen Näheres zur Beschaffenheit, der Lage und der Nutzungseignung mitgeteilt. Es wird Ihnen verraten, wenn ich Stellplätze für **klappstuhlgeeignet** halte, weil Sie also außerhalb Ihres Fahrzeuges sitzen und essen können. Niemand zwingt Sie aber, dort Ihre Campingmöbel vor die Tür zu stellen, falls sich meine Einschätzungen als zu unsensibel erweist. Kein WOMO-Parkplatz in diesem Buch ist dafür geeignet, sich tagelang wie auf einem Campingplatz aufzuhalten, mit Markise, Stühlen und Grill. So gut wie kein Stellplatz eignet sich dafür, Campingmöbel über Nacht vor der Tür zu belassen und nur wenige Stellplätze sind Grillplätze, – wobei kein WOMO-Autor jemals verspricht, dass man irgendwo auf der Welt noch auf eigener Kohle grillen darf.

Das angegebene **Preisniveau** ist nur eine Orientierung und bezieht sich bei den Campingplätzen auf ein WOMO mit zwei Erwachsenen in der preiswertesten und in der teuersten Zeit – ohne Strom (falls er nicht im Grundpreis enthalten ist), Kurtaxe und Hund; bei den Stellplätzen ohne Kurtaxe, Strom und Wasser.

Der letzte Stichpunkt in den Tourenkästen ist die Beschreibung der **Zufahrt**. In Zeiten der GPS-Navigation halte ich die Darstellung möglichst knapp, – es sei denn, die Anfahrt zu einem Platz mithilfe des Navis bereitet Probleme.

Wanderungen

Ich schildere Ihnen die Streckenführung, nenne deren Länge oder die benötigte Wanderzeit sowie die erforderliche Wanderkarte

(und meistens eine sinnvolle App). Damit die gehfaulen Leser entspannt weiterlesen können, sind die Beschreibungen von Wanderstrecken grün unterlegt.

Restaurants

Meine Restauranttipps beziehen sich überwiegend auf Restaurants, die ich bezüglich der Essensqualität oder der Stimmung für überdurchschnittlich, aber nicht unbedingt für außergewöhnlich halte und die mehr bieten als Durchschnitt. Sonst wäre die Empfehlung letztlich nur eine Warnung vor dem Reinfall anderswo. Aber diese Hinweise erweisen sich leider als immer kurzlebiger. Sie müssen also die Augen und die Nase offenhalten. Angeführte Ruhetage gelten meistens nicht an Feiertagen.

Top Ten, Sehenswürdigkeiten, Tipps und Infos

Mit den Seiten sechs und sieben dieses Reiseführers soll Ihre Neugier geweckt werden. Dort habe ich aber nicht unbedingt die größten Sehenswürdigkeiten des Zielgebietes aufgezählt, sondern **zehn Kleinode** oder Knüller, die uns persönlich besonders gut gefallen haben und die ich nicht nach einem Ranking, sondern nach der Reihenfolge in den Touren beziffert habe.

Bei den Öffnungszeiten von Sehenswürdigkeiten nenne ich, soweit bekannt, die Kassenöffnungszeiten und gebe in der Regel die nicht ermäßigten Preise an.

Die **Tipps und Infos** am Ende des Buches machen Sie mit den Besonderheiten der Reiseregion vertraut. Dort finden Sie auch verschieden **Anreisewege** und allgemeine Angaben.

Reiseführer und der Zahn der Zeit

Bei den freien Stellplätzen und allen anderen Angaben kommt es im Laufe der Lebensdauer einer gedruckten Auflage immer wieder zu Veränderungen. Es lohnt sich deshalb stets ein kurzer Blick ins Forum des WOMO-Verlages (www.womo.de).

Wir versorgen Sie dort mit weiteren aktuellen Informationen. Sie können dabei helfen, Hinweise für alle Leser aktuell zu halten, indem Sie melden, wenn sich irgendetwas (auch Restaurants, Wanderweg u. a.) verändert hat, vor allem, wenn ein Platz nicht mehr existiert oder verboten ist, oder wenn Sie etwas Neues entdeckt haben. Sie erreichen mich über die Mailadresse greus@womo.de.

Ich freue mich über jede Zuschrift!

Tour 1

zur A 54
38
St Gilles
001
002
003
WC
nach Arles
6572
10 km
N
Vauvert
nach Nîmes
Tour 13
979
113
Lunel
Aigues-Mortes
007
006
WC
008
62
Tour 2
Port-Camargue
Le Grau-du-Roi
Phare de l'Espiguette
La Grande-Motte
Sommières
Tour 13
9
24
La Languedocienne
610
Castries
Aquädukt
28
113
Mauguio
005
Les Cabanes
Étang de Mauguio
59
Carnon-Plage
189
9
29
21
004
Lattes
Tour 2
Palavas-les-Flots
30
31
32
MONTPELLIER
nach Les-Stes-Maries

Großstadt mit Zugaben
Östlich von Montpellier
110 km

Unsere erste Tour ist eine reine Besichtigungsreise, an deren Etappenorten Sie sich vermutlich nicht tagelang aufhalten werden. Aber die dortigen Sehenswürdigkeiten sind hochkarätig. Alle nachfolgenden Tipps hätten durchaus Aufnahme in unsere persönlichen Top Ten finden können:

- **Saint-Gilles**
- **historische Innenstadt von Montpellier**
- **Stadtteil Antigone in Montpellier**
- **architektonische Verrücktheiten in Montpellier**
- **Aigues-Mortes**

Schon lange brettern wir von unserem Wohnort in Schwetzingen (das liegt in Nordbaden bei Mannheim und Heidelberg) nicht mehr in einem Zug bis in unser Zielgebiet. Mit einem Wohnmobil gönnt man sich nämlich eine beschaulichere Anreise. Die Luft des Südens, das helle Licht und den behäbigeren Gang der Dinge nehmen wir allmählich auf. Wir übernachten meistens schon in Burgund und dann wieder in der Provence. Um die beiden WOMO-Führer, darunter das Provencebuch *(Der Westen)* auf Vordermann zu bringen, und weil wir, wie der Franzose sagen würde, *peu à peu* in den Urlaub in Südfrankreich eintauchen.

Damit spreche ich auch schon ein Hauptmanko unserer Tourenbeschreibungen an, die erst im Süden jenseits der Rhône beginnen. Wie viel einfacher ist der Anfang jenes Provenceführers, in dem ich Ihnen kleine, gemütliche Ortschaften am Rande des *Midi* für die erste Nacht empfehlen kann. Aber die Regionen vorliegenden Reiseführers bringen es nun mal mit sich, dass Sie zuvor die Provence, eine der herrlichsten Landschaften Europas, schon gestreift haben, ein Fleckchen Frankreichs, mit für Touristen aufgepäppelten Ortschaften. Solchen, mit denen man gleich warm wird, auch wenn im Hinterkopf noch der Motor von der Anreise brummt.

Dabei sind unsere Ziele im Languedoc nicht weniger lohnenswert als manche der berühmteren Städte weiter im Osten. Darüber hinaus sind sie fast alle, wenn man die Küste ausklammert, weniger überlaufen und oftmals urwüchsiger. Ich behaupte mit Recht, das *Midi*, der richtige Süden, das Land, in dem die Menschen auch heute noch mit und nach der Sonne leben, liegt ***westlich*** der Rhône.

TOUR 1

Langue d'oc

Der größte Bereich unserer Reisebeschreibungen, das (die) *Languedoc*, trägt seinen Namen nicht ohne Grund, wenngleich die Sprache des »oc« noch über das 16. Jahrhundert hinaus weit über die Grenzen dieser Region fast in ganz Südfrankreich gesprochen wurde; nur nicht im ehemals katalanisch und später spanisch sprechenden Roussillon, das erst 1659 endgültig zu Frankreich kam.

Die *Langue d'oc* unterschied sich von der nordfranzösischen *Langue d'oil* nicht nur durch das Wort für »ja«. Im Norden wurde aus »oil« bekanntermaßen »oui« – und im Süden widerfuhr dem »oc« dasselbe Schicksal. Damit war von der Sprache der aus dem Norden vordringenden Machthaber, von der Sprache des Königs, eine Literatursprache Europas verdrängt worden, obwohl diese auf eine bedeutende Kultur zurückzuführen war. Latein war die Quelle der *Langue d'oc*, der sich nicht nur die Liederdichtung der Troubadoure, sondern das ganze Volk befleißigt hatte.

Aber mit der Unterwerfung des selbständigen Okzitaniens im 13. Jahrhundert, mit der Ausrottung und Vertreibung der Katharer (siehe Tour 6) erfuhr auch die Oc-Literatur ihren Niedergang – und damit deren Sprache, die sich fortan in Einzeldialekte aufsplitterte und im 16. Jahrhundert mit der Erfindung des Buchdrucks den Todesstoß erhielt. Seit 1539 ist Französisch die Amtssprache. Geblieben sind eine harte, oft schwer verständliche Aussprache des Französischen und der Name der Region.

Okzitanisch, wie die Mundart heute heißt, ist aber seit 1969 bei Abiturprüfungen wieder als gleichwertige Sprache anerkannt, und seit 1997 gibt es in Montpellier sogar ein zweisprachiges Gymnasium.

Die Kleinstadt **Saint-Gilles** (14.000 Einwohner) ist nicht nur geografisch ein vortrefflicher Einstieg. Sogar seine Funktion als Etappenort hat Tradition, als nämlich hier vom 11. bis zum 13. Jahrhundert die Jakobspilger auf dem Weg ins spanische Santiago-de-Compostela eine Pflichtrast einschoben. Nicht ohne Grund: Im 7. Jahrhundert lebte an dieser Stelle ein gottesfürchtiger Ein-

Saint-Gilles – Basilika

siedler mit Namen Ägidius (französisch: *Gilles*), der es sich zum Lebensinhalt gemacht hatte, die Tiere im Rhône-Delta vor adligen Jägern zu schützen. Dabei wurde seine Hand, so erzählt es die Sage, von einem Pfeil des jagenden Königs durchbohrt. Der bedauerte den Fehlschuss und baute zum Zeichen seiner Reue ein Kloster, in dem der später heiliggesprochene Ägidius seine letzte Ruhestätte fand. Die Krypta mit dem Grab des frühchristlichen Tierschützers, sie gibt es heute noch, zog bald darauf die Massen an und brachte im Mittelalter den Ort auf Platz vier der Pilgerweltrangliste (Jerusalem, Rom, Santiago-de-Compostela und Saint-Gilles). Für manche endete dort die Reise, andere schleppten sich auf dem Jakobsweg weiter bis nach Santiago. Sogar viele Kreuzfahrer versammelten sich in der Stadt, um sich im Dezember 1095 in einem der damals östlichsten Häfen Frankreichs zum ersten Kreuzzug der Geschichte einzuschiffen, der im Jahr 1099 mit der Eroberung Jerusalems zum ersehnten Erfolg führte.

Jedenfalls muss in dieser Zeit wesentlich mehr los gewesen sein als heute. So viel, dass man über dem Grab des heiligen Einsiedlers eine große **Basilika** gebaut und deren Hauptportal reich mit Figuren ausgeschmückt hat. Diese Kirchenfassade ist weltberühmt (seit 1998 ist die Kirche Teil des Welterbes der UNESCO *Jakobsweg in Frankreich*) und gilt als ein Hauptwerk der Bildhauerkunst in Frankreich. Mit einer großen Anzahl von lebensnahen Skulpturen werden Bibelszenen von Kain und Abel bis zu Judas dargestellt. Fünf verschiedene Steinmetzbetriebe mussten 20 Jahre lang meißeln, um ein wirklich beeindruckendes Kunstwerk zu schaffen. Romanisch im reinen Wortsinn, denn die Bögen der Tore und die Anordnung der Säulen erinnern stark an die Bauweise der Römer. Zudem erhebt sich die Kirchenwand wie die Bühne eines antiken Theaters hinter einem Platz. Die Beschädigungen wurden inzwischen teilweise restauriert. Auch der Sarg des Heiligen ist in der Krypta noch zu sehen; daneben, in Stein, eine Hirschkuh, die Ägidius dereinst mit Milch versorgt haben soll.

Die Stadt selbst ist ein wenig herausgeputztes

Provinznest, auf dessen Markt (sonntags) kein einziges Lavendelsäckchen zu finden ist, mit Cafés und ordinären Eckkneipen, vor denen die Kids von der aufregenderen Welt träumen. Aber den gefälligen Campingplatz, der nach meinen Erfahrungen nie überbelegt ist, finden Sie mitten in der Stadt:

000 Saint-Gilles – *Camping La Chicanette*

GPS/Kontakt: N 43°40'32" E 4°25'46", Rue de la Chicanette; Tel. 04 66 87 28 32; www.campinglachicanette.fr/. **Öffnungszeit**: 1.4. – 31.10. **Ausstattung**: Pool. **Beschreibung**: Das überwiegend schattige Gelände liegt fast in der Ortsmitte mit Geschäften und Gaststätten. Es ist im Sommer die beste Möglichkeit für einen Aufenthalt in Saint-Gilles; es gibt, wie überall in Saint-Gilles, Moskitos. Die Sanitäranlagen sind schlicht und klein. **Preise**: 20 €–27 €. **Zufahrt**: Der Platz ist in Saint-Gilles an der Durchgangsstraße schon kurz nach der östlichen Kanalbrücke beschildert.

002 Saint-Gilles – Parking Charles de Gaulle

GPS: N 43°40'23" E 4°25'51". Impasse Gambetta. **Max. WOMOs**: 13. **Öffnungszeit**: Ganzjährig. **Ausstattung**: Ver- und Entsorgung, Toilette, (seitlich des Hauptparkplatzes), Strom (eine Steckdose), Mülleimer. **Beschreibung**: Der wenig romantische, aber ordentliche Platz liegt ebenfalls sehr zentral. Durch Beschriftung auf dem Asphalt sind neben der Entsorgungsstation 13 schattenlose, relativ schmale Stellplätze reserviert, die oft von Pkw und, da kostenlos, von abgestellten Wohnmobilen zweckentfremdet werden. Man kann auch auf dem benachbarten Gelände stehen. Bei Starkregen Überschwemmungsgefahr, nur bis etwa 8 m und bis 3,5 t, was nicht streng gehandhabt wird. **Zufahrt**: Der Parkplatz ist gleich westlich der östlichen Kanalbrücke als ›*Parking gratuit*‹ beschildert; an dem danach ersten Kreisverkehr fahren Sie rechts auf das Parkplatzgelände, das auf dem südlichen Teil eines Großparkplatzes liegt.

003 Saint-Gilles – Kanalhafen

GPS: N 43°40'19" E 4°26'00", Quai du Canal. **Max. WOMOs**: 3-5. **Ausstattung**: Mülleimer. **Beschreibung**: Sie stehen eingeschränkt

klappstuhlgeeignet am Kanal und übernachten dort wegen der nahen Häuser sicher. Von hier sind es ins Zentrum nur etwa 600 m. Bestimmt tuckert bald das eine oder andere Mietboot an Ihrer Wohnmobiltür vorbei, denn der Hafen von Saint-Gilles ist eine beliebte Versorgungsstation für die Bootsurlauber. Der Asphaltbelag ist sehr schlecht. Da in der Nachbarschaft fast alles renoviert worden ist, könnte sich die Lage verändern. **Zufahrt**: Biegen Sie am östlichen Ortseingang, von Arles kommend, von der D 572N sofort westlich der Brücke bei erster Gelegenheit links ab und folgen Sie nach etwa 80 m nach links dem Wegweiser zum Hafen (*›Port de Plaisance‹*); Gegenüber von Grundstücksausfahrten wurden Plätze gesperrt.

Die meisten Leser entschließen sich nur bei trübem Wetter zu einer Fahrt nach Montpellier, und die wenigsten führen sich, wenn sie auf unserer Strecke dort fast angekommen sind, noch schnell den **Aquädukt von Castries** zu Gemüte. Der sieht zwar römisch aus, er ist es aber nicht. Weil er nämlich erst im 17. Jahrhundert von keinem geringeren als Riquet, dem Planer des Canal du Midi (siehe bei der 7. Tour), gebaut worden ist. Es gibt aufregendere Sehenswürdigkeiten, dennoch ist der über die Straße führende *Aqueduc* nett anzusehen, vor allem die später in seine Bögen geklemmten Häuschen. Über die Brücke wurde Wasser zu einem der größten Schlösser der Gegend geleitet, das heute den hochtrabenden Beinamen »Versailles des Languedoc« führt. Schlossherr ist ein Privatmann, dem eine der größten Privatbibliotheken Frankreichs gehört *(das Innere ist nach Voranmeldung zu besichtigen; aber im Park und auf der Terrasse dürfen Sie kostenlos wandeln; www.amischateaudecastries.fr/info-pratiques/).*

Aquädukt von Castries

Nach diesem kleinen Abstecher liegen Sie meistens goldrichtig in der Zeit. Das ist eine fast unabdingbare Voraussetzung, wenn man mit dem WOMO in **Montpellier** (299.000 Einwohner), der siebtgrößten Stadt Frankreichs, die stetig weiterwächst, einen Parkplatz finden will.

Bevor ich mich damit befasse, muss ich die Leser warnen, die glauben, der schon mit dem Führerschein erworbene Straßenatlas führe sie ein Leben lang zum Ziel, ertüchtigt nur durch ein niemals upgedatetes Navi. Denn die (nicht auf der Strecke unserer Tour liegenden) Abfahrten von der A 9 nach Montpellier sind vor ein paar Jahren verändert worden, besonders, wenn Sie von Westen kommen. Folgen Sie auf der Autobahn sicherheitshalber der Beschilderung und nicht Ihrem Navigationsgerät! Außerdem liegt Montpellier in einer **Umweltzone mit dauerhafter Beschränkung**. Sie brauchen eine *Plakette Crit'Air 4* oder niedriger (siehe auch hinten bei *Verkehr*).

Die *Parkplatzsuche* ist in jeder Großstadt schwierig, in Montpellier kommt noch hinzu, dass die Innenstadt besonders großflächig zur Fußgängerzone umgestaltet oder für Anwohner reserviert worden ist. Die Tiefgaragen sind für Wohnmobile zu niedrig, weshalb Sie am sinnvollsten dann anreisen, wenn die Franzosen an die Mittagstische eilen. Nach 12 Uhr wird die Stadt leer (wobei das Zentrum von Montpellier weniger verwaist als das anderer Städte). Als sinnvoll hat sich auch ein Samstag erwiesen, und parkplatztechnisch ist der Sonntagvormittag ideal. An folgenden Stellen haben wir bei der letzten Recherche (werktags kostenpflichtige) **Parklücken** in Zentrumsnähe gefunden. Überall müssen Sie sich vor Autoknackern schützen (Montpellier gehört zu den besonders gefährdeten Städten in Südfrankreich); das Risiko sinkt mit größerer Entfernung zum *Centre*:

Platz 1: Längere Parkbuchten am Straßenrand und eine Etage höher Parkplatz, auf dem größere Fahrzeuge zwei Buchten benötigen, in der Av. Pirée (N 43°36'24" E 3°53'48"), am Ufer des Lez seitlich des Stadtteils Antigone;

Platz 2: Größerer Parkplatz mit zu kurzen Markierungen in der Rue d'Argencourt (N 43°36'47" E 3°53'11"), östlich der Innenstadt; zu diesem Platz liest man bei *Park4night* von vielen Aufbrüchen;

Platz 3: Parkstreifen in der Rue du Moulin de Sémalen (N 43°36'44" E 3°53'24"), östlich des vorgenannten Platzes; auch hier wird eingebrochen;

Platz 4: Straßenrand der Avenue Jean Mermoz und der Seitenstraßen (N 43°36'35" E 3°53'37"), direkt nördlich von Antigone.

Sinnvoll und auf jeden Fall sicherer ist ein Besuch per Bahn, Bus oder Fahrrad, beispielsweise ab dem nachfolgenden Campingplatz in Lattes, ab Palavas-les-Flots (Tour 2), ab einem Campingplatz, der ebenfalls zu Latte gehört, aber nördlich von Palavas-les-Flots liegt und deshalb dort beschrieben wird oder ab Villeneuve-lès-Maguelone (Tour 2).

Eigene Erfahrungen können Sie im Forum des WOMO-Verlages unter https://forum.womoverlag.de veröffentlichen oder mir mitteilen.

Lange war ich nicht sicher, ob ich Montpellier je besucht hätte, wenn mich nicht dieses Buch dazu gezwungen hätte. Großstädte sind nun mal nicht ideale Reiseziele für Wohnmobilurlauber, weshalb ich bedauernd annehmen muss, dass viele von Ihnen Montpellier genauso behandeln, wie wir es jahrelang getan haben. Sie umfahren es auf der Autobahn. Was für uns schon deshalb eine Unterlassungssünde war, weil die Stadt wegen ihrer berühmten Universität mit 60.000 Studenten Partnerstadt Heidelbergs ist, wo ich selbst gearbeitet habe. Ich darf Sie daher ohne Einschränkung ermuntern, ein paar Stunden durch diese *vor Vitalität strotzende* und wirklich schön anzuschauende Stadt zu streifen. Erwarten Sie aber von mir bitte keinen erschöpfenden Abriss aller Sehenswürdigkeiten, Museen, architektonischen Leckerbissen und Restaurants. Ich muss mich hier auf ein paar Eindrücke beschränken:

Schon bevor wir (zu Fuß) die Altstadt erreichen, erspähen wir bald den hohen Turm der **Cathédrale St Pierre**, einem klotzigen und festungsartigen Kirchenbau, dessen sehenswertester Teil der Eingangsbaldachin mit zwei Spitztürmchen ist. Erst wenn man sich im überraschend geräumigen Innern genauer umsieht, erkennt man den gotischen Baustil des schon im 14. Jahrhundert begonnenen, aber erst im 19. Jahrhundert vollendeten Gebäudes. Interessant sind auch die Fenster und die Orgel.

Montpellier – Cathédrale St Pierre

Gleich daneben, an die Kathedrale gebaut und Tür an Tür, befindet sich die Medizinische Fakultät der Universität, zu der schon im 13. Jahrhundert Studenten aus allen Teilen Europas gepilgert sind. Sie war damals die bedeutendste Medizinerschule des Abendlandes und ist zugleich die Keimzelle für eine der größten Universitäten Frankreichs. Im ersten Stock des Gebäudes, eines ehemaligen Benediktinerklosters, gibt es das **Conservatoire d'anatomie**, ein ungewöhnliches Museum für starke Nerven: Skelette, menschliche Körperteile in Spiritus, mumifizierte Köpfe, manche sogar aufgesägt, Missgeburten und Föten sowie Wachsmodelle von kranken wie gesunden Körperteilen. Es war für die Studenten in früherer Zeit schwierig, menschliche Körper zum Anschauungsunterricht zu bekommen. Nur wenige Hingerichtete wurden der Wissenschaft zugeteilt, weshalb die Studiosi nicht selten darauf angewiesen waren, auf den Friedhöfen frisch bestattete Leichen auszugraben. Kein Wunder also, dass man in Alkohol konservieren musste, was man sich mühsam ergattert hatte. Leider kann man dieses Museum nur noch im Rahmen einer französischen Führung nach Voranmeldung betreten *(www.montpellier-tourisme.fr/Preparer-Reserver/Visites/Montpellier-avec-un-guide und dann auf Visites guidées und dort auf La Faculté de Médecin klicken; 15 €)*. Beachten Sie im selben Gebäude auch das **Musée Atger**, eine Sammlung von Zeichnungen berühmter Künstler wie Tiepolo, Fragonard, Rubens *(Mo., Mi., Fr. von 13:30–17:45 Uhr, kostenlos, Ende Juli und im August geschlossen; bei Drucklegung wegen Renovierung geschlossen)*.

Verlässt man die Medizinische Fakultät, sieht man jenseits der Straße den **Jardin des Plantes**, den ältesten botanischen Garten Frankreichs, der im 16. Jahrhundert zum Zwecke wissenschaftlicher Untersuchungen an Heilpflanzen angelegt worden ist; eine schöne und bei den Einwohnern sehr beliebte Anlage, die erstaunlich gut mit den Abgasen zurechtzukommen scheint *(kostenlos; 12–18 Uhr, Juni–Sept. bis 20 Uhr, Mo. geschlossen)*.

Montpellier – Promenade du Peyrou

Wir schlendern nun weiter bergauf und stehen nach wenigen Schritten am **Arc de Triomphe**, einem monumentalen Torbogen zu Ehren Ludwigs XIV. Der nicht einfach so zum Ruhme des Königs erstellt worden ist, sondern weil dieser religiös klar Schiff gemacht hatte. So sieht man auf der linken Seite des Bauwerkes, von der Stadt aus betrachtet, den ausgemerzten Protestantismus (siehe dazu grauer Kasten bei Tour 12) und rechts die technische Errungenschaft der damaligen Zeit, den Canal du Midi (Näheres bei der 7. Tour). Für die Huldigung Ludwigs war das aber noch nicht genug. Es musste noch inmitten der am Triumphbogen beginnenden **Promenade du Peyrou** ein Standbild postiert werden, das den Sonnenkönig hoch zu Ross zeigt. Bis die Reiterstatue aufgestellt werden konnte, hatte Ludwig allerdings – immerhin im stolzen Alter von 77 Jahren und nach unglaublichen 72 Berufsjahren – im Jahre 1715 das Zeitliche gesegnet. Es dauerte nämlich mehr als ein Jahrzehnt, um das gute, in Paris gefertigte Stück in Montpellier zu montieren. Auf dem weiten Weg verschwand es vorübergehend sogar in den Fluten der Garonne. Auch sein Schöpfer lebte da schon nicht mehr, der hatte die königlichen Steigbügel vergessen und sich aus Kummer über dieses Missgeschick das Leben genommen. Zu allem Übel gibt es heute auch nur noch die Kopie zu sehen, deren Original der Französischen Revolution zum Opfer gefallen ist.

Aber die Anlage der Promenade du Peyrou ist noch weitgehend authentisch, samt dem Wahrzeichen Montpelliers, dem **Château d'Eau**. Das ist der einem korinthischen Tempelchen nachgebildete Überbau eines Wasserbehälters, im 18. Jahrhundert zur Behebung des Wassermangels in der Stadt an deren höchstem Punkt angelegt. Ein 900 Meter langer Aquädukt (unter dem sich der Parkplatz *Les Arceaux* befindet, auf dem samstags ein Flohmarkt veranstaltet wird) leitet das kostbare Nass in ein Becken, an dessen Rand jeder Tourist irgendwann nicht nur Wasser, sondern auch Kraft schöpft, wenn er sich durch die schöne Anlage bis hierhin geschleppt hat.

Montpellier - Château d'Eau

Am Triumphbogen beginnt die bekannte Rue Foch, die 1886 als Kopie der Pariser Champs-Elysées durch die Altstadt getrieben worden war. Eine Prachtstraße sollte es werden. Geblieben

Montpellier – Place de la Comédie

ist, jedenfalls nach der Verkehrsberuhigung in neuerer Zeit, ein etwas trauriger Fremdkörper, an dessen bessere Zeiten fast nur noch der **Justizpalast** gegenüber dem Triumphbogen erinnert. Das Gerichtsgebäude aus dem Jahre 1853 ist ob seiner bombastischen Bauweise mit klassizistischen Säulen ein Ort, der dem verunsicherten Bürger in brutaler Weise die Macht der staatlichen Justiz demonstrieren und Angst vor derselben einflößen sollte.

Wir sind nun im kommerziellen Zentrum der Altstadt, das wir aber bald darauf nach rechts, also nach Süden, verlassen, um das **Quartier-Ste-Anne** zu durchstreifen, eines der ältesten Viertel Montpelliers, mit kleinen Straßen und schönen Häusern. Es ist dabei unerheblich, durch welche Gassenfolge man sich nach Osten bewegt, denn irgendwann steht man auf jeden Fall im Herzen der Stadt, auf der **Place de la Comédie**. Seit der Verkehrsberuhigung kann man nicht mehr so ganz verstehen, weshalb der Platz bei den Einheimischen nur ›*das Ei*‹ genannt wird, denn die einstmals ovale Verkehrsführung ist nur noch an den in den Plattenbelag eingelassenen Steinen zu erahnen. Mir gefiele es besser, würde noch der Verkehr pulsieren, wo heute Touristen und Obdachlose auf den Stufen des berühmten **Brunnens der drei Grazien** hocken. Die Gestaltung des Platzes passt nämlich nicht mehr zu den prunkvollen Fassaden der umstehenden Häuser und zur Vorderfront der berühmten Oper.

Seitlich beginnt eine schöne Flaniermeile, die platanenbestande **Esplanade Charles-de-Gaulle**, wo man bald vor dem zurückgesetzten **Musée Fabre** steht, einem der berühmtesten Kunstmuseen Frankreichs, zu dem schon van Gogh und Gauguin von Arles aus angereist sind, um Gemälde alter Meister, beispielsweise von Delacroix, Courbet oder Brueghel, zu betrachten *(10–17:30 Uhr; Mo. und an den meisten Feiertagen geschlossen; 8 €).*

Auf der Esplanade lohnt sich eine Pause, um Kraft für die nach meiner Meinung größte Sehenswürdigkeit der Stadt zu tanken, das **Stadtviertel Antigone** und die Erweiterung auf der anderen Seite des Flusses Lez, einer unserer persönlichen **Top Ten**. Dahin wenden wir uns von der Place de la Comédie geradewegs nach Südosten, wir durchqueren ein kastenförmiges Einkaufszentrum, genannt *Polygone*, um jenseits dessen eine *architektonische Meisterleistung* zu bestaunen, von deren Rang es in Europa nur wenige gibt. Postmodern nennt man das Stadtviertel, das der katalanische Architekt Ricardo Bofill zwischen 1980 und 1989 aus dem Boden gestampft hat. Natürlich ist es kein Zufall, dass das Quartier *Antigone* heißt, womit man weniger auf die traurige Seite des antiken Dramas anspielt als vielmehr auf das griechische Schlagwort. Denn römisch-griechisch sollen die Bauten wirken. Sie sind zwar allesamt aus Beton gegossen, aber mit klassizistischen Simsen und Säulen verbrämt, und mit der allmählich zunehmenden Patina noch interessanter. Steht man vor den gewaltigen Sockeln dieser Monumentalarchitektur, kommt man sich ziemlich klein vor und erinnert sich leider auch an ähnliche architektonische Vorhaben der deutschen Nazizeit. Nur war *Antigone* nicht als Verwaltungszentrum gedacht, sondern eher zum Wohnen. *Mehr als 2.000 Sozialwohnungen gibt es dort*. Aber die Frage bleibt unbeantwortet, ob sich die ärmere Bevölkerungsschicht beim Anblick auf antik getrimmter Riesensäulen und Gewände aufrichten oder ob sie vor ihnen ehrfurchtsvoll erstarren soll. Unser Gefühl ist also zwiespältig, wobei positiv zu Buche schlägt, dass sich der soziale Wohnungs- und Behördenbau hier nicht in Einheitsschuhkartons vollzogen hat und dass den Bewohnern, wenn auch übertrieben, vor Augen geführt wird, wie sehr man bereit war, für sie bedeutungsvoll zu bauen. Die Meinungen

Montpellier - Antigone

Montpellier – Antigone

über *Antigone* sind geteilt. Eines aber steht fest: Die Architektur ist wegen ihrer Einmaligkeit so sehenswert, dass sie zum festen Bestandteil einer Südfrankreich-Reise gehören sollte.

Auf keinem Fall dürfen Sie dahinter am Flüsschen Lez schon umkehren. Montpellier hat sich nämlich zu einem **europäischen**

Montpellier – *Arbre Blanc*

Hotspot modernerer Baukunst entwickelt. Seit Jahren entstehen beiderseitig des Lez in südlicher Richtung immer neue bauliche Ikonen, *Folies* genannt, *architektonische Verrücktheiten*. Gehen Sie bei *Antigone* über die Flussbrücke und staunen Sie beim Anblick des ***Arbre Blanc*** *(Weißer Baum)*, einem Wohnturm in Weiß, aus dem bizarre Balkone wie Äste herauswachsen (Architekt: Nicolas Laisné). Und schlendern Sie noch ein Stück nach Süden, bis zum neuen Stadtteil Port Marianne mit dem blau leuchtenden Riesenkubus des **Hôtel de Ville** von 2011 (Rathaus, westlich des Lez, Place Georges Frêche) oder die **Maison pour tous Frida Kahlo** (östlich des Lez). Fast jede Hausfassade ist ein verrücktes architektonisches Kunstwerk. Und die Bautätigkeit ist noch lange nicht zu Ende.

Montpellier hat sich zu einem europäischen Hotspot modernerer Baukunst mit ständig neuen Verrücktheiten *(folies)* entwickelt

Montpellier – Hôtel de Ville

Einen freien Stellplatz haben wir in Montpellier nicht gefunden. Aber es gibt einen Campingplatz, von dem man gut zu Fuß eine Straßenbahnhaltestelle erreichen kann und den ich deswegen erwähne, auch wenn wir uns dort noch nie selbst aufgehalten haben:

004 Lattes – *Camping Le Parc*

GPS/Kontakt: N 43°34'35" E 3°55'33", Route de Mauguio, Tel. 04 67 65 85 67; www.leparccamping.com/. **Öffnungszeit**: Ganzjährig. **Ausstattung**: Pool, im Sommer Snack und Brotverkauf. **Beschreibung**: Das schattige, bei Starkregen stellenweise matschige Gelände liegt etwa 6,5 km südlich des Zentrums von Montpellier in der Nähe mehrerer Gewerbegebiete und des Flughafens; Einkaufsmärkte sind zu Fuß nach etwa 1,3 km erreichbar. Die Sanitäranlagen sind verbesserungsbedürftig. Die nächste **Straßenbahnhaltestelle** der Linie 3 ist. 850 m entfernt (steigen Sie in Montpellier an der Haltestelle ›*Observatoire*‹ aus). In Richtung Meer sind es von der Endhaltestelle hinter dem Strand (nach gut 6 km in südlicher Richtung) bis an den Strand etwa 2,5 km, auf diesem Stück fährt alle 30 Minuten ein Bus. Tickets für einzelne Fahrten oder Tage kann man im Internet erwerben (http://commercial.tam-voyages.com/). **Preise**: Etwa 20 €–40 € (werden im Internet nicht mehr veröffentlicht). **Zufahrt**: Das Gelände liegt südlich von Montpellier und östlich von Lattes an der Straße von Lattes zur D 21.

Nachdem wir aber die Innenstadt von Montpellier hinter uns gelassen haben, ist uns plötzlich nach Einsamkeit zumute. So biegen wir nördlich des Flughafens kurz entschlossen nach Westen ab, um bei dem Ort **Mauguio** an den Rand des gleichnamigen Étang zu fahren. Auf der Michelin-Karte haben wir dort unter der Bezeichnung *Les Cabanes* eine kleine Ansiedlung entdeckt, wo wir uns einmal ansehen wollen, wie ein Étang vom Land her aussieht. Von der anderen Seite, also von der Küste, kennen wir diese Gewässer schon zur Genüge, wir werden auch auf den nächsten beiden Touren die schmalen Landzungen mit ihren übervollen Touristenburgen besuchen. Der Weg ist von Mauguio mithilfe der Karte leicht zu finden. Wir kommen an ein paar niedrigen Fischerhütten vorbei und stehen bald in einer eigenen Welt.

Am Ufer des kleinen, hier mündenden Flusses sind malerisch ein paar bunte Boote vertäut, die Fischernetze sind zum Trocknen aufgehängt, die Flamingos stecken die Köpfe ins Wasser und das Schilf wiegt sich sanft im Wind. Zwei Kähne tuckern hinaus, mit gebückten Küstenfischern, die in dem seichten Haff ihr Glück suchen. Wir wähnten uns um Jahrzehnte zurückversetzt, würden nicht noch auf dem nahen Flughafen ein paar Jets landen, und sähen wir nicht in der Ferne die von der untergehenden Sonne rot beleuchteten Pyramidenbauten von La Grande-Motte. Die Stelle animiert mich, nachzulesen, dass die Strandseen, *Étangs* genannt, entstanden sind, weil Flüsse im Laufe der Jahrhunderte Sandbänke angeschwemmt haben. Die meisten Lagunen sind daher heute vom Meer völlig abgeschnittene Seen, zwar noch mit Salzwasser gefüllt, jedoch zumeist flach und zum Baden nicht geeignet. Aber sie sind fischreich und dienen der Muschel- und Austernzucht.

Bei Cabanes-du-Salaison

Das Hüttendorf **Cabanes-du-Salaison** habe ich seit der Erstauflage im Programm und war sicher, der damals empfohlene Stellplatz werde wegen seiner Abgeschiedenheit alle anderen Stellplätze dieses Buches überleben. Aber leider ist die Zufahrt nur noch Anliegern gestattet und auf halber Strecke zusätzlich mit einer Schranke versehen. Ausnahmsweise habe ich den Tipp nicht gestrichen, weil am Beginn der verbotenen Strecke unweit der Ansiedlung zwei legale Parkplätze angelegt wurden:

005 Cabanes-du-Salaison

GPS: N 43°35'44" E 4°01'09", Chemin des Canalettes. **Max. WOMOs**: 10. **Ausstattung**: Mülleimer, Picknickbänke. **Beschreibung**: Das ist ein klappstuhlgeeigneter, abgelegener Stellplatz (aber Häuser in der Nähe) für Individualisten oder Ruhebedürftige nach der Stadtbesichtigung; Moskitoschutz ist erforderlich, wie überall an den Étangs. Gelegentlich trifft man hier auf Menschen, die dauerhaft mit Hunden in ihrem Fahrzeug leben. Hohe Fahrzeuge stoßen mit dem Alkoven an überhängende Äste. Um an den Étang zu gelangen, müssen Sie zu Fuß etwa 300 m am Kanal nach links gehen. Weitere 1,2 km misst der Weg durch das Hüttendorf an den Étang, wozu Sie über die Brücke spazieren. **Zufahrt**: Fahren Sie in Mauguio erst Richtung ›*Centre Ville*‹ und dann ›*Les Cabanes-du-Salaison*‹. Vor dem Hüttendorf und bei Glascontainern sehen Sie vor einer Brücke rechts einen ersten kleinen übernachtungsgeeigneten Parkplatz. Biegen Sie vor der Brücke halb links ab, folgt nach etwa 80 m links ein weiterer Naturplatz, der als Parkplatz kenntlich ist, unser Tipp.

Die meisten von Ihnen übernachten lieber im nahen **Aigues-Mortes** (8.600 Einwohner), wo Sie bessere, vor allem weniger einsame Stellplatzbedingungen antreffen. Ob Sie Aigues-Mortes üblicherweise von dieser westlichen Seite aus ansteuern, darf allerdings bezweifelt werden. Im wirklichen Leben, also außerhalb unseres Tourverlaufs, werden Sie eher von Norden anreisen. Jedenfalls werden Sie den mittelalterlichen Ort am Rande eines Salzsees bei Ihrer Südfrankreich-Reise nicht ausklammern. Denn die Stadt gilt als eine der *besterhaltenen mittelalterlichen Wehranlagen Europas* und gehört nur deshalb nicht zu unseren persönlichen Top Ten, weil Sie auch ohne unsere besondere Empfehlung hinfahren.

Kreuzzüge ab Aigues-Mortes

Zu Beginn des 13. Jahrhunderts, als sich die Macht des französischen Königs erstmals und nur an einer einzigen Stelle bis an die Mittelmeerküste erstreckte, gab es im Bereich des heutigen Aigues-Mortes nur ausgedehnte Sümpfe. Aber das Meer reichte noch etwas weiter als in unserer Zeit nach Norden, weil die Rhône vor 700 Jahren noch nicht so viel Material an den Strand geschwemmt hatte. Ludwig IX. musste daher nur einen kurzen Kanal graben lassen, um bei Aigues-Mortes seinen ersten und einzigen Mittelmeerhafen zu bauen, von dem er mit bunt zusammen gewürfelten Mannschaften, die man später *Kreuzfahrer* nannte, in See stechen konnte.

Auf der anderen Seite des Mittelmeers, in Nordafrika, sollten die islamischen Kräfte weiter geschwächt werden. Das war nötig, um Jerusalem, dessen Einnahme Ziel des ersten Kreuzzuges war, das aber zwischenzeitlich wieder in die Hände der Moslems gefallen war, zurückzuerobern.

Aigues-Mortes

Kreuz*fahrer* waren keine Kreuz*ritter* und nur zum Teil gelernte Soldaten. An einem Kreuzzug beteiligte man sich damals nicht nur des Krieges wegen, sondern vor allem, um dem Herrgott zu gefallen und in der Hoffnung auf Vergebung der Sünden.

Bei früheren Kreuzzügen war man weiter im Norden, vornehmlich in Saint-Gilles, losgefahren, aber der Zulauf an gottesfürchtigen Kriegern forderte größere Schiffe und einen meernahen Hafen. Den musste man mit einer Festung schützen, und so entstand am Reißbrett eine Stadt, die noch im Bau war, als sie für kurze Zeit geschichtliche Bedeutung erlangt hat.

Ludwig schiffte sich dort in den Jahren 1248 und 1270 zu zwei Kreuzzügen ein, was ihm den Beinamen *Der Heilige* einbrachte. Dass diese Feldzüge, bei denen es sich um den sechsten und siebten und damit um die beiden letzten Kreuzzüge handelte, gar nicht so heilig waren, sondern primär politischen und wirtschaftlichen Zwecken dienten, habe ich schon angedeutet. Auch für Ludwig waren sie weniger erfreulich: Beim ersten geriet er in ägyptische Gefangenschaft und konnte nur durch ein hohes Lösegeld befreit werden, während des zweiten starb er in Karthago an der Ruhr, bevor er das Ziel erreicht hatte.

Die christlichen Kreuzzüge zählen übrigens zu den schlimmsten Gräueltaten der Geschichte. Schätzungen zufolge wurden zwischen 1096 und 1291 – in Zeiten weitaus geringerer Bevölkerungsdichte als heute – über 20 Millionen Menschen, vorwiegend Muslime und Juden, von »christlichen« Kriegern umgebracht. Beim ersten Kreuzzug haben die frommen Ritter im Namen des Herrn die ganze jüdische Gemeinde Jerusalems verbrannt.

Aigues-Mortes – im Hintergrund Tour de Constance

Das Ende der Kreuzzüge und der strategische Fehler, einen Hafen im Bereich einer Flussmündung zu bauen, hatten begreiflicherweise nachteilige Folgen für Aigues-Mortes. In der Mitte des 14. Jahrhunderts nahm die Einwohnerschaft von 15.000, was in der damaligen Zeit so etwas wie eine Großstadt bedeutet hat, wieder rapide ab. Die Versandung der Hafenanlage war nämlich nicht mehr aufzuhalten, und die ungesunde Umgebung der nahen Sümpfe tat ihr Übriges. Die Stadt, die zu keiner Zeit militärisch angegriffen worden war, wurde allmählich geräumt und ihrem Schicksal inmitten der *toten Gewässer* (lateinisch: *aquae mortuae* – daher der Name!) überlassen. Auch in der näheren Umgebung mochte niemand siedeln, sodass die Befestigungsanlagen nicht als Steinbruch herhalten mussten.

Nur der gewaltige Festungsturm, die **Tour de Constance**, in dem Ludwig der Fromme (siehe grauen Kasten) schon gewohnt haben soll, wurde später wieder in Betrieb genommen. Er diente als politisches Gefängnis, vor allem für inhaftierte Hugenotten. Die berühmteste von ihnen, Marie Durand, wurde hier als siebzehnjährige eingekerkert und erst mit 52 Jahren wieder freigelassen – mit ungebrochenem Glauben. Dieser Turm ist heute Hauptanziehungspunkt und bietet den besten Überblick über die Stadt und ihre Lage am Rand des Salzsees. Durch die Kasse führt auch der Weg auf die mächtige **Stadtmauer**, die erst von Ludwigs Sohn begonnen und von seinem Enkel (Philipp, dem Schönen) fertiggestellt worden ist und die *rundum begangen* werden darf. Dieser Weg misst 1.633 Meter und dauert mit wenigstens einer Stunde länger als erwartet. An mehreren Stationen werden unterwegs die Geschichte, die Bauwerke und die Technologie der Bauzeit erläutert, was man auch ohne französische Sprachkenntnisse im

Ansatz versteht, zumal man einen Faltprospekt auf Deutsch erhält. Selbstverständlich muss man nicht die ganze Runde drehen, die mir aber beim letzten Besuch viel interessanter schien, als ich sie in Erinnerung hatte *(Mai bis August 10–18:15 Uhr, sonst bis 16:45 Uhr; ab 18 Uhr (16:30 Uhr) kann man nur die Tour de Constance oder den Mauerrundgang besichtigen; Sept.–April Mittagspause der Kasse zwischen 13 und 14 Uhr; 8 €; spazieren Sie in der vorgegebenen Gehrichtung im Uhrzeigersinn, damit Sie abends nicht an der falschen Seite vor einer verschlossenen Tür stehen).*

Aigues-Mortes – Blick von der Mauer auf die Salzseen

Dieser *Spaziergang auf dem Wall* ist auch deshalb ein touristisches »Muss«, weil man dabei den besten Eindruck davon bekommt, wie die Stadt auch heute noch hinter den Salzseen liegt. Südlich der Mauer sieht man die weißen Haufen der Salinen, aber auch die Weinfelder der Kellerei *Listel*, die es verstanden hat, ihr mäßiges Produkt in ganz Frankreich zu vermarkten, das ursprünglich deshalb hier angebaut worden ist, weil sich der Reblausschädling zwischen den Étangs nicht entwickeln konnte. Überraschend ist in der anderen Richtung der Blick zwischen die Häuser, wobei man sich wundert, dass in dieser Stadt noch normale Menschen dauerhaft wohnen; mit Hinterhöfen, kleinen Gassen, Werkstätten und Autos vor der Haustür.

Da Sie mit dem Wohnmobil kaum anders als auf dem nachgenannten Stellplatz an der Mauer parken und demnach die Stadt durch eines der dem Parkplatz gegenüberliegenden Osttore betreten werden, erleben Sie den Ort genau von der richtigen, fast noch beschaulichen, soeben beschriebenen Seite. Wer hingegen durch das nördliche Haupttor eingetreten ist und sich nur bis zum zentralen Platz bewegt, wird in der Saison das Geschiebe durch die Hauptgassen als prägend in Erinnerung behalten. Hier schlägt die Geschäftswelt beim Angebot mit Waren, die niemand

wirklich braucht, erbarmungslos zu. Nur die noch aus der Bauzeit der Festung stammende **Kirche Notre-Dame-des-Sablons** und kurz danach die baumbestandene und von Lokalen gesäumte **Place St Louis** können in diesem Teil des Ortes ein wenig Atmosphäre ausstrahlen. In der Mitte dieses Platzes steht ein Denkmal Ludwigs des Heiligen.

Direkt in Aigues-Mortes gab es zuletzt nur noch einen offiziellen Wohnmobilpark- und Stellplatz, der aber hervorragend liegt und allenfalls darunter leidet, dass er in der Hauptsaison belegt sein könnte, weshalb ich Ihnen noch eine weiter entfernte Alternative liefere:

006 Aigues-Mortes – Stadtmauer

GPS: N 43°33'56" E 04°11'45", Boulevard Diderot. **Max. WOMOs**: 40. **Öffnungszeit**: Ganzjährig. **Ausstattung**: Ver- und Entsorgung, Toilette, Mülleimer. **Beschreibung**: Der weitgehend schattenlose und im Prinzip klappstuhlgeeignete Platz am Rand der Bebauung leidet darunter, dass hier auch Pkw parken dürfen und das ausgiebig tun, weshalb für Wohnmobile bisweilen nichts mehr bleibt. Einen selten guten Bäcker finden Sie in der Rue Emile Jamais (durch das größte Tor gegenüber dem Stellplatz immer geradeaus auf der linken Straßenseite) nach 450 m. Gaststätten und Geschäfte sind einen Tick weiter entfernt. Die Parkstreifen sind ziemlich kurz. **Preis**: Zeitabhängig; 22 €/24 Std. Man kann am Kassenhäuschen mit der Kredit-Karte oder mit Geld, an der Ausfahrtschranke nur mit der Kredit-Karte bezahlen. **Zufahrt**: Sie finden den beschrankten und für WOMOs ausgewiesenen Parkplatz P 4 auf der bewohnten Seite der Festung an der nordöstlichen Ecke der Stadtmauer. **Hinweis**: Nicht zu verwechseln mit dem Parkplatz direkt an der Stadtmauer, der für WOMOs verboten ist.

007 Einen **Notplatz**, auf dem man mit Fahrzeugen bis höchstens 6,50 m Länge erstaunlicherweise noch ohne Verbot kostenlos parken kann, finden Sie im Chemin du Mas Avon bei N 43°34'06" E 4°11'58".

008 Aigues-Mortes – *Les Poissons d'Argent*

GPS/Kontakt: N 43°33'43" E 04°09'54", D 62; https://les-poissons-dargent.com/. **Max. WOMOs**: 74. **Öffnungszeit**: Von Mitte Nov. bis Anfang Februar zeitweise geschlossen (siehe Internetseite). Anreise nur bis 18:30 oder 20 Uhr (im Sommer). **Ausstattung**: Ver- und Entsorgung, Strom, Mülleimer, einfache Gaststätte (zeitweise), Brotverkauf. **Beschreibung**: Der privat betriebene, klappstuhlgeeignete Stellplatz auf Schotter bietet so gut wie keinen Schatten. Er grenzt an eine Lagune und ist zu Fuß oder mit dem Rad 2,6 km vom Zentrum entfernt (dazu muss man aber 1 km auf dem Radweg der Schnellstraße nach Norden eilen; der Weg zwischen den Étangs summiert sich auf fast 5 km); wegen der nahen Schnellstraße leichter Verkehrslärm. **Preis**: 12 € ohne, 16 € mit Strom. **Zufahrt**: Der Stellplatz liegt östlich der vierspurigen D 62 zwischen Aigues-Mortes und Le Grau du Roi (nicht zu verwechseln mit der D 979, die am Kanal nach Le Grau du Roi führt) etwa 850 m nordöstlich des Kreisverkehrs, an dem die Straße nach La Grande Motte abzweigt, und rund 4 km von Aigues-Mortes entfernt (aber kürzerer Fußweg).

Bei der Auswahl einer Lokalität für das Abendessen in Aigues-Mortes ist man berechtigterweise misstrauisch und freut sich daher umso mehr, wenn man mit dem **Restaurant *Le Patio'Né*** einen Volltreffer landet. Sowohl im Gastraum wie auch im Innenhof sitzt man stimmungsvoll *(Rue Sadi Carnot 16, Tel. 09 82 31 51 73; Mo. Ruhetag; Menü ab 45 €)*. Gut ist auch das im Bistrostil betriebenen ***Aromatik*** mit neuem Betreiber, kleiner Karte und einfallsreichen, nicht alltäglichen Gerichten *(Rue Alsace Lorraine 9, Tel. 04 66 53 62 67; Abendessen nur von Fr.–So.; Menü 42 €)*.

Aigues-Mortes – Canal du Rhône à Sète

Tour 2

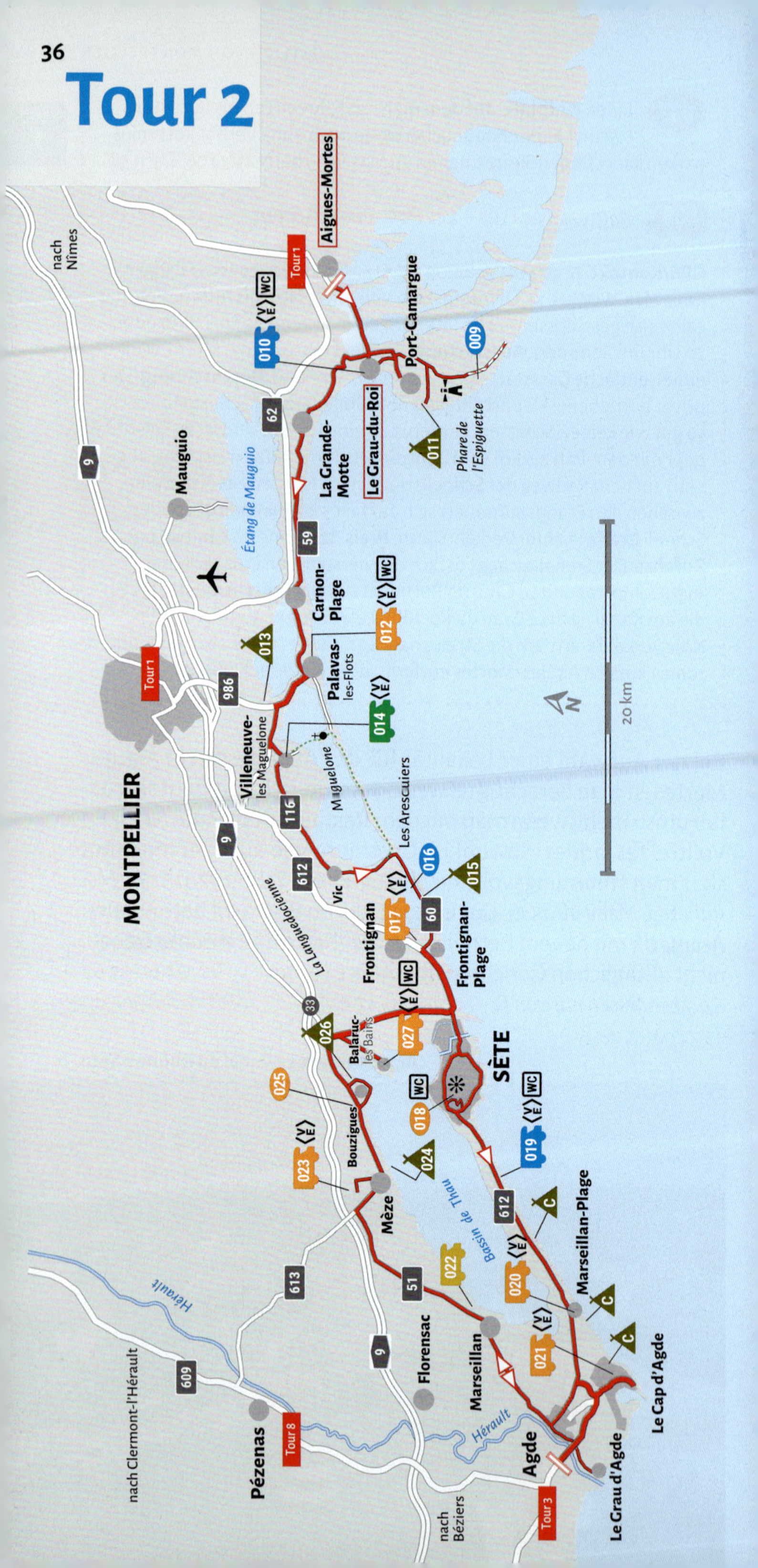
nach Nîmes
Aigues-Mortes
Tour 1
Port-Camargue
009
010
Le Grau-du-Roi
La Grande-Motte
011
Phare de l'Espiguette
62
9
Mauguio
Étang de Mauguio
59
Carnon-Plage
012
013
Tour 1
MONTPELLIER
986
Palavas-les-Flots
014
Villeneuve-les Maguelone
Maguelone
116
Les Aresquiers
612
Vic
016
015
017
60
Frontignan
Frontignan-Plage
La Languedocienne
33
026
027
Balaruc-les Bains
SÈTE
018
025
Bouzigues
023
024
Bassin de Thau
019
612
C
Mèze
Marseillan-Plage
022
020
613
51
Hérault
Florensac
Marseillan
021
Le Cap d'Agde
609
9
nach Clermont-l'Hérault
Pézenas
Tour 8
Agde
Le Grau d'Agde
nach Béziers
Tour 3
20 km

Von der Camargue bis zum Hérault
Die östliche Küste
160 km

Unsere erste Küstenstrecke ist geprägt von wunderbar breiten Sandstränden und dementsprechend von fast allen Formen des Massentourismus. Diesen so gut wie möglich zu umfahren, ist Ziel dieser Tour. Dabei werden Sie an richtig schöne Stellen geführt:

- **Strand von Espiguette**
- **Cathédrale de Maguelone**
- **Sète**
- **Étang de Thau**
- **Bouzigues**

Wie Sie bemerkt haben, dauert es bei unseren Urlauben zumeist einige Tage, bis wir uns an die Küste wagen. Wir ringen in dieser Zeit in einem schwer zu gewinnenden Kampf und unterliegen immer. Zu heftig ist die Anziehungskraft des Meeres, obwohl wir wissen, dass die Schattenseiten der Mittelmeerküste nicht unterschätzt werden dürfen. Wir sind darauf gefasst, dass uns wachsende Betonburgen erwarten, Touristenmassen, hohe Preise, überfüllte Campingplätze, Verbotsschilder sowie Schranken und Barrieren jedweder Machart. Und dass sich das von Mal zu Mal sogar steigert.

Warum fahren wir trotzdem immer wieder hin? Weil wir den salzigen Geruch des Meeres atmen wollen, weil die Sandstrände so breit sind, wie sonst nirgends am französischen Mittelmeer, weil das Wetter an der Küste oftmals besser ist als im Landesinneren und weil man mit Insiderwissen oder nach einiger Sucherei doch noch Plätze für einen erholsamen Badeurlaub finden kann. Nur sind diese leider dünn gesät, weshalb ich Ihnen, falls Sie einen Küstenurlaub planen, zunächst empfehle, im hinteren Teil unseres Buches unter den Stichworten *Freies Camping/Stellplätze/übernachtungsgeeignete Parkplätze* nachzulesen. Bei Ihren Erwartungen müssen Sie vermutlich ein paar Abstriche machen: Es gibt kaum Geheimtipps und so gut wie keine wirklich lauschigen Winkel.

Auf allen meinen Languedoc-Reisen war ich erstaunt, wie wenige WOMOs ich im Landesinnern sah, wie viele hingegen an der Küste. Und ich ahne, dass die meisten Leser den Hauptteil ihres Urlaubs am Meer verbringen, Leserbriefe bestätigen das. Ich werde daher im ersten Teil dieses Führers keine praktikablen Touren schildern, wie wir sie selbst erleben, sondern die Küstenabschnitte systematisch aufbereiten. Denn Sie erwarten von mir

Stellplätze, Campingplätze, Verbote. Kurz gesagt, eine möglichst genaue Beschreibung der Küste.

Niemand sollte allerdings auf die Idee kommen, mir das nachzumachen und nur an der Küste entlangzufahren. Das praktische Urlaubserleben sollte vielmehr so aussehen, dass man vom Landesinneren an den Strand vordringt, um ihn dann wieder in umgekehrter Richtung zu verlassen. Von einem reinen Küstendauerurlaub raten wir ab. Es sei denn, Sie steuern einen Campingplatz als Urlaubsziel an und bleiben dort eine gewisse Zeit, um danach wieder die Heimreise oder die Weiterreise zu einem anderen Campingplatz anzutreten.

Genau genommen beginnt der Küstenteil dieser Tour im Osten an der Rhônemündung, also in der Provence, und damit außerhalb unseres Beschreibungsgebietes. Ich verweise daher auf meinen Reiseführer *Provence, Der Westen*, der das hiesige Buch ergänzt. Ich habe Ihnen im Provence-Führer ein paar empfehlenswerte Strandplätze genannt – und Sie auch vor dem Treiben in Les Saintes-Maries-de-la-Mer gewarnt.

Aber wer nach Les Saintes-Maries-de-la-Mer fährt, gibt sich mit halben Sachen nicht zufrieden und lässt sich nicht davon abhalten, den restlichen Teil der Camargue in der Region Languedoc, die sogenannte *Petite Camargue*, zu erkunden, ebenso wie den östlichsten Hafen der Camargue. Sinnvollerweise durchquert man dazu auf dem östlichen, von Aigues-Mortes herführenden Damm (auf Okzitanisch *Grau*), die Étangs, um im schnell gewachsenen Hafenstädtchen **Le Grau-du-Roi** (8.500 Einwohner – 1990 waren es nur 5.000) alsbald zu parken. Auch hier gibt es ein mit

Le Grau-du-Roi – ehemaliger Leuchtturm

Le Grau-du-Roi – Blick auf die Schwenkbrücke

Lokalen und Läden vollgestopftes und auf Tourismus ausgerichtetes Viertel – diesseits des Kanals, aber im Sommer jenseits der Schmerzgrenze.

Le Grau-du-Roi hat sich jedoch einen Rest des früheren Flairs bewahrt, der auf das *Alter des Ortes* zurückgeführt werden kann, das für andere Küstenansiedlungen unvorstellbar ist. Wie der Name der Stadt vermuten lässt, wurde hier im 16. Jahrhundert auf Geheiß des Königs eine Kanalmündung angelegt, die zu einem Hafen führte, von dem aus 300 Jahre vorher zwei Kreuzzüge in See stachen (siehe am Ende der 1. Tour). Zum Schutze dieses bis dahin wieder versandeten Beckens hatte man Aigues-Mortes aus der Salzwüste gestampft, wo wir am Ende der 1. Tour übernachtet haben. Der Kanal teilt heute nicht nur Le Grau-du-Roi, er ist auch von oder mit der ihn überspannenden Brücke, die für größere Schiffe weggeklappt werden kann, malerisches Objekt der Fotografen. An der Mündung selbst steht ein nicht weniger ansehnlicher **Leuchtturm**, der, wenn auch nicht mehr in Betrieb, den Fischern den Heimweg weist, bevor diese ihren Fang zwischen den über das Wasser gebauten Restaurantterrassen ausladen. In Le Grau-du-Roi ist die *zweitgrößte Fischereiflotte des französischen Mittelmeers* beheimatet, die den Touristenrummel mit Alltagsleben der malerischen Art vermischt – eine ausgesprochene Seltenheit an dieser Küste! Im Hochsommer allerdings werden die Reize von Menschenmassen fast ganz zugedeckt, und der kommerzielle Fischfang wurde in den letzten Jahren stark eingeschränkt (siehe unten im grauen Kasten).

Die Stellplatzbedingungen haben sich verschlechtert. Während zeitweise der Parkplatz hinter der Düne das ganze Jahr über nachts gesperrt war, konnte man zuletzt, wenn auch hinter einer Schranke, die Nacht über stehen bleiben. Dafür ist der Parkplatz an der Arena inzwischen verbarrikadiert:. Neu ist ein Gelände von *Camping -Car Park*:

2

009 Le Grau-du-Roi – Plage de L'Espiguette

GPS: N 43°29'16" E 4°08'42", Route de l'Espiguette. **Max. WOMOs**: 30
Öffnungszeit: Vermutlich nur von April bis Ende September nutzbar, jedenfalls nicht über Winter. **Ausstattung**: Toilette, Mülleimer.
Beschreibung: Sie stehen auf einem für Wohnmobile ausgewiesenen Bereich klappstuhlgeeignet direkt am breiten Badestrand weit außerhalb der Bebauung (ins Zentrum sind es 7 km). Sie müssen sich gegen viele Moskitos wappnen. Die Kasse (und damit die Schranke) ist von Juli bis Sept. von 7:30 – 20 Uhr offen, von April bis Juni bis 18 Uhr. Man kann hinter der geschlossenen Schranke über Nacht am Strand bleiben, aber nicht wegfahren. **Preis**: 15 €; auf den Platz fahren, gucken und wieder umdrehen geht nicht (bezahlt ist bezahlt). Am nächsten Morgen kommt um 8 Uhr der freundliche Mitarbeiter und weist darauf hin, dass ab 10 Uhr ein neuer Tagessatz fällig wird; also schnell Zähne putzen, bevor um 10.01 Uhr der nette Kollege die nächsten 15 Euro aufruft.
Zufahrt: Folgen Sie in Le Grau-du-Roi *(rive gauche)* dem Wegweiser ›*L' Espiguette*‹ nach Osten, bis die Straße endet und Sie am Kassenhäuschen (obige Koordinaten) bezahlen müssen *(Parking Les Baronnets)*. Der ausgewiesene Stellplatz liegt 400 m nach der Schranke (siehe Foto).

010 Le Grau-du-Roi – *Camping-Car Park*

GPS: N 43°32'33" E 4°07'56", Rue des Glaieuls. **Max. WOMOs**: 43.
Öffnungszeit: Ganzjährig. **Ausstattung**: Ver- und Entsorgung, Strom, Toilette (nach 100 m auf dem Nachbarparkplatz), Mülleimer.
Beschreibung: Sie stehen teilweise schattenlos und etwas eng etwa 200 m hinter dem Badestrand und nahe der Innenstadt mit Geschäften, Supermarkt, Gaststätten und einer Badelandschaft. Für Ihre Klappstühle bleibt auf Asphalt wenig Raum, zumal das Gelände früh belegt ist; Sie sollten hier *reservieren* (siehe hinten bei *Freies Camping/Stellplätze*); bis 9 m Länge. **Preis**: 14 €. **Zufahrt**: Fahren Sie in Le Grau-du-Roi *(rive droite)* Richtung ›*La Grande Motte*‹ nach Westen; westlich des Stadtkerns und westlich eines Kreisverkehrs liegt das beschilderte Gelände nördlich der Durchgangsstraße.

Meistens ist unser Campingplatztipp die bessere Entscheidung (es gibt weitere, die nicht an den Strand grenzen, der westlich des Ortes gelegene ist mit Mobilhomes vollgestellt):

011 Le Grau-du-Roi – *Camping L'Espiguette*

GPS/Kontakt: N 43°30'22" E 4°07'14", Rte. des Marines, Tel. 04 66 51 43 92; www.campingespiguette.fr. **Öffnungszeit**: Vermutlich Anfang April bis Anfang November. **Ausstattung**: Großer Pool, Supermarkt, Restaurant. **Beschreibung**: Das ist ein gigantischer mit über 1.300 Parzellen trotz Dauercampern und zahlreichen Mobilhomes (eigene Areale) angenehmer Platz mit natürlichen Bereichen, wenn man nicht schon vor dem Frühstück ins Meer hüpfen will. Das Gelände liegt nämlich direkt an einem sehr schönen, breiten Strand; bis zum offenen Meer sind es aber zwischen 650 m und 800 m (am linken, östlichen Teil des Platzes, dem schönsten, ist die Strecke am kürzesten). Es verkehrt während des ganzen Tages dorthin ein Zubringerdienst. Nach Starkregen wird es stellenweise sehr schlammig. Viele Moskitos. Das Ortszentrum ist 6 km entfernt. **Preise**: Etwa 18 €–40 € (werden im Internet nicht angegeben). **Zufahrt**: Folgen Sie in Le Grau-du-Roi *(rive gauche)* dem Wegweiser ›*L'Espiguette*‹ nach Osten bis zum beschilderten Campingplatz.

Hier haben wir uns eingemietet, um abends nochmals in den Ort fahren zu können (man kann gut radeln, aber wegen der Entfernung nicht hingehen). Nach vielen Jahren wollte ich mir den Rummel mal wieder ansehen. Dabei veranlasst dieser in der Hauptstraße eher zur Flucht. Lassen Sie sich stattdessen bei

Le Grau-du-Roi – Restaurant *Le Galion*

den dortigen, an einen Jahrmarkt erinnernden Läden und Eisverkaufsstellen noch vor der Brücke auf dem östlichen (linken) Uferkai meerwärts schieben, vielleicht ist es kurz vor 19 Uhr. Etwa auf halber Strecke zum Strand werden Sie möglicherweise am **Restaurant *Le Galion*** die armen Urlauber bedauern, die an solch exponierter Stelle in die Fänge der Wirte geraten. Wir haben dort um einen Fensterplatz direkt am Kanal gebeten – und Le Grau-du-Roi von seiner schönsten Seite erlebt. Der Blick auf den alten Leuchtturm und das rechte Ufer, wo, wie auch in anderen französischen Mittelmeerhäfen, bunte Zierboote eingemischt sind, gehört zu den malerischsten Hafenansichten in Südfrankreich. Und die Preise des guten Lokals sind erstaunlich moderat *(beispielsweise 29 € für ein Dreigangmenü, gute Meeresfrüchte; Tel. 04 66 51 99 50; Mi. geschlossen; Quai Colbert).*

Nordwestlich des Strandes von Espiguette liegt der Ortsteil **Port-Camargue**. Das ist einer der größten Jachthäfen Europas; angeblich gibt es 4.500 Ankerplätze, was nichts daran ändert, dass die gigantische Ansiedlung in ihrer Scheußlichkeit mit anderen ebenso hässlichen Ferienorten weiter westlich konkurrieren darf. Aber so viele Schiffer benötigen Ver- und Entsorgungseinrichtungen, dass man in Port-Camargue eine geräumige und sehr saubere Toilettenanlage findet. Sie müssen ein wenig durch die neu angelegten, für mich völlig unübersichtlichen Straßen kurven, dann werden Sie eine Werft finden, wo viele Schiffe im Trockenen auf bestimmungsgemäße Aufgaben warten. Von dort führt ein Gleis zum Wasser, und seitlich einer tagsüber stets offenen Schranke ist besagtes Toilettenhaus nicht zu übersehen. Sie werden es finden und können mit dem Wohnmobil direkt davor parken.

Um die westlich an Le Grau-du-Roi anschließende Retortenstadt **La Grande-Motte** (8.600 Einwohner) haben wir einen Bogen gemacht, bis ich mich zu diesem Reiseführer entschlossen habe. Nun war es unumgänglich, den futuristisch aussehenden Badeort einer näheren Betrachtung zu unterziehen. Auch danach bleibe ich dabei: Wer sich nicht für Architektur, Baugeschichte oder den Tourismus als solchen interessiert, sollte drumherum fahren.

Interessant ist aber die Historie des Ortes, der quasi das *Pilotprojekt für weitere Sommergroßstädte* wurde: In der zweiten Hälfte der Sechzigerjahre war die Côte d'Azur nicht nur voll erschlossen, sondern auch überfüllt. Die Spanier hatten sich an ihrer Costa Brava rechtzeitig darauf eingestellt, dass der Sommerurlaub zum festen Bestandteil mitteleuropäischen Daseins geworden war, quer durch alle Bevölkerungsschichten, und noch niemand düste in die Türkei oder in die Dominikanische Republik. Aber Millionen

La Grande-Motte

sonnenhungriger Urlauber rauschten an Frankreichs westlicher Mittelmeerküste vorbei. Oder sie steckten im Verkehrschaos, denn eine Autobahn gab es damals noch nicht. Am betrüblichsten war die Erkenntnis, dass das Geld anderswo ausgegeben wurde. Die weitsichtige Zentralregierung in Paris hatte jedoch, um der Bodenspekulation vorzubeugen, schon frühzeitig mehr als 25.000 Hektar Küstenland erworben, ehe im Jahre 1966 der erste Spaten in den Sand gestochen wurde. Man hob ein Riesenloch aus, den Étang du Ponant, um festen Bausand zu fördern, mit dem der Architekt Balladur, dem die Planung des Touristenzentrums übertragen war, gewaltige Betonklötze in die Landschaft setzen durfte – in der Form aztekischer Stufenpyramiden. Ein Pilotprojekt musste schließlich etwas hermachen, ein bekannter Architekt musste sich ein Denkmal setzen, die Hochhäuser durften nicht wie solche aussehen, und auch die unteren Stockwerkbewohner sollten sich über einen sonnigen Balkon freuen.

Ein Heer von Maklern verdiente sich goldene Nasen, und längst hat sich der Moloch nach Westen voran gefressen. La Petite-Motte heißt diese Ansiedlung, und es hat den Anschein, als ob das Ende der Bautätigkeit immer noch nicht erreicht ist. 140.000 Menschen lassen sich den beiden Orten gleichzeitig die Sonne auf den Bauch scheinen, sie bevölkern die Diskotheken und Einkaufsmärkte, nachdem sie auf vierspurigen Straßen und breiten Alleen, an deren Rand 20.000 Bäume gepflanzt wurden, angekommen sind. Sogar das Hinterland wurde chemisch, vielleicht auch ein wenig biologisch, behandelt, um den Moskitos den Garaus zu machen. Das und anderes ist aber bis heute nicht gelungen.

Was bleibt für uns Wohnmobilisten? Fast nichts! Wir halten es mit der Volksseele, die längst La Grande-Motte zu »*La Grande-Merde*« *(Die große Sch….)* verballhornt hat. Und der offizielle Stellplatz im

2

Ort wurde gesperrt. Parken Sie am Straßenrand, um sich das anzusehen, und fahren Sie danach weiter. Es gibt allerdings zwei nicht am Strand liegende Campingplätze.

Bei **Carnon-Plage** (3.000 Einwohner) und Palavas-les-Flots erstrecken sich die Hauptstrände von Montpellier, der siebtgrößten Stadt Frankreichs, sie sind dementsprechend überlaufen. Die Motorboote werden hier in mehrstöckigen Garagen luftgetrocknet, und die Campingplätze sind nicht reizvoll. Außerhalb dieser werden Sie während der Sommermonate in Carnon-Plage keinen legalen Stellplatz finden.

Palavas-les-Flots

Das westlich folgende **Palavas-les-Flots** (6.000 Einwohner) finden wir inzwischen *wesentlich reizvoller* als früher, weil wir uns besser darauf eingestellt hatten. Die bebauten Ufer des Flusses Le Lez sind fast so fotogen wie die vergleichbaren Partien in Le Grau-du-Roi. Nur das gemütliche **Restaurant *Le Grange***, unser Tipp, liegt ein wenig abseits in der Nähe der Brücke über den Lez *(Av. de la Gare Albert Dubout 14, Tel. 04 67 68 25 01; Di. geschlossen, Menüs ab 35 €)*. Wir können inzwischen verstehen, weshalb der offizielle Stellplatz nachmittags oft ausgebucht ist, zumal er sich gut als Ausgangspunkt von Besuchen in Montpellier eignet. Dafür kommt (im Sommer) etwas weiter nördlich auch ein Campingplatz infrage:

2

012 Palavas-les-Flots – *Aire Paul Riquet*

GPS: N 43°31'52" E 3°55'25", Av. du Général de Gaulle. **Max. WOMOs**: 135. **Öffnungszeit**: Ganzjährig. **Ausstattung**: Ver- und Entsorgung, Toilette, im Winter geheizte Dusche, Strom, Mülleimer. **Beschreibung**: Sie stehen stellenweise schattenlos, aber klappstuhlgeeignet auf Asphalt, am Sporthafen, jedoch etwa 800 m vom guten Sandstrand entfernt. Der Fußweg zum Restaurant *Le Grange* misst 650 m (Leser schwärmen auch vom Drehrestaurant im Leuchtturm), einen Bäcker finden Sie schon früher. Bisweilen stören im Eingangsbereich unangenehme Gerüche. Selbst in der Nebensaison ist das Gelände bisweilen früh belegt. Man kann von der 650 m entfernten Bushaltestelle *Salle Bleue* (nordöstlich der Flussbrücke beim Stellplatz) alle 30 oder 60 Minuten mit dem Bus nach Montpellier fahren – erst Linie 631 und dann die Tram 3, das Ticket wird im Bus verkauft. **Preis**: 20 €. **Zufahrt**: Fahren Sie in Palavas Richtung *Rive droite* und westlich der Kanalbrücke am Kreisverkehr Richtung *Halte Camping-Car*. Den Wegweiser übersieht man leicht und landet mit der Führung durch das Navi auf statt unter der Brücke. Auf der Meerseite dieser Brücke müssen Sie an jenem Kreisverkehr deshalb zunächst stadteinwärts abbiegen.

013 Lattes – *Camping L'Oasis Palavasienne*

GPS/Kontakt: N 43°33'11" E 3°53'39", Allee de Tournefort, Lattes, Tel. 04 67 15 11 61; www.oasis-palavasienne.com. **Öffnungszeit**: Unbekannt. **Ausstattung**: Großer Pool, Supermarkt, Restaurant. **Beschreibung**: Das ist kein Campingplatz, wie ich Ihnen üblicherweise empfehle. Er eignet sich weniger für längere Aufenthalte als für die Besichtigung von Montpellier. Dabei sind die Lage an einer Durchgangsstraße und die veralteten Sanitäranlagen nicht so störend. Meines Wissens gibt es einen etwa 9 km langen Radweg, vermutlich zunächst entlang dem Fluss, bis in das Zentrum von Montpellier (siehe bei Google Maps). Dorthin besteht auch eine gute Busanbindung (Bus der Linie 32 hält wochentags alle 15 Minute, samstags alle 30 Minuten, sonntags alle 2 Stunden vor der Tür). **Preise**: Etwa 20 €–40 € (werden im Internet nicht angegeben). **Zufahrt**: Das Gelände liegt direkt an der D 986 von Palavas-les-Flots nach Lattes und Montpellier.

In der Nachbarschaft finden Sie zwei weitere Campingplätze.

2

Der Platz von Palavas-les-Flots war vielleicht Vorbild für das neuere Gelände bei **Villeneuve-lès-Maguelone** (9.400 Einwohner), das wegen seiner zwar schattenlosen, aber sonst schönen Lage ein Lieblingsplatz sein könnte, hätte der Planer statt des Asphalts einen freizeitgemäßen Untergrund gewählt, über den man sich nicht nur bei Regenwetter oder schmutzigen Hundepfoten freut:

014 Villeneuve-lès-Maguelone

GPS: N 43°31'46" E 3°52'06", Av. René Poitevin. **Max. WOMOs**: 42. **Öffnungszeit**: Ganzjährig. **Ausstattung**: Ver- und Entsorgung, Strom, Mülleimer. **Beschreibung**: Sie stehen klappstuhlgeeignet schattenlos auf Asphalt etwa 700 m südlich des Zentrums mit Gaststätten und Geschäften. Der nicht einsame Platz eignet sich sehr gut als Ausgangspunkt für eine Strandwanderung. Er ist zeitweise stark belegt, früh anreisen! Es gibt auch hier eine gute Busanbindung (Bus der Linie 32 hält wochentags alle 15 Minute, samstags alle 30 Minuten, sonntags alle 2 Stunden vor der Tür). An den Badestrand sind es 2,9 km, die man radeln kann. **Preise**: 15 €–19 €, je nach Saison und Dauer. Sie müssen vor der Zufahrt am Automaten die Aufenthaltsdauer festlegen (Sie können am nächsten Tag verlängern), müssen dann die Taste ›*Reserver une place*‹ drücken und mit der Kredit-Karte bezahlen; danach öffnet sich das Rolltor. Wer nur ver- oder entsorgen möchte, drückt die Taste ›*Vidange seule*‹. **Zufahrt**: Folgen Sie in Villeneuve-lès-Maguelone der Beschilderung; der Platz liegt meerwärts südlich des Ortes. Das Navi schickt Sie durch Einbahnstraßen.

Von hier können Sie hervorragend zu Fuß oder mit dem Rad nach drei Kilometern die **Cathédrale de Maguelone** erreichen (ab dem Stellplatz von Palavas-les-Flots beträgt die Distanz zu Fuß oder mit dem Rad etwa fünf Kilometer, hier fährt zeitwei-

Am Fußweg von Platz Nr. 014 zur Cathédrale de Maguelone

se auch ein Touristenbähnchen). Pinien und Weinreben bilden den würdigen Rahmen für das *früher auf einer Insel gelegene und im 12. Jahrhundert erbaute Gotteshaus*, das bis ins 16. Jahrhundert Bischofssitz war und im 17. Jahrhundert, weil es zuletzt Protestanten als Kirche gedient hat, von Richelieu zerstört worden ist, bevor man sich vor über 120 Jahren wieder an die Restaurierung gemacht hat *(10–18 Uhr; 4 €, zeitweise kostenlos)*. Beachten Sie unbedingt die vor Ort angezeigten Schließungszeit der Drehbrücke, auf der Sie nämlich auf dem Weg von Villeneuve-lès-Maguelone den Canal du Rhône à Sète überqueren müssen. Wenn Sie Zeit verpassen, zu der die Brücke (im Winter schon am späteren Nachmittag) zur Seite geschwenkt wird, müssen Sie auf zehn Kilometer um den Étang laufen. Sie können ab der Kathedrale bequem *zum Badestrand weiterwandern*. Auf der Strecke entdecken Sie malerische Stellen an den Étangs. Ich weise daher besonders auf die im Rother Wanderführer beschriebene **Wanderung von Frontignan nach Palavas-les-Flots** nebst deren Abwandlungen hin, die auch an der Kirchenruine vorbeiführt und die man am Stellplatz Nr. 014 starten kann, aber wegen des Rückweges sinnvollerweise nur teilweise nachgeht.

Cathédrale de Maguelone

Am weiter westlich gelegenen **Strand von Aresquiers** dürfen Sie mit dem WOMO nicht mehr parken, es sei denn, Sie besuchen den schön direkt am Strand gelegenen Campingplatz:

015 Frontignan-Plage – *Camping Sandaya-Les Tamaris*

GPS/Kontakt: N 43°26'58" E 3°48'21", Av. d'Ingril, Tel. 04 67 43 44 77; www.sandaya.fr/nos-campings/les-tamaris. **Öffnungszeit**: Anfang April bis ca. 29.9. **Ausstattung**: Direkt am Badestrand, großer Pool, Laden, Restaurant. **Beschreibung**: Das schattenarme Gelände mit kleinen Parzellen grenzt direkt an den sehr schönen Sandstrand. Nach Frontignan-Plage sind es 2,9 km. Sie können hier zu einer Strandwanderung starten (siehe oben). Der Platz ist zu mehr als der Hälfte mit Mietunterkünften bestückt. Diebstahlgefahr, Lesern wurde ein Fahrrad geklaut. **Preise**: Etwa 32 €–55 € (werden im Internet nicht angegeben). **Zufahrt** Folgen Sie östlich von Frontignan-Plage an der D 60 der Beschilderung.

016 Etwa 250 m östlich des Campingplatzes kann man auf einem Seitenstreifen der D 60 stehen, die nachts sehr wenig, gegen Morgen aber stark befahren ist. Auf jeden Fall eignet sich diese Stelle gut für einen Badeaufenthalt am sehr schönen Strand und ist im Hochsommer entsprechend früh am Tag belegt; **GPS**: N 43°27'09" E 3°48'34".

Versprechen Sie sich in dieser Gegend einen schönen, breiten Strand, aber kein idyllisches Hinterland Die nahe Kleinstadt **Frontignan** ist zwar dank ihres dort schon seit dem 17. Jahrhundert gekelterten Muskatweins bekannt, schön ist sie aber wegen der Auswüchse des Baubooms dennoch nicht. Das gilt in verstärktem Maße auch für **Frontignan-Plage**, wo zum Einheitsbeton noch eine außer Betrieb befindliche Ölraffinerie hinzukommt. Der Strand von Les Aresquiers war früher der Endpunkt der kleinen, von Frontignan-Plage herkommenden Küstenstraße D 60. Nun gibt es in der Nähe von Platz Nr. 016 aber eine ampelgeregelte Brücke über den Canal-du-Rhône-à-Sète, die Wirkung zeigt. Umweltschützer konnten noch durchsetzen, dass die Brü-

cke für Lastwagen gesperrt und so schmal gebaut wurde, dass das kleine Sträßchen nicht zur Rennbahn nach Montpellier entartet. Aber die Grundstücksbesitzer hocken weiter in den Startlöchern. Und die Parkplatzstrategen haben für die Übergangszeit der Ordnung zum Sieg verholfen: Mit ein paar Felsbrocken und dem einfachen Mittel dreier zusammengeschweißter Rohre erreichen sie, dass zwischen Brücke und Strand die Badegäste, viele FKK-ler, ausschließlich niedrigen Fahrzeugen entsteigen. Schade, denn der Strand ist schön und die Landschaft hier hinten, wo die Raffinerie fast nur noch in den Gedanken stört, durchaus akzeptabel. Mit Fahrrad oder nach einem kleinen Fußweg auf beschildertem Wanderweg, vielleicht auch auf dem oben erwähnten Seitenstreifen, kann man das Strandleben trotz der Beschrankung durchaus noch für ein paar Stunden genießen.

Barrieren, Schranken & Co

Von der menschlichen Intelligenz könnte unter dieser Überschrift die Rede sein, von der Vernunft bedeutender Europäer und weitsichtiger Wirtschaftspolitiker, die Schlagbäume zwischen den Ländern Europas niederreißen ließen. Von jenen, die nach dem Krieg allmählich die Barrieren aus unseren Köpfen verbannt haben. Keine rot-weiße Schranke muss mehr hochgehoben werden, wenn wir an der Grenze unseres westlichen Nachbarlandes stehen. Klug war also die große Politik.

Umso kleinkarierter entlarvt sich an den Küsten Südfrankreichs das Denken von Bürgermeistern, Gemeinderäten und Verwaltungsbeamten. Die nächste Kommunalwahl steht immer vor der Tür. Und es scheint, als habe nur der eine Chance, der den örtlichen Handwerker mit einem Kleinauftrag beglückt.

Als Erstes stellt sich dabei die Frage, wo man am wählerwirksamsten die Barriere platziert. Dabei macht man nichts falsch, wenn man sie überall dort einsetzt, wo ein Parkplatz in Meeressichtweite liegt. Am besten nimmt man das Problem flächendeckend in Angriff. In dieser Hinsicht, so glaube ich, kann inzwischen fast jeder Schultheiß getrost vor sein Küstenwählervolk treten. Denn die Parkplätze sind, von wenigen Ausnahmen abgesehen, verbarrikadiert.

Die zweite Frage hingegen scheint schwieriger zu sein. Sie ist getragen von dem Ringen nach der passenden Konstruktion, der Findung des persönlichen Geschmacks und der Suche nach der ökonomischen Lösung. Denn Schranke ist nicht gleich Schranke.

Nur Einfaltspinsel tendieren zu der klassischen Variante, bei der drei Metallteile, eins rechts, eins links und eines quer drüber, zu verschweißen sind. Wenngleich sogar bei dieser Lösung für den eigenen Gusto noch Raum bleibt. So muss gut überlegt werden, ob man lieber der weicheren Form des runden Rohrs den Vorzug vor der brutalen Methode gibt, der Vierkant-Stahl-Konstruktion. Letztere hat immerhin den Vorteil, dass auch der Lehrjunge im örtlichen Schlossereibetrieb schon mal dem Bürgermeister sein Können präsentieren darf. In beiden Fällen kommt auch der Azubi des heimischen Malers zum Zuge, kann er doch beweisen, wie man mit weißer und mit roter Farbe dem durch die Salzluft stetigen Korrosionsprozess Einhalt gebietet.

Die Zukunft gehört der Versandhausschranke. Die in verschiedenen Ausführungen und Preisklassen in einem Katalog angeboten wird, in dem sich der gemeindliche Zeugwart die Bänke für die Uferpromenade, die Papierkörbe und die Pissoir-Becken aussucht. Das größte Loch in den Gemeindesäckel reißt dabei die multifunktionale Qualität, die Krone des Erfindergeistes. Sie erlaubt es dem Bürgermeister, die Belegung seines Parkplatzes den Jahreszeiten anzupassen. Der Querbalken lässt sich nämlich schwenken, zur Seite drehen oder ganz entfernen. Und sogar mit einem Vorhängeschloss sichern.

Nur die Höhe dieser Schranken und Barrieren hat man noch nicht normiert. Variiert sie doch zwischen 1,90 m und 2,10 m. Auf jeden Fall ist sie so angelegt, dass der *Maire* (Bürgermeister) hocherhobenen Hauptes unter ihr hindurch schreiten kann. Meist passt auch der Van noch drunter durch, der mit dem Hubdach, aber meistens ohne Toilette; und natürlich alle Pkw. So stehen dann nur die im heiligen Bereich, deren Insassen die kleinen Geschäfte im Meer verrichten und die größeren auf den versifften Toiletten angrenzender Kneipen, hinter verschwiegenen Büschen – oder auch im Meer. Dass nur ja keiner auf den Parkplatz kommt, der auf einem Chemieklo ausscheidet und geregelt entsorgt!

Es bleiben aber mehrere Fragen offen: Gibt es unter den Wohnmobilisten tatsächlich so viele Schweine? Leben unter den Gemeinderäten von St Tropez bis St Cyprien nur Ignoranten, die von der Wirklichkeit keine Ahnung haben? Kann man derart locker auf das Geld der Wohnmobilbesatzungen verzichten? Und wann endlich wird die Barriere erfunden, die nur Wohnmobile durchlässt, aber keine normalen Autofahrer, die an den Strand pinkeln?

Die entscheidenden Fragen aber lauten: Wird es an der Küste mal wieder wie früher sein, als ein Parkplatz noch für alle zugänglich war? Wird sich der wohnmobile Mensch irgendwann so verantwortungsvoll verhalten, dass man sich auf ihn verlassen kann? Oder, darum geht es in erster Linie, wird er eines Tages so viel Geld vor Ort ausgeben, dass man nicht auf ihn verzichten will?

Frontignan wird geprägt von den schon erwähnten rostigen Tanks einer Raffinerie. Und genau dort, wo deshalb gar keine Ferienstimmung aufkommt und es am hässlichsten ist, hat man einen über Winter geschlossenen offiziellen Stellplatz mit Ver- und Entsorgung eingerichtet. Der kostet sogar 10 Euro, dient ersichtlich der Umerziehung all jener, die sich zu einer Wohnmobilreise entschlossen haben und ist deshalb hier nur eine kurze Erwähnung wert

017 N 43°26'01" E 3°45'36", Entfernung zum Strand etwa 700 m.

Wenn wir die Welt nicht danach beurteilen, ob wir auf ihr unser Wohnmobil abstellen können, gehört **Sète**, eine Stadt mit immerhin 40.000 Einwohnern, zu den Orten, mit denen es der liebe Gott eher gut gemeint hat – ausgenommen die vielen nordafrikanischen Einwanderer und kleinen Fischer, die ein ärmliches Dasein fristen. So ist aber der Tourismus. Wo sich das Leben der Armen mit dem der Reichen vermischt, wo in Sichtweite von Spelunken die Gutbetuchten in feudalen Hotels absteigen, wo tagtäglich Frankreichs größte Fischereiflotte den silbrig glänzenden Fang schreienden Händlern abliefert (siehe folgender grauer Kasten), und wo es dem, der seine Kredit-Karte in der Tasche trägt, an nichts fehlt, kommen wir Touristen auf unsere Kosten. Womit das Wesentliche schon gesagt wäre.

Sète – Blick vom Mont Saint-Clair

Die Aufzählung der Sehenswürdigkeiten ist dagegen eher kurz. Der berühmte **Mont Saint-Clair**, der Hausberg, bietet von seinen 182 Höhenmetern einen schönen Überblick. Es lohnt sich hochzufahren (das ist steil, es gelingt dennoch großen Reisebussen), weniger um die kleine Wallfahrtskapelle zu beehren, sondern wegen des *grandiosen Rundblicks über die Stadt und den Hafen.* Nach Sperrung des größten Teils der Fläche bleiben hinter der Balustrade seitlich nur noch zwei oder drei nicht sehr große Plätze, wenn einen das bisweilen hell erleuchtete Riesenkreuz nicht stört und auch nicht die Warnung vor dem Elektrosmog der vielen Antennen:

2

018 Sète – Mont Saint-Clair

GPS: N 43°24'08" E 3°41'06", Chemin de Saint-Clair. **Max. WOMOs**: 2-3. **Ausstattung/Lage**: Wasser, Toilette, prachtvolle Sicht, Treppenweg hinunter ins Zentrum / Stadtrand. **Zufahrt**: Suchen Sie im westlichen Ortsteil auf der Südseite (an der südwestlichen Ecke des Hafenbeckens) bei der *Cimetière marin* den Wegweiser ›*Mont Saint-Clair*‹. Es geht nun steil aufwärts bis zum Gipfel. Direkt nach der höchsten Stelle folgt ein weiterer Parkplatz. **Hinweise**: Der erste Parkplatz ist seit der Umgestaltung und teilweisen Sperrung nur noch ein Behelf für Insider mit Fahrzeug unter 7 m. Aber der Blick belohnt auf jeden Fall für die kurze, steile Zufahrt. Der nach wenigen Metern folgende weitere Platz ist mit einer Höhenschranke versehen.

Der etwa 800 m nördlich gelegene Aussichtsbalkon ***Pierres Blanches*** hingegen ist mit einem Schild ›*Camping et Caravaning interdit*‹ verunziert (was immer das auch für die reine WOMO-Nacht bedeutet). Hier könnte man ausgezeichnet stehen; **GPS**: N 43°24'14" E 3°40'14".

Möglicherweise ist die Übernachtung auf den vorgenannten Plätzen (nur) zwischen dem 1.6. und 30.9. verboten.

Weitere früher von mir empfohlene Plätze gibt es nicht mehr, weshalb es für große Fahrzeuge richtig schwer ist, in Sète überhaupt zu parken. Wenn Sie Verbotszeichen für Wohnmobile als reines Nachtparkverbot interpretieren, finden Sie meistens Platz entlang des Kanals nach Frontignan-Plage

P ab N 43°24'34" E 3°42'17" oder in Seitenstraßen dazu.

Zum festen Repertoire von Sète gehört auch der Bummel über die **Cimetière marin**, den Seefahrerfriedhof, seitlich der Küsten-

In Sète

straße an der südwestlichen Ecke des Fischereihafenbeckens. Der terrassenförmig den Hang des Mont Saint-Clair emporwachsende Gottesacker ist nicht nur einer der bekanntesten, sondern auch einer der schönsten Friedhöfe Frankreichs. Er ist allerdings nicht die letzte Ruhestätte von **Georges Brassens** (1921–1981), der ihn zwar mehrfach besungen hat, der aber wunschgemäß neben seiner Anhängerschaft, den Arbeitern, auf dem kommunalen Friedhof seine letzte Ruhestätte gefunden hat (diese liegt am Boulevard Camille-Blanc auf der nordöstlichen Seite – wenn man einmal um Sète herumfährt, kommt man daran vorbei). Der Chansonnier ist einer der berühmtesten Söhne der Stadt, leider versteht man mit Schulfranzösisch seine Lieder schlecht. Daran ändern auch die Kopfhörer im Museum des **Espace Brassens** wenig *(gegenüber dem kommunalen Friedhof, Boulevard Camille Blanc 67; Di.–So. 10–17 Uhr, nicht an Feiertagen, im Winter Pause von 12–14 Uhr, 6 €).*

Thunfischfang im Mittelmeer

Mit Sète verbindet man in unserer Zeit weniger den Sänger Brassens als in allererster Linie den Fischfang. Tagtäglich können Sie am Fischereihafen, dem großen Becken westlich der Brücke mitten in der Stadt, die Rückkehr der Kutter beobachten und fotografieren, wie bärtige Männer mit sonnengegerbten Gesichtern ihre Beute direkt vom Schiff in die Kühllaster umladen, die gleich darauf zu den Abnehmern starten.

Aber als wir im Jahr 2011 am Hafenbecken flaniert sind, mussten wir die größten Trawler fest am Kai vertäut und schon leicht rostig bestaunen. Wir wurden Zeugen der Auswirkungen eines Konflikts, der in Sète für viel Unruhe gesorgt hat. Die EU-Kommission hatte Anfang Juni 2010 zum Schutz des auf der Roten Liste der vom Aussterben bedrohten Tierarten stehenden Roten Thunfischs (auch Blauflossenthunfisch genannt; der Dosenthunfisch ist der Weiße Thunfisch) die Fangsaison vorzeitig beendet und auch 2011 nur noch begrenzt wieder frei gegeben. Die EU erhoffte sich, auf diese Weise die Fischbestände wieder zu vergrößern. Ohne solche Beschränkungen wäre der Rote Thunfisch schon 2012 ausgestorben.

In Sète gab es damals wütende Proteste der Fischer, die ihre Hochseekutter nicht mehr rentabel einsetzen konnten. Andernorts sind französische Thunfischjäger sogar mit Harpunen auf Greenpeace-Aktivisten losgegangen, als diese gefangene Thunfische aus den 10 bis 20 Kilometer (!!) langen, an der Wasseroberfläche mit Bojen gehaltenen Treibnetzen, sogenannten Ringwaden, befreien wollten.

Über diese grausamen Stell- und Treibnetze könnte man sich seitenlang auslassen, über mörderischen Beifang, über Raubbau an Edelfischbeständen, aber auch über unsere Verbrauchsgewohnheiten und den Speiseplan der Restaurants.

So war es zu erwarten und ist es weiter notwendig, dass Fangbeschränkungen auch auf andere Fische ausgedehnt werden; zum Beispiel zum Schutz des Kabeljaus. Tatsächlich haben sich die Fangbeschränkungen zwischen 2007 und 2021 aber derart unerwartet schnell ausgewirkt, dass mehrere Thunfischarten, darunter auch der Rote Thunfisch, wieder von der Liste der vom Aussterben bedrohten Fischarten gestrichen werden konnten. Was natürlich nicht heißt, dass sie nicht mehr gefährdet sind. Deshalb dürfen die 18 Thunfisch Wadenfänger, das sind die bis zu 40 m langen Schiffe, die in Sète beheimatet sind und mit ihren Riesennetzen (Waden) hauptsächlich vor Malta und den Balearen fischen, nur zu bestimmten Zeiten (in einem Jahr beispielsweise vom 1.3. bis zum 15.5. und vom 26.5. bis zum 6.6.) auslaufen und festgelegte Mengen fangen. Das scheint sich trotzdem zu rentieren, wo doch ein 278 Kilogramm schwerer Fisch im Jahr 2019 in Japan für 2,7 Mio. Euro verkauft werden konnte. Überhaupt wird der größte Teil des Thunfischfangs der Flotte aus Sète nach Japan exportiert.

Man muss schon aus ökologischen Gründen wirklich hinterfragen, ob man als Autor eines Reiseführers überhaupt noch eines der Fischlokale empfehlen soll, die sich wie Perlen an einer Schnur seitlich des Hafens aneinanderreihen. Wer sich dort in der Adresse vertut, findet auch mal ein aufgetautes Produkt auf seinem Teller. Wobei klargestellt werden sollte, dass ein tiefgekühltes Fischfilet mit leckerer Soße in Wattenscheid einen faden und überteuerten Frischfisch in Sète alt aussehen lassen kann.

Berühmt wie die Fischlokale ist auch die folkloristische Seite der Seefahrt. An vier Tagen um den 25. August finden die berühmten *mittelalterlichen Lanzenstechturniere* ›*Les Joutes*‹ im Kanal von Sète statt. Rot und blau bemalte Boote stehen sich gegenüber, und der *Jouteur*, der auf dem Heck des einen Bootes steht, muss versuchen, mittels einer Lanze den Kollegen der feindlichen Mannschaft über Bord zu schubsen. Dabei gilt es zahlreiche, dem Fremden undurchschaubare Regeln zu beachten. Die Turniere sind nicht nur Volksfest- und Touristenattraktion, sie haben auch einen historischen Ursprung. Schon zu Zeiten der Kreuzfahrer (als es Sète noch gar nicht gab) hatten sich die Soldaten mit ähnlichen Scheingefechten die Warterei vor dem Ablegen an die nordafrikanische Küste vertrieben. Die Spiele werden seit der Gründung von *Sète* im Jahre 1666, das sich einst *Cette* nannte, zelebriert. Der Hafen von Sète war in dieser Zeit von Riquet konzipiert worden, als Endpunkt des Canal du Midi, einer Schifffahrtsstraße, die das Mittelmeer mit dem Atlantik verbindet (Näheres bei der 7. Tour).

In Sète werden Sie sich zur Mitnahme eines Fahrrades beglückwünschen, weil neben die ehemalige Durchgangsstraße eine neue Straße gebaut wurde und die alte zu einem Radweg umfunktioniert worden ist. Außerdem ist durch den Neubau etwa fünf Kilometer westlich der Ansiedlung ein Riesenparkplatz möglich geworden, bei dem erfreulicherweise die WOMOs nicht vergessen worden sind:

019 Sète – *Les 3 Diques*

GPS: N 43°22'00" E 3°36'57", Route d'Agde. **Max. WOMOs**:.50-60. **Öffnungszeit**: Ganzjährig. **Ausstattung**: Ver- und Entsorgung, Toilette (gelegentlich abgeschlossen, meistens vernachlässigt, da nicht nur für die Wohnmobilisten gebaut), Außendusche, im Sommer Bäckereiwagen, Mülleimer. **Beschreibung**: Das schattenlose, klappstuhlgeeignete Gelände grenzt an den schönen, breiten Badestrand. An das Hafenbecken von Sète sind es mit dem Fahrrad etwa 7,5 km. Der Platz ist im Sommer früh belegt. Sie hören Geräusche von der nahen Straße und von der Bahn, die nachts aber weniger stören. Höchstens 72 Stunden am Stück und für Fahrzeuge von deutlich über 8 m Länge nicht geeignet. In der Saison Busverbindung nach Sète bis in den späten Abend. **Preise**: 10 €–12 €. **Zufahrt**: Fahren Sie in Sète nach Westen, Richtung Marseillan-Plage, Cap d'Agde. Etwa 7 km westlich des Zentrums von Sète sehen Sie seitlich der D 612 einen als ›*Les 3 Diques*‹ bezeichneten Parkplatz.

Weiter westlich liegt, nur durch die (ehemalige Durchgangs-) Straße vom breiten Strand getrennt, ***Camping Le Castellas***, ein Riesenplatz mit Pool und vielen Mobilhomes, ehe der Strand an seinem südwestlichen Ende in den von **Marseillan-Plage** übergeht. Diese Ansiedlung ist belanglos, zurückhaltend formuliert, und der von mir früher empfohlene familiäre Campingplatz im östlichen Ortsteil wurde an einen Konzern verkauft, der als erstes zahlreiche Mobilhomes aufgestellt hat. Deshalb wollte ich Ihnen westlich der Bebauung, Richtung Cap d'Agde, einen Ersatz anbieten. Bei der Suche sind wir allerdings geflohen: Verkaufsbude neben Verkaufsbude, Ballermannfeeling, aber zahlreiche große Campingplätze direkt am breiten, zugegebenermaßen sehr schönen Strand. Erwähnen möchte ich den Stellplatz:

020 Marseillan-Plage

GPS: N 43°19'09" E 3°32'56", Rue des Goélands. **Max. WOMOs**: 130. **Öffnungszeit**: Ganzjährig. **Ausstattung**: Ver- und Entsorgung, Mülleimer. **Beschreibung**: Das geschotterte, schattenarme, klappstuhlgeeignete und sehr gut besuchte Gelände grenzt an der einen Seite an eine vierspurige Straße, an der anderen an die Bebauung mit Gaststätten und Geschäften. Zum Strand sind es etwa 600 m. Verkehrsgeräusche von der nahen Hauptverkehrsstraße mischen sich im Hochsommer bis in die Nacht mit Lärm vom benachbarten Freizeitpark. **Preise**: 4 €–13 € (je nach Zeitpunkt; zahlbar nur mit Visa- oder Masterkarte). **Zufahrt**: Der Platz liegt gut beschildert an einem Kreisverkehr der Straße nach Sète.

Um das westlich direkt angrenzende **Le Cap d'Agde** kann im Sommer der Bogen nicht groß genug sein. Nur so viel: 1,5 Mio. Besucher pro Jahr, 27.000 Wohnungen, sieben Strände, vier künstliche Inseln mit Nightclubs und Diskotheken sowie ein zentral gelegenes Empfangsgebäude, von dem die Feriengroßstadt organisiert wird. Es muss eine Menge Leute geben, denen das gefällt, sonst wären sie nicht hier. Wahrscheinlich träumen viele davon, mit einem Wohnmobil alles das hinter sich lassen zu können, samt dem dortigen offiziellen Stellplatz, einem fast schattenlosen Stück Asphalt, ca. 300 Meter vom Meer entfernt, das ich hier nur der Vollständigkeit halber und wegen der Ver- und Entsorgungsmöglichkeit erwähne

021 **N 43°17'10" E 3°31'03"**, Rue du Gouverneur, Ver- und Entsorgung.

Sie finden direkt daneben den beschilderten, an den Strand grenzenden **Campingplatz *La Clape***. Davon mindestens zwei Kilometer entfernt und wegen der Hafenzufahrt nicht zu Fuß über den

Strand erreichbar (sondern über den Strand ab Marseillan-Plage), liegt östlich des Ortes *René Oltra*, die größte FKK-Campinganlage Europas, wo angeblich die Grenze zu einem Swingerclub unscharf ist, wenn diese Vokabel in jenem Zusammenhang überhaupt passt. Jedenfalls wird der östlich daran angrenzende Strand *Baie des cochons* genannt *(Schweinebucht)*. Damit spielt man nicht auf die militärische Anlandung der Amerikaner auf Cuba im Jahr 1961 an, sondern auf hemmungslosen Sex in unserer Zeit – und am helllichten Tag.

Einen Grund für den Besuch von Cap d'Agde gibt es aber trotzdem: den griechischen Epheben im **Musée de l'Éphèbe**. Die Rede ist von einer Mannsgestalt, deren anmutige Formen einst von einem griechischen Bildhauer geschaffen wurden. Im Jahre 1964 haben Taucher die steinerne Figur im Schlick des Flusses Hérault nahe der Brücke von Agde gefunden. Dort gab es aber noch kein Museum, und so wurde das Kunstwerk zunächst über 20 Jahre lang im Pariser Louvre gezeigt, sozusagen zwischengelagert, ehe in Cap d'Agde der museale Rahmen geschaffen worden ist. Man beißt die Zähne zusammen, am liebsten würde man wegen des Touristentrubels bis zur Museumstür auch die Augen schließen (obwohl man nicht am *Schweinchenstrand* vorbeifährt). Rein ins Museum, die Augen wieder auf, das Mannsbild hinter Acrylglas betrachten und zurück nach Agde *(Mo. geschlossen, 10–12:30 und 14–17:30 Uhr, im Juli/August täglich 10:30–13 und 15–19 Uhr; 6 €; das Museum liegt ganz in der Nähe des Stellplatzes Nr. 021)*.

L'Éphèbe

Der Haupturlauberstrom fließt in umgekehrter Richtung, wenn die nun nicht mehr Nackten zwischen Après-Sun und Diskotheken-Cocktail für ein, zwei Stunden in **Agde** ein Stück normale

Agde

Welt erleben möchten. Dann platzt die Stadt aus den Nähten, weshalb zwischen Mitte Juli und Mitte August auch der Stadtbummel in Agde ein eher zweifelhaftes Vergnügen ist. Aber in der restlichen Zeit liegt die *Stadt, eine der ältesten Frankreichs*, malerisch am Fluss Hérault und scheint noch mehr für ihre eigenen 29.000 Einwohner als für die Gäste zu existieren. Der Ort muss auch schon in der Antike seine Reize gehabt haben, sonst hätten die Griechen der Ansiedlung nicht den Namen *Agathe*, die *Schöne*, verliehen. Ihr Bild lebt heute von der Gegensätzlichkeit zwischen den sommerlich bunten Farben und den schwarzen Repräsentationsbauten. Allen vorweg der wehrhaften **Kathedrale** (von 1173), die wie auch das Rathaus und einige Stadtpaläste wegen des schwarzen Lava-Basalts ziemlich finster wirkt. Die Baumeister haben sich an dem Gestein bedient, das vor der Haustür lag und das der nahe Mont St Loup liefert, der erst vor weniger als einer Million Jahre, wie die Vulkane der Auvergne, aus dem Erdinneren aufgetaucht ist.

Agde – Kathedrale

Agde ist kein Ort für große Besichtigungen, stattdessen bummelt man durch nette Gassen und ein intaktes Altstadtbild. Vielleicht lässt man sich auch, je nach Reisezeit, ein bisschen schieben. Aber man hat seine Freude dabei. Besonders in der Rue de l'amour, dem ursprünglichsten und weitgehend unsanierten Teil der Altstadt (beschildert).

Leider ist der Bereich, den ich früher mal als Stellplatz empfohlen hatte, inzwischen gesperrt, weshalb es schwer ist, einen Parkplatz zu finden (suchen Sie auch auf dem anderen, westlichen Ufer des Hérault, zu dem ich Ihnen bei der 3. Tour auch Stellplätze liefere).

Die ebenfalls am östlichen Ufer des Hérault, jedoch an der Küste gelegene Feriensiedlung **Le Grau d'Agde** kann einige kleinere Campingplätze (nicht am Strand) vorweisen. Die schöneren Alternativen finden Sie auf unserer nächsten Tour, die am anderen Flussufer beginnt. Aber es gibt eine interessante Partie am Hérault mit einem *lebhaften Fischereihafen* und ein schönes Lokal, mit dem Nachteil, dass Sie von allen unseren Stell- oder Camping-

Le Grau d'Agde

plätzen extra hinfahren müssen. Vielleicht animiert es Sie trotzdem: Im **Restaurant *L'Envie*** sitzen Sie im Sommer direkt über dem Hérault und werden ebenso lecker bekocht wie freundlich bedient *(Tel. 04 67 21 13 00, Juli/Aug. kein Ruhetag, sonst abends nur von Do.–Sa., für diese Auflage nicht neu getestet; keine Menüs, Hauptspeisen ab 18 €).*

Vor unserer 3. Tour, die auf dem westlichen Ufer des Hérault beginnt, unternehmen wir noch einen Abstecher ins Hinterland, an eine Küste fast ohne Badebetrieb und deshalb ohne Rummel. Wir fahren nämlich an die Nordseite des **Étang de Thau** (Bassin de Thau), eine Meerwasserlagune, die wegen ihrer Austern- und Muschelbänke, aber auch wegen ihres Fischreichtums, berühmt ist. Gerne würde man in der Kleinstadt **Marseillan** (Village) länger verweilen und am Rand des Sportboothafens die Früchte des Binnengewässers genießen. Wohnmobile liebt die Verwaltung in der Nähe des Wassers aber nicht. Man kann dort legal kaum parken. Wer sich daran nicht stört oder ein paar Schritte mehr geht, wird schöne Fotos mit nach Hause nehmen und vielleicht auch

Marseillan

2

eine Flasche des Wermuts *Noilly Prat*, der hier hergestellt wird und mit dem viele Spitzenköche die Fischsoßen geheimnisvoll abschmecken. Sie können die Fabrik am Hafen besichtigen und die Erzeugnisse vor Ort kaufen *(Mittagspause von 12–14:30 Uhr)*. Nördlich von Marseillan können Sie die Verwendung des Wermuts in einem guten Restaurant testen oder sich mal so richtig an Muscheln und Austern satt essen und anschließend auf dem ausgewiesenen WOMO-Stellplatz schlafen:

022 Marseillan – *La Ferme Marine – Restaurant La Tablée*

GPS/Kontakt: N 43°22'01" E 3°32'19", Route des Parcs, Tel. 04 67 21 21 20; www.lafermemarine.fr. **Max. WOMOs**: 4. **Öffnungszeit**: Ganzjährig. **Ausstattung**: Gute Gaststätte *(kein Ruhetag)*; Austernverkauf. **Beschreibung**: Es handelt sich um den Parkplatz eines Restaurants und Austernzuchtbetriebes in einem Gewerbegebiet. Möglicherweise werden Sie nachts durch Hundegebell und am Morgen durch Maschinen des Betriebes gestört. Hier würde ich nur übernachten, wenn ich vorher im Fisch- und Krustentierlokal gespeist hätte. Parken Sie rechtwinklig zur Mauer. Das Lokal hieß früher *La Ferme Marine* und wurde umbenannt (weil der Betreiber an anderer Stelle noch zwei weiter Restaurants unterhält). **Zufahrt**: Verlassen Sie die D 51 nördlich von Marseillan nach rechts, Richtung Étang, entweder an einem Kreisverkehr noch innerhalb der Bebauung oder bei erster Gelegenheit danach.

Wer einen richtigen Stellplatz in der Nähe eines Städtchens mit Hafen, Uferpromenade, Stadtmauer und Altstadt sucht, fährt an dem schon von den Griechen gegründeten **Mèze** (12.300 Einwohner) nicht vorbei. Die dort aufgenommen Fotos stehen denen von Marseillan nicht nach:

023 Mèze

GPS: N 43°26'29" E 3°35'40", Domaine du Lac. **Max. WOMOs**: 44. **Öffnungszeit**: Ganzjährig. **Ausstattung**: Ver- und Entsorgung, Strom, Mülleimer. **Beschreibung**: Das schön gelegene geschotterte, klappstuhlgeeignete Gelände wurde relativ neu angelegt, weshalb die Bäume noch klein sind. Bis an den Hafen sind es aber 2,4 km. Sie können in der Nähe nichts einkaufen. **Preis**:14 €. Der Platz gehört zum Unternehmen *Camping-Car Park*. Siehe dazu nähere Einzelheiten bei den Tipps unter *Freies Camping / Stellplätze / übernachtungsgeeignete Parkplätze*. **Zufahrt**: Der Platz liegt beschildert nördlich der Stadt beim Sportplatz- und Freizeitgelände.

024 Östlich von Mèze finden Sie mit ***Kowa Beau Rivage*** einen gut gelegenen, ortsnahen **Campingplatz** direkt am Ufer mit Hallenbad und relativ viel Freiraum; **GPS**: N 43°25'50" E 3°36'37".

Bouzigues

Erfreulich ist gleichermaßen das Fischerdorf **Bouzigues** (1.600 Einwohner), nach dem die im Bassin de Thau wachsenden **Austern** benannt werden. Schon ab Marseillan sehen Sie im Étang die Austerntische, angeblich insgesamt etwa 3.000. Es sind Gerüste von 15 auf 50 Meter, von denen jeweils 1.000 Seile ins Wasser hängen, an denen die jungen Austern heranwachsen. Diese sogenannte Leinenkultivierung wurde in Europa vor allem bei Bouzigues entwickelt, nachdem übrigens erst 1904 im Bassin de Thau mit der Austernzucht begonnen worden ist. Hier gibt es heute fast 500 Betriebe für *Conchyliculture*, also für Muschel- und Austernzucht, die rund 8.000 Tonnen Austern und etwa 5.500 Tonnen Miesmuscheln im Jahr ernten (in Leucate, 3. Tour, tun das 26 Erzeuger). Einzelheiten erfahren Sie im **Musée de l'Étang de Thau** in Bouzigues (*Quai du Port de Pèche; Mo. geschlossen, 10–11 und 14–16 oder 17 Uhr, Juli/August nachmittags 15–18 Uhr; 5 €*). Verspeisen können Sie die frischen Produkte in zahlreichen Restaurants (siehe auch beim vorgenannten Stellplatz) hinter einem lang gezogenen Strand, wo stellenweise sogar gebadet wird und wo gerade im Herbst das Wasser deutlich wärmer ist als im offenen Meer. Spazieren Sie nach der Meeresfrüchteplatte (zum Beispiel *Chez Alex et Lucie*) auf den schön gelegenen, kleinen Campingplatz, der außer einem Parkplatz an der westlichen Ortszufahrt bei einem Kreisverkehr

Im Étang de Thau wurde bei der Austernzucht die Leinenkultivierung entwickelt, bei der von Gerüsten jeweils 1000 Seile ins Wasser hängen, an denen die Austern wachsen.

025 N 43°26'56" E 3°38'46", Chemin de la Catonnière

wegen des flächendeckenden Wohnmobilverbotes als einzige Möglichkeit für einen Aufenthalt über Nacht ernsthaft infrage kommt:

026 Bouzigues – *Camping Lou Labech*

GPS/Kontakt: N 43°27'02" E 3°39'56", Rue du Stade, Tel. 04 67 78 30 38; www.lou-labech.fr. **Öffnungszeit**: April bis Oktober; Mittagspause von 12:30–14 Uhr. **Ausstattung**: Brotverkauf, Getränke. **Beschreibung**: Das wenig schattige Gelände liegt sehr schön oberhalb des Étang. In das Ortszentrum, wo es viele Restaurants (Austern und Muscheln, wenig Fleischgerichte), aber keine größere Einkaufsmöglichkeit gibt, sind es entlang dem Ufer 0,6 km. Das Platzangebot ist beschränkt. Auch in der Nebensaison ist der Platz häufig belegt. **Preise**: 17,50 €–30 €. **Zufahrt** Sie finden Platz schlecht beschildert östlich des Zentrums.

Weniger malerisch ist **Balaruc-les-Bains** (7.000 Einwohner), das zwar samt Sporthafen ebenfalls am Étang liegt, aber eher als Heilbad bekannt ist. Für dessen rheumakranke Gäste hätte man

einen Campingplatz nicht in einen Stellplatz umfunktionieren müssen (obwohl ein Tarif für Kuraufenthalte angeboten wird). Jener wird wegen seiner Nähe zu einer Autobahnabfahrt vielmehr gerne von Spanienurlaubern auf der Durchreise besucht:

027 Balaruc-les-Bains

GPS: N 43°26'42" E 3°40'51", Av. de Montpellier. **Max. WOMOs**: 120. **Öffnungszeit**: Ganzjährig. **Ausstattung**: Ver- und Entsorgung, Toilette, warme Dusche, Strom, Mülleimer. **Beschreibung**: Dem praktisch gelegenen Gelände sieht man das frühere Leben als Campingplatz noch gut an. Sie stehen auf Rasen und sind vom Nachbarn durch eine niedrige Hecke getrennt. Ins Zentrum sind es nur 400 m. **Preis**:16 €–18 €. **Zufahrt**: Der Platz liegt beschildert nördlich des Ortes zwischen dem Zentrum und dem Autobahnzubringer (Autobahnabfahrt Nr. 33, Sète).

In Balaruc-les-Bains treten Sie in unserer Tourabfolge entweder den Rückweg auf dem Hinweg an. Oder Sie umrunden das Bassin vollends und durchqueren Sète noch einmal, dessen Zentrum nur etwa 7,5 Kilometer entfernt ist. Jedenfalls geht es auf der dritten Tour westlich davon weiter.

Tour 3

BÉZIERS
Tour 7
035
036
037
029
Agde
032
Vias
Tour 2
Cers
612
034
028
La Tamarissière
137
Vias-Plage
033
Orb
609
038
Sérignan
031
Portiragnes-Plage
042
9
030
040
Valras-Plage
Sérignan-Plage
039
041
Aude
043
Grau de Vendres
Fleury
044
1118
Château La Négly
Les Cabanes-de-Fleury
045
St Pierre
NARBONNE
Tour 7
Montagne de la Clape
Narbonne-Plage
332
046
32
047
Gruissan
048
Bages
049
050
051
Peyriac
Réserve Africaine
20 km
6139
Port-la-Nouvelle
Sigean
052
P
709
053
054
La Franqui
627
Leucate-Plage
055
Leucate
048
057
Fitou
059
Port-Leucate
058
Port-Barcarès
Salses-le Château
Tour 5
Le Barcarès
9
83
Toreilles-Plage
Agly
81
060
Ste Marie-Plage
Têt
St Cyprien-Plage
061
nach Perpignan
den Rest der Tour siehe Karte vor Tour 4

Sand und Lagunen
Die südwestliche Küste
280 km

Auf dieser Tour wird der größte Teil der Sandküste beschrieben, unverblümt, weitgehend vollständig und mit den uneingeschränkt lohnenden besonderen Lichtblicken:

- **La Tamarissière**
- **Gruissan**
- **Wanderung am Étang du Doul**
- **Leucate**

Zu den schönsten an der Küste gelegenen Languedoc- und Roussillonorten gehört die kleine Ansiedlung **La Tamarissière**, deren wenige Häuser, es sind tatsächlich nur einige Hände voll, unseren Lieblingsbadeort bilden und das *westliche Ufer des Hérault* säumen.

Dieser Fluss, dessen Oberlauf uns bei der 8. Tour erneut gefallen wird, besticht kurz vor seinem Abtauchen ins Meer mit einer malerischen Kulisse, einer für die Gegend ungewöhnlichen Beschaulichkeit und Trägheit – relativ gesehen! Unerklärlicherweise sucht man das Nest in den meisten Reiseführern vergeblich, das, ebenfalls relativ betrachtet, fast noch als Geheimtipp durchgehen könnte. Freilich zeitigt auch hier die Hochsaison Auswüchse.

Am Hérault – Blick von La Tamarissière nach Le Grau d'Agde

Aber immerhin gibt es keinen Massentourismus, wenngleich in den heißen sechs Wochen vom 10. Juli bis 20. August der *Camping de la Tamarissière* gut besucht und häufig ausgebucht ist. Die Rede ist von einem sehr großen Gelände unter Bäumen direkt hinter

La Tamarissière

der Düne, so geräumig, dass sich in der Nebensaison die Besucher fast verlaufen. Das Terrain ist weitgehend naturbelassen, was sogar für mehrere deutsche Bunker zutrifft. Die deutsche Besatzungsarmee hatte im letzten Weltkrieg an Südfrankreichs Mittelmeerküste einen dichten Bunkersperrgürtel aufgebaut, um eine in dieser Gegend erwartete Landung der Alliierten abzuwehren. An den Stränden sind die schaurigen Betonklötze größtenteils verschwunden und teilweise durch als Behausung dienende Betonbauten ganz anderer Zweckbestimmung ersetzt. Auf dem Campingplatz hat man sich lange den mühevollen Abriss erspart. Dort diente *Le Block(h)aus*, wie die Franzosen früher sagten, lange Zeit als Wand für Klo und Dusche, bis neue Sanitärgebäude in Betrieb gestellt wurden. Wobei die unbestreitbare Atmosphäre dieses Platzes von seiner schönen Lage und Natürlichkeit herrührt und nicht von der Weltkriegserinnerung.

Das Flair ist geblieben, obwohl man sich seit einigen Jahren alle Mühe gibt, eine neuzeitliche Uniform anzulegen. Es wurden

zunehmend verschiedene Versionen von Mobilheimen *(Hébergements)* aufgereiht, sich auf Campingplätzen wie eine Epidemie verbreitende feste und offensichtlich rentable Behausungen, und neuerdings wird sogar ein schickes, großes Schwimmbad in Form einer Lagune angeboten. Außerdem hat man zu den Dünen einen Zaun gezogen und damit den Platz verkleinert und seiner schönsten Nischen beraubt. Aber wir werden unseren Lieblingsplatz, sicher einen der schönsten in dieser Gegend, weiter aufsuchen:

028 La Tamarissière – *Camping de la Tamarissière*

GPS/Kontakt: N 43°17'15" E 03°26'33", Agde, Rue Commandant Malé 4, Tel. 04 67 94 79 46; https://camping-latama.com. **Öffnungszeit**: 15.4.–15.10. **Ausstattung**: Naturpool, genannt *Le Lagon*, Spielplatz mit Klettergerüst, Bunkerbesichtigung (Samstagvormittag). **Beschreibung**: Sie urlauben auf einem geräumigen Terrain unter alten Pinien direkt am weitläufigen Badestrand. Die kleine Ortschaft grenzt unmittelbar an. Restaurant und Läden sind unmittelbar benachbart Es gibt auch hier Stechmücken, obgleich man das nicht erwartet, weil man Gewässer hinter dem Platz nicht wahrnimmt, wie auch auf sehr vielen anderen in diesem Buch empfohlenen Plätzen. **Preise**: 18 €–41€. **Zufahrt**: Biegen Sie in La Tamarissière (das zu Agde, Tour 2, gehört) fast am Ende der Straße rechts ab – nicht zu verfehlen.

Genau kenne ich auch nicht die Gründe der Faszination von Platz und Ort. Wahrscheinlich ist es der breite Fluss, der bislang verhindern konnte, dass die Gegend vom Tourismusbrei völlig verklebt wurde. Lässt man sich von einer kleinen Fähre ans andere, östliche Flussufer übersetzen, gerät man in Le Grau d'Agde in Strandnähe in die Welt ganz anderer Tourismusstrukturen. In Tamarissière kommt mit ***Marin Pêcheur*** nur ein **Restaurant** ernsthaft infrage, dessen gute Fischküche direkt am Fluss dem schönen Gesamteindruck der kleinen Ansiedlung entspricht *(kein Ruhetag, unbedingt vor Ort reservieren)*.

Die Launen der Natur hatten dem Strand mehrfach übel mitgespielt. Von dem einstmals breiten Sandstreifen war vorübergehend nur noch ein kümmerlicher Rest geblieben. Inzwischen haben aber die künstlichen Wellenbrecher Wirkungen gezeigt. Der Strand hat wieder seine frühere Breite, sodass mehrtägigen Urlaubsfreuden nichts im Wege steht. Es sei denn, Sie fühlen sich nur wohl, wenn Sie es am Abend krachen lassen können. In der Nähe finden Sie inzwischen auch einen privat betriebenen und schön gelegenen Stellplatz:

029 Agde – Westufer *Les Peubliers*

GPS: N 43°17'54" E 3°27'07", Agde, Route de La Tamarissière, Tel. 04 67 94 72 87; www.lespeupliersdelatama.fr/. **Öffnungszeit**: Mai bis Mitte September. **Max. WOMOs**: 15. **Ausstattung**: Ver- und Entsorgung, Strom, Mülleimer, die Einrichtungen des benachbarten Campingplatzes dürfen benutzt werden. **Beschreibung**: Der klappstuhlgeeignete, teilweise schattige Platz auf Schotter liegt etwa 1,7 km vom Strand und 2,5 km vom Zentrum in Agde entfernt. Sie können von hier sowohl nach Agde wie auch nach La Tamarissière laufen, besser noch radeln. **Preise**: 12€–15 €. **Zufahrt**: Das Gelände ist nördlich von La Tamarissière seitlich der Straße nach Agde vor einem dazu gehörigen Campingplatz beschildert.

Schräg gegenüber entdecken Sie auf einem ehemaligen Campingplatz einen **weiteren offiziellen Stellplatz**.

Zumindest außerhalb der Hochsaison können Sie für eine Nacht **seitlich der Straße am Fluss** stehen, wo es teilweise nicht verboten ist – am besten erst kurz vor Agde. Ich weiß allerdings nicht, ob vorbeifahrende Autos sehr stören.

Ein paar Kilometer weiter westlich, man kann auf einem Spaziergang entlang des Meeresrandes oder vom Campingplatz sogar hinlaufen (an einer Flussmündung muss man ein kurzes Stück landeinwärts bis zu einer Brücke gehen), ist der Strand ebenfalls fast durchweg wieder breiter geworden. Das ist gut so. Der Platz wird nämlich gebraucht. Nirgends an Frankreichs Mittelmeerküste ist die *Campingplatzdichte* höher als in diesem Raum. In älteren Reiseführern wird das Gebiet trotzdem als abgeschieden behandelt. Das ist längst vorbei. Die Ansiedlung am Strand hat schon vor Jahrzehnten einen neuen Namen bekommen und heißt **Vias-Plage**, was den schalen Geschmack von Marseillan-Plage oder Valras-Plage aufkommen lässt. Sie beginnt auch schon einen Kilometer hinter der Küste mit einem sommerlichen Freizeitpark samt Achterbahn. Am Strand stehen Appartementhäuser, dahinter eine Feriensiedlung, und auf dem Weg dorthin gibt es so ziemlich alles, was einem den ruhigen Urlaub verdirbt. Sperrstunde ist im Sommer (in der Nebensaison bleibt es ruhig) um 1 Uhr. Der Deutschen liebster Rummel ist der des Campingplatzes *Farret* (wo Sie kaum Franzosen antreffen), schon an Pfingsten beinahe voll, mit Poollandschaft hinter dem Badestrand, überwiegend mit festen Behausungen bestückt und für Wohnmobile in der Hochsaison über 70 Euro teuer (pro Nacht und für 2 Personen). Man nennt sich *Club*, und wenn es nur eine Möglichkeit gibt, das Genörgel Ihrer halbwüchsigen, auf den schönsten freien Stellplätzen gelangweilten Kinder zu beschwichtigen, versprechen Sie ihnen ein paar Nächte im *Club Farret*. Aber klären Sie vorher telefonisch, ob es Platz gibt:

TOUR 3

030 Vias-Plage – *Club Farret*

GPS/Kontakt: N 43°17'27" E 3°25'08", Chemin des Rosses, Tel. 04 67 21 64 45; www.camping-farret.com/de/. **Öffnungszeit**: Ostern bis Ende September. **Ausstattung**: Pool, Laden, Restaurant. **Beschreibung**: Ich warte auf den Zeitpunkt, an dem nur noch feste Behausungen angeboten werden. Unter den verbliebenen Möglichkeiten finden Sie teilweise schöne Parzellen direkt am Badestrand. Bestnoten in den Campingführern. Das Ortszentrum ist 0,3 km entfernt. **Preise**: Die hohen Preise werden im Internet nicht mehr angegeben. **Zufahrt**: Der Platz ist in Vias-Plage beschildert.

Nach Nächten auf diesem Platz werden Sie vielleicht wieder einen einsamen Stellplatz zu würdigen wissen. Da Sie diesen an der Küste nicht finden und mein Dienst am Leser und seinen heranwachsenden Kindern keine Grenzen kennt, habe ich diverse Campingplätze inspiziert und einen weiteren – nach Jahrzehnten, ohne ihn wieder zu erkennen – für zwei Nächte getestet. Gefallen haben mir dort die Parzellen hinter dem sehr stark besuchten Strand, während auf den anderen Platzteilen die Häuschen überhandgenommen haben:

031 Vias-Plage – *Camping Méditerranée-Plage*

GPS: N 43°17'03" E 3°22'17", Bord de mer, Tel. 04 67 90 99 07; www.mediterranee-plage.com/de/. **Öffnungszeit**: April bis etwa 20.9. **Ausstattung**: Pool, Läden, Restaurant. **Beschreibung**: Obwohl die festen Behausungen die Oberhand gewonnen haben, sind teilweise schöne Parzellen hinter der Düne direkt am Badestrand geblieben. Das Ortszentrum ist 7 km entfernt. **Preise**: Etwa 20€–60€; werden nicht veröffentlicht. **Zufahrt**: Der Platz liegt westlich von Vias-Plage – fast in Portiragnes-Plage.

TOUR 3

Camping Méditerranée Plage

Viele unserer Leser können sich die Reisezeit nicht aussuchen und stehen deshalb in der Hochsaison bisweilen vor belegten Campingplätzen. Ich liefere daher noch eine Kurzübersicht von Campingplätzen bei Vias-Plage direkt am Strand oder in Strandnähe (siehe auch unter dem Stichwort *Campingplätze*) und allesamt vor Vias-Plage ausgeschildert:

Weitere Campingplätze bei Vias-Plage

Les Flots Bleus, direkt am Strand, Tel. 04 67 21 64 80;

Roucan West, direkt am Strand, Tel. 04 67 21 64 64;

Hélios, 200 m zum breiten Strand, Tel. 04 67 21 63 66;

Californie-Plage, direkt am zu kleinen Strand; Tel. 04 67 21 64 69.

Auch nach *freien Übernachtungsplätzen* habe ich in Vias-Plage gesucht. Gefunden habe ich nur Nischen für Individualisten, aber keine regelrechten, offiziellen Stellplätze für größere Wohnmobilansammlungen, trotzdem ganz passable Möglichkeiten für eine oder zwei Nächte (noch) ohne Verbotsschilder. Je dichter diese am Meer liegen, umso mehr besteht der Eindruck, sie seien bislang als Wohnmobilparkplatz nicht wahrgenommen worden und nur deshalb nicht mit Verboten belegt. Vielleicht kommt in der Hochsaison auch niemand auf die Idee, hier zu übernachten. An allen Orten besteht die Gefahr eines Einbruchs während Ihrer Abwesenheit:

032 Vias-Plage – Canal du Midi

GPS: N 43°18'10" E 3°25'45". **Max. WOMOs**: 3. **Ausstattung**: Keine. **Beschreibung**: Sie stehen schön und klappstuhlgeeignet, aber einsam außerhalb der Bebauung auf geschottertem Untergrund direkt am Cap Canal du Midi; kein Badestrand. Leser haben Scherben von einer eingeschlagenen Scheibe entdeckt. **Zufahrt**: Biegen Sie nördlich von Vias-Plage unmittelbar südlich der Brücke über den Canal du Midi nach Osten ab (wenn Sie vom Strand kommen, vor dem Kanal nach rechts), fahren Sie unter der Brücke nach Osten auf dem Südufer entlang dem Kanal. Nach etwa 1 km sehen Sie auf beiden Seiten einer weiteren kleinen Brücke schöne Plätze am Kanal.

033 Vias-Plage – Chemin du Barrage

GPS: N 43°17'38" E 3°25'47, Chemin du Barrage. **Max. WOMOs**: 3-5. **Ausstattung**: Keine. **Beschreibung**: Sie stehen klappstuhlgeeignet einsam nahe oder direkt am Badestrand. **Zufahrt**: Fahren Sie zunächst wie zum vorgenannten Platz Nr. 032 entlang dem Südufer des Canal du Midi bis zu einer Brücke, die einen rechtwinklig vom Canal du Midi abgehenden Kanal überspannt. Sofort danach (also östlich der Brücke) biegen Sie nach rechts auf einen holprigen Feldweg; entlang diesem zum Meer führenden Kanal zielen Sie nun auf den Strand bis zu einem Wehr mit Fußgängerbrücke; bei Regen bleiben Sie wegen des Untergrundes hier; bei stabilem Wetter fahren Sie über eine Fahrzeugbrücke auf einem noch etwas schlechteren Weg rund 200 m weiter zum Parkplatz unter Büschen direkt hinter dem Strand (möglicherweise kann man dort wegen einer Höhenschranke nur noch am Weg parken).

034 Vias-Plage – Chemin du Clot

GPS: N 43°17'27" E 3°25'42", Chemin du Clot. **Max. WOMOs**: 4. **Ausstattung**: Keine. **Beschreibung**: Sie stehen am Rand der Bebauung in der Nähe des Strandes, mit Glück sogar direkt am Strand, möglicherweise nur in der Nebensaison. **Zufahrt**: Fahren Sie geradewegs nach Vias-Plage hinein und biegen Sie an einem Kreisverkehr etwa 100 m nördlich von *Camping Farret* nach links in den *Chemin du Clot*; nach 350 m sehen Sie rechts vor einer Mauer einen Parkplatz (Fahrzeuge unter 8 m Länge), am Ende des Weges im Kreisverkehr ist außerhalb des abgeschrankten Bereiches Platz für 4 Fahrzeuge (auf dem häufig Pkw stehen).

035 Vias-Plage – Avenue des Pêcheurs

GPS: N 43°17'24" E 3°24'28", Av. des Pêcheurs. **Max. WOMOs**: 3-4. **Ausstattung**: Mülleimer. **Beschreibung**: Das nicht einsame Gelände außerhalb der Bebauung, 120 m hinter dem Badestrand, dient eigentlich der Möglichkeit, hier Freizeitboote ins Wasser zu lassen, zu versorgen und zu reparieren. Trotzdem ist häufig noch ausreichend Freiraum. Sie müssen darauf achten, den eigentlichen Zweck nicht zu

stören. Merkwürdigerweise fehlt das Verbotsschild. **Zufahrt**: Der Platz liegt westlich von Vias-Plage. Fahren Sie am Freizeitpark *Euro-Park* vorbei und folgen Sie dem Wegweiser zu *Camping Hélios*. Kurz nach dem Campingplatz sehen Sie rechts des Weges einen kleinen Parkplatz am schmalen Bach Libron.

036 Vias-Plage – Chemin du Trout de Ragout

GPS: N 43°17'18" E 3°23'47", Chemin du Trout de Ragout. **Max. WOMOs**: 1-2. **Ausstattung**: Mülleimer. **Beschreibung**: Diese Notlösung befindet sich 150 m hinter dem Strand. Gaststätte und Geschäft entdecken Sie auf dem angrenzenden Campingplatz. **Zufahrt**: Fahren Sie westlich von Vias Plage (vor Vias Plage am *Euro-Park* vorbei) am gut beschilderten Campingplatz *Californie-Plage* (sieht aus wie eine Piratenburg) auf der Asphaltstraße *(Chemin du Trout de Ragout)* geradeaus weiter (Richtung Camping *Le Roucan*). Sie können nur noch am Rand eines größeren, abgesperrten Platzes stehen.

037 Vias-Plage – Chemin des Montilles

GPS: N 43°17'17" E 3°24'01", Chemin des Montilles. **Max. WOMOs**: 5. **Ausstattung**: Keine. **Beschreibung**: Dieses schöne Fleckchen Erde direkt hinter dem Strand, das sich für Fahrzeuge bis 7 m Länge eignet, habe ich vor vielen Jahren erstmals publiziert. Nachdem es *Park4night* und andere Apps gibt, wird es dort hochgelobt, und manche Nutzer haben gepostet, man könne heimlich Toilette und Dusche eines benachbarten Campingplatzes benutzen, andere haben sogar bedauert, dass Ihnen das verwehrt worden ist. Aber das Verbotsschild fehlt immer noch. **Zufahrt**: Biegen Sie wenige Meter vor Platz Nr. 036 nach links ab und fahren Sie an ein paar Gartengrundstücken vorbei bis an das Ende des Weges auf eine Fläche hinter dem Strand.

Am Canal du Midi, dem wir uns bei der 7. Tour näher widmen, besichtigen Technik-Fans das Wasserbauwerk **Ouvrages du Libron**, eine hochinteressante Konstruktion, die verhindert, dass der kreuzende Bach Libron bei Hochwasser Schlamm im Kanal ablagert (N 43°18'02" E 3°24'12"; an der Brücke zwischen Vias und Vias-Plage, bzw. an der Strecke zum *Camping Californie-Plage* westlich des *Euro-Parkes* beschildert).

Weiter im Westen hat die Ansiedlung **Portiragnes-Plage**, ein Ferienort mit ansteigender Besucherkurve, aufgerüstet und einen Stellplatz geschaffen:

038 Portiragnes-Plage

GPS/Kontakt: N 43°16'32" E 3°21'06", Av. de la Grande Maire, Tel. 02 98 53 99 39; https://reseauaireservices.com/aire/portiragnes-plage-aire-pour-camping-cars-avenue-de-la-grande-maire-2/. **Öffnungszeit**: Ganzjährig. **Max. WOMOs**: 50. **Ausstattung**: Ver- und Entsorgung, öffentliche Strandtoilette in der Nähe (6–22 Uhr), Strom, Mülleimer. **Beschreibung**: Der geräumige, schattenlose, klappstuhlgeeignete und

geschotterte Platz grenzt an den breiten Badestrand. In das Ortszentrum mit Geschäften und Gaststätten sind es 750 m. **Preis**: 12 € mit Kreditkarte. **Zufahrt**: Der Platz liegt beschildert westlich des Ortes an der Plage Ouest.

Das westlich folgende **Sérignan-Plage** gefällt sich mit mehreren Campingplätzen direkt am Strand, auf denen der Anteil fester Unterkünfte den der Zeltplätze weit übersteigt, und einer soliden Metalltorkonstruktion am großen Strand-Parkplatz. Genau genommen besteht der Ort nur aus Campingplätzen, aber auch aus zwei brauchbaren offiziellen Stellplätzen:

039 Sérignan-Plage – *Aire Camping-Car Park*

GPS: N 43°16'09" E 3°19'54", D 37. **Max. WOMOs**: 45. **Öffnungszeit**: Ganzjährig. **Ausstattung**: Ver- und Entsorgung (hinter einer Schranke), Strom, Mülleimer. **Beschreibung**: Das schattenlose, teilweise geschotterte, teilweise grasige und klappstuhlgeeignete Terrain ist 500 m vom breiten Strand entfernt. In Strandnähe ist während der Sommermonate ein kleiner Laden geöffnet. **Preise**: 12 €–14 €. Der Platz gehört zum Unternehmen *Camping-Car Park*, zu den Benutzungsregeln siehe bei den Tipps unter *Freies Camping / Stellplätze / übernachtungsgeeignete Parkplätze*. **Zufahrt**: Der Platz liegt am Ortseingang auf der linken Seite.

040 Sérignan-Plage – *Minigolf du Lion*

GPS/Kontakt: N 43°16'08" E 3°20'10", Tel. 09 70 35 54 61; www.mini-golf-du-lion.fr/aire-camping-car.php. **Öffnungszeit**: Unbekannt. **Max. WOMOs**: 30. **Ausstattung**: Ver- und Entsorgung (nicht frei zugänglich), Strom, Pool, Gaststätte, Minigolf, Spielplatz, Mülleimer. **Beschreibung**: Das schattige klappstuhlgeeignete Gelände eines Gaststättenbetriebes ist 250 m vom breiten Badestrand entfernt. In Strandnähe ist während der Sommermonate ein kleiner Laden geöffnet. Wenn das Tor geschlossen ist, müssen Sie unter der angezeigten Nummer anrufen. **Preise**: 8 €–13 €. **Zufahrt**: Das Gelände liegt an der Straße zum Strand links, etwas näher am Strand als der vorgenannte Platz, wenn Sie an der Straßengabelung links gefahren sind.

Vielleicht machen die zuletzt genannten Orte in gar nicht so ferner Zukunft **Valras-Plage** Konkurrenz, einem der größeren Badeorte an der Languedoc-Küste. Hier wird durchweg das freie

Übernachten verboten oder mittels Barriere unmöglich gemacht. Das betrübt uns kaum, denn außer einem schönen Strand und einem gerade noch akzeptablen Campingplatz (der vom Strand durch eine zuwachsende Betonsteinmauer abgegrenzt wird) gibt es wenig Positives zu melden. Der Beton lastet, wie könnte es bei Beton anders sein, schwer auf der Seele:

041 Valras-Plage – *Camping La Plage et du Bord de Mer*

GPS: N 43°14'08" E 3°16'08"; Route de Vendres, Tel. 04 67 37 34 38; www.camping-plageetmer.com. **Öffnungszeit**: Ende April bis Mitte September. **Ausstattung**: Pool mit mehreren Rutschen, Laden, Restaurant. **Beschreibung**: Hier ist der Anteil an den festen Behausungen nicht ganz so groß. Das Ortszentrum ist 1 km entfernt. Möglicherweise keine Hunde. Die nervige Internetseite lässt weder Preise erkennen noch, ob das früher bestehende Hundeverbot weiterhin gilt. **Preise**: Unbekannt. **Zufahrt**: Der Platz ist westlich von Valras-Plage beschildert.

In der Av. de Casino gibt es eine **Entsorgungsstation**: N 43°14'32" E 3°16'54".

042 Außerdem gibt es einen grasigen, privaten **Stellplatz**, der etwa 1,3 km vom Strand entfernt liegt – ohne Infrastruktur; **GPS**: N 43°15'10" E 3°16'59"; Chemin des Cosses sous la Tour.

Westlich von Valras-Plage ebbt der Trubel erst einmal ab. Aber **Grau de Vendres** ist ein gutes Beispiel dafür, dass man dort weiter hochrüsten kann, wo es bis vor nicht langer Zeit noch einen Rest von Natur gegeben hat. Einem Hafen für Freizeitboote folgte ein befestigtes Parkplatzgelände. Ein WOMO-Verbotsschild ist nicht nötig, ich hatte meine frühere Empfehlung in der Vorauflage freiwillig gestrichen. Ich halte aber inzwischen, nachdem die Bäume gewachsen sind, das 1,3 Kilometer vom Strand entfernte Gelände nicht mehr für so inakzeptabel, dass ich es weiterhin totschweigen möchte.

043 **N 43°13'07" E 3°13'55"**; relativ kurze Parkbuchten auf Rasenpflaster.

Der riesige Stellplatz auf dem anderen, westlichen Ufer des Flusses Aude wird nie einen Schönheitspreis gewinnen, aber er liegt nahe an einem der schönsten und weitläufigsten Strände der gesamte französischen Mittelmeerküste und nahe einer kleinen, auch im Hochsommer ruhigen Ansiedlung. **Der Weg dorthin führt allerdings nicht mehr über die Flussbrücke, etwa 1,5 km im Norden,** da dieser eine Schranke vorgesetzt worden ist, die zumindest im Sommer nur Fahrzeuge bis 2,6 m Höhe erlaubt.

Sie müssen also über einen nördlichen Bogen (3,5 t) nach **Les Cabanes-de-Fleury** gelangen. Möglicherweise sind dort die Meerwasserqualitäten nicht die besten, weil Sie an der Mündung des Flusses Aude urlauben:

044 Les Cabanes-de-Fleury

GPS: N 43°12'55" E 3°13'59", Les Pins. **Max. WOMOs**. 45. **Öffnungszeit**: Ganzjährig. **Ausstattung**: Ver- und Entsorgung (Wasser nur gegen Jetons aus dem Hafenbüro), wenige Steckdosen, Mülleimer, Picknickbänke. **Beschreibung**: Sie sitzen auf Ihren Klappstühlen in der prallen Sonne und auf Schotter – oder nach 450 m ebenfalls in der Sonne im Sand des breiten, weitläufigen Strandes. Eine Gaststätte und ein Brotverkauf versorgen den Platz. Viele Stechmücken! Außerhalb der Saison kann man vermutlich weiter bis direkt an den Strand fahren, weil dann die Höhenbarriere offen ist. Dort ist es aber richtig einsam. **Preise**: 9 €–12 €. **Zufahrt**: Fahren Sie in Cabanes-de-Fleury, also auf dem westlichen Ufer der Aude, vorbei am Campingplatz bis zum beschilderten Stellplatz.

Am anderen Ende dieses wunderbaren Strandes finden Sie einen richtig schönen, offiziellen Stellplatz bei **Saint-Pierre la Mer** am Rand des Étang de Pissevaches. Lästig sind nur die 500 Meter Fußweg zum Strand:

045 Saint-Pierre la Mer

GPS: N 43°11'25" E 3°11'49", Pissevaches. **Max. WOMOs**: 60. **Öffnungszeit**: Ganzjährig. **Ausstattung**: Ver- und Entsorgung (Jetons aus dem Automaten mit Kreditkarte), Strom, Mülleimer. **Beschreibung**: Hier stehen die Klappstühle auf grasig-schottrigem Untergrund, stellenweise unter hohen Pinien, aber 500 m vom breiten Strand entfernt – nehmen Sie den Fußweg zwischen Campingplatz und Étang. Zur Ansiedlung mit Geschäften und Gaststätten sind es etwa 1,6 km. **Preis**: 11 €. **Zufahrt**: Fahren Sie in St Pierre am ersten Kreisverkehr nach links (nach Osten). Sie gelangen so östlich von St Pierre unübersehbar hinter einem großen Campingplatz (nicht mit dem Campingplatz *La Grande Cosse* – überwiegend Mobilhomes – zu verwechseln) auf den Stellplatz.

Die Lage ist am Fuß einer hügeligen Küstenregion ein wenig anmutiger als an der restlichen Flachküste. Die Schlafstätten des urlaubenden Massenmenschen unterscheiden sich schon wenige Meter weiter im Westen kaum von denen anderer Bettenburgen. Und sie sind im Laufe der Jahre immer zahlreicher geworden. Der Wunsch nach einem Ferienhäuschen, sei es noch so uniform, ist in Frankreich ungebrochen.

Schon bald aber nehmen die landschaftlichen und wohnmobilistischen Reize wieder zu. Umso bedauerlicher ist die Schließung eines der besten Küstenplätze, der nur noch Pkw-Nutzern zur Verfügung steht (die vermutlich im benachbarten Vergnügungsbetrieb mehr Geld ausgeben). Der Ersatz etwas weiter westlich ist vom Strand weiter entfernt und gefällt uns besser, seitdem die Bäume gewachsen sind. Sehr schön liegt ein fast benachbarter Campingplatz östlich von Gruissan. Und in diesem Kontext darf auch ein reiner Sommerplatz nicht fehlen, der nur von Ende Mai bis Ende August offen ist. Während des restlichen Jahres hat man den Eindruck, bestenfalls unsere Eltern hätten hier in grauer Vorzeit ihren selbst ausgebauten Campingbus geparkt:

046 Narbonne-Plage

GPS: N 43°08'41" E 3°08'43", D 332. **Max. WOMOs**: 100. **Öffnungszeit**: Ganzjährig. **Ausstattung**: Ver- und Entsorgung (hinter der Schranke), Strom, Mülleimer. **Beschreibung**: Das geräumige, geschotterte Gelände mit wenig Schatten außerhalb der Bebauung ist klappstuhlgeeignet; einen sehr schönen und breiten Badestrand erreichen Sie nach 350 m; im Sommer Lebensmittel auf dem benachbarten Campingplatz. Wegen zwei Schranken nur bis 10 m Länge und nicht mit Anhänger. Schmale Parkstreifen. **Preise**: 10,50 €–13,50 €. **Zufahrt**: Der Platz ist westlich von Narbonne-Plage an der D 332 beschildert.

047 Gruissan – *Camping LVL Les Ayguades*

GPS: N 43°07'56" E 3°08'21", Av. de la Jonque, Tel. 04 68 49 81 59; www.campinglvl.com/. **Öffnungszeit**: Ende März bis Allerheiligen. **Ausstattung**: Pool, Laden, Restaurant. **Beschreibung**: Auch hier überwiegen die festen Behausungen. Wenigstens liegen die Plätze für Camper direkt am breiten, schönen Sandstrand. Das Ortszentrum von Gruissan ist 6 km entfernt. **Preise**: Unbekannt. **Zufahrt**: Der Platz ist östlich von Gruissan-Port beschildert.

048 Gruissan-Port – Rive Gauche – *Aire de Mateille*

GPS: N 43°07'13" E 3°06'51", D 332. **Max. WOMOs**: 100. **Öffnungszeit**: Ende Mai bis Ende August. **Ausstattung**: Ver- und Entsorgung, teilweise Strom, Mülleimer. **Beschreibung**: Auch dieser bei Surfern beliebte Platz am Rand der Siedlung ist überwiegend schattenlos, geschottert und klappstuhlgeeignet. Ein Badestrand für Kinder grenzt direkt an, das offene Meer ist ca. 1,2 km entfernt. Gaststätte, Surfschule, und Supermarkt erreichen Sie nach wenigen Schritten. Deutliche Straßengeräusche. Ihr Fahrzeug muss über eine autarke Toilette verfügen. **Preis**: 12 €. **Zufahrt**: Biegen Sie am östlichen Rand von Gruissan-Port (Rive Gauche) und noch östlich des ersten Kreisverkehrs auf den seitlich der Hauptdurchgangsstraße D 332 liegenden Stellplatz am Étang ab.

Der *unbestreitbar schönste Ort im weiten Umkreis* ist **Gruissan** (5.000 Einwohner), ein ehemaliges Dorf, das etwas aufzuweisen hat, wovon andere nur träumen, eine Vergangenheit! Gemeint ist natürlich nicht das moderne **Gruissan-Port** (Rive Droite oder Rive Gauche), eines der neuesten Ferienzentren an der französischen Mittelmeerküste, das, was schon aus der Zweckbestimmung folgt, nur im Sommer bewohnt ist, wo man aber scheinbar aus den Sünden anderer, älterer Zentren gelernt und etwas weniger hässlich, aber nicht weniger Raum greifend gebaut hat.

Die Rede ist vielmehr vom alten Dorf, von **Gruissan-Village**, das auf eine Gründung im Mittelalter zurückblicken darf. Hier befand sich einst der Hafen von Narbonne, zu dessen Schutz eine Festung diente, deren Ruine heute noch das Dorf überragt, das fast kreisrund um den Burgberg gebaut ist, mit alten Gassen, kleinen Treppen – und richtigen Bewohnern, die hier das ganze Jahr über zu Hause sind.

Nachdem der Hafen im 14. Jahrhundert versandet war, wurde der Ort nie vollständig verlassen, sodass schon vor über 100 Jahren ein Minimum von Infrastruktur vorhanden war, um mit dem Badebetrieb zu beginnen. Durch diese Tradition unterscheidet sich Gruissan von fast allen anderen Badeorten der Languedocküste. Es hat sich zwar auch herausgeputzt, wie man gerade beim Vergleich mit alten Fotografien sehen kann, aber die Modernisierungen sind erträglich geblieben. Das ist umso erstaunlicher, als es neben dem neuen Gruissan-Port auch noch ein geradezu uraltes Touristenghetto gibt: Das von **Gruissan-Les Châlets**, wo schon seit Ende des vorletzten Jahrhunderts merkwürdige Stelzenhäuser, sogenannte *Pilotis*, die heute *Châlets* genannt werden, Urlauber beherbergen. Mehrere hundert Hütten stehen dort hinter dem Strand auf Pfählen, damit sich die Feriengäste früherer Zeiten keine nassen Füße holen mussten. Heutzutage scheint das Meer weniger bösartig zu sein, denn der Raum zwischen den Pfählen ist inzwischen ausgebaut, zum Erdgeschoss oder wenigstens zur Garage. Auch wird der Baustoff Holz, der einstmals vorherrschte, mehr und mehr ersetzt. Sie erraten es, durch Beton! Trotzdem hat die Siedlung ihre Eigentümlichkeit behalten, der allerdings bei schlechtem Wetter, oder wenn die Häuschen außerhalb der Saison leer stehen, eine bedrückende Tristesse anhaftet.

In der Nähe dieser Pfahlbauten, am Strand von Gruissan-Les Châlets, befindet sich auch einer von drei Stellplätzen bei Gruissan, der sich für einen mehrtägigen Aufenthalt eignet, weil er direkt am Strand liegt. Wer auf einen nahen Strand verzichten kann und stattdessen lieber in das lebhafte, aber nicht rummelige historische Zentrum spaziert, wählt den anderen offiziellen Stellplatz *Aire de 4 Vents* in der Nähe des **Jachthafens**.

Gruissan-Village

049 Gruissan-Port – Rive Droite – *Aire de 4 Vents*

GPS: N 43°06'14" E 3°05'58", Av. des Quatre Vents. **Max. WOMOs**: 120. **Öffnungszeit**: Inzwischen ganzjährig. **Ausstattung**: Ver- und Entsorgung (hinter der Einlasskontrolle), Toilette, Dusche (nachts abgeschlossen), Mülleimer. **Beschreibung**: Hier können Sie Ihre Klappstühle etwas häufiger im Schatten auf Schotter stellen, aber zum Strand sind es 2,9 km. Der Fußweg ins historische Zentrum misst 1,2 km. Gaststätten und Geschäfte finden Sie in der Nähe, Brot nach 280 m (aus dem Platz nach links auf der Ecke). Da der Platz über Winter kostenlos ist, sammeln sich dort viele Reisende auf dem Weg nach Südspanien oder Marokko, bleiben aber tagelang und betreiben Tag und Nacht lärmende Stromgeneratoren. Vans ohne eigene Toilette werden auch im Sommer nicht geduldet, zeitweise auch keine ausgebauten Großlastwagen. **Preise**: Von Frühling bis Herbst 10,50 €. **Zufahrt**: Fahren Sie in Gruissan gut beschildert Richtung *›Plage des Châlets‹* dann *›Aire de 4 Vents‹*.

050 Gruissan-Les Châlets – *Aire des Châlets*

GPS: N 43°05'44" E 3°06'35", Avenue de la Jetée. **Max. WOMOs**: 50. **Öffnungszeit**: Vermutlich 1.4.–30.9. **Ausstattung**: Ver- und Entsorgung, Toilette (direkt am Strand vor den letzten Stelzenhäusern), Mülleimer. **Beschreibung**: Dieses klappstuhlgeeignete Gelände grenzt an den Badestrand. Dafür sind es ins historische Ortszentrum 2,5 km. Sie entdecken vor Ort mehrere Lokale und sogar ein paar Tamarisken, die inzwischen etwas Schatten spenden und den großen Parkplatz auflo-

ckern. Dies ist auch notwendig, ist der Platz in der Hochsaison oft schon nachmittags von Wohnmobilen belegt – mit Vordächern, Klappstühlen und Wäscheleinen. Leider sind die nahen Sommerkarusselle am Abend nervig, und insgesamt ist der zeitweise sehr windige und laute Platz nicht übermäßig lauschig. Bei Regen bilden sich riesige Pfützen. **Preis**: 10,50 €. **Zufahrt**: Folgen Sie in Gruissan den Wegweisern ›*Plage des Châlets*‹ bis zum Ende der Straße.

Gruissan – Blick von der Tour Barberousse

An der schmalen Dorfumgehungsstraße, welche erst in neuerer Zeit zwischen Dorf und Binnensee geklemmt worden ist, können Sie nicht übernachten, meistens auch nicht parken. Im Schatten des runden Turms und in schöner Umgebung an einem Étang kann man trotzdem nach einem Fußweg eine *richtige Idylle* genießen. Einige Kähne dümpeln vor sich hin, im flachen Wasser stehen die Angler, und der Blick verliert sich in der Weite der großen Lagune. Auf diesem Sträßchen kommen Sie unweigerlich am **Restaurant L'*Estagnol*** vorbei. *Hier stimmt die Mischung:* Gehabe und Preise sind nicht überzogen, das Essen ist lecker, es gibt hauptsächlich Fisch. Lecker ist eine *Marmite de poisson* (Fischtopf). Wir trinken einen köstlichen Weißwein des kleinen Anbaugebiets von *La Clape*, dem abwechslungsreichen Hügelland zwischen Narbonne und der Küste. Im Sommer muss man sich allerdings rechtzeitig anmelden, denn die Qualitäten des Hauses haben sich herumgesprochen *(Tel. 04 68 49 01 27; Mo. geschlossen; Menüs ab 33 €)*.

Wenn man schon mal im Dorf verweilt, darf man auch nicht den kleinen Spaziergang hoch zur **Tour Barberousse** (Barbarossa turm) versäumen, von der man einen schönen Blick auf den Ort hat. Im Südwesten sieht man die Salzberge der Saline und zu Füßen des Turms den im Kreis gebauten Dorfkern, der aber zunehmend von Neubauten umzingelt wird. Da wegen der Saline nicht auch noch westlich, hinter dem einsamen Strand, ein weiteres Urlaubszentrum entstehen kann, bleibt die Zuversicht, dass Gruissan sich seinen Rest von Ursprünglichkeit und Romantik bewahren wird – und hoffentlich auch die Stellplätze. Achten Sie am Burgturm auf die angeschlagene Zeit, zu der das Torgitter *(la grille)* automatisch (!) schließt.

Bages und der Étang

In Gruissan wird uns wieder bewusst, wie schön die Landschaft der südfranzösischen Lagunen, der Étangs, ist, solange man dort keine Badegewässer erwartet und solange man mit einigen Moskitos leben kann. So nehmen wir erfreut hin, dass uns die Natur auf unserem weiteren Weg entlang der Küste zu einem großen Bogen um den Étang de Bages et de Sigean zwingt. Hierbei lacht uns auf der Michelin-Karte die grüne Umrandung des kleinen Sträßchens an, das südlich von Narbonne von der D 6009 nach Bages abzweigt. Die paar Kilometer der landschaftlich reizvollen Strecke wären gar nicht der Rede wert, würden sie nicht am schönsten Étang vorbeiführen und dabei die Dörfer Bages und Peyriac-de-Mer berühren. Vor allem *Bages ist überraschend malerisch*, auch wenn es sich vom Fischer- zum Künstlerort gewandelt hat, aber dennoch vom größerem Rummel und Nepp verschont geblieben ist.

Leider ist der Parkplatz des über dem Étang gelegenen Dorfes **Bages** nicht mehr zugänglich. Aber zumindest außerhalb der Hochsaison entdecken Sie südlich der Ansiedlung mehrere Parkbuchten (große Fahrzeuge finden tagsüber schlecht einen Parkplatz). Bleiben Sie notfalls etwas entfernt und suchen Sie sich zwischen morastigen Tümpeln und Salzkrusten einen Pfad zum Ufer. Es scheint, als würden die kleinen Fischerboote nicht mehr auslaufen, um die Flamingos nicht zu stören. Zu Hunderten stehen die Vögel dort, den Kopf zum Zweck der Nahrungssuche ständig unter Wasser. Hier kann man verweilen und sich vorstellen, dass so noch vor 50 Jahren die Küste bis zur Rhônemündung

Peyriac-de-Mer

ausgesehen haben dürfte; nicht spektakulär, aber unglaublich ruhig und unter flimmernder Hitze.

Bei dem weiter südlich gelegenen **Peyriac-de-Mer** (950 Einwohner) wurde sogar ein Fußweg auf Brettern durch den Étang angelegt, den Sie auf dem Stück benutzen, der Teil Ihres Weges vom sehr schönen Stellplatz ins beschauliche Dorf sein kann:

051 Peyriac-de-Mer

GPS: N 43°05'33" E 2°57'45", Route de Bages. **Max. WOMOs**: 15. **Öffnungszeit**: Ganzjährig. **Ausstattung**: Ver- und Entsorgung, Toilette (beides vermutlich nur im Sommer in Betrieb), Mülleimer.

Beschreibung: Die Beschilderung innerhalb des ehemaligen, außerhalb der Bebauung gelegenen Campingplatzes erweckt den falschen Eindruck, WOMOs müssten gleich nach der Einfahrt auf Asphalt parken. Fahren Sie dort rechts um den Sportplatz zu den hinteren lauschigen, klappstuhlgeeigneten Stellen auf grasigem Boden. Gaststätten und Geschäft gibt es im etwa 300 m entfernten Dorf, in das Sie entweder entlang der Straße gehen oder, schöner, Sie überqueren die Straße und halten sich danach auf dem Pkw-Parkplatz gleich rechts abwärts. Sie können hier loswandern. **Preis**: 8 €. **Zufahrt**: Der Platz ist etwa 300 m nördlich des Ortes am Sträßchen nach Bages beim Tennisklub beschildert.

Um den Étang du Doul

Der vorgenannte **Stellplatz** ist ein geeigneter Ausgangspunkt für eine Kurzwanderung, zu der uns der Rother-Wanderführer inspiriert hat:

Wir wandern direkt gegenüber dem Stellplatz auf gleicher Höhe geradeaus entlang einem Étang, um diesen bei erster Gelegenheit auf einem Damm zu überqueren. Auf der Straße spazieren wir wenige Meter links, steigen auf einem Pfad bergan und auf der anderen Seite des Hügels wieder hinunter auf das Meeresniveau. Wir wandern am Rand dieses Tümpels, bis wir erneut auf eine Straße stoßen. Dort schickt uns die gelbe Markierung durch Buschwerk deutlich auf einen Weg bergauf, der oberhalb des fast kreisrunden Étang du Doul auf einen breiten Weg trifft.

Am Étang du Doul gibt es einen kleinen Strand, obgleich das Gewässer fast doppelt so salzig ist wie normales Meerwasser.

Wir vertrauen der gelben Markierung und überqueren oberhalb des Étang du Doul die Straße, um bald auf einen weiteren asphaltierten Weg zu treffen, auf dem wir links bis zur Straße nach Bages wandern. Dort halten wir uns erneut links und stehen nach etwa 2 Stunden wieder an unserem Auto *(die IGN-Karte 2549 OT ist nicht unbedingt erforderlich, wir wandern auf Sicht)*.

Schon lange hat sich die größte Touristenattraktion der Gegend vielfach angekündigt. Bereits vor Narbonne stehen seitlich der Straßen riesige Plakate, um für den **Tierpark von Sigean** zu werben, die ***Réserve Africaine de Sigean***. Der Wildpark wurde 1974 gegründet und beherbergt heute an die *3.800 Tiere*, darunter viele, die vom Aussterben bedroht sind. Hier leben mehr als tausend Vogelarten, Reiher, Pelikane, Wildgänse und natürlich alle Sorten von Flamingos. Zu einer afrikanischen Abteilung gehören Giraffen, Dromedare, Elefanten, Zebras und Geparden, die sich in einem einigermaßen freizügigen Lebensraum bewegen dürfen. Das gilt auch für die Löwen, Nashörner und Bären, die man nur auf einer Rundfahrt vor die Linse bekommt. Sie sitzen dabei in Ihrem WOMO und haben unerlaubterweise das Fenster geöffnet. Vor und hinter Ihnen staut sich der Verkehr, der durch etwa die Hälfte des Parks geschleust wird. Die andere Hälfte ist ein konventioneller Zoo. Im Sommer sind Wartezeiten angesagt. Trotzdem gefällt es den Kindern – und außerhalb der Saison auch den Alten. Meiden Sie unbedingt das Wochenende, kommen Sie schon vormittags und planen Sie drei Stunden ein *(9–17 Uhr, im Winter bis 16 Uhr; 33 €, Kinder von 4–14 Jahren 24 €; Ticketverkauf möglicherweise weiterhin nur online unter www.reserveafricainesigean.fr).*

Das nächste Strandbad ist **Port-la-Nouvelle**, das Sie sich allerdings trotz Stellplatz getrost schenken können:

052 N 43°00'49" E 3°02'27", Chemin des Vignes – lauter, offizieller Stellplatz von *Camping-Car Park* mit Ver- und Entsorgung 1,8 km hinter dem Strand an der Ortszufahrt und neben der Bahnlinie.

Die Zementfabrik überlagert alles, was man angesichts des weißen Staubes auf den Dächern durchaus wörtlich nehmen muss. Es gibt südlich des Ortes einen veritablen Strand, auf dem Wohnmobile verboten sind, wenngleich man zuletzt mit dem guten Stück auf den Sand fahren konnte und viele Franzosen das auch getan haben.

Auch von der anderen Richtung, vom südlichen **La Franqui**, ist die Zufahrt verrammelt. Aber man darf dort auf einem angenehm unterteilten, ansonsten naturbelassenen Parkplatz an einem extrem breiten Strand stehen:

054 La Franqui

GPS: N 42°56'35" E 3°01'49", Chemin de Coussoules. **Max. WOMOs**: 40. **Öffnungszeit**: Ganzjährig. **Ausstattung**: Ver- Entsorgung, Mülleimer. **Beschreibung**: Das Beste ist der extrem breite Badestrand mit dem Nachteil, dass man bis zu 400 m weit gehen muss, um ans Wasser zu gelangen. Sie stehen wegen des benachbarten Campingplatzes nicht einsam und klappstuhlgeeignet, leiden unter Moskitos (wie überall auf dieser Tour), kaufen im Sommer am Bäckereiwagen und spazieren auf 1,5 km in den Ort (bei trockenem Wetter kürzer über den Strand) und Sie trotzen dem Wind. Am Rand stören Autos, die über den Stellplatz zum Parkplatz des Campingplatzes fahren. **Preise**: 15 €–20 €, zahlbar an einem häufig defekten Terminal oder an der Rezeption des benachbarten Campingplatzes (Häuschendorfes), falls geöffnet.
Zufahrt: Biegen Sie bereits nördlich des Ortes Richtung ›*Les Coussoules*‹ und *Camping* ab, fahren Sie über eine Brücke und danach immer geradeaus zum Campingplatz. Der Stellplatz liegt direkt vor dem Campingplatz.

053 An der Strecke von Port-la-Nouvelle nach La Franqui kommen Sie nördlich von La Palme in karger Landschaft an einem **Stellplatz** von *Camping-Car Park* (zu den Benutzungsregeln siehe bei den Tipps unter *Freies Camping / Stellplätze / übernachtungsgeeignete Parkplätze*) vorbei, der nicht an einen Badestrand grenzt, sondern an die D 709 und an Salzseen; **GPS**: N 42°58'49" E 3°01'07"; Ver- und Entsorgung.

Wenn Sie seitlich des Stellplatzes von La Franqui an diesem breiten Strand, dessen hinterer Teil hart wie Beton scheint, in der Klappliege hängen, werden Sie Ihrer Frau versprechen müssen, sich nach dem Urlaub im Fitnessstudio anzumelden oder wenigstens mit dem Fahrrad zur Arbeit zu fahren. Sie werden aber selbst nach dieser körperlichen Ertüchtigung nicht so aussehen wie die coolen Sportler, die sich von drachenartigen Segeln (man nennt sie *Kite*) auf rollenden Brettern über den harten Sand ziehen lassen. Niemals werden Sie solche Sprünge und Kunststücke vollführen, die allerdings auch hier meistens misslingen. Lieber würden Sie sich auf eine Art Dreirad, einen *Char à voile*, setzen und gemütlich auf Rädern über den Strand segeln.

La Franqui ist ansonsten großflächig für Reisemobile verboten. Viel Platz wäre auch unterhalb der Klippen des Kaps von Leucate gar nicht vorhanden. Bereits seit Anfang des letzten Jahrhunderts kommen hierher Badegäste, zu deren Erholung ein Pinienwäldchen angelegt wurde, in dem die meisten Häuser stehen, deren Putz und Farbe abblättern. Was ja eigentlich ein gutes Zeichen

La Franqui – Stellplatz Nr. 054 und Campingplatz beim Pfeil

ist, beweist es doch, dass die Massen woanders Urlaub machen. La Franqui ist ein reizender Ort. Schön sind auch die leuchtenden Klippen, die schon seit der antiken griechischen Kolonisation dem nächsten Ort, Leucate, seinen Namen gaben (*leukos* ist das griechische Wort für *weiß*), von dem Sie auch nach La Franqui spazieren können (siehe dort).

Leucate-Plage Stellplatz Nr. 056 beim Pfeil

Ähnlich angenehm ist das benachbarte **Leucate-Village**, ein ebenfalls seit Anfang des 20. Jahrhunderts gewachsenes Dorf, dem bereits in den Fünfzigerjahren die Feriensiedlung **Leucate-Plage** vorgesetzt worden ist. Es standen also schon Ferienhäuser da, bevor in den Siebzigerjahren anderswo in Südfrankreich die Bauwut begonnen hat. So konnte man in Leucate-Plage nicht mehr im großen und hässlichen Stil loslegen. Der Ferienort ist wegen des daher vollständig fehlenden Rummels heute einer *unserer Lieblingsorte an der Languedoc-Küste* – im Gegensatz zum südlichen **Port-Leucate**. Wie schon der aus dem Griechischen kommende Name beweist (siehe oben), ist Leucate (Village, also das alte) ein *traditionsreicher Ort*, in dem auch heute noch einige Enkel von dem leben, was schon den Großvätern den Unterhalt gesichert hat, von der Austern- und Muschelzucht sowie vom Wein.

Der Name Leucate ist in den Ohren der Wind- und Kitesurfer Musik. Der Étang de Leucate ist in seinem Nordteil sozusagen der mediterrane Gardasee, Gegenstand unzähliger Abhandlungen in einschlägigen Zeitschriften. Ich bin kein Surfer und erkläre es daher laienhaft: Die Berühmtheit des Gewässers hängt mit dem Wind zusammen, der an Südfrankreichs Küste häufig weht, jedoch eine unangenehme Eigenschaft besitzt: Wenn er zu einer

Stärke auffrischt, bei der die echten Freaks erst damit anfangen, ihr Sportgerät auszupacken, weht er von der falschen Richtung. Er ist dann ablandig und nennt sich Mistral (im Osten) oder Tramontana (im Westen). Ein Albtraum für manchen Segler, der entkräftet auf seinem Brett kauert und via Afrika treibt – bevor ihn ein Motorboot wieder zurückholt (genauso gefährlich ist der Wind auch für die Luftmatratzenpaddler und die Schwimmer, die den davonfliegenden Bällen hinterher kraulen). Da der gewöhnliche Surfer nur ungern das Mittelmeer überquert, sucht er sich einen Strandsee, weshalb die südfranzösischen Surfparadiese überwiegend in den Étangs zu finden sind, unter denen der Étang von Leucate wegen der nahen Berge durch besonders gute Windverhältnisse hervorsticht. Surfer sind naturverbundene Menschen, und sie besitzen oftmals auch ein Wohnmobil.

Einer der beliebtesten Stellplätze liegt bei Leucate-Village und ist auch für diejenigen interessant, die nicht zu den Freunden des Windes gehören. Falls es Sie nicht stört, bei Fachsimpeleien nicht mitreden zu können, werden Sie hier sicher einen schönen Tag verbringen – aber nicht gut baden. Die Landschaft ist vergleichsweise interessant, und in das Dorf Leucate kann man noch zu Fuß laufen. Nur steht man leider nicht am offenen Meer. Wenn Sie Salzluft schnuppern möchten, finden Sie einen geräumigen Stellplatz direkt am breiten und wirklich schönen Badestrand oder direkt dahinter einen geräumigen Campingplatz:

055 Leucate-Village – Surf- und Kiterevier – *Le Goulet*

GPS: N 42°54'46" E 3°01'08". **Max. WOMOs**: 150. **Öffnungszeit**: Während der Jahreswende zwei Wochen geschlossen. **Ausstattung**: Ver- und Entsorgung, Mülleimer. **Beschreibung**: Sie stehen außerhalb einer Ansiedlung auf einem windigen, baumlosen und klappstuhlgeeignetem Terrain mit teilweise sehr schöner Sicht auf den Étang, der sich nicht zum Schwimmen, aber zum Surfen eignet. Morgens kommt der Bäcker; Surfschule auch für SUP; ins Dorfzentrum sind es etwa 850 m. **Preise**: 12 €–15 €; ausschließlich mit Kredit-Karte. Heben Sie das Ticket vom Automaten bei der Einfahrt auf, Sie benötigen den dort aufgedruckten Zifferncode für die Ausfahrt!! Geben Sie bei der Einfahrt eine Parkzeit von 24 Stunden an; falls Sie länger bleiben, können Sie bei der Ausfahrt nachzahlen. **Zufahrt**: Von der D 627 zweigt eine nördliche Zufahrt nach Leucate ab. In der Nähe dieser Einmündung führt ein Weg hinunter zur nördlich von Leucate gelegenen Lagune. Dort sehen Sie schon von weitem unzählige Reisemobile.

056 Leucate-Plage

GPS: N 42°54'01" E 3°03'09", Chemin de Mouret.
Max. WOMOs: 230.
Öffnungszeit: Ganzjährig.
Ausstattung: Ver- und Entsorgung, Mülleimer.
Beschreibung: Der Platz besteht aus zwei Bereichen, einem direkt am Strand und einem nördlichen etwas dahinter; auf dem nördlichen Teil bei Nordwestwind leichte Verkehrsgeräusche, auf dem südlichen Teil relativ schmale Parkbuchten mit naher Nachbarschaft. Auf beiden Plätzen werden Ihre Klappstühle nur durch die Markise beschattet, falls Raum ist, um sie auszufahren. Zeitweise sehr windig! Im Winter ist möglicherweise nur ein Platzteil geöffnet. Der Bäckereiwagen kommt morgens um 8.15 Uhr, sonst Brot im Zeitungsladen seitlich der Strandpromenade (eine richtige Einkaufsmöglichkeit finden Sie erst am Kreisverkehr von Leucate-Village, also nach gut 1 km), Austern- und Muschelverkauf nach etwa 1,7 km (siehe unten im Text), sehr schöner Badestrand. Eine Toilette finden Sie nach 350 m in der Nähe des Zeitungsladens in Leucate-Plage, nach Leucate-Village hingegen sind es 2,5 km. In der **Gaststätte *La Côte Revée***, in Leucate-Plage haben wir vor Jahren gut und eher preiswert gegessen. **Preise**: 12–15 €; ausschließlich mit Kredit-Karte. Heben Sie das Ticket vom Automaten bei der Einfahrt auf, Sie benötigen den dort aufgedruckten Zifferncode für die Ausfahrt!! Geben Sie bei der Einfahrt eine Parkzeit von 24 Stunden an; falls Sie länger bleiben, können Sie bei der Ausfahrt nachzahlen.
Zufahrt: Im südlichen Teil des Ferienortes **Leucate-Plage** kommt man fast automatisch auf zwei große Parkplätze hinter dem Strand (*Aire de Camping-Cars*).

057 Leucate-Plage – *Camping Cap Leucate*

GPS/Kontakt: N 42°54'11" E 3°03'06", Chemin du Mouret, Tel. 04 68 40 01 37 www.camping-capleucate.com. **Öffnungszeit**: 1.2.–30.11. **Ausstattung**: Restaurant. **Beschreibung**: Das schattenarme Gelände grenzt an die beiden Teile des vorerwähnten Stellplatzes, etwa 250 m vom Strand entfernt. Es wird Ihnen hier empfohlen, weil die Anzahl der festen Behausungen noch nicht die der herkömmlichen Campingparzellen überwiegt. Es handelt sich nämlich noch um einen städtischen Platz. Aber die Entwicklung an anderen Orten zeigt uns, dass sicher bald ein kommerzieller Betreiber übernehmen wird. **Preise**: 20 €–30€. **Zufahrt**: Der Platz ist südlich des Zentrums von Leucate-Plage nicht zu verfehlen.

Vom Stell- oder Campingplatz sollten Sie unbedingt auf einem für eine Sandküste ungewöhnlichen Weg hinauf zum alten Leuchtturm und an das schon erwähnte Cap Leucate spazieren oder sogar auf der anderen Seite der Klippe bis hinunter nach La Franqui wandern:

TOUR 3

Von Leucate-Plage zum Leuchtturm und nach La Franqui

Wir starten in **Leucate-Plage** am Stellplatz Nr. 56 und spazieren auf der Strandpromenade nach Norden zu den deutlich sichtbaren Klippen. Etwa 200 m vor dem Ende der am Strand entlangführenden Straße nehmen wir links eine Treppe, gehen an deren Ende ein Stück rechts und gelangen über eine weitere Treppe auf ein Plateau vor dem alten **Leuchtturm**.

Hier nehmen wir entweder den Fahrweg nach rechts oder direkt an den Klippen einen der Pfade (Vorsicht bei starkem Wind, keine Absturzsicherungen) und wandern so bis zur Militärstation am **Cap Leucate** (40 Minuten).

Auf deutlichem Fußweg passieren wir weiterhin entlang der Klippe das **Cap des Frères** und stoßen bei einer alten Kapelle auf die ersten Häuser von La Franqui, dessen Strand wir über Stufen erreichen (weitere 40 Minuten).

Auf dem Rückweg könnte man variieren und am Cap des Frères, wenn die Militärstation in den Blick gerät, nach rechts nach **Leucate-Village** marschieren (Markierung an einem Mauerrest) und von dort direkt zum Ausgangspunkt oder auf einem weiteren markierten Pfad parallel zum ersten wieder vor an die Klippe *(man wandert auf Sicht und kann sich nicht ernsthaft verlaufen; eine Karte ist nicht erforderlich; ohne die erwähnten Abstecher nach Leucate-Village gut 2,5 Stunden)*.

Zum alten **Leuchtturm** können Sie auch fahren (Wegweiser zwischen Leucate-Village und Leucate-Plage), was sich lohnt, falls Sie nicht hierher gewandert sind. Ein Schild stellt allerdings unmissverständlich klar, dass hier oben alle Formen des Campierens verboten sind.

Südlich von Leucate-Plage, auf dem Weg nach Port-Leucate, einer Retortenansiedlung, haben wir uns stets die Augen zugehalten. Ein Leser musste uns deshalb erklären, dass man schon nach kurzer Strecke (fußläufig ähnlich weit entfernt wie der Leuchtturm) auf eine größere Anzahl von Buden stößt, in denen man Austern erntefrisch verkosten und erwerben kann. Wir haben das nachgeprüft: ein Supertipp!

Die weitere Sandküste zählt trotzdem weiterhin nicht zu unseren Lieblingszielen. Erst auf unserer nächsten Tour, nahe der spanischen Grenze, wird es wieder erfreulicher. Südlich von Leucate, auf einer zehn Kilometer langen Landzunge, wurde das letzte große Machwerk der französischen Küstenbaupolitik aus dem Boden gestampft – touristische Schwerindustrie. Ein Blick in den (digitalen) Michelin-Gastronomieführer sagt alles: Keine einzige Empfehlung! Dabei mangelt es hier nicht an Gästen. In Port-Leucate ist Platz für etwa 40.000 Häupter und im südlich der Departement-Grenze, im Roussillon, gelegenen Port-Barcarès für weitere 65.000. Die durch den Doppelort gezogene vierspurige Schnellstraße ist also nicht das Produkt von Großmannssucht, sondern eine verkehrspolitische Notwendigkeit – und sei es auch für die wohnmobile Flucht. Sie sollten trotzdem nicht zu schnell an Port-Barcarès vorbeifahren, denn einen auf den Strand gezogenen **Dampfer** sehen Sie so schnell kein zweites Mal. ***Lydia*** heißt das inzwischen für Ausstellungen genutzte Schiff, das hier schon seit 1967 die Besucher anlockt und sehenswerter ist, als wir dachten, bevor wir es uns genauer betrachtet haben. Der Kahn wurde 1931 gebaut und war vor seinem finalen Ruhm am Rand von Port-Barcarès auf der Route Marseille – Beirut für 240 Passagiere im Einsatz *(mit ‚Le Lydia' beschildert; N 42°49'39" E 3°02'27"; mehrere Leser haben unmittelbar davor unbeanstandet genächtigt; die Geschichte des Schiffs ist anschaulich im Internet abgebildet: https://lydia-moonta.fr/story-of-the-liner/#).* Weiter südlich entdecken Sie einen nicht hässlichen Großstellplatz:

058 Port-Barcarès

GPS: N 42°48'06" E 3°01'58". Quai des Tourettes. **Max. WOMOs**: 100. **Öffnungszeit**: Ganzjährig. **Ausstattung**: Ver- und Entsorgung, Toilette, Dusche, Strom, Mülleimer, Picknicktische. **Beschreibung**: Das klappstuhlgeeignete, grasig-geschotterte Gelände ohne Schatten ist 400 m vom Badestrand entfernt, liegt aber innerhalb der Bebauung an einem Hafenbecken. **Preise**: 12 €–14 €. **Zufahrt**: Fahren Sie in Port-Barcarès auf der Straße nahe dem Strand nach Süden. Der Platz ist dort direkt nördlich des Hafens beschildert.

Wenn Sie westlich den großen Étang umfahren, kommen Sie an der Hauptsehenswürdigkeit der Gegend vorbei, am **Fort de Salses**, das ich Ihnen bei der 5. Tour näher beschreibe. Bevor Sie die mächtigen Mauern in Augenschein nehmen, lohnt sich ein Abstecher zum kleinen Dorf **Fitou**, das dem rubinroten Wein der Gegend den Namen gegeben hat; ein Tropfen in meist höherer Qualität (siehe hinten beim Stichwort *Wein*). Der nette Parkplatz ist eine willkommene Alternative zur Küste:

000 Fitou

GPS: N 42°53'40" E 2°59'04", Av. des Corbières. **Max. WOMOs**: 8.
Ausstattung: Toilette, Wasser, Picknickbänke, Mülleimer.
Beschreibung: Sie stehen im Ort hinter einer Pizzeria und auf Asphalt unter Bäumen. Zufahrt: Biegen Sie von der D 50, der Ortsdurchgangsstraße bei einem Parkplatzwegweiser ab.

Wir bearbeiten die Küste noch bis zum Ende, aber wir machen es kurz: **Toreilles-Plage** und Ste Marie-Plage scheinen nach der Michelin-Karte nur aus wenigen Häusern zu bestehen. Der Schein trügt, die Häuser sind zwar vorwiegend flach, sie stehen aber in einfallslos geplanten Feriensiedlungen.

Der von mir früher empfohlene, meernahe Stellplatz in **Sainte-Marie-Plage** wurde schon vor Jahren mit einer Barriere verunstaltet, und den privat betriebenen offiziellen Platz in der Nähe des Kreisverkehrs der Umgehungsstraße näher zu beschreiben, verbietet mir die Verantwortung gegenüber den Lesern. Zum Entsorgen:

060 **N 42°43'57" E 3°01'31"**. Fahren Sie besser nicht hin!

Ordentlich hingelangt haben die Planer auch in **Canet-Plage**, einer Art Vorort von Perpignan (Tour 5), wo sich die Großstädter im Spielcasino vergnügen können. Immerhin gibt es noch ein paar ältere Häuser und sogar im Winter ein paar Menschen.

Saint-Cyprien-Plage trachtet danach, die Bettenzahl von Port-Barcarès zu erreichen. Das Gewühl von Verkehr, Gastronomie und Geschäften ist dermaßen erdrückend, dass wir die einzige Sehenswürdigkeit des Ortes, die im Zentrum der Stadt aufgestellte Frauenschönheit des katalanischen Bildhauers Maillol (Näheres zu ihm bei Tour 4), erst beim zweiten Anlauf am Platz hinter dem Strand finden, wo der breite Boulevard an die Küste trifft. Ansonsten rangiert der Ort an rekordverdächtiger Stelle auf der nach unten offenen Scheußlichkeitsskala. Auch der offizielle Stellplatz hebt das Niveau kaum an, eng, auf Asphalt und 400 Meter vom nächsten Strand entfernt:

061 N 42°37'04" E 3°02'05", Quai Arthur Rimbaud, am Hafen, eng, Asphalt, Ver- und Entsorgung, Strom, 9€–13€.

Im südlichsten der Badezentren der flachen Sandküste, in **Argelès-sur-Mer**, liegen direkt am weitläufigen Strand nebeneinander zwei große Campingplätze, die auf der Karte vor Tour 4 dargestellt sind:

TOUR 3

062 Argelès-sur-Mer – *Camping Le Soleil*

GPS/Kontakt: N 42°34'33" E 3°02'34", Route du Litoral, Tel. 04 68 81 14 48; www.camping-le-soleil.fr. **Öffnungszeit**: Mitte Mai bis Mitte Sept. **Ausstattung**: Direkt am Sandstrand, Schwimmbadlandschaft, Laden, Restaurant. **Beschreibung**: Das große, relativ schattige Gelände direkt am Strand wird noch nicht von Mobilhomes geprägt. In das Ortszentrum sind es 1,5 km. Im Juli und August kann man nur am Mittwoch oder Samstag anreisen. **Preise**: 23 €–59 € (aktuelle Preise im Internet nicht zu ermitteln). **Zufahrt**: Der Platz ist nördlich von Argelès-Plage an der D 81 südlich eines Flusses beschildert.

063 Argelès-sur-Mer – *Municipal Camp Roussillonnais*

GPS/Kontakt: N 42°34'04" E 3°02'39", Boulevard de la Mer, Tel. 04 68 81 10 42; www.leroussillonnais.com. **Öffnungszeit**: April bis Anfang November. **Ausstattung**: Laden, Restaurant. **Beschreibung**: Das schattige Gelände direkt am Strand ist, wenn man die noch relativ wenigen Mobilhomes hinwegdenkt, ein Campingplatz der alten Schule und mein Tipp. Leider ist hier aber in der Hochsaison auch mal kein Platz frei. Ortszentrum 0,9 km. **Preise**: 18 €–41 €. Für eine Nacht gibt es preiswertere Plätze. **Zufahrt**: Der Platz ist nördlich von Argelès-Plage an der D 81 südlich eines Flusses beschildert.

Gegenüber kann man bis 20 Uhr stehen und am schönen Strand liegen.

Nach dieser Küstentortour haben wir die Schnauze dermaßen voll, dass wir in Argelès-Village, dem lebhaften älteren Ortsteil, schon nicht mal mehr anhalten. Es gibt Momente, in denen ich bereue, Reiseführer zu schreiben. Das sind die Tage, an denen ich lange durch die Gegend fahre, um auf den Kick zu warten, der einfach nicht kommt. Wenn die Erwartungen dann nahe null liegen, sind die Voraussetzungen geschaffen für die schönsten Erlebnisse. Es kann nur noch besser werden, wie Sie sogleich auf unserer nächsten Tour feststellen dürfen, bei der wir den Rest der französischen Mittelmeerküste erkunden. Die Côte Vermeille, deren nördlichster Zipfel sogar noch zu Argelès gehört, wird uns dabei länger als geplant in ihren Bann ziehen.

Tour 4

Tour 4

Côte Vermeille – Die südliche Küste

40 km

Diese Tour führt durch den malerischsten Abschnitt der französischen Mittelmeerküste, soweit sie in diesem Buch beschrieben wird, und zeigt Ihnen, wo Sie an der Steilküste in der Nähe kleiner Buchten im Wohnmobil urlauben können. Außerdem fotografieren Sie farbenprächtige Häfen und wandern mit fantastischen Ausblicken an unseren Lieblingsorten:

- Collioure
- Wanderung zum Fort St Elme
- Port-Vendres
- Banyuls-sur-Mer
- Cap Peyrefite

Früher oder später werden Sie einen Bildband über Südfrankreich durchblättern. Prächtige Fotos von malerischen Orten an kleinen Buchten werden Ihr Auge erfreuen, das Fernweh wird Sie packen und Sie werden sich vornehmen, irgendwann dorthin zu reisen, wo bunte Boote vor altem Gemäuer dümpeln und wo Sie sich wünschen, noch einmal die zum Trocknen ausgebreiteten roten Netze der Fischer zu sehen.

Die Väter solchen Augenschmauses unterliegen alle der gleichen Versuchung: Ihre Fotos sollen anmachen, dem Betrachter vorspiegeln, die unbestechliche Kamera habe die Realität eingefangen. Das Negative wird nicht belichtet. An Schreibtischen wird mit Computern geschönt, und wenn Sie es dann vor Ort den Profis nachtun wollen, stellt sich schnell eine gehörige Portion Desillusionierung ein. Kein Buch zeigt Ihnen nämlich Strände voller Leiber, und verstopfte Straßen kommen ebenso wenig vor, wie der genervte Tourist, der auf dem Einheits-Plastik-Stuhl sitzt und in einem überteuerten Eisbecher stochert. Auch mit Worten, zugegebenermaßen auch mit meinen, wird verfälscht. Denn der Leser will nicht nur informiert, er möchte noch mehr animiert werden, was man bei der Lektüre eines Reiseführers, gleich, von wem er stammt, nie vergessen darf.

Wenn aber auf den Kalenderblättern und auf den Titelfotos bestimmte Motive inflationär wiederkehren, wenn eine ganze Region in den farbigen Ansichten eines kleinen Teilgebietes kulminiert, waren nicht nur geschickte Kamerademagogen am Werk. Von einem solchermaßen belichteten Stück Erde soll nun die Rede sein:

Unsere 4. Tour führt durch einen der schönsten Flecken Frankreichs, aber die Ortschaften kann man mit einer Hand abzählen. Eine *Felsenküste* beschränkt nämlich unser Zielgebiet auf einen schmalen, steilen Randstreifen vor dem Meer. So ist es schon naturgegeben, dass ich Sie vor der zweiten Juli- und der ersten Augusthälfte warnen muss. Ich weiß, in dieser Zeit nehmen die meisten von Ihnen Urlaub, Sie wollen es auch gar nicht mehr hören und werden trotzdem dorthin fahren. Aber es ist meine traurige Pflicht, Ihnen mitzuteilen, dass Sie in dieser Zeit gerade an der **Côte Vermeille** (Roten Küste) unter der Überfüllung besonders zu leiden haben. Auch dann ist es dort schön, sehr schön sogar. Aber Sie werden sich durchkämpfen müssen, unfreundlichen Kellnern begegnen und vor vollen Campingplätzen stehen. Sofern Sie aber dennoch Platz bekommen, für den ich nicht garantiere, werden Sie mit mir einig sein, dass die Côte Vermeille der schönste französische Küstenabschnitt westlich der Rhône ist.

Neben dem Touristenzustrom gibt es einen weiteren, kleinen Nachteil: Wegen der nahen Berge ist, besonders in der Übergangszeit, das Wetter hier eine Nuance wolkiger als an der Sandküste weiter im Norden.

Das gilt schon für **Collioure** (2.400 Einwohner), den nördlichsten und unbestreitbar schönsten Ort an der Côte Vermeille. Seine Kulisse ist das Kalenderblattmotiv schlechthin, obgleich man die bunten Boote nicht mehr zu Täuschungszwecken auf den Sand zieht – und sie sogar erst nach Ostern zu Wasser lässt. Gebraucht hat man die Boote schon lange nicht mehr, doch sahen die sogenannten *Lamparos* (sie waren früher mit einer hellen Lampe ausgerüstet, deren Lichtschein die Fische angelockt hat) in der geschwungenen Bucht ungemein malerisch aus. Aber die Touristen sind auf den Holzplanken herumgeklettert, und an dem ohnehin zu kleinen Strand verbrauchte die vorgegaukelte Folklore einfach zu viel Platz. Außerdem mussten sich die Stühle der Kneipen vermehren, weshalb das Gewinnstreben nicht mal heiligste Kühe geschont hat. Womöglich waren die Boote auch einfach nur kaputt.

Collioure

Im Jahr 1905 waren die kleinen Kutter wesentlich zahlreicher, aber schon ähnlich bunt und vielleicht mit ein Grund, dass sich die sogenannten *Fauvisten* in dem damals noch verschlafenen Dorf niederließen. Der Erste war der Maler Matisse, weil er sich im Gegensatz zu seinen schon berühmteren Kollegen einen Aufenthalt an der Côte d'Azur (noch) nicht leisten konnte und der gerade heute wieder gerne in den Werbeprospekten zitiert wird: »Es gibt in Frankreich keinen blaueren Himmel als den von Collioure. Ich brauche nur die Fensterläden zu öffnen, und schon habe ich alle Farben des Mittelmeers bei mir«. In ähnlicher Weise muss er anderen Künstlern vorgeschwärmt haben, denn ihm folgten Dufy, Derain und Juan Gris, die vom Licht zu solch malerischen Gefühlsausbrüchen hingerissen wurden, dass ein Kritiker einmal sagte, er fühle sich beim Anblick der Bilder in der Umgebung von *Wilden*, womit die *Fauvisten* ihren Namen weghatten.

Nicht nur die *Wilden* wurden vom südlichen Roussillon angezogen. In Céret kamen Chagall, Picasso und Braque zusammen, und

Collioure – Château Royal des Templiers

häufig traf man sich im einzigen Hotel von Collioure, in der **Hostellerie des Templiers**, deren Wirt den Künstlern unter die Arme griff. Manche Zeche wurde mit einem Bild bezahlt, und so hängt heute in der Gaststube noch Gemälde neben Gemälde (teils als Kopie). Die berühmtesten Werke befinden sich zwar längst in den Museen der Welt (oder sind gestohlen), aber von den Namenlosen ist noch so viel (angeblich 2.000 Werke) übrig geblieben, dass die Hostellerie einen der interessantesten Gasträume Südfrankreichs aufzuweisen hat (das Essen ist mittelmäßig, und die Preise sind relativ hoch).

Den frühen Touristen huldigt man in Collioure mit an den Hauswänden angebrachten Kopien ihrer authentischen Bilder, in deren Sog inzwischen unzählige Maler und Pfuscher das Arbeitsgerät aufstellen, um dem bereitwillig zahlenden Urlauber die ganze Bandbreite dessen feilzubieten, was irgendwie noch, wenn auch im Entferntesten, mit Malerei zu tun haben könnte. Das Motiv ist überall dasselbe: die geschwungene Bucht mit ihrem Badestrand und ein paar (inzwischen) dazu gemalten Booten, als seien sie gerade vom Fischfang eingelaufen.

Schon in vortouristischer Zeit hat der Mensch, wenn auch damals mit ganz anderer Absicht, das malerische Bild von Collioure gestaltet: Die Kirche auf der einen Seite und das Schloss auf der anderen rahmen die natürliche Bai ein und sind heute bei Fotografen und Malern gleichermaßen beliebt. Den **Glockenturm** hält man zunächst für einen Leuchtturm – und liegt damit gar nicht so falsch. Denn genau dem Zweck diente der Kirchturm, als Collioure bedeutendster Hafen des Roussillon war, bevor am Ende des 17. Jahrhunderts das benachbarte Port-Vendres wegen des inzwischen dort ausgehobenen Hafenbeckens diese Aufgabe übernommen hat. Etwa in dieser Zeit entstand auch die Église

Notre-Dame-des-Anges, ein Barockbau mit reicher Innenausstattung *(9–12 und 14–18 Uhr)*. Leider ist die Beleuchtung derart schummrig, dass man die Schönheit der im Barockstil gehaltenen neun Altarblätter, sogenannter Schnitzretabel, die das bedeutendste katalanische Kunstwerk ihrer Art sind, kaum erkennen kann (siehe auch das Foto in der vorderen Klappe).

Auf der anderen Seite der Bucht thront das mächtige Schloss, das **Château Royal des Templiers**, welches im 13. Jahrhundert vom Templerorden gebaut worden ist und später den Königen von Mallorca und Aragon, also spanischen Herrschern (Collioure war damals spanisch), als Absteige diente. Heute ist der Anblick von außen am beeindruckendsten oder die Aussicht von den Mauern auf den Hafen und die Stadt *(10–18 oder im Juli/August bis 18:30 Uhr; 7 €)*. Das Schloss dient heute hauptsächlich Ausstellungen (Peitschen, Weinbau, Espadrillos u.a.).

Hinter dem Schloss hält auch ein erstaunlicher **Bus**, mit dem man mehrfach täglich für 1 Euro nach Elne und Perpignan (Tour 5) oder, in die andere Richtung, bis Cerbère fahren kann (ob das noch richtig ist, konnte ich nicht überprüfen).

Das ist im Grunde nur Beiwerk, denn nach Collioure, einem userer persönlichen **Top Ten**, reist man wegen seiner Lage, des unbestreitbar malerischen Hafens und wegen des bunten Le-

Collioure

Camping *Les Criques de Porteils*

bens. Das wird im Sommer durch diverse Festivitäten kräftig angeheizt, vor allem am 16. August, wenn anlässlich des Stadtfestes am Strand ein Feuerwerk gezündet wird. Aber die Vermarktung ist gnadenlos. In einem Ort, der sich mit Kuttern und dem Meer schmückt, gibt es nicht mal mehr ein Fischgeschäft. In seinen früheren Räumen wird heute Nippes verkauft, den niemand braucht – von April bis Anfang Oktober. Das ist lohnender als der ganzjährige Verkauf frischen Fisches.

Aber der Campingplatz ist nach wie vor einer der schönsten in diesem Buch. Er heißt ***Les Criques de Porteils*** und ist der nördlichste, der größte sowie gepflegteste der beiden bei Collioure (genau genommen gehört er noch zu Argelès-sur-Mer). Er liegt wunderbar abgestuft auf einem traumhaften Felsplateau über drei kleinen Kiesbuchten. Von vielen Parzellen hat man einen weiten Blick nach Nordosten übers Meer zur angrenzenden Sandküste. Sofern Sie nicht wegen Überfüllung abgewiesen werden, könnten Sie hier einen ganzen Urlaub verbringen. Störend ist nur der an der ganzen Côte Vermeille mitunter sehr stark blasende Nordwind. Längst hat der Besitzer die Anlagen renoviert, den Charme ein wenig verringert, aber die unvermeidlichen *Mobilhomes* dankenswerterweise nur im hinteren Teil platziert:

064 Collioure – *Camping Les Criques de Porteils*

GPS/Kontakt: N 42°32'03" E 3°04'13". Argelès-sur-Mer, Route de Collioure, Tel. 04 68 81 12 73; www.lescriques.fr. **Öffnungszeit**: Ende März bis etwa 2.11. **Ausstattung**: Pool, Laden (möglicherweise erst ab 1.5.), Restaurant (selbst in der Nebensaison sollte man reservieren). **Beschreibung**: Im vorstehenden Text ist bereits die ungewöhnlich schöne Lage direkt am Wanderweg beschrieben. Unterhalb des Platzes

gibt es Kiesstrände, die im Spätsommer früh im Schatten liegen, die nahen Sandstrände beschreibe ich nachfolgend. Das Ortszentrum ist 2 km entfernt: Gehen Sie am Campingplatzausgang erst nach der Eisenbahnunterführung nach links; der Weg ist so kürzer und weniger anstrengend als die Strecke durch die Sandbucht der Ouille, zu der Sie sofort und vor der Bahnbrücke nach links abbiegen. Der Weg ist auch mit dem Rad gut machbar, ungeübte Herrschaften müssen ein kurzes Stück schieben: Ein Taxi kostet übrigens etwa 15 € und wartet in Collioure gewöhnlich vor der Burg. **Preise**: Etwa 25 €-60 € (keine Internetangabe). Alternativ gibt es 4 für WOMOs betonierte Kurzzeitplätze.
Zufahrt: Der Platz liegt nördlich von Collioure, noch im Gemeindegebiet von Argelès. Wählen Sie auf dem Weg von Argelès nicht die neue D 914 (!), bzw. verlassen Sie diese bei der ersten Abfahrt südlich von Argelès und noch nördlich von Collioure (Abfahrt 13, Richtung ›*Racou Plage*‹). Fahren Sie dann auf der alten Zufahrtsstraße nach Collioure, bis Sie nach rechts, also zum Berg hin (!) den Wegweiser zum Campingplatz finden. Sie unterqueren Straße und Bahnlinie und stehen dann am Campingplatztor.

Auf der Straße sind es noch drei Kilometer bis ins Zentrum von Collioure, aber Sie können trotzdem Ihr WOMO tagelang unbewegt lassen und zu Fuß in den Ort laufen. Falls es Sie nach einem Feinkiesstrand gelüstet, sind es in die schöne, bereits erwähnte **Bucht der Ouille** 15 Minuten zu Fuß (die Campingplatzzufahrt im

Bucht der Ouille

Rücken sofort nach links und kurz hinter einer Fahrzeugschranke durch das ausgetrocknete Flussbett laufen). Und zum klassischen Sandstrand ist es in die andere Richtung, also nach Norden, nicht weiter.

250 Meter hinter dem Strand von Ouille liegt zudem der Campingplatz *Les Amandiers*, der an der Straße nach Collioure beschildert ist und als Alternative gut in Betracht kommt, zumal von hier der Fußweg nach Collioure etwas kürzer ist:

065 Collioure – *Camping Les Amandiers*

GPS/Kontakt: N 42°31'53" E 3°04'19", Tel. 04 68 81 25 56; www.camping-les-amandiers.com. **Öffnungszeit**: 1.4. oder Woche vor Ostern bis Mitte Oktober. **Ausstattung**: Beheizter Pool, Brotverkauf, Imbiss, Pizzeria. **Beschreibung**: Das Gelände liegt in der Nähe an einer sandigen Feinkiesbucht und des Wanderwegs. In das Ortszentrum sind es 1,7 km – gehen Sie in die Sandbucht und an deren rechter Seite bergauf; der Weg ist alternativ auch auf der Straße mit dem Rad machbar, ältere Herrschaften müssen auch hier ein kurzes Stück schieben. Der Platz befindet sich nahe einer Bahnlinie. Die Geräusche sind vermutlich nicht sehr störend, genau wissen wir das aber nicht. Sie sollten in der Hauptsaison nicht sofort auf den Platz fahren, sondern oberhalb parken und zu Fuß zur Rezeption gehen. **Preise**: 25 €–45 €. **Zufahrt**: Der Platz liegt ebenfalls nördlich von Collioure. Am besten fahren Sie am vorgenannten Platz vorbei, bis Sie schon vor einem Kreisverkehr einen Wegweiser sehen.

Collioure hat auch einen in Maßen brauchbaren offiziellen Stellplatz, weitab vom Strand, aber er ist zugleich **die einzige Möglichkeit, um legal und überteuert in Collioure zu parken.** Er täuscht nicht darüber hinweg, dass Collioure eine wohnmobilunfreundliche Stadt ist und sich vermutlich nur dadurch gegen einen noch größeren Touristenansturm in der Hauptsaison wehren kann:

066 Collioure

GPS: N 42°31'34" E 3°04'09", Route de Madeloc. **Max. WOMOs**: 40. **Öffnungszeit**: Ganzjährig. **Ausstattung**: Ver- und Entsorgung, ungepflegte Toilette, wenige Stromanschlüsse, Mülleimer. **Beschreibung**: Sie parken klappstuhlgeeignet auf Asphalt unter zu kargen Bäumen

und können hier auch loswandern. Im Sommer kann der Platz tagsüber belegt sein. Von Juni bis August fährt ab 10 Uhr zur vollen und zur halben Stunde ein **kostenloser Bus** ins Zentrum (keine Hunde im Bus; Zweitticket des Parkautomaten als Fahrschein mitnehmen). Der letzte Bus bringt Sie bis 23.30 Uhr zurück. Ein Taxi kostet rund 15 €. Der **Fußweg in den Ort** und an den Strand bemisst sich auf etwa 1,8 km, allerdings teilweise etwas steil. Gehen Sie auf der Zufahrtsstraße etwa 80 m bergab, bis Sie rechts an einem kleinen Mäuerchen einen Durchbruch erkennen. Durch diesen gehen Sie bergab, auf der folgenden Straße links und an der nächsten Einmündung rechts. Auf dem **Rückweg** müssen Sie in Collioure oberhalb der Post und am dortigen Kreisverkehr in die Route d'Argelès einbiegen, unter der Eisenbahnbrücke hindurch gehen, beim Wegweiser ›*Maison de Retraite*‹ nach links und beim *Maison de Retraite* bergauf in die *Av. Augustin Hanicotte* abbiegen; nach einem längeren Anstieg wenden Sie sich scharf links in die *Rue Dufy* und nehmen nach etwa 250 m bei einer Laterne den Pfad nach rechts hinauf zur Straße bei dem Mauerdurchbruch. **Preis**: 20 € inkl. Strom; der volle Tarif gilt auch für das Kurzparken! **Zufahrt**: Der Stellplatz *P 1* liegt oberhalb nordwestlich des Ortes und ist beschildert.

TOUR 4

In Collioure beginnt eine ungewöhnlich schöne Wanderung, zu der man ebenso in der Bucht der Ouille bei den Campingplätzen aufbrechen kann. Dann nimmt man wenigstens auf einer Strecke den Küstenpfad und wandert insgesamt etwa eine Stunde länger (aber kaum länger als vom Stellplatz):

Von Collioure zum Fort St Elme und zur Einsiedelei Notre-Dame-de-Consolation

Wir flanieren zunächst in **Collioure** auf Meeresniveau entlang der südlichen, größeren Bucht auf der Straße nach Port-Vendres. Am Beginn der ersten Linkskurve zweigt rechts ein Sträßchen mit dem Wegweiser ›*Fort St Elme*‹ ab. Es geht nun jenseits der Bebauung und vorbei an einer **Windmühle**

Collioure – Windmühle und Fort St Elme

Blick beim Fort St Elme auf Collioure

auf einem Pfad steil bergauf, wobei wir häufig stehen bleiben, um unter uns den herrlichen Blick über die Bucht von Collioure fotografisch festzuhalten. Das ist aber erst der Appetitanreger für den **Superblick**, der sich uns oben beim **Fort St Elme** erschließt, einer ehemaligen Befestigungsanlage, die das ganze Land beherrscht und die man sogar noch von den Burgen des Corbières (Tour 6) erkennen kann *(Besichtigung: März-Mitte November täglich 10:30–17 oder 19 Uhr)*. Picasso hatte sich übrigens vergeblich bemüht, das Luftschloss zu erwerben.

Ab dem Fort wandern wir auf der Straße rechts bergauf, vorbei an einer weiteren ehemaligen Festung, bis zu einer sternförmigen Kreuzung. Hier nehmen wir den halb links leicht ansteigenden unbefestigten Weg, der südlich um einen Berg herumführt und wieder an einer Asphaltstraße endet. Dort entscheiden wir uns für die Strecke auf Asphalt scharf nach rechts bis zum Wegweiser *›Ermitage 6 km‹* (keine Angst, Ihr Weg ist viel kürzer). Diesem Wegweiser folgen wir auf Asphalt, vorbei an einem einzelnen Haus und über eine kurze Brücke. 300 m nach dieser und verdeckt hinter einem Felsklotz klettern wir nach rechts auf einem markierten Pfad abwärts. Dieser Weg ist zunächst so steil, dass man die Hände zu Hilfe nehmen muss, er wird aber bald deutlich besser und endet – am Schluss wieder etwas steiler – an der **Ermitage Notre-Dame-de-Consolation**.

Wenn man für seinen Marsch nicht gerade einen Sonn- oder Feiertag ausgewählt hat, ist die *Einsiedelei*, wie sich das für eine *Ermitage* gehört, ein Ort himmlischer Ruhe. Der mit Platanen bestandene Platz vor dem Kirchlein ist bei picknickenden Franzosen sehr beliebt, es gibt ein kleines Ausflugslokal, und im dunklen Innern der Kapelle werden Weihgaben der Fischer aufbewahrt (zeitweise geschlossen).

Nun benötigen wir noch eine dreiviertel Stunde zurück nach Collioure, auf dem sogenannten *Chemin de Consolation*, der dem Flussbett des Douy folgt (verlassen Sie die Einsiedelei nach rechts auf einem schmalen Betonweg und nicht auf der Zufahrtsstraße). Auf jenem Weg zogen früher, wenn die Einwohner in Trockenzeiten den Herrgott um Wasser bitten mussten, Prozessionen von Collioure zur *Ermitage*. Auch heutzutage finden hier am 18. August und am 8. September kleinere Wallfahrten statt.

Die ganze Strecke dauert ab Collioure (Hafen) **3 ½ Stunden** reine Gehzeit, sie ist nichts für heiße Hochsommertage, aber sie ist leicht zu finden, wenn man sich zuvor in Collioure in einem Schreib- oder Tabakwarengeschäft die Wanderkarte *Banyuls* des Herausgebers *ign* im Maßstab 1:25.000 - Nr. 2549 OT gekauft hat (oder die IGN-App benutzt, wo die Wanderwege eingezeichnet sind). Uns hat die Wanderung bei der Neurecherche wieder ausnehmend gut gefallen, weil sie einmalige Ausblicke bietet, und weil man schon nach wenigen Schritten durch eine entlegene, aber doch sehr typische Welt des südlichen Roussillon stiefelt.

Wenn Sie direkt zum Stellplatz von Collioure (Nr. 066) zurückkehren, können Sie schon bei den ersten Häusern von Collioure scharf links und danach durch eine Rechtskurve wandern, Sie kommen dann beim *Maison de Retraite* an (die weitere Strecke siehe oben beim Stellplatz). Oder Sie biegen unmittelbar vor (westlich) der hohen Brücke der Umgehungsstraße nach links bergauf auf eine Asphaltstraße ab, die zum Stellplatz führt.

Collioure – Restaurant *Le Neptune*

Für die Vorauflage haben wir mal wieder das **Restaurant *Le Neptune*** überprüft. Wir saßen eine Terrassenetage tiefer als früher, aber mit trotzdem *wunderbarem Blick auf den Hafen*. Mir fällt spontan kein Restaurant am nördlichen Mittelmeer ein, das mit einer vergleichbaren Kombination von Panorama, erreichbarem Stell- oder Campingplatz und dazu angemessenem Essen begeistert (*Tel. 04 68 82 02 27; Mo. und Di. geschlossen, Menüs ab 42 €;*

nur nach vorheriger Reservierung, die gut über das Internet funktioniert). Wer Wert auf noch höhere Qualität legt und sich mit einer ebenfalls sehr schönen, wenn auch mit einer einen Tick weniger spektakulären Terrasse über dem Meer begnügt, reserviert im benachbarten, teureren und gediegeneren **Restaurant *La Balette*** im *Hotel Relais des Trois Mas*, das seit Jahren einen begehrten Michelin-Stern hält *(Tel. 04 68 82 05 07; Mo. und Di. geschlossen; Menüs ab 95 €).* Für diese Auflage haben wir mal wieder (im April) auf den Blick verzichtet und stattdessen in der ***Casa Figuères*** im historischen Ortskern ein wenig gespart und trotzdem sehr gut gespeist. Obendrein wurden wir von dem vergnügten Team bestens unterhalten, zumal wir uns bereit erklärt hatten, zur Belustigung des ganzen Lokals den Banyuls, einen weltberühmten Süßwein, aus einer regionalen Flasche im Strahl zu verkosten *(Rue du Docteur Coste 14, vom Hafen aus an der Autostraße nach Norden rechts in einer Altstadtgasse Tel. 04 49 01 39 16, Mi. geschlossen; Menü 39 €).*

TOUR 4

Am nächsten Tag, möglichst nachmittags ab 16 Uhr, wenn die Fischkutter einlaufen (sofern die Fischerei noch nicht aufgegeben worden ist), könnten Sie den Hafen von **Port-Vendres** (5.800 Einwohner) inspizieren, *eines der schönsten Stücke Frankreichs am Meer*, ein Highlight für die Fotografen. Wenn das halbe Dutzend von Fischfangschiffen am Kai festmacht, das als Rest einer einstmals beachtlichen Flotte den Existenzkampf weiter-

Port-Vendres

hin aufnimmt (und aufnehmen darf – siehe Tour 2), erwacht das Leben: Die Beute wird in Kühllastern oder in kleinen Fahrzeugen der Restaurantbesitzer und Fischhändler verstaut. Was danach übrig bleibt, gelangt zur Versteigerung in die Fischhalle oder an einen Stand daneben, wo auch Sie als Normalverbraucher die Früchte des Meeres fangfrisch kaufen können. Leider ist das alles stark rückläufig. Bei unserer letzten Reise war ein Teil der aufgehäuften Netze schon so lange nicht mehr im Einsatz, dass darauf Unkraut gewachsen ist.

In Port-Vendres, einer der schönsten Kleinstädte in diesem Buch, ist die Kulisse beiderseits des Hafenbeckens gleichermaßen farbenfroh

Auch die Kulisse ist, gleich auf welcher Seite des Hafenbeckens man steht, farbenfroh. Die Häuser sind in zarten Pastelltönen gehalten, und ein besonders schönes Foto gelingt, wenn die kleine, rosafarbene Kirche im Hintergrund das Szenario überragt.

Port-Vendres

In den südlichen Teil des Hafens laufen gelegentlich noch richtig große Pötte ein und erinnern ebenfalls an bessere Zeiten. Die begannen für den Port de Vénus (Venushafen – daher auch der heutige Name des Städtchens) unter der römischen Herrschaft und kamen in Schwung, als Vauban, ein Festungsbaumeister Ludwigs XIV., der sich bekanntlich in ganz Frankreich verewigt hat, im Jahre 1679 begann, ein Hafenbecken auszuschachten und mit einer Befestigungsanlage zu sichern. Bis zur Fertigstellung dauerte es zwar fast hundert Jahre, und beinahe wäre auch noch die Revolution dazwischengekommen. Aber dann wuchs Port-Vendres zu einem der bedeutendsten französischen Mittelmeerhäfen. Ein großer Teil des Personen- und Güterverkehrs mit den ehemaligen Kolonien in Nordafrika wurde hier abgewickelt, ehe das Kolonialreich in den Fünfzigerjahren Jahren des 19. Jahrhunderts zerbrach. Schon vorher, im Jahre 1944, wurde das Befestigungswerk von den abrückenden deutschen Nazis teilweise gesprengt, aber der schöne Platz auf den ausgehobenen Erdmassen des Hafenbeckens, die **Place de l'Obelisque**, blieb erhalten. Deren Namensgeber, ein 25 Meter hoher Obelisk, reckt noch immer seine Spitze in den meist blauen Himmel (samstags ist Markt). Und ich muss einen früheren Irrtum korrigieren (der merkwürdigerweise nie Gegenstand einer Leserzuschrift war): Das Original des *Kriegerdenkmals von Aristide Maillol* (siehe grauer Kasten weiter unten) aus dem Jahre 1923 besteht tatsächlich aus Stein und ist hier zu sehen, während sich in Paris ein Replikat (oder Zweitwerk) aus Blei (oder Bronze?) befindet.

Der erhabene Platz mit seiner klassizistischen Brüstung ist für Wohnmobile gesperrt. Nehmen Sie den günstig und schön gelegenen offiziellen Stellplatz:

067 Port-Vendres

GPS: N 42°31'04" E 3°06'49", Route de la Jetée.
Max. WOMOs: 35.
Öffnungszeit: Ganzjährig.
Ausstattung: Ver- und Entsorgung, Toilette, Mülleimer.
Beschreibung: Das klappstuhlgeeignete Gelände auf Schotter ist etwa zur Hälfte schattig. Der Strand am Platz ist eingezäunt und nicht benutzbar; aber nach 600 m rechts, Richtung Leuchtturm, können Sie in einer kleinen Bucht baden (auf dem Fußweg vor dem Tunnel links Richtung Cap Béar). Auf dieser Strecke liegt auch nach 400 m das spektakulär direkt ans Wasser gebaute Restaurant ***Le Poisson Rouge*** *(relativ einfache Küche, noch nicht getestet, Menüs ab 22 €, Di. geschlossen)*. Einen Supermarkt erreichen Sie nach etwa 400 m Richtung Zentrum. Das Zentrum und Gaststätten sind gut zu Fuß nach 1,5 km erreichbar. Unsere nachfolgende Wanderung beginnt am Stellplatz. Früh anreisen! Der Platz ist auch außerhalb der Saison von Urlaubern, die hier tagelang stehen bleiben, gut besucht, weshalb man häufig relativ eng steht. **Preise**: 8 €–12 € werden am Morgen ab 8 Uhr kassiert. **Zufahrt**: Folgen Sie südlich des Ortes an der Straße nach Banyuls beim Kreisverkehr dem Wegweiser ›*Aire Camping Car*‹.

Wenn Sie beim Stellplatz an den Zaun vor dem angrenzenden Hafenbecken treten, erkennen Sie am gegenüberliegenden Kai auf der unteren Ebene das moderne Gebäude des **Restaurants *La Côte Vermeille***. Wir sind vom Stellplatz aus, schneller als erwartet, um den ganzen Hafen (und möglichst dicht an diesem) dorthin spaziert. Wir haben weniger gediegen als befürchtet gespeist, und auf dem Heimweg schwebten wir, von der ausgezeichneten Fischküche, einer der besten auf dieser Reise, noch stärker begeistert als erhofft sowie vom trockenen Weißwein des regionalen Weingutes *Abbé Rous* getragen (siehe beim Stichwort *Wein*) leichten Schrittes nach Hause *(Tel. 04 68 82 05 71; Mo. geschlossen; Menüs ab 56 €; allerdings hat der Küchenchef kürzlich gewechselt).*

Vom Stellplatz aus sollten Sie unbedingt auch wandern oder wenigstens ein Stück spazieren:

Zum Cap Béar und in die Bucht von Paulilles

Am vorerwähnten Stellplatz von Port-Vendres beginnt ein idealer **Küstenwanderweg** zum **Cap Béar**, den Sie dank der gelben oder später roten Markierung kaum verfehlen können. Kehren Sie um, wenn es Ihnen reicht, und vergessen Sie nicht das Badezeug.

Den **Stellplatz** von **Port-Vendres** im Rücken gehen Sie rechts und biegen nach wenigen Metern vor einem Tunnel links auf einen Schotterweg ein. Mit der gelben Markierung wandern Sie zu Häusern kurz vor der langen Hafenmole und steigen auf einem Pfad bergan, bis Sie die Straße erreichen. Sie könnten von dort weiter den markierten Weg durch die Garrigue wählen oder auf der fast nicht befahrenen Straße weiterwandern und dabei Ihre Kräfte schonen.

Denn nach der Antennenstation und ab dem **Leuchtturm** am **Cap Béar** (bis hierhin brauchen Sie knapp eine Stunde) müssten Sie, falls Sie sich nicht für die Straße entscheiden, mehrfach auf schmalen, schattenlosen

Cap Béar im leichten Nebel

Pfaden bis auf Meeresniveau absteigen, was nicht wenig anstrengend ist. Auf einem fantastischen Wanderweg gelangen Sie nach etwa weiteren 75 Minuten (ab Cap Béar) in die **Bucht von Paulilles**, etwa auf halber Strecke nach Banyuls-sur-Mer.

Möglicherweise verlassen Sie die Küste schon an der **Plage Bernardi**, einen Strand früher und vor einer ehemaligen Dynamitfabrik, um an der Autostraße nach Port-Vendres zurückzulaufen. Wir haben heimwärts erneut den Küstenpfad genommen (die Karte Nr. 2549 OT ist nicht erforderlich).

Leider gelangen Sie südlich von Port-Vendres in der **Bucht von Paulilles** aus dem abgestellten Wohnmobil nur schlecht zu Fuß an den Strand (Sie können kaum legal parken, große Fahrzeuge erst recht nicht, und es besteht Aufbruchgefahr).

Banyuls-sur-Mer

Sie müssen daher bis **Banyuls-sur-Mer** (4.700 Einwohner) durchfahren, das genauso lebhaft, im Sommer aber auch ähnlich überfüllt ist wie die Nachbarorte. Es fehlen die Größe und die Zweckdienlichkeit des Hafens von Port-Vendres oder die außergewöhnlich schöne Lage von Collioure. Aber auch in Banyuls flaniert man an den üblichen Urlaubslokalen und an Hunderten von Segelbooten vorbei. Banyuls-sur-Mer zählt ohne Zweifel zu den *besseren Adressen am französischen Mittelmeer*, weshalb wir uns den landeinwärts gelegenen Campingplatz angeschaut haben. Sein einziger Nachteil ist die Strandferne. Dafür ist er beschaulicher und kaum teurer als viele offiziellen Stellplätze (und sogar erheblich strandnäher als der offizielle Stellplatz von Collioure):

068 Banyuls-sur-Mer – *Camping La Pinède*

GPS/Kontakt: N 42°28'37" E 3°07'10", Route du Mas Reig 2, Tel. 04 68 88 32 13; www.campinglapinede-banyuls.com. **Öffnungszeit**: Anfang Februar bis Mitte November. **Ausstattung**: Großer Supermarkt auf der anderen Straßenseite. **Beschreibung**: Das schattige Gelände ist 1,2 km vom Strand und dem Zentrum entfernt. Gehen Sie aus dem Campingplatz links und am ersten Kreisverkehr halb links – vorbei am Friedhof, durch die Bahnunterführung und 140 m danach links. Unsere Wanderung beginnt hier. Manche Durchfahrten auf dem Platz sind etwas eng. **Preise**: 15 €–29 €. **Zufahrt**: Der Platz liegt beschildert an der Strecke zum Ortsteil Mas Reig.

Für Kurzaufenthalte kommt auch ein Plätzchen mit schöner Sicht und zweifelhafter Rechtslage infrage:

069 Banyuls-sur-Mer

GPS: N 42°28'30" E 3°07'10", Route du Mas Reig. **Max. WOMOs**: 3-4. **Ausstattung**: Keine. **Beschreibung**: Der Schönheitsfehler dieses Platzes könnte darin liegen, dass im ganzen Ort für Wohnmobile Nachtparkverbot gilt. Vor Ort entdecken Sie kein Verbotsschild, auf der Internetseite der Gemeinde habe ich auch nichts gefunden. Allerdings gilt in allen Nachbargemeinden dieses Verbot. Und Ihr Wohnmobil ist schon von weitem zu sehen. Entsprechend schön ist die Sicht von oben. Einige Leser haben hier unbeanstandet übernachtet. Man kann auch wandern, unsere nachfolgende Streckenführung kommt hier vorbei. Der Fußweg an den Strand und in der Ortsmitte beträgt etwa 1,5 km (gehen Sie das Sträßchen am Weingut vorbei und über einen Pfad abwärts und an der Straße schräg rechts geradeaus). Der untere (Natur-) Platz ist als Parkplatz des Weingutes und der angrenzenden Tennisplätze beschildert. Sie sollten dort aber tagsüber Ihr WOMO nicht stehen lassen, vor allem nicht während einer Wanderung. Bitte nicht auf der Zisterne parken und so, dass das Bähnchen noch wenden kann. **Zufahrt**: Fahren Sie am Campingplatz vorbei bergauf, um eine scharfe Linkskurve. Links einer großen Rechtskurve erkennen Sie etwas schräge Plätze auf Asphalt für nicht zu lange Fahrzeuge. Nehmen Sie dort bei einem Weingut das schmale Sträßchen über den Parkplatz abwärts, liegt links ein weiterer, ruhigerer Naturplatz mit Sicht bis zum Meer.

Im Gegensatz zu seinen Nachbarn kann Banyuls mit echten Sehenswürdigkeiten aufwarten: Südlich des Hafens hat sich ursprünglich das Meeresbiologische Institut der Pariser Uni-

TOUR 4

versität *Sorbonne* installiert, das *Laboratoire Arago*, eine der wichtigsten französischen Forschungsstellen für Meeresbiologie, die inzwischen in eine Institution integriert worden ist, die sich ***Biodiversarium*** nennt. Dazu gehört in einem Neubau seitlich der Straße ein *öffentliches Aquarium*, in dem die örtliche Meeresflora und -fauna zur Schau gestellt werden. In 36 Becken ist zu besichtigen, was sonst nur mit Glück und durch die Taucherbrille zu sehen ist: Seepferdchen, Kraken, Schildkröten, Krebse und Hummer, Korallen, um nur einiges zu nennen *(10-12 und 14–18 Uhr, Mo. geschlossen; Juli/August täglich ohne Pause bis 18:30 Uhr; 9,50 €)*. Dazu gehört ein **mediterraner Garten** oberhalb von Banyuls-sur-Mer, im Ortsteil Mas Reig *(beim vorgenannten WOMO-Parkplatz; nur mit Führung und selbst im Sommer nur nach Vereinbarung unter Tel. 04 68 88 73 39; 6 €)*.

Vom Ausgang des Aquariums sind es nur ein paar Schritte zu einem brandungsumschäumten Felsvorsprung, der **Ile Grosse**, wo man dem Bildhauer **Aristide Maillol** huldigt, dem größten Sohn des Ortes. Das altarähnliche **Denkmal**, mit dem der Künstler 1930 vor dem Krieg warnen wollte, ist nur noch eine Nachbildung, deren Original man zum Schutz vor den Widrigkeiten des Meeres hinter das Rathaus von Banyuls gestellt hat.

Aristide Maillol

Aristide Maillol gilt neben Rodin als *bedeutendster französischer Bildhauer* der Wende zum 20. Jahrhundert. Sie entdecken in Banyuls-sur-Mer unweit des zentralen Platzes mithilfe einer Gedenktafel das Haus, in dem er am 8.12.1861 geboren wurde. Nach Arbeiten in der Textilkunst sowie als Maler und als Restaurateur von Stuckarbeiten widmete er sich ab etwa 1900 nahezu ausschließlich der Herstellung von Skulpturen und dabei dem weiblichen Akt. Bei vielen Werken wurde er inspiriert durch eine Griechenlandreise, die er gemeinsam mit den Deutschen Graf Kessler und Hugo von Hofmannsthal (Schriftsteller und Verfasser von Opernlibretti) unternommen hat.

L'Action enchaînée sans bras

Seine bekannteste Bronzeskulptur hingegen, ***La Méditerranée***, war schon vorher entstanden, wie die meisten der von ihm geformten Frauenkörper mit kräftigen, relativ kurzen Beinen, üppigem Hintern, aber grazilem Oberkörper. So hatte der liebe Gott nämlich Clotilde, Maillols Frau, erschaffen, die sich meines Wissens auch nicht von ihm getrennt hat, als er in höherem Alter ab 1934 der damals 15-jährigen **Diana Vierny** verfallen ist, dem Modell seines Spätwerkes – mit weniger drallem Körper.

La jeune fille allongée

Diana Vierny stand der französischen Widerstandsbewegung, der *Résistance*, nahe und wurde deshalb 1943 von den deutschen Besatzern inhaftiert und musste mit der Hinrichtung rechnen. Maillol dagegen soll über so gute Kontakte zu den Nazis verfügt haben, dass er die Freilassung von Diana Vierny erreichen konnte. Infolgedessen wurde von vielen sein Tod am 27.9.1944 nicht als schierer Unfall abgetan, bei dem Maillol als Beifahrer in einem Auto saß, das von der Dorfstraße von Banyuls abgekommen ist und sich überschlagen hat.

Diana Vierny kümmerte sich fortan um Maillols Werk, dessen bedeutendste Stücke, im Wesentlichen Skulpturen, im Pariser Maillol-Museum untergebracht sind. Viele der dort ausgestellten Statuen, *La Méditerranée* zum Beispiel, stehen auch anderswo, wobei ich ohne tiefgreifende Studien nicht herausbekommen habe, ob die Bronzeskulpturen von vornherein in mehrfacher Stückzahl gegossen oder später nachgebildet worden sind (ich bin fast sicher, dass es mehrere Güsse gegeben hat und trotzdem spätere, zusätzliche Replikate und warte immer noch vergeblich auf die Zuschriften kluger Leser).

Das **Haus** bei Banyuls, in dem Maillol zum Zeitpunkt seines Todes und in den letzten Lebensjahren davor gewohnt hat, wurde zu einem Museum umgebaut. Hier ruht der Meister im Garten neben der bronzenen Nachbildung von ***La Méditerranée***. Das **Musée Maillol de Banyuls** ist auf der Michelin-Karte südwestlich des Ortes eingezeichnet: Biegen Sie in Banyuls beim Rathaus in der Ortsmitte landeinwärts ab und fahren Sie immer geradeaus, bis nach einigen Kilometern bei einem großen Parkplatz nähere Beschilderungen folgen *(montags und an Feiertagen geschlossen, 10–12 und 15-19 Uhr, 7 €)*.

Drei weitere Maillol-Statuen – ich vermute, dass es Kopien sind – finden Sie an der Strandpromenade von Banyuls-sur-Mer: ***Île de France sans bras*** (bei der Touristen-Info am südlichen Rand des Strandes) und ***La jeune fille allongée*** (weiter südlich, Richtung Cerbère, auf einem Halbrund in Höhe der Mitte des Hafens). Mit Sicherheit ein Replikat ist die erst im Sommer 2018 ebenfalls bei der Touristen-Info aufgestellte Statue ***L'Action enchaînée sans bras***. Wenn diese Ihnen bekannt vorkommt, haben Sie meinen Führer *Provence, Der Osten* sorgfältig gelesen, in dem sogar ein Foto des Originals zu sehen ist, das in Puget-Théniers steht. Aber die Dame besitzt dort Arme, und ich konnte auch nach langen Internet-Recherchen nicht klären, ob der Meister zwischen 1905 und 1908 tatsächlich dasselbe Weib einmal mit und einmal ohne Arme *(sans bras)*, sonst aber identisch, abgebildet hat.

TOUR 4

Wenn Sie zu jenem Felsvorsprung spazieren, könnten Sie auf der Seite des Aquariums die Speisekarte des ***Restaurants Le Fanal*** betrachten und kontrollieren, ob Pascal Borell seinen Michelinstern behalten hat, was gar nicht selbstverständlich ist, wenn die Menüpreise bei *für ein Sternelokal sensationellen 38 Euro* beginnen. Alleine schon die überdachte Terrasse am Rand des Hafens lohnt die Einkehr *(Tel. 04 68 98 65 88; kein Ruhetag, Menüs ab 38 €)*.

Zu den leckeren Fischgerichten ist der Wein allerdings nicht passend, von dessen Ruhm eines der kleinsten Weinanbaugebiete Frankreichs zehrt. Unter dem Namen ***Banyuls AOC*** (das ist eine geschützte Ursprungsbezeichnung zu der auch Collioure, Port-Vendres und Cerbère gehören) darf nämlich ein *natursüßer Rotwein* etikettiert werden. Das Verfahren zu seiner Herstellung wurde angeblich schon im Mittelalter von den Tempelrittern entdeckt: Während der Gärung wird dem hauptsächlich aus der Rebsorte Grenache gewonnenen und durch die Schieferböden mit einem hohen Anteil an natürlichem Traubenzucker ausgestatteten Wein, Alkohol oder Branntwein zugesetzt. Dadurch bleibt ein Teil des Zuckers erhalten. Außerdem wird das Produkt auf diese Weise haltbarer für die drei- bis fünfzehnjährige, oftmals unter freiem Himmel stattfindende Lagerzeit in (Eichen-) Fässern. Die Süße ist also nicht das Ergebnis nachträglich zugefügten Zuckers, sondern naturgegeben, weshalb man dem *Banyuls* ohne Angst vor Kopfschmerzen zusprechen kann. Das ist auch gut so, denn den Wein trinkt man nicht nur als Aperitif, er ist auch ein vorzüglicher Begleiter zu Edelschimmel- und Ziegenkäse; auch bei der Nachspeise darf man sich ungeniert nachschenken. Der Anbau ist eine Schinderei, da auf den Terrassen am Meer kaum Maschinen eingesetzt werden können. Zum Teil muss selbst die vom Regen weggespülte Erde wieder mühselig in die Weinberge zurückgebracht werden. Die Tempelritter hatten sich die Arbeit erleichtert. Sie ließen den Wein oben auf den Bergen gären und erst danach durch ein System aus Tonröhren in die Keller weiter unten fließen. Sogar im letzten Jahrhundert wendete man diese Methode noch an. Aktuelle Weingüter, bei denen Sie auch einiges zur Geschichte des Weins erfahren, empfehle ich unter dem Stichwort *Wein*.

Einen Teil des Anbaugebietes durchstreifen Sie bei einer reizvollen Wanderung. Bekannter, aber uninteressanter ist der *Chemin Walter Benjamin*:

Rundwanderung bei Banyuls-sur-Mer

Die Idee entstammt dem Rother Wanderführer. Ich habe Sie etwas abgeändert und lasse die Streckenführung am **Campingplatz** von Banyuls beginnen: Falls Sie nicht auf dem Campingplatz verweilen, können zwei Fahrzeuge in einer Ausbuchtung schräg gegenüber abgestellt werden; außerdem finden Sie ausreichend Parkraum, wenn Sie am Campingplatz noch ein Stück aufwärtsfahren.

Sie gehen also den Campingplatz im Rücken links und am Kreisverkehr beim Supermarkt halb rechts in die *Rue Amiral Vilarem*. Kurz vor deren Ende zweigt nach rechts bei der *Gendarmerie* ein Fußweg bergauf ab. Über diesen und ein anschließendes Straßenstück spazieren Sie an einem Weingut und an vorgenanntem WOMO-Parkplatz vorbei, bis Sie wieder auf die eigentliche Straße treffen. Hier wandern Sie halb links vor einem runden Natursteinturm geradeaus und direkt links eines weißen Gartentors (vor einer Zeder) leicht bergauf und weiter geradeaus (nicht links!). Hier war bei unserer Wanderung wegen Bauarbeiten die Orientierung etwas schwierig; Sie dürfen nicht nach links in das neu erschlossene Gebiet abdriften. Nach weiteren etwa 150 m verlassen Sie die Straße und marschieren nun deutlich steiler auf einem Weg bergauf, den Sie am Beginn des Waldes nach halb links auf einen Pfad verlassen, der seinerseits bei der **Kapelle Notre-Dame de la Salette** endet, wegen der großartigen Sicht ein Traumplatz für ein Picknick zur falschen Zeit.

Die kleine Kirche im Rücken stiefeln Sie nun landeinwärts und bei der gelben Markierung immer geradeaus und deutlich ansteigend (nie nach seitlich abwärts), bis Sie auf die Autostraße D 86 stoßen. Hier haben Sie den größten Teil der Steigung hinter sich und entspannen seitlich des Asphaltes auf den letzten Metern bis zum Col des Gascons (den Wegweiser ‚Ball Trap' lassen Sie unbeachtet – das ist übrigens ein Platz zum Tontaubenschießen).

Kurz vor dem Sattel treffen Sie auf den rot-weiß markierten GR 10 (und vielleicht auf einen Wandersmann, der auf dieser Strecke vom Atlantik ans Mittelmeer spaziert und sich nun nach Wochen der Mühen auf ein kühles Zielbier in Banyuls freut). Sie steigen steil ab und entscheiden sich beim Erreichen der nächsten, unteren Straßenschleife dafür, den größeren Bogen auf der Straße nach links auszuwandern, anstatt erneut steil abzukürzen. Am besten bleiben Sie auf der D 86, während Sie meerwärts gehen (unser Foto) und kurz nach einem Haus geradeaus die Straße wieder verlassen. Die Strecke ist bis hinunter nach Banyuls so perfekt rot-weiß markiert, dass der Atlantikfußgänger sein Bier auf gar keinen Fall verfehlt und man daher auch Ihnen nichts mehr erklären muss. Falls Sie allerdings direkt beim Auto ankommen wollen, ohne vorher den Strand erreicht zu haben, müssen Sie ziemlich genau oberhalb des deutlich sichtbaren Campingplatzes auf einer breiten Straße (wo der Pfad auf die Straße trifft) rechts gehen.

Je nach Wegführung und Kondition brauchen Sie **drei bis vier Stunden**; die IGN-Karte 2549 OT (oder die IGN App) ist sinnvoll, aber nicht notwendig, Schatten gibt es nur selten.

Chemin Walter Benjamin

Vor nicht langer Zeit hat man ab Banyuls-sur-Mer einen Wanderpfad ins spanische Portbou als ***Chemin (Ruta) Walter Benjamin*** beschildert. In etwa auf dieser Strecke, einem alten Schmugglerpfad, ist im September 1940 der jüdische Philosoph und Literaturkritiker Walter Benjamin mit einer kleinen Gruppe unter Führung einer deutschen Exilantin vor den Nazis geflohen. Er wollte weiter nach Lissabon und mit einem Schiff in die USA.

Für den herzkranken 48-Jährigen war der Anstieg mit einer schweren Aktentasche voller Manuskripte über einen unwegsamen Pass so anstrengend, dass er unterwegs sogar im Freien übernachten musste. Nach einer Vernehmung und erkennungsdienstlichen Behandlung brachte die spanische Polizei Benjamin in eine Pension in Portbou, wo dieser fürchtete, nach Frankreich zurückgeschickt zu werden und sich deshalb in der Nacht mit einer Überdosis Morphium das Leben nahm.

In Portbou gedenkt man des dort bestatten Flüchtlings mit einem Denkmal (Einzelheiten und Foto im WOMO-Führer *Katalonien*).

Auf dem Chemin Walter Benjamin – Blick nach Banyuls-sur-Mer

Falls Sie sich für diesen Wanderweg interessieren, empfehle ich, mit dem Zug von Banyuls nach Portbou zu fahren (was am Vormittag stündlich möglich ist), um von dort in gut 5 Stunden nach Banyuls zurückzuwandern. Diese Gehrichtung hat den Vorteil, dass Sie am Wohnmobil, das sinnvollerweise auf dem Campingplatz unweit des Bahnhofes steht, ankommen, ist aber nicht stilecht, da sie nicht der Fluchtrichtung von Walter Benjamin entspricht.

Wir konnten diesen Plan leider nicht ausprobieren, da wegen eines Waldbrandes der Bahnverkehr eingestellt worden war. Wir sind deshalb in der zutreffenden Gehrichtung der Flüchtlinge bis fast zur Passhöhe gestiegen und dort umgekehrt, um uns einzugestehen, dass es abwechslungsreichere Wanderstrecken gibt. Der Weg ist gut beschildert, wenig schattig, und von lohnenden Fernsichten abgesehen etwas eintönig, soweit wir das beurteilen können.

Den Einstieg in die Strecke finden Sie, wenn Sie in Banyuls-sur-Mer an der Zufahrtsstrecke vom Zentrum zum Campingplatz, wo die Straße unter der Bahn durchführt, über eine kleine Fußgängerbrücke in die **Avenue Pierre de Marca** einbiegen, auf der Sie nach einem leichten Anstieg innerhalb der Bebauung in der Rechtskurve die erste Beschilderung finden (siehe Foto bei N 42°28'23" E 3°07'36"), der sie nun, soweit wir das überprüft haben, problemlos folgen können. An einem Leitungsmast geht es ein paar Meter ins Tal, jenseits dessen dann der Anstieg zunächst auf einem Asphaltsträßchen beginnt und auf einen Pfad (Foto vorherige Doppelseite) abbiegt.

Auf der IGN-Karte und App ist zwar der Pfad eingezeichnet, aber nicht als *Chemin Walter Benjamin* kenntlich gemacht; gut ist die Wegführung bei *Outdooractive*).

Der reizvollste Platz für das Glas *Banyuls* liegt auf den Klippen des **Cap Peyrefite** und ist genau genommen ein Campingplatz im Gewande eines freien Stellplatzes. Schöner stehen Sie mit diesem Buch selten – schon gar nicht legal (!) am Meer. Sie müssen nur Ihr WOMO so platzieren, dass es den Blick zu einigen Dauerwohnwagen verstellt (und Sie im Schatten des mitunter sehr heftigen Windes die Flasche öffnen), während Sie über die Felsen weit hinaus aufs Meer und bis an die spanische Costa Brava schauen. Wegen des schlechten Zustandes der Sanitäranlage ist möglicherweise inzwischen der benachbarte Stellplatz die bessere Alternative:

070 Cerbère

GPS/Kontakt: N 42°27'23" E 3°09'48", D 914, Tel. 04 30 32 62 23. **Öffnungszeit**: April bis Oktober. **Ausstattung**: Campingplatzübliche, aber sehr spartanische und heruntergekommene Ausstattung. **Beschreibung**: Ein Sandstrand ist nördlich nach 10 Minuten Fußweg zu erreichen, dort gibt es auch ein angeblich gutes Restaurant und einen **Unterwasserlehrpfad** für Schnorchler *(Réserve Naturelle Maritime de Cerbère-Banyuls)*. Zum Zentrum von Cerbère sind es 3 km; wahrscheinlich gibt es zwischen Bahnlinie und Meer einen Fußweg nach Cerbère. Sie finden weitere, nähere Badebuchten, wenn Sie sich umsehen. Der Platz wird schöner, wenn Sie auf die unterste Etage fahren. Er sieht seit Jahren so aus, als werde er bald geschlossen, aber der Zustand verschlechtert sich ebenfalls seit Jahren nicht mehr (es gibt fast keine Steigerung mehr). Nach neueren Landabbrüchen konnte ich leider nicht mehr direkt vom Platz ans Meer klettern und demnach auch nicht mehr baden. Andere Urlauber haben einen Weg über die Felsen gefunden. Normalbadende müssen daher ein Stück nach Norden gehen. Mitunter sehr heftiger Nordwind. **Preis**: 21 €. Außerhalb der Saison ist das Büro nicht besetzt. Dann kommt ein Kassierer – oder auch nicht. An Ostern war ein Sanitärgebäude geöffnet (kaltes Wasser), es gab Strom. Aber man konnte nirgends bezahlen – es kam auch kein Kassierer. Angeblich muss man sich dann im Rathaus anmelden. **Zufahrt**: Biegen Sie von der D 914 nördlich von Cerbère beim Wegweiser zu einem (auf der Michelin-Karte eingezeichneten) Krankenhaus ab, Wegweiser ›*Sentier Sous marine*‹. Sie gelangen so auf die Zufahrt zum Krankenhaus und fahren aber geradeaus zum Campingplatz. Lassen Sie sich nicht vom ersten Eindruck abschrecken.

071 Cerbère

GPS: N 42°27'21" E 3°09'44". **Max. WOMOs**: 24. **Öffnungszeit**: Ganzjährig. **Ausstattung**: Ver- und Entsorgung, Strom, Mülleimer. **Beschreibung**: Ihre Klappstühle stehen in wunderbarer Lage, allerdings schattenlos auf Schotter über dem Meer. Es gelten praktisch alle Beschreibungen (einschließlich der Bademöglichkeiten) des vorgenannten Campingplatzes, oberhalb dessen der Stellplatz angelegt worden ist. **Preis**: 17 €. **Zufahrt**: Siehe beim vorstehenden Campingplatz.

Südlich des Campingplatzes wurde ein nicht störendes Neubaugebiet an den Hang geklebt. Und der Bauboom hatte auch vor der schönen, nördlich angrenzenden **Sandbucht** keinen Respekt, wenngleich nur wenige Häuser und ein einfaches, aber richtiges Restaurant an einen immer noch etwas improvisiert wirkenden Strand grenzen, der im Hochsommer aber gut besucht ist, handelt es sich doch um den Hauptbadestrand von Cerbère. Leider darf man dort kein Wohnmobil mehr parken (was in der Nebensaison nicht jeder beachtet und laut Internetberichten nicht beanstandet wird).

Nicht mehr ganz so einladend ist das kleine Grenzstädtchen **Cerbère** (1.700 Einwohner), merkt man ihm doch seine Zweckbestimmung als Bahnstation deutlich an, da hier die Züge enden, weil sie auf der breiteren Spur der spanischen Schienen nicht weiterfahren können. Mir scheint, dass sich daran bis zu dieser Auflage trotz der Angleichung europäischer Normen immer noch nichts geändert hat (oder doch? welcher Eisenbahnfreak schreibt mir endlich)?) Absolut lohnend ist gleich hinter Cerbère und etwa zwei Kilometer vor der Grenze ein Stopp am **Cap Cerbère**, wo Sie weit nach Spanien bis zum Cap Creus (mit C) blicken können. Dort und auf halber Strecke seit Cerbère darf man im WOMO seitlich der Straße stehen, (schöner Blick, windig und vielleicht auch ein wenig unsicher). Wenn Sie hier weiter nach Süden über die Grenze fahren, brauchen Sie den brandneuen WOMO-Führer von Ulli und Frank Staub *Katalonien*.

Und denken Sie an meine Warnungen ganz am Anfang unserer Küstentouren. Die wirklich schönen Stell- und Campingplätze sind rar. Zumeist ärgert man sich hinterher, wenn man ein angenehmes Plätzchen zu schnell wieder verlassen hat.

Tour 5

Tour 5

Besichtigungstour im Roussillon
Rund um Perpignan
110 km

Die Tour am Pyrenäenrand bringt Sie vor allem nach Perpignan. Idealerweise am Karfreitag, wenn die Kapuzenmänner in einer schaurigen Prozession unterwegs sind. Versäumen Sie außerdem nicht:

- **Kreuzgang in Elne**
- **Castelnou**
- **Zentrum von Perpignan**
- **Festung von Salses**

Einer der großen Vorteile der Wohnmobilreise liegt bekanntlich darin, dass man seinen Urlaub nicht nur am Strand vertrödelt, sondern dass man unbeschwert auf Besichtigungstour gehen und danach wieder in den faulen Teil der Ferien überwechseln kann.

Elne - Kreuzgang

Dabei liegt eine bedeutende Sehenswürdigkeit gleich hinter der Küste, der Kreuzgang der **Kathedrale von Elne**. Von außen macht die im 11. Jahrhundert begonnene Kirche Ste-Eulalie-Ste-Julie einen schmucklosen, festungsartigen Eindruck und wäre für den Normalurlauber kaum einen Umweg wert, wäre da nicht dieser *wundervolle Kreuzgang*, den Sie sich unbedingt ansehen sollten. Romanische und gotische Stilelemente kommen hier zum Tragen, da man zwei Jahrhunderte gebraucht hat, um die kunstvollen Bildhauerarbeiten an den Säulen und Kapitellen aus dem Stein heraus zu meißeln. *(9:30–17 Uhr, Mo. geschlossen, Mai bis Sept. täglich bis 18 Uhr; 4,50 €).*

Einzelheiten zur Geschichte der Kathedrale darf ich mir hier ersparen, denn vor Ort bekommen Sie mit der Eintrittskarte einen Prospekt in astreinem Deutsch, der keine historische Frage offenlässt. Gegenüber der Kathedrale lohnt sich das kleine **Musée** mit sehr schönen Bildern des Fauvisten Freundes Terrus *(Mai–Sept. 14–18 Uhr; 3,50 €).*

Westlich des Zentrums von **Elne** (9.000 Einwohner) lohnt sich ein Halt bei der **Maternité suisse d'Elne** (Château d'En Bardou). Spektakulär sind dort weniger die ausgestellten Stücke als die geweckte Erinnerung. Von 1939 bis zur Schließung im April 1944 erhielten hier schwangere Frauen aus den großen Lagern mit republikanischen Flüchtlingen des spanischen Bürgerkrieges sowie aus den von Deutschland besetzten Ländern praktische Hilfe bei der Geburt. Unter der Leitung einer Schweizerin entstand ein Ort der praktischen weiblichen Solidarität und des Widerstands, der nach 1945 in Vergessenheit geraten war und verfallen ist, ehe er auf Betreiben einiger hier geborener Kinder wieder entdeckt worden ist. In einem Herrenhaus befindet sich ein von der Stadt betriebenes Museum, welches das mutige Engagement würdigt *(Sie können auch zu Fuß gehen – von der Kathedrale sind es 1,6 km; Öffnungszeiten und Preis wie bei der Kathedrale, es gibt ein Sammelticket).* Links des nachts verschlossenen Tors können Sie meistens einsam übernachten und tagsüber, nachdem die Pforte zum Park geöffnet worden ist, einen Picknickplatz benutzen:

072 N 42°36'16" E 2°57'17"; Route de Bages, D 612.

Südlich der Innenstadt wurde ein früherer Campingplatz als Stellplatz der Gesellschaft *Camping-Car Park* umgenutzt:

073 Elne – *Aire Camping-Car Park*

GPS: N 42°35'31" E 2°58'47", Route d'Argelès, D 612. Max. **WOMOs**: 46. **Öffnungszeit**: Ganzjährig. **Ausstattung**: Ver- und Entsorgung, Strom, Mülleimer. **Beschreibung**: Das grasige, leicht schattige und klappstuhlgeeignete Gelände ist. 1,2 km von der Kathedrale und dem Zentrum entfernt. Nachteilig, aber erträglich sind deutliche Verkehrsgeräusche von der angrenzenden Umgehungsstraße. **Preis**: Etwa 13 €. Zum Bezahlvorgang siehe bei den Tipps unter *Freies Camping / Stellplätze / übernachtungsgeeignete Parkplätze*. **Zufahrt**: Der ehemalige Campingplatz liegt südlich der Innenstadt an der Straße nach Argelès, bzw. zur D 914 (erst sehr spät beschildert).

Ende April war es in Elne gar nicht einfach, ein geöffnetes Lokal zu finden. So war die gute Küche des **Restaurants *Au Remp'Arts*** ein Glücksfall *(Place Colonel Roger 3, Tel. 04 68 22 31 95; Mo. geschl., Terrasse, Menü 36 €).*

Etwa vier Kilometer östlich des Zentrums von Elne und auf halbem Weg zur Küste kann man hinter einem Campinghändler und seitlich einer Gärtnerei gepflegt zwischen Oleander und Palmen logieren:

074 Latour-Bas-Elne

GPS/Kontakt: N 42°35'59" E 3°00'26", La Negada; www.airedestcyprien-latourbaselne.com; die Seite ist aber veraltet. **Max. WOMOs**: 40. **Öffnungszeit**: Im Winter während unbekannter Zeit geschlossen; Pause von 12–14 Uhr. **Ausstattung**: Ver- und Entsorgung, Strom, Mülleimer. **Beschreibung**: Das grasige, klappstuhlgeeignete Gelände mit großflächigen Bereichen ist vom Ortszentrum 700 m und vom Badestrand 3 km entfernt und darf nicht mit Trucks befahren werden, weil die Wiesen das nicht aushalten. **Preis** 10 €–14€ inkl. Strom. **Zufahrt**: Der Platz liegt südöstlich des Ortes und ist beschildert.

In Elne müssen Sie entscheiden, ob Sie sich sofort Perpignan ansehen, einen lohnenden Umweg wagen, oder ob Sie sogar gleich auf unserer 6. Tour weitermachen. Für die beiden zuletzt genannten Alternativen empfehle ich Ihnen, auf der D 612 die Strecke über Thuir zu wählen. Weniger wegen des Städtchens **Thuir** (6.400 Einwohner), das eher einen gemütlichen Eindruck macht und Ihnen außer einem mittelalterlich angehauchten Stadtbild wenig Sehenswürdigkeiten zu bieten hätte, wenn Sie nicht gerade

Thuir – *Caves Byrrh*

Aperitif-Liebhaber sind. Denn Thuir ist die Wiege des in Deutschland wenig bekannten alkoholischen Appetitanregers mit dem Namen *Byrrh*, einem Schnaps auf Rotweingrundlage, versetzt mit Kräuterwurzeln und Rinden (!), der um 1930 die größte Aperitifmarke in Frankreich war und dessen Hersteller einen eigenen Bahnanschluss unter einer von Gustav Eiffel konstruierten Halle besessen hat, die immer noch existiert. Noch in den Sechzigerjahren wurde der Schnaps mittels beschrifteter Hausfassaden heftig beworben (wenn Sie ihn im Café bestellen, kommt meist ein *Bier*). Auch *Cinzano*, *Dubonnet* und andere Aperitifgetränke werden im Konzern von *Pernod-Ricard* heute hier gebraut. Wer sich den Herstellungsvorgang nebst ausführlicher Kostprobe nicht entgehen lassen möchte, kann in der Großkellerei Les Caves Byrrh eine Führung mitmachen und dabei auch davon träumen, das angeblich *größte Eichenfass der Welt*, welches immerhin eine Million Liter fasst, leer zu trinken *(es gibt geführte und freie Besichtigungen, ab 5,50 €; zu den komplizierten Zeiten siehe www.caves-byrrh.fr)*. In der Nähe der Kellerei könnte man den Rausch ausschlafen und vorher im **Restaurant *Arbequina*** gut speisen *(Rue de la République 21, Tel. 04 68 34 46 64; gute Internetreservierung, Mi.–So.)*.

TOUR 5

075 Thuir

GPS: N 42°38'07" E 2°45'36", Chemin de Salaou. **Max. WOMOs**: 10.
Öffnungszeit: Ganzjährig. **Ausstattung**: Ver- und Entsorgung, Strom, Mülleimer. **Beschreibung**: Der schattenlose Asphaltplatz, 350 m vom Zentrum entfernt, ist praktisch, aber nicht schön. **Preis**: 12 €.
Zufahrt: Der Parkplatz liegt östlich der Kellerei und ist beschildert.

Hauptgrund für diese Strecke ist aber nicht die Sauferei, sondern der kurze Abstecher zum 5,5 Kilometer westlich von Thuir gelegenen Felsennest **Castelnou** (290 Einwohner), einem Dorf, das man wahrscheinlich unbeachtet ließe, würde einen nicht der Reiseführer darauf aufmerksam machen. Es darf sich mit dem Attribut *Eines der schönsten Dörfer Frankreichs* schmücken – und hat das auch verdient. Besonders im Frühjahr und Winter, wenn der westlich aufragende Pyrenäenriese, der Pic du Canigou (2.784 m), sich nicht hinter Wolken versteckt und sein mit Schnee bedecktes Haupt den Kontrast zu den fast spielzeughaft herausgeputzten Häusern bildet. Die werden zwar kaum noch von richtigen Einwohnern benutzt, und es gibt daher auch keine dörfliche Struktur mehr, mit Bäcker und Leuten, die einer normalen Erwerbstätigkeit nachgehen. Umgekehrt aber fehlen auch weitgehend die Souvenirshops, sodass der kurze Bummel durch die engen Gassen des am Hang liegenden Ortes zu den Urlaubserlebnissen der erfreulichen Art zählt. Wie es sich gehört, thront oben auf der

Kuppe ein Schloss, das vor einigen Jahren nach einem Feuer restauriert worden ist und besichtigt werden kann *(15.4–15.9. 10-17 Uhr, Juni bis Sept. bis 19 Uhr)*.

Der Übernachtungsplatz liegt schön in der Landschaft und würde uns noch besser gefallen, wenn die Sicht nicht überwiegend zugewachsen wäre:

076 Castelnou

GPS: N 42°37'18" E 2°42'09". **Max. WOMOs**: 5-8. **Öffnungszeit**: Ganzjährig. **Ausstattung**: Toilette (rechts des Stadttores), Mülleimer. **Beschreibung**: Sie stehen zeitweise im Schatten unter Bäumen auf einem geschotterten Randstreifen neben einer Fahrbahn, die aber nur dem Parkplatz dient. Häuser sind nicht direkt in der Nähe, weshalb das Gelände etwas einsam ist. Abends, nach Abreise der Tagestouristen, können Sie auf jeden Fall auf Klappstühlen sitzen. Sie finden die (von mir früher empfohlene) Gaststätte *L'Hostal*, können aber nichts einkaufen. Leser haben sich über den (relativ dezenten) nächtlichen Glockenschlag der benachbarten Kirche – alle 30 Minuten – mokiert. Tagsüber ist der Platz selten einmal zugeparkt, was sich gegen Abend auf jeden

Castelnou

Fall ändert. **Preise**: 3 €/4 Std., aber 15 €/24 Std. Die Rechtslage ist leicht zweifelhaft. Man kann nicht klar erkennen, ob der teurere Tarif für Wohnmobile nur auf den dafür ausgewiesenen drei markierten Plätzen gilt oder überall (was ich annehme). Googelt man dazu, überwiegt die gegenteilige Auffassung, was nicht verwundert, da verschiedene Internetapps dazu neigen, den Nutzern zweifelhafte Einspartipps zu liefern. **Zufahrt**: Der mit ›P‹ beschilderte, geräumige und einzige Parkplatz ist unterhalb des Dorfes nicht zu verfehlen.

Auf der ganzen Strecke von der Küste bis hierher haben Sie die Pyrenäen im Blick, und leicht, besonders in Castelnou, reift der Wunsch, dieses Gebirge und damit auch die in vorliegendem Reiseführer nicht behandelten Teile des südwestlichen Roussillon näher kennenzulernen. Dabei wird Ihnen sicher Band 20 der WOMO-Reihe, *Pyrenäen*, wertvolle Dienste leisten, in dem Stefanie Holtkamp und Andrea Bergmann, was in der Natur der Sache liegt, auch wenige Bereiche des hiesigen Buches beschreiben, wenn auch unter etwas anderem Blickwinkel.

Unsere Reise geht weiter nach **Perpignan**, der mit 122.000 Einwohnern *größten Stadt des Roussillon*, die man oft achtlos durch- oder umfährt. Es fehlen hier nämlich bedeutsame Sehenswürdigkeiten. Auch ich hatte Perpignan nicht in guter Erinnerung, seit ich an einem glutheißen Tag Anfang der Siebzigerjahre diverse Autowerkstätten auf der Suche nach einer Lichtmaschine für meinen VW-Käfer abgeklappert habe. Umso überraschender ist Jahrzehnte später das Wiedersehen, die Entdeckung einer fast *unverfälschten, lebhaften Altstadt* mit zahlreichen netten Plätzen.

Sogar die **Parkplatzsuche** gestaltet sich (bei mehreren Besuchen in neuester Zeit) problemlos: Sie werden überall im Zentrum zu dem Parkhaus *Castillet* geleitet, an dessen Einfahrt Sie links vorbeifahren. Gleich dahinter erstreckt sich eine schattige, mit Palmen und Platanen bestandene Anlage, der Boulevard Wilson, an deren Rand die Einheimischen wegen des Parkscheinautomaten ungern parken und uns die Plätze frei lassen. Sie können es auch auf der anderen Seite der Allee versuchen – Platz 1 der nachfolgenden Alternativen:

Platz 1: Parkplatz des **Cour F. Palmarole**; bis höchstens 6,50 m Länge, aber auf 2 Stunden begrenzt (N 42°42'10" E 2°53'48"); im Zentrum;

Platz 2: Parkplatz in der **Rue Paul Verlaine 52**; bis 3,5 t, aber einige Plätze bis gut 7 m Länge (N 42°42'18" E 2°53'20"); etwa 650 m ins Zentrum;

Platz 3: rechtwinklig zur **Rue Paul Fort**; bis etwa 7,50 m Länge (N 42°42'28" E 2°53'19"); rund 1 km ins Zentrum.

Von Platz 1 ist es ein Katzensprung in die Altstadt und zu den Bauten, die man dort sehen möchte. Das Wahrzeichen der Stadt liegt gleich am Weg und ist ein ausgezeichneter Orientierungspunkt. Es ist das rundliche Türmchen aus rotem Backstein, genannt **Le Castillet**, im 14. Jahrhundert als Torbefestigung gebaut. Die Besichtigung des Innern, bei der man auch von der Epoche erfährt, als der ovale Turm Gefängnis und Folterkammer war, habe ich mir bislang verkniffen.

Perpignan – Le Castillet

Ganz im Gegensatz zur Haupttouristenattraktion, dem **Palast der Könige von Mallorca** (Palais des Rois de Majorque). Ihn zu finden ist nicht schwer: Gehen Sie beim genannten Türmchen in die Altstadt und dann zunächst geradeaus bis zu dem schmalen Platz mit einem der schönsten Häuser der Stadt, die gotisch dekorierte Seehandelskammer **Loge de Mer** (14. bis 16. Jahrhundert), vor der man rechts abbiegt und den kleinen, aber belebtesten Platz der Altstadt überquert. An dessen Ende sollten Sie sich links halten und allmählich bergauf bummeln. Sie stoßen dann bald auf eine Mauer der Zitadelle, eben jenes Palastes. An ihr muss man nun wieder nach rechts gehen, denn der Eingang zum Palais ist auf dessen Westseite. Dort legt man hinter einem gewaltigen, mit Millionen von schmalen Backsteinen errichteten Gemäuer einen Obolus auf die Kasse, um mithilfe eines deutschsprachigen Faltblattes die schmucklosen Gemächer des Königs und seiner besseren Hälfte zu durchwandeln. Andere – ich weniger – sehen den mediterranen Charakter der Treppen, Galerien und Arkaden. Ich freue mich vor allem darüber, dass ich mich nicht der einstündigen Führung anschließen muss und den Palast auf eigene Faust kennenlernen darf, was weniger lange dauert *(April bis Oktober 10–18 Uhr, im Winter bis 17 Uhr; 7 €)*.

TOUR 5

Am interessantesten finde ich noch die Geschichte des kurzlebigen Königreiches von Mallorca – und seiner beiden Hauptstädte, von denen Perpignan die eine war. Der König von Aragon (im heutigen Spanien), Jakob I., hatte zwei Söhne, von denen der älteste das Königreich Aragon, Katalonien und Valencia erbte, während für den jüngeren, Jakob II., ein neuer Staat geschaffen werden musste, aus dem Königreich Mallorca, dem Roussillon und einigen weiteren Gebieten. Das neue Reich ließ sich von der Inselhauptstadt Palma nicht gut regieren, weshalb eine zweite Residenz und ab dem Jahre 1274 dieser Palast notwendig wurden. Nach 68 bewegten Jahren war die Welt wieder um einen Staat ärmer, das Königreich kam zu Aragon, und Perpignan verlor an Bedeutung. Zweifelsfrei stammt der Hubschrauberlandeplatz in der Zitadelle nicht aus der Zeit der doppelten Hauptstadt.

Der Weg durch die Altstadtgassen führt zugleich durch einen Schmelztiegel unterschiedlicher Volksgruppen, unter denen die Franzosen fast schon die Minderheit bilden. Vogelkäfige, Wäscheleinen und Kräutertöpfe schmücken die Fassaden schmaler

Häuser, in den dunklen Kneipen lungern auch mal zwielichtige Gestalten und aus den geöffneten Fenstern schallt es arabisch, katalanisch oder im Dialekt der Sinti und Roma. Was daran liegt, dass Perpignan eine Metropole dieser Volksgruppe geworden ist. Ein ganzer Bezirk wurde außerdem zum sogenannten **Araberviertel**, wo vor allem samstags und sonntags am Vormittag ein bunter Gemüsemarkt aufgebaut wird. Es ist der Stadtteil Puig/St-Jacques, den Sie leicht finden, wenn Sie sich hinter unserem Ausgangspunkt, dem Castillet, nach links wenden und an der sehenswerten **Kathedrale** bergauf gehen. Gehen Sie danach auf die **Kirche St Jacques** zu *(Carrer de la Miranda; N 42°41'54" E 2°54'09")*, wo am Karfreitag die berühmte **Prozession** zur Kathedrale beginnt und das Mittelalter wachruft. Bis zu 600 Männer werfen sich dann in bodenlange Kapuzenmäntel und ziehen mit dumpfem Trommelschlag durch die Gassen. Es ist nicht nur die schaurige Ähnlichkeit zu Mitgliedern des Ku-Klux-Klans, die Touristen und Einheimische gleichermaßen auf Trab bringt:

Die La Sanch-Prozession

Für eine Vorauflage haben wir uns selbst unter die Schaulustigen und Gläubigen – die in der Mehrzahl scheinen – der berühmten Karfreitagsprozession gemischt. Dabei mussten wir erst einmal unser von unzähligen italienischen Umzügen gleicher Zweckrichtung eingeprägtes Vorurteil revidieren: Die La Sanch-Prozession findet schon nachmittags und im Hellen statt. Sie beginnt mit dem Schlag des Anführers an eine Eisenplatte und mit drei dumpfen Trommelschlägen überraschend pünktlich um 15 Uhr an der Kirche St Jaques und dauert etwa drei Stunden.

Um danach noch in die ruhigeren Gefilde der 6. Tour weiterfahren zu können, haben wir uns zum Ausgangspunkt bei der Kirche St Jacques begeben (siehe Beschreibung in vorstehendem Text), was sich als sinnvoll herausgestellt hat. Weniger schön war die Warterei auf einer erhöhten Position, die wiederum Voraussetzung für einigermaßen brauchbare Fotos ist. Vom

Straßenniveau aus gelingen die gruseligen Fotos von den Kapuzenmännern deutlich schlechter. Wir standen eine knappe Stunde zu früh am Start, aber gerade noch rechtzeitig für einen freien Platz auf dem Mäuerchen gegenüber St Jacques. Bei dem Radrennen der Tour de France mussten wir uns einst länger wartend langweilen.

Die berühmten Kapuzenmänner, es sind gläubige Mitglieder der religiösen Gemeinde, kamen so daher, wie wir sie erwartet haben, ein wenig schaurig, aber auch wie verkleidete Aktivisten deutscher Karnevalsumzüge. Überraschend eindrucksvoll war daneben die inbrünstige Frömmigkeit, die von den Teilnehmern des Aufzuges trotz aller touristischen Verbreitung weiter ausgeht. Und nirgendwo sonst habe ich vielfältigere Darstellungen zum Leiden Christi gesehen, da fast jede Gruppe der Prozessionsteilnehmer eine lebensgroße Figur des Gekreuzigten trägt. Achten Sie vor allem darauf!

Die Karfreitagsprozession geht in Perpignan auf das Jahr 1416 zurück, als man Anteil nehmen wollte an dem Leid der Gefangenen und der zum Tode Verurteilten sowie deren Familien. Die Mitläufer der Prozession versuchten durch blutige Selbstgeißelung am eigenen Leib das Leiden Christi zu erleben und mussten sich vermummen, weil der Papst schon im 14. Jahrhundert die öffentliche Sühne verboten hatte. Später, zurzeit der Aufklärung, wurde die Tradition, die längst unzeitgemäß geworden war, eingestellt, ehe die Sanch-Bruderschaft im Jahr 1950 das Ritual wiederbelebt hat. Der Wunsch nach Geißelung steht auch heute bei vielen Teilnehmern im Vordergrund, wenn Frauen schwere Statuen auf Gestellen tragen, die sie nur beim Stocken des Umzugs auf speziellen Hölzern abstützen. Oder wenn Männer drei Stunden barfuß durch die kalte Stadt laufen – auf Straßen, die vorher mit Wasser gesäubert und mit Schildern versehen worden sind, die das Koten von Hunden verbieten.

Die Streckenführung mit Stadtplan findet man bei Google mit folgendem Suchbegriff: ***tracé du parcours de la sanche***.

TOUR 5

Im Sommer werden wir Zuschauer eines Umzuges der ganz anderen Art. Es sind die Wochen der Pfirsichernte, die Zeit der Überproduktion. Und einen aktuellen Anlass für den Protest finden die südfranzösischen Bauern immer. Womit ich den Landwirten in ganz Europa den Grund zur Wut nicht absprechen will. Aber muss man deswegen 60 Wagenladungen schönster praller Früchte auf die Straßen und vor die Tür der Departementsverwaltung kippen? Die militante Aktion mit Barrikaden brennender Lkw-Reifen legt für Stunden den Verkehr in der Innenstadt lahm und würde in Deutschland zu einem Aufschrei und zu massiven Polizeieinsätzen führen. In Perpignan regeln nur ein paar Schupos den Verkehr, die Presse zeigt sich am nächsten Tag voller Verständnis, und die Bevölkerung ist ohnehin nicht nur wegen der kostenlosen Vitaminversorgung solidarisch. Auch wir füllen eine Plastiktüte mit Pfirsichen, wie man sie sonst nur aus handverlesenen Obststeigen kennt.

Perpignan – Bauernproteste

So dauert es etwas länger, bis wir die Stadt wieder verlassen und wenige Kilometer südlich der Nordgrenze des Roussillon und 15 Kilometer nördlich von Perpignan eine der größten Sehenswürdigkeiten dieser Region besichtigen können. Die **Festung von Salses-le-Château** gilt als *Meisterwerk der Militärarchitektur* und ist wirklich lohnend. Es gibt im Rahmen der Führung (auf eigene Faust darf man nur einen Teil der Anlage erkunden) alles zu sehen, was in einer solch großen Festung einstmals für die Verteidigung und die Selbstversorgung notwendig war: Bäckerei, Molkerei, Pferdeställe, einen als Kühlsystem konstruierten Kamin, einen Kornspeicher, den Speisesaal (die Vertiefungen sind angeblich eingebaute Fingerschälchen), 60 Toiletten und das Badezimmer des Kommandanten; natürlich auch alle Arten von Schießscharten, Wehrgängen und Türmen. Erbauer des Châteaufort de Salses war der Spanier Ferdinand von Aragon bzw. sein Kriegsminister Ramirez, die zum Ende des 15. Jahrhunderts ihre Nordgrenze nach Frankreich – das Roussillon gehörte damals zu Spanien – sichern wollten. Die Festung wurde im 17. Jahrhundert mehrfach belagert, es gab 35.000 Tote, aber eingenommen wurde die Burg nie. Die französischen Truppen haben sie auf der Landzunge von Leucate (das ist die mit der touristischen Schwerindustrie unserer 3. Tour) umgangen, als sie nach Perpignan marschierten, um die Südgrenze Frankreichs bis an die Pyrenäen zu verschieben. Die

Festung von Salses-le-Château

Spanier gaben das Fort auf, das Ludwig XIV. später durch seinen Architekten Vauban (wen sonst?) um einen weiteren Festungsgürtel erweitern ließ – ohne dass die Anlage in kriegerischer Hinsicht noch einmal in Erscheinung treten musste *(Forteresse de Salses, April bis Sept. 10–17:45 Uhr, sonst 10–12 und 14–16:30 Uhr, 8 €, es gibt diverse Ermäßigungen)*.

Danken wir Ludwig, dass er die eindrucksvolle Anlage nicht kurz und klein schlagen ließ, schleifen, wie es im Fachjargon heißt. Sonst würden Sie es den früheren Soldaten gleichtun und statt über Salses-le-Château den Weg an der Küste wählen. Sie würden durch Port-Leucate und Port-Barcarès fahren und sich fragen, ob Sie bei der Auswahl Ihres Urlaubsziels wirklich richtig lagen.

Das Châteaufort kann man übrigens auch von der Autobahn aus besichtigen, wenn man in nördlicher Fahrtrichtung auf dem nach der Festung benannten Rastplatz parkt (Diebstahlgefahr). Bei klarem Wetter hat man von hier einen imposanten Blick auf das Bauwerk, den dahinter sich ausbreitenden Étang und, am Horizont, auf die Urlaubersilos der Küste als Kontrast. Von der Autobahn sind es zu Fuß zum Fort nur wenige Minuten. Nimmt man den Besuch von der anderen Seite in Angriff, wird es schwieriger, seitdem die Verwaltung Wohnmobile nicht mehr gerne sieht und den zum Fort gehörigen Parkplatz mit einer Höhenbarriere ausgestattet hat. Zu viele Wohnmobilisten haben hier auf der Durchfahrt nach Spanien eine Rast für die Nacht eingelegt. Zur Besichtigung müssen Sie sich in Salses-le-Château einen Straßenrand suchen, oder Sie übernachten auf dem nahen Campingplatz:

077 Salses-le-Château – *Camping Intern. du Roussillon*

GPS/Kontakt: N 42°50'35" E 2°55'32", D 900, Tel. 04 68 38 60 72; https://camping-roussillon.fr. **Öffnungszeit**: Ganzjährig. **Ausstattung**: Pool, Pizzeria benachbart, im Sommer Restaurant, Brotverkauf. **Beschreibung**: Das schattige Areal ist 1,5 km von der Festung entfernt, ähnlich weit ist es ins Dorf (gehen Sie zwischen Campingplatz und Bahnlinie nach Süden). Der Nachteil ist die Lärmbelastung von der nahen Autobahn. Hinzu kommen die Bahnlinie und die D 900. Schließen Sie die Dachöffnungen. **Preise**: 20 €–26 €. **Zufahrt**: Der Platz ist nördlich des Ortes an der D 900 beschildert.

Tour 6

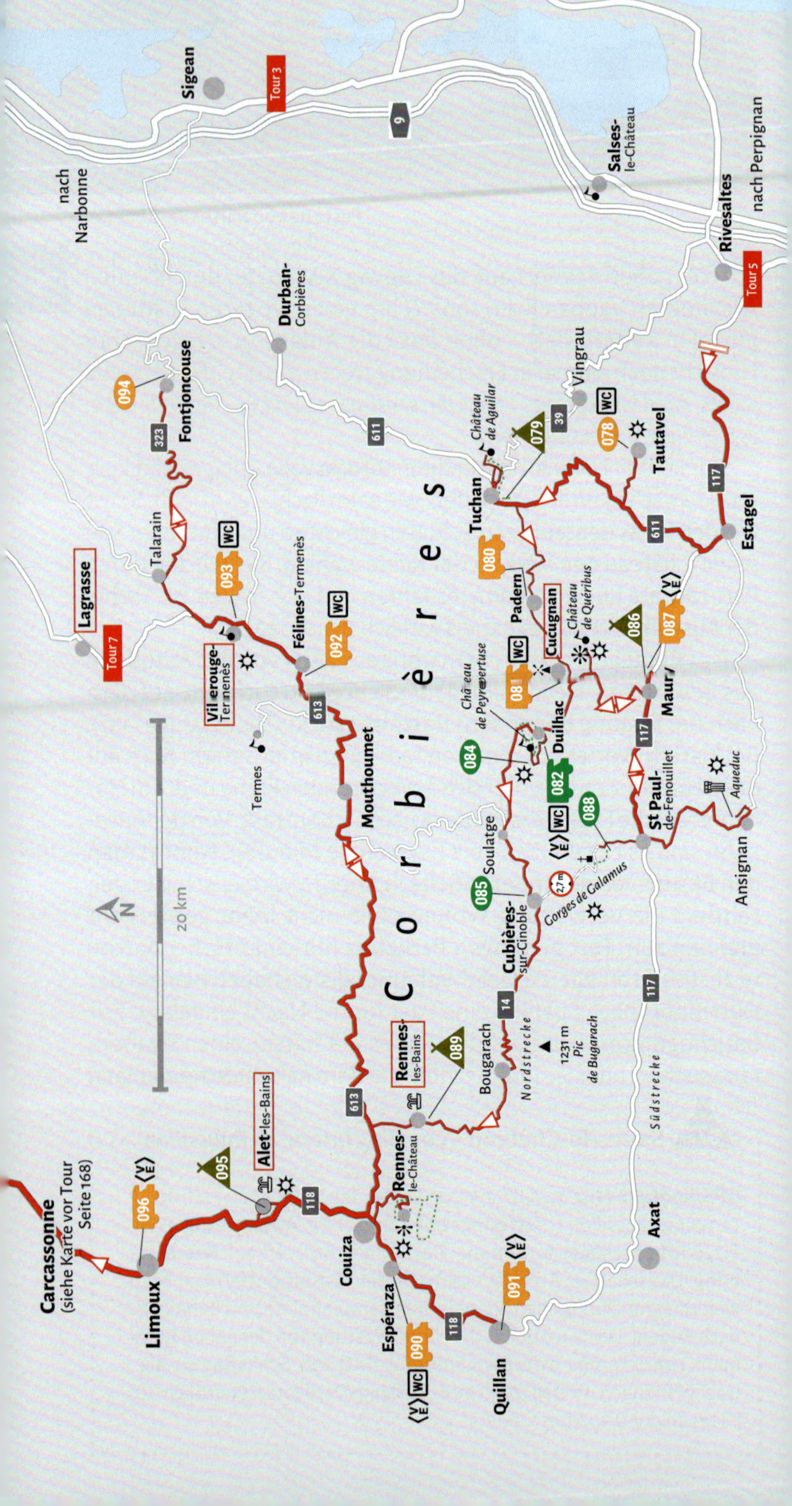

Sigean
Tour 3
9
nach Narbonne
Salses-le-Château
Rivesaltes
nach Perpignan
Tour 5
Durban-Corbières
Fontjoncouse
094
323
Vingrau
39
Château de Aguilar
079
611
Tuchan
078
Tautavel
117
Estagel
Talarain
Lagrasse
Tour 7
093
Villerouge-Termenès
Félines-Termenès
092
080
Padern
Cucugnan
Château de Quéribus
086
087
Maury
Corbières
613
Termes
Mouthoumet
081
Château de Peyrepertuse
Duilhac
084
082
088
St Paul-de-Fenouillet
Aqueduc
Ansignan
Soulatge
085
Cubières-sur-Cinoble
27 m
Gorges de Galamus
14
1231 m Pic de Bugarach
Nordstrecke
Südstrecke
20 km
Rennes-les-Bains
089
Bougarach
Alet-les-Bains
095
118
Rennes-le-Château
Carcassonne (siehe Karte vor Tour Seite 168)
096
Limoux
Couiza
Espéraza
090
091
Quillan
Axat

Land der Katharer – Corbières
300 km

Eine der längsten Touren dieses Buches ist eine der abwechslungsreichsten. Sie führt durch für das Midi typische Landschaften zu fantastischen Burgruinen, geheimnisvollen Orten und zu einer Bilderbuchfestung. Die Highlights sind:

- **Château de Quéribus**
- **Château de Peyrepertus**
- **Gorges de Galamus**
- **Rennes-le-Château**
- **Festungsstadt Carcassonne**

Meine erste Begegnung mit den **Corbières**, einer Landschaft, fand vor einem Weinregal statt. Das war in Deutschland und vor weit mehr als meinem halben Leben, als ich mich vom Mosel- und Rheinwein zu französischen Rotweinen emporgearbeitet hatte (nichts gegen diese deutschen Gewächse, die aber zu dieser Zeit in niedrigen Preisklassen eher zum Abgewöhnen schmeckten). Die ausländischen Flaschen hatten, damals wie heute, die klassische, gerade Form, die alleine schon einen Hauch von Luxus verkörperte, und die Preise waren erschwinglich, was sie immer noch sind. Wo aber liegen die Corbières?

Die Frage blieb lange Zeit unbeantwortet, denn auf meiner Michelin-Karte suchte ich vergeblich, wenngleich ich schon damals den Geschmack des Midi erahnte. Das Rätsel wurde erst gelüftet, als ich auf einer Fahrt nach Spanien, südlich von Narbonne wegen einer Sperrung der Landstraße nach Westen umgeleitet wurde. Den nur mäßig überzeugenden Wein hatte ich schon wieder vergessen, als ich auf schmalen, äußerst kurvenreichen Sträßchen unversehens zwischen Rebstöcken hindurchgelotst wurde.

Was mir damals eher lästig war, hat sich später zu einer Zuneigung entwickelt, die umso heftiger wurde, je mehr ich in den Trubel der südwest-französischen Mittelmeerküste eingetaucht bin. Nach ein paar Tagen mediterraner Badefreuden war ein Verlangen nach Ruhe entstanden, nach abwechslungsreichen Landschaften und kleinen Orten. Da kam mir wieder die Umleitung hinter Narbonne in den Sinn, und ich zog erneut die Karte zurate; die mit dem kleinen Maßstab 1:1 Mio. Und ich staunte nicht schlecht: Gibt es das wirklich, im zivilisierten südlichen Mitteleuropa, nahe der bekanntesten Urlauberhochburgen? Ein fast weißer Fleck auf der Landkarte, nur von zwei, drei Straßen durchzogen? Den gibt es weiterhin, denn die Landkartenzeichner mussten in den letzten 50 Jahren kaum nachbessern!

Die Rede ist von jenem Stück Land, das im Süden von den Ausläufern der Pyrenäen und im Norden vom Aude-Tal begrenzt wird. Genauer, von der D 117 im Süden, der D 118 im Westen und der Autobahn A 61 im Norden; ein Viereck, dessen östliche Grenze die Autobahn nach Spanien bildet. Auf diesen Fernstraßen kann man zwar an einem Tag die Corbières zügig umrunden. Um sie allerdings einmal in nord-südlicher Richtung zu durchqueren, reicht ein Tag kaum, und um sie richtig kennenzulernen, braucht man schon fast eine Urlaubswoche. Eine lohnende Woche, die aber dem Beifahrer und den Kindern auf den hinteren Sitzen so viel an Reisefestigkeit abverlangt, dass ich mit dem Wohnmobil die Durchquerung in einem Zug nie geschafft habe. Es geht auf schmalen Straßen bergauf und bergab, durch Kurven, Kurven und nochmals Kurven. Deshalb gleich am Anfang mein guter Rat: Muten Sie sich nicht zu viel zu und dosieren Sie die Strecken.

Wenn Sie das beherzigen, wenn Sie sich erst einmal auf die Sträßchen trauen, die auch auf der Michelin-Karte mit dem großen Maßstab nur wenig breiter sind als ein Bleistiftstrich, wird es für Sie kaum noch eine Reise nach Südwestfrankreich ohne Stippvisite in den Corbières geben. Allerdings sollte die Sonne scheinen, denn diese Landschaft braucht das Licht; das gilt für die Corbières mehr noch als für andere Teile des Midi. Dann aber werden Sie begeistert sein von einer Landschaft zwischen Melancholie und Anmut, von einer Mittelgebirgswelt mit baumlosen Höhenzügen, die noch bis ins 18. Jahrhundert dicht bewaldet waren, wo aber heute auf dünnem Erdboden zwischen reichlich Gestein nur noch immergrünes Gestrüpp und krüppelige Kiefern wachsen. Die kreuz und quer verlaufenden Berge, deren höchster 1.230 Meter erreicht, bilden den Rahmen für Täler und Senkungen einer kargen, aber lieblichen Kulturlandschaft. Kleine Bäche haben sich ihren Weg durch die Einsamkeit gegraben, bunte Schmetterlinge flattern durch die Stille, der gelbe Ginster sorgt im Frühsommer für Farbtupfer, Zypressenreihen beschatten kleine Friedhöfe und (fast) nur die neuzeitlichen Gebäude der Winzergenossenschaften erinnern uns daran, dass hier die Zeit nicht schon vor hundert Jahren stehen geblieben ist. Weinbauern muss es allerdings eine ganze Menge geben, was nicht nur daraus zu schließen ist, dass ihr Produkt in jedem französischen Supermarkt steht. Millionen von Weinstöcken ducken sich unter der Sonne, und der fahrende Betrachter nimmt wohlwollend zur Kenntnis, dass der – fast ausschließlich rote – Rebensaft nicht von unübersehbaren Weinfeldern gewonnen wird.

Beim Thema Wein muss ich gestehen, dass mir der geschmackliche Durchbruch noch nicht gelungen ist. Zu sehr erinnert mich der *Corbières* an die Massenprodukte des Languedoc, in deren Nähe er auch preislich liegt.

Nach so viel vorweggenommener Schwärmerei erwarten Sie endlich Fakten; Ortsnamen, Streckenbeschreibungen, Sehenswürdigkeiten und Übernachtungsplätze. Daran soll es nicht fehlen:

Wir kommen von der Küste und suchen auch dieses Mal die Stille. Nördlich von Perpignan biegen wir auf der D 117 nach Westen ab. Obgleich wir uns auf einer übergeordneten Verbindungsstraße befinden, wird es schon nach wenigen Kilometern ungewohnt einsam. Wie schnell das Meer seine Anziehungskraft verliert! Als wir zwei Kilometer hinter **Estagel** (interessant bemalter Torturm) nach **Tautavel** (900 Einwohner) abgebogen sind (die Zufahrt westlich von Estagel ist die empfehlenswertere), begegnet uns kein ausländisches Fahrzeug mehr. Dabei hat man zwei Kilometer nördlich von Tautavel im Jahre 1971 in einer Höhle einen der ältesten Menschen Europas gefunden, den *Homme de Tautavel*. 455.000 Jahre hat dieser schon auf dem Schädel, wie man im dortigen **Museum** erfahren kann. Angeblich hat der Schädelknochen eine männliche Hirnmasse umschlossen. Es sei die Frage erlaubt, an welchen Merkmalen man das Geschlecht feststellen konnte – war der Raum für die Hirnmasse besonders groß oder auffallend klein? Glaubt man der Literatur, konnten die Forscher ermitteln, dass der Besitzer eines solchen Denkapparates noch nicht über die intellektuellen Fähigkeiten zum Feuermachen verfügte, wohl aber schon den Weinstock beerntet hat *(Sept.–März Di. geschlossen; 10–11:45 und 14–17:15 Uhr, Oktober bis März bis 16:15 Uhr, Juli/August 10–18:15 Uhr; 8 €)*.

In der Nähe des Museums finden Sie einen ruhigen Übernachtungsplatz:

078 Tautavel

GPS: N 42°48'55" E 2°44'37", Rue de la République (D 9). **Max. WOMOs**: 5-7. **Ausstattung**: Toilette, Mülleimer. **Beschreibung**: Das ist ein ruhiger, asphaltierter, am Abend sogar klappstuhlgeeigneter Asphaltplatz mit grasigem Saum und etwas Schatten am Rand der Bebauung. Gaststätte, Bäcker und Geschäfte erreichen Sie nach wenigen Schritten. **Zufahrt**: Der Platz ist am nördlichen Rand von Tautavel nicht zu verfehlen.

Trotz seiner prähistorischen Bedeutung ist Tautavel meistens aber nur ein Durchgangspunkt auf dem Weg zu den Ruinen der bedeutendsten **Burgen der Corbières**. Und gleich die erste, die des **Château d'Aquilar** bei **Tuchan** (790 Einwohner), haben wir erwandert, obgleich man auch mit dem Wohnmobil hinfahren und dort parken kann. Und als Ausgangspunkt haben wir einen gut gelegenen Campingplatz gewählt:

Château d'Aquilar

079 Tuchan – *Camping Domaine La Peiriere*

GPS/Kontakt: N 42°52'58" E 2°43'07", Route de Paziols, Tel. 04 68 45 46 50; www.camping-la-peiriere.com. **Öffnungszeit**: Mitte März bis Mitte November. **Ausstattung**: Pool, Jacuzzi, *lebhaftes Restaurant mit sehr* *guter Pizzeria*, das hauptsächlich den Einheimischen dient (Mo. und Di. geschlossen), Brot- und Weinverkauf. **Beschreibung**: Der schattige Campingplatz ist 700 m vom Dorf mit Bäcker und kleinem Supermarkt entfernt. Unsere Wanderung beginnt hier. **Preise**: 17 €–20 €. **Zufahrt**: Der Campingplatz ist südlich des Ortes nicht zu übersehen und liegt beschildert an der D 611.

Zum Château d'Aquilar

Vom Campingplatz wandern wir entlang der Landstraße durch das Dorf, nach Norden, halten uns dort rechts und verlassen die Ansiedlung auf der D 39 Richtung Vingrau. Nachdem wir einen Bach überquert haben, folgen wir der Beschilderung zum Château auf einem erst nach links und später nach rechts abbiegenden Asphaltsträßchen, das wir unterhalb der Ruine vorübergehend auf einem Pfad bergauf verlassen.

TOUR 6

Nach der wegen des Rundblicks sehr lohnenden Besichtigung gehen wir auf dem Hinweg der insgesamt etwa **neun Kilometer** langen Strecke zurück.

Seitlich der Straße nach Westen stoßen Sie auf die **Schlucht der Verdouble** mit dem bedauerlichen Nachteil, nirgends zu Badezwecken parken zu können. Ob es sich lohnt, den Bach in **Padern** (120 Einwohner) auf dem kleinen Steg seitlich des Parkplatzes zu überqueren, um Badegumpen zu suchen, haben wir noch nicht ausprobiert. Der Stellplatz in diesem kleinen Dorf ist auch ohne nahes Badevergnügen erfreulich:

080 Padern

GPS: N 42°52'04" E 2°39'30". **Max. WOMOs**: 10. **Öffnungszeit**: Ganzjährig. **Ausstattung**: Mülleimer. **Beschreibung**: Sie stellen am Ortsrand Ihre Klappstühle zwischen Oleanderbüsche auf Kies und freuen sich über ihre Vorräte, weil sie vermutlich außer Brot nichts einkaufen können. Allenfalls in dem kleinen Restaurant des ansonsten fast ausgestorbenen Dorfes gibt es eine Notverpflegung. In der Dorfstraße finden Sie rechts eine Toilette und einen Wasserhahn. Außerdem entdecken Sie oberhalb des Dorfes eine Burg. **Zufahrt**: Der Platz liegt in Höhe der Ortsmitte unterhalb der D 14.

Das westlich folgende Bilderbuchdorf **Cucugnan** (120 Einwohner) ist zwar nicht größer, wird aber in jedem Reiseführer erwähnt und ist trotzdem noch nicht vom Tourismus verdorben worden.

Es gibt nur einen Nippesladen, ein Not-Lebensmittelgeschäft, eine kleine Trinkkneipe, zwei Restaurants – und, seit man nicht mehr auf die höher gelegenen Dorfparkplätze fahren darf, einen beliebten Parkplatz zweiter Klasse, den ich dennoch weiterhin empfehle, weil uns das Dorf immer noch gefällt:

081 Cucugnan

GPS: N 42°50'59" E 2°35'58", D 14. **Max. WOMOs**: 4-5. **Ausstattung**: Toilette bei der Touristeninfo gegenüber, Mülleimer. **Beschreibung**: Das ist ein geeigneter, aber nicht lauschiger, schattenloser Asphaltplatz, auf dem sie Klappstühle auspacken können. Die Durchgangsstraße führt vorbei, ist aber nachts nicht befahrenen. In das Dorf mit Gaststätte und einem Miniladen (kein Brot trotz Schaubäcker und Schaumüller in der *nahen Windmühle*, wo es zeitweise Brot gibt) sind es wenige Schritte. **Zufahrt**: Der Platz liegt gegenüber der Touristeninfo direkt an der D 14.

In der Kirche von Cucugnan gibt es außer der Windmühle sogar eine bescheidene Sehenswürdigkeit zu bewundern, die dortige

Maria ist dank eines wenig bibelfesten Künstlers schwanger. Und dann gibt es an der Dorfstraße die traditionelle, aber schlichte ***Auberge du Vigneron***, die seit Jahren nicht nur wegen der reizvollen Terrasse in allen Publikationen steht, aber trotzdem bezahlbar geblieben ist *(Tel. 04 68 45 03 00, Mo. geschlossen)*.

Château de Quéribus

Gleich westlich von Cucugnan biegen wir auf die D 123 nach Süden ab, um an der steilen Zufahrtsstraße zum **Château de Quéribus** anzuhalten. Am Beginn dieses Weges finden Sie einen großräumigen Parkplatz, auf dem sicher schon das eine oder andere WOMO steht. Sie brauchen aber keine Angst zu haben, dass Ihr Gefährt den Anstieg nicht schafft, der dank der vielen Ausweichmöglichkeiten problemlos ist. Allerdings stehen Sie oben, am Fuß der Burg, uneben, weshalb sich der dortige Parkplatz, von der Einsamkeit abgesehen, nicht für die Übernachtung eignet.

Im Osten glitzern das Meer und die Étangs, man sieht die Türme von Perpignan, und auf der anderen Seite schweift der Blick weit über die Berge der Corbières

Die Ruine ist zwar nicht die größte und bekannteste der Burgen der Corbières, jedoch die eindrucksvollste. Wenn man an der Kasse seinen Obolus entrichtet hat *(9:30–18:30 Uhr, Juli/August bis 20 Uhr, 7,50 €)* schleppt man seinen Körper noch 15 Minuten schattenlos bergauf und verflucht bei jedem Schritt die unerbittliche südfranzösische Sonne. Aber die Kühlung folgt auf dem Fuße: Auf 728 Meter Höhe klettert man über Steine, die aussehen wie Stufen – und wehe, man hält sich nicht ordentlich fest. Denn plötzlich, sobald man den Bergkamm erreicht hat, zerrt der Wind an den Gliedern. Die Ruine ist nicht ungefährlich und mit Badeschlappen tabu! Nehmen Sie Ihre Kinder an die Hand und suchen

Sie, bevor Sie fotografieren, erst einmal einen festen Standort! Ist man solchermaßen vorsichtig, gehört Quéribus *zu den Höhepunkten einer Südfrankreich-Reise*. Im Osten glitzern das Meer und die Étangs in der Sonne, man sieht die Türme von Perpignan, und auf der anderen Seite schweift der Blick weit über die Berge der Corbières. Dazu pfeift der Wind derart stark, bei Tramontane geradezu brutal, dass ich mich frage, wie die menschliche Kreatur es hier oben überhaupt aushalten konnte – von den Schwierigkeiten abgesehen, mit bescheidenen handwerklichen und technischen Mitteln an dieser Stelle eine Burg zu errichten. Denn Quéribus wurde bereits im 11. Jahrhundert als Beobachtungsposten an der Südgrenze des französischen Königreichs gebaut und war später das letzte Widerstandsnest der Katharer, die hier im Jahr 1255 endgültig besiegt worden sind. Sehenswertester Bauteil von Quéribus ist der spektakuläre Säulensaal, ein zweigeschossiges gotisches Deckengewölbe mit Rundbogenfenstern, das von einer einzigen kräftigen Säule getragen wird. Man kann noch gut nachvollziehen, weshalb die trutzigen Mauern niemals wirklich erobert werden konnten, was aber auch gar nicht nötig war: Man belagerte die Festung einfach so lange, bis die auf dem Gipfel hoffnungslos eingeschlossenen Verteidiger ausgehungert waren.

Katharer

Die Geschichte des Midi ist im Grunde traurig. In ihr widerspiegelt sich die Geschichte der ganzen Erde, einer ständigen Wiederkehr von Unterdrückung, Vertreibung und Ausrottung der Schwachen durch Starke, Mächtige und grausam Rücksichtslose. Ich könnte ein ganzes Buch mit dem Kampf der Minderheiten in Südfrankreich füllen – und mit ihren Niederlagen. Ich müsste von der Besetzung durch die Römer berichten, vom Kampf gegen die Hugenotten und vom Widerstand gegen die deutschen Besatzer im Zweiten Weltkrieg, um nur einige Epochen zu nennen, deren schreckliche Erinnerung Ihnen auf allen unseren Touren begegnen wird.

Am häufigsten aber werden Sie mit einer geschichtlich vergleichsweise kurzen Episode konfrontiert, mit der Zeit der Katharer und mit deren blutiger Unterwerfung. Die Bezeichnung dieser Religionsgemeinschaft geht auf das griechische Wort *katharos* (*rein*) zurück und war von deren Gegner eher abfällig gemeint, wenngleich treffend.

Es war die Zeit des finstersten Mittelalters, des 11. Jahrhunderts, ein Menschenleben galt nicht viel, und die Welt war böse, ein Horror, der nicht das Werk Gottes sein konnte. Die Erfüllung des Lebens, dessen Ziel oder was man sonst noch alles unter den Begriff *Heil* versteht, konnte nach Auffassung der Katharer nur eintreten, wenn man sich von diesem schlechten irdischen Dasein distanzierte, von materiellen Gütern und vor allem von der Kirche, die Reichtum und Macht, also irdische Güter, schon lange für sich in Anspruch genommen hatte.

In der Mitte des 12. Jahrhunderts waren vom Balkan Anhänger der Askese, der Nächstenliebe und der Toleranz bis nach Südfrankreich vorgedrungen und fanden dort mit ihrer an genanntem Prinzip orientierten

Lebensweise in fast allen Bevölkerungsschichten Gefolgsleute. Nicht nur die Besitzlosen, auch Kaufleute, Handwerker und selbst weniger begüterte Adlige, insgesamt aber der unterprivilegierte Teil der Bevölkerung, dem schon wegen fehlender materieller Vorgaben wenig anderes übrig blieb, als mit der Wunschlosigkeit glücklich zu werden, fanden in dieser Lehre ein Lebensziel. Wer nichts hatte, das waren die meisten, brauchte auch nichts aufzugeben, um mit der Entsagung zu leben. *Rein* zu sein war also vergleichsweise einfach und hatte nur den entscheidenden Nachteil, nicht zur weltlichen Macht der Kirche zu passen, die ja nicht auf nichts gebaut sein konnte, sondern nur auf irdische Errungenschaften. Nach Meinung der Katharer also auf das Werk des Bösen.

Es entwickelte sich daraus aber weniger, wie sonst gelegentlich in der Geschichte, ein Kampf der Besitzlosen gegen die Besitzenden, sondern es waren die Mächtigen, die Kirche und der ihr nahestehende König von Frankreich, die ihren Einfluss schwinden sahen. Wer nichts besitzt, kann auch keine Abgaben zahlen, so blieb der Tribut an die Kirche, der »Zehnte«, aus. Hinzu kam, dass auch Graf Raymond VI. von Toulouse, der mächtigste Mann im Süden, auf den Zug mit aufgesprungen war. Zwar stellte er sich nicht offen gegen die Kirche, er lehnte es aber ab, die Katharer zu verfolgen, war es ihm doch recht, dass der König im Midi an Einfluss verloren hatte. Papst und König hatten also allen Anlass, der religiösen und auch wirtschaftlichen Stärke des Midi mit Waffengewalt Einhalt zu bieten. Wie zumeist in der Geschichte bedurfte es nur noch eines Vorwandes zum Krieg.

Die Gelegenheit bot sich im Jahre 1208, als ein päpstlicher Legat umgebracht wurde. Papst Innozenz III. rief zum Kreuzzug gegen die Ketzer auf, zu dem ihm Adlige des Königs, denen Ländereien versprochen worden waren, zu Hilfe eilten. Zum Feldherrn wurde Simon de Montfort berufen, ein rücksichtsloser Mann, der eine blutige Spur durch Südfrankreich zog. Das Morden begann im Jahre 1209 in Béziers, wo man kurzerhand die ganze Bevölkerung niedermetzelte, und keine Rücksicht darauf nahm, ob man nun Feind oder Katholiken traf. »*Tötet sie alle, der Herr wird die seinen schon erkennen*«, soll ein päpstlicher Würdenträger dem zusammengewürfelten Kreuzfahrerheer zugerufen haben. Mit der Aufzählung der Grausamkeiten könnte man viele Seiten füllen. Die eine oder andere Stadt, zum Beispiel Narbonne, ergab sich freiwillig, andere wurden dem Erdboden gleich gemacht. Im Jahre 1213, in der Schlacht von Muret, erlitten die okzitanischen Truppen der Katharer unter der Führung von Raymond VI. von Toulouse dann eine entscheidende Niederlage, von der sie sich auch nicht mehr erholten, als Simon de Montfort ein paar Jahre später von einem Stein tödlich getroffen wurde.

Die Katharer konnten sich noch eine Weile in schwer zugängliche Felsenburgen zurückziehen, von denen aber eine nach der anderen eingenommen oder ausgehungert worden ist. Einige von diesen Rückzugsstätten, beispielsweise Quéribus und Peyrepertuse, liegen auf unserer Tour. Peyrepertuse fiel 1240. Die meisten Katharer waren zu dieser Zeit schon geflohen, viele nach Norditalien und Katalonien. Die Zurückgebliebenen und wenige *Parfaits* (*Reinen*) gingen in den Untergrund. Trotzdem dauerte es noch bis zum Jahre 1255, bis Quéribus ebenfalls fiel. Und erst im Jahre 1321 war endgültig Schluss mit der Häresie, als Guillaume Bélibaste, der letzte Katharer, in Villerouge-Termenès auf dem Scheiterhaufen starb. Damit waren nicht nur die Religionsgemeinschaft der Katharer, sondern auch die okzitanische Kultur ausgemerzt.

Von der Ruine Quéribus betrachten wir uns schon den nächsten nordwestlichen Bergkamm, auf dem wir kaum sichtbar die Ruinen der größten Katharer-Burg erkennen, des Château de Peyrepertuse, Bestandteil unserer persönlichen **Top Ten**.

Weiter unten beschreibe ich Ihnen den Weg von Quéribus nach Süden. Zunächst fahren wir zurück nach Cucugnan und weiter zum nahen **Duilhac-sous-Peyrepertuse** (150 Einwohner), denn allein schon wegen des Blicks zum Château de Peyrepertuse (das man allerdings von den Felsen kaum unterscheiden kann) und wegen der schattigen Picknickbänke finden Sie dort einen Super-Platz:

082 Duilhac-sous-Peyrepertuse

GPS: N 42°51'42" E 2°33'55". **Max. WOMOs**: 10. **Öffnungszeit**: Ganzjährig. **Ausstattung**: Entsorgung, Wasser nur in Kleinmengen, Toilette (zeitweise abgeschlossen), Strom, Bänke und Tische, Mülleimer. **Beschreibung**: Das ist ein sehr schöner, wenn auch nicht sehr großer, klappstuhlgeeigneter Stellplatz mit gekiestem Untergrund, grasigem Randbereichen und wenigen Bäumen. Fahrzeuge über 7,50 m Länge haben nur dann eine Chance, wenn das Gelände wenig belegt ist. Zwei Gaststätten sind zu Fuß erreichbar, außerdem in der Ortsmitte nach wenigen Schritten eine Épicerie mit Brotverkauf. Der Wanderweg zum Château de Peyrepertuse ist ab hier markiert. **Zufahrt**: Biegen Sie von der D 14 beim Wegweiser ›*Château de Peyrepertuse*‹ ab, Sie finden den Stellplatz dann vor Duilhac an der Zufahrt zum Château.

083 **GPS**: N 42°51'49" E 2°33'48", Rte. du Château. **Alternativ für Elefanten** oder falls der vorstehende Platz belegt ist, was ich nicht für völlig unwahrscheinlich halte, finden Sie nach den letzten Häusern von Duilhac eine große, klappstuhlgeeignete Fläche links der Straße zum Château, außerhalb der Bebauung, 300 m ins Zentrum. Auch hier führt der Wanderweg vorbei (der Platz ist auf der Tourenkarte nicht dargestellt).

Das nahe **Restaurant *La Batteuse*** hat uns trotz seiner Durchschnittlichkeit nicht enttäuscht. Die äußerlich deutlich schönere, von uns noch nicht besuchte ***Auberge du Vieux Moulin*** an einer Quelle ist inzwischen auch normal geöffnet *(Rue de la Fontaine 9, Tel. 04 68 48 95 34; Di. bis Sonntagmittag, Mitte Juli/August auch So. abends; Menüs ab 29 €)*.

Wer sich vor einer Nacht in der Einsamkeit nicht fürchtet und sich am Fernblick berauscht (ein zusätzliches Gläschen besseren *Corbières* würde ich, aus dem Weinglas getrunken, nicht für einen Fehler halten) greift zum drei Kilometer entfernten **Nonplusultra** (und flüchtet auf den offiziellen Stellplatz von Duilhac, wenn ihm in dunkler Nacht angst und bange wird und sich kein weiterer Leser von mir hat überzeugen lassen):

084 Château de Peyrepertuse

GPS: N 42°52'12" E 2°33'31". **Max. WOMOs**: 6-8. **Öffnungszeit**: Die Zufahrt nach ganz nach oben ist im Juli/August gesperrt. Dann ist ein Stück vorher ein Parkplatz für Wohnmobile ausgewiesen, der auch schön liegt und auf dem man einsam übernachten kann. Auf halber Höhe gibt es noch einen dritten Platz, der weniger windig ist. **Ausstattung**: Mülleimer, Picknickbänke in der Nähe. **Beschreibung**: Der obere Stellplatz liegt rechts vor der letzten Kehre. Je nach Fahrzeuggröße kommt dort eine weitere Fläche links infrage. Beide Möglichkeiten belohnen Sie mit einer fantastischen Sicht. Sie stehen klappstuhlgeeignet, aber sehr einsam, wenn auch häufig in der Gesellschaft Gleichgesinnter. Die Zufahrt nach ganz oben ist nur für Fahrzeuge bis 7 m erlaubt, für größere WOMOs wäre der Parkplatz auch zu kurz. Fahranfängern ist die Strecke wegen einer Kehre kurz vor dem Stellplatz nur bedingt zu empfehlen. Auch hier führt der Wanderweg vorbei. **Zufahrt**: Biegen Sie von der D 14 beim Wegweiser *'Château de Peyrepertuse'* ab und fahren Sie bis zu den Parkplätzen bei der Ruine. Sie können dort auf mehreren Terrassen parken.

Von den oberen Parkflächen sind es nur wenige Meter zu einer Picknickbank mit wunderbarem Blick auf die markanten Mauern des Château de Quéribus auf der einen Seite, die schneebedeckten Fast-Dreitausender der Pyrenäen im Westen und dazwischen auf ein tiefes Tal, aus dem sich die Straße hochwindet. Diese alleroberste, nicht anfahrbare Stelle am **Château de Peyrepertuse** sollten Sie unbedingt zu Fuß besuchen.

Dort befindet sich auch das Kassengelände der Burganlage, wo Ihnen beim Kauf der Eintrittskarten eine Warnung mit auf den Weg gegeben wird: »Passen Sie bei der oberen Burg auf«. Das sollte Sie zum Tragen fester Schuhe motivieren, aber gefährlich wird es allenfalls bei feuchtem Gestein. Dann rate ich Ihnen von der Herumkletterei in der Anlage ab. Da die Wetterverhältnisse im Roussillon zu unseren Reisezeiten meistens stabil sind, können wir uns die gewaltigste der Katharer Burgen ungestört vornehmen: Die untere Burg ist die ältere, ihre Anfänge reichen bis in das 9. Jahrhundert. Sie diente zeitweilig auch den Katharern als Unterschlupf, ehe sie im Jahre 1240 in die Hand des französischen Königs fiel. Auch wenn es teilweise schwerfällt, die Überbleibsel der Festung vom gewachsenen Fels zu unterscheiden, aus dem die Steine geschlagen worden sind, kann man noch die kräftige Festungsmauer mit ihren beiden Halbtürmen und mithilfe der an der Kasse ausgehändigten Lageskizze auch die ehemaligen Quartiere und Latrinen erkennen. Erst nach den Katharern verstärkte Ludwig ›*Der Heilige*‹ das Bauwerk durch eine zweite Burg, die Sie auf einer in den Felsen gehauenen imposanten Stiege erklettern werden. Auf ihr hangeln Sie sich an einem Seil zu einem einzigartigen Ausblick, von dem man gut erkennen kann, dass der schräg gestellte Felsklotz mit dem Namen *St Jordi* in die neuere, kleinere Anlage einbezogen wurde. Hier sind Sie am Ziel der schweißtreibenden Mühe angelangt, auf dem Höhepunkt Ihrer Corbières-Reise *(9–19 Uhr, Okt. bis März kürzer, im Juli/August bis 20 Uhr, bei Gewitter geschlossen; 7 €;).*

Die militärische Bedeutung der Burg schwand, als sich Frankreich und Spanien im Pyrenäen-Frieden von 1659 geeinigt hatten. Danach brauchte mangels Feinde hier oben niemand mehr Wache zu halten. Die Festung wurde aber erst während der Französischen Revolution im 18. Jahrhundert gestürmt, als sie längst ihre militärische Bedeutung verloren hatte, weshalb man an den Steinen noch recht ordentlich die einzelnen Bauperioden ablesen kann.

Nur wer von Duilhac zur Burg gewandert ist, kann deren exponierte Höhenlage vollends erfassen:

Von Duilhac zum Château de Peyrepertuse

Sie wählen sinnvollerweise die hier beschriebene Laufrichtung mit Eintrittsgebühren und steilerem Abstieg, weil Sie nämlich in **Duilhac** am Stellplatz auf der zur Burg führenden Straße bergauf aus dem Ort herauswandern. In der ersten Linkskurve zweigt rechts ein markierter Pfad ab, der *Sentier Cathare*. Sie spazieren dort zunächst relativ gemütlich bergauf, stoßen noch zweimal auf die Straße, und ab dem dritten Aufeinandertreffen am Anfang einer weiträumigen Wiese ist die Wegführung bis zur Burg entlang der Straße markiert (und nicht mehr, wie früher, teilweise querfeldein).

Sie sind trotzdem ein wenig außer Atem, wenn Sie auf den Parkplätzen der **Burg Peyrepertuse** ankommen, von denen wir Ihnen einen als Traumstellplatz empfohlen haben (siehe oben Nr. 084). An der Kasse des *Château* bezahlen Sie Ihren Eintritt und besichtigen normalerweise die Burg, was wir hier nicht noch einmal erläutern (siehe oben).

Der rot-weiß markierte GR führt inzwischen an der Außenseite der Ruine, also außerhalb des Kassenbereichs und nachdem man ein Stück auf der Straße zurückgegangen ist, in einem großen, östlichen Bogen um den **Roc Rouge** auf die Nordseite der Burganlage.

Abwandlung: Wenn Sie abkürzen möchten, finden Sie möglicherweise noch verblasste Wegzeichen, mit denen der Abstieg schon weit innerhalb des Burggeländes (!) in die Tiefe führt, und zwar unmittelbar vor dem Tor in der Burgmauer – ebenso steil wie überraschend. Wer unter Höhenschwindel leidet, wird sich bald an einer Seilsicherung festhalten und erleichtert sein, dass das problematische Stück wirklich ganz kurz ist. Diese Stelle ist übrigens ein Argument, die Wanderung in umgekehrter Richtung zu wählen, da man auf diese Weise an jenem Steilstück leichter bergauf kraxeln würde. Außerdem käme man bei dieser Gehrichtung an keinem Kassenhaus vorbei und dürfte die Burg demnach unentgeltlich besichtigen. Der Aufstieg wäre hier steiler als auf der anderen Seite und ist offenbar so mühsam, dass nur Wandersleute mit guter Kondition solchermaßen die Kasse umgehen. Sie müssen in dieser Gehrichtung von der D 14 zunächst mit rot-weiß und dann ein Stück mit gelber Markierung zur Fontaine de la Jacquette aufsteigen und ab dort auf dem alten GR, immer noch als Pfad auf der Karte eingezeichnet, in die Burg gelangen.

Mit dem neuen GR wie auch mit der alten Markierung ist es kein Problem, auf der Nordseite am Fuß des Burgberges auf der **D 14** anzukommen, an deren Rand Sie gut 1 km Richtung Duilhac wandern. Das klingt unzünftig, ist es aber nicht, weil uns am Ostersamstag, also nicht außerhalb jeder Saison, auf diesem Weg weniger als zehn Autos begegnen.

Nachdem von links ein Zufahrtsweg auf die Straße eingemündet ist, folgt der **Col de la Croix dessus**, wo Sie eine gelbe Markierung finden. Sie müssen allerdings das richtige Wegzeichen wählen, das nicht rechtwinklig nach links, sondern fast in Verlängerung der Gehrichtung unmittelbar links neben der Fahrbahn zunächst ein kleines Stück parallel zur Straße ins Tal führt. Sie bleiben für den Rest der Wanderung relativ dicht an der Straße und durchschreiten am Ende Gärten von **Duilhac**.

Duilhac

Falls Sie Eintritt sparen und die Wanderung in umgekehrter Richtung bewältigen möchten, finden Sie den Einstieg des Weges an der D 14 unterhalb von Duilhac, bei einer Wandertafel zwischen einem ehemaligen Lebensmittelgeschäft und der *Auberge du Vieux Moulin*.

Sie sollten ohne Besichtigung der Burg **3 ½ Stunden** einkalkulieren. Vermutlich kommen Sie ohne die *IGN-Karte 2447 OT (Tuchan)* zurecht, die Sie im Kassenhaus der Burg erwerben können; auch auf der App ist alles eingezeichnet. An warmen Sommertagen halten wir die Wanderung, die Sie großenteils schattenlos auf fast 800 m Höhe führt, nicht für machbar. Bei Regen ist der Abstieg in der von uns beschriebenen Abkürzung äußerst beschwerlich und rutschig. Und bei Gewitter lohnt sich der Weg ebenfalls nicht, weil dann die Burg wegen ihrer exponierten Lage nicht besichtigt werden darf.

Wollen Sie zehn Kilometer weiter westlich die **Gorges de Galamus** ansteuern, müssen Sie in **Cubières-sur-Cinoble**, also am **nördlichen** Schluchtausgang, wegen eines Verbotsschildes (es ist wegen der niedrigen Felsen in der Schlucht und wegen eines Tunnels für Fahrzeuge über 2,70 Meter Höhe berechtigt) ernüchtert anhalten und, so Sie nicht im Kleinbus reisen, mit dem Fahrrad oder zu Fuß in die sehenswerte Schlucht vorstoßen. Parken Sie am nördlichen Ortsrand –

085 **N 42°51'45" E 2°27'43"** der Picknickplatz an der D 14 ist auch für die Übernachtung geeignet; Wasserhahn bald links nach der Abzweigung in die Gorges an einer Hauswand –

und **wandern** oder **radeln** Sie in die Schlucht, zumindest bis zur nächsten **Badestelle** auf mehr als halber Strecke zur Ermitage, etwa einen Kilometer südlich der auf der Michelinkarte eingezeichneten Vieux Moulin (mit sehr einfachem **Campingplatz** – erst dahinter gelten die Höhen- und Breitenbeschränkungen). Knapp fünf Kilometer sind es zur **Ermitage de Saint Antoine**. Die kleinen Häuser der aus dem 15. Jahrhundert stammenden

Ermitage de St Antoine

Klause schmiegen sich an eine schroffe Bergflanke und sind vom Felsen nur durch die bräunlichen Dachziegel zu unterscheiden. Die Lage ist so traumhaft, dass man die früheren Einsiedler zu ihrer Berufswahl nur beglückwünschen kann. Heutzutage hätten die Herren allerdings etwas weniger Spaß an ihrem Job, denn unfrommen Stressmenschen steht vorwiegend der Sinn nach der angenehmen Gartenwirtschaft im Hof.

Um an das südliche Ende der Schlucht zu gelangen, müssen Sie mit 2,70 Meter hohen Fahrzeugen nach Cucugnan zurückfahren, womit hier sozusagen ein Tourabstecher gebildet wird, der sich vor allem anbietet, wenn Sie einen brauchbaren Campingplatz suchen. Dann sollten Sie das familiäre Gelände östlich von **Maury** (780 Einwohner) ansehen. Der nahezu benachbarte Stellplatz ist dazu eine brauchbare Alternative:

086 Maury – *Camping La Marynate*

GPS/Kontakt: N 42°48'29" E 2°36'21", D 117, Tel. 07 64 01 29 35; www.lemaurynate-campingdesoliviers.com. **Öffnungszeit**: Ende Februar bis Ende Oktober; in der Vergangenheit wurden die auf der eigenen Internetseite angegebenen Zeiten aber nicht eingehalten. **Ausstattung**: Brotverkauf, Snack. **Beschreibung**: Der schattige Campingplatz ist 1,1 km vom Dorf entfernt. Zu Fuß muss man auf dem grasigen Bankett der D 117 spazieren. **Preise**: 17 €–20 €. **Zufahrt**: Der Campingplatz ist östlich des Ortes an der D 117 nicht zu übersehen und liegt an der nachts nicht befahrenen Straße, ansonsten inmitten von Weinfeldern.

087 Maury

GPS: N 42°48'35" E 2°35'57", D 117. **Max. WOMOs**: 10. **Öffnungszeit**: Ganzjährig. **Ausstattung**: Ver- und Entsorgung, Strom, Mülleimer. **Beschreibung**: Sie stehen klappstuhlgeeignet unter Pinien auf Kies, etwa 500 m vom Dorf entfernt. Das Gelände wurde neu hergerichtet und könnte anderen Gemeinden als Vorbild dienen. **Zufahrt**: Der Platz liegt östlich des Ortes zwischen einem Kreisverkehr und dem Friedhof und ist beschildert.

Fahren Sie weiter nach Westen, gelangen Sie an das **südliche Ende** der Schlucht von Galamus, denn Sie können mit dem WOMO bis etwa 2,5 Kilometer nördlich von **St Paul-de-Fenouillet** fast zur Einsiedelei vorstoßen. Sie dürfen aber auf dem dortigen Parkplatz nicht parken. Zwei Fahrzeuge finden vor dem Verbotsschild in der Grauzone der Legalität Platz, und kleinere WOMOs missachten die Regel, was meistens kein Problem ist. Von diesem Parkplatz spazieren Sie in wenigen Minuten zur Klause (feste Schuhe sind dabei kein Fehler). Etwa 1,5 Kilometer südlich der Kartause finden Sie im Sommer an der D 7 einen Parkplatz, von dem Sie bisweilen sogar ein kostenloser Bus zur früheren Behausung der Eremiten bringt, falls Ihnen der knapp halbstündige Fußweg – leider entlang der Straße – zu beschwerlich ist:

088 Gorges de Galamus – Südseite

GPS: N 42°50'09" E 2°29'26". **Max. WOMOs**: 10. **Ausstattung**: Keine. **Beschreibung**: Der schattenlose, klappstuhlgeeignete Schotterplatz liegt sehr einsam, ist im Sommer aber besucht. Man kann hier wandern. Von einer besonderen Aufbruchgefahr ist mir nichts bekannt, auch das Internet enthält dazu keine Warnung. Ab hier fährt im Sommer ein Bus zur Einsiedelei. Der große Parkplatz ist in der Nebensaison (möglicherweise auch an Ostern) mit Wackersteinen versperrt und nicht nutzbar. Die Obrigkeit geht offenbar davon aus, dass Sie in dieser Zeit ohnehin bis zum Parkplatz an der Ermitage (siehe oben im Text) weiterfahren und dort parken (aber nicht übernachten). **Zufahrt**: Biegen Sie in St Paul-de-Fenouillet von der D 117 beim Wegweiser ›*Gorges de Galamus*‹ ab und fahren Sie etwa 4 km bis zu einem unübersehbaren Parkplatz links der Straße.

Aquädukt von Ansignan

Von der D 117 empfiehlt sich ein Abstecher von St Paul-de-Fenouillet nach Süden zum zehn Kilometer entfernten **Aquädukt von Ansignan**, einer gewaltigen Wasserbrücke, von der die Forscher noch nicht wissen, zu welchem konkreten Zweck die Römer sie vor 2000 Jahren konstruiert haben. Unter der immer noch in Betrieb befindlichen Wasserrinne des aufwendigen Bauwerkes sehen Sie einen Tunnel, der möglicherweise dem Warenverkehr diente. Der Wasserkanal selbst sollte wahrscheinlich Heilbäder speisen, die aber nie ausgeführt worden sind. Der Aqueduc ist *überraschend gut erhalten*, und man wundert sich, weshalb er nicht viel berühmter ist. Sie können mit dem WOMO auf der Nordostseite des Flusses hinfahren (zeitweise unwegsam) und müssen dort beim Wenden ein wenig rangieren. Nördlich des Ortes Ansignan gibt es zwischen zwei Kurven außerdem einen Parkplatz mit kurzem Fußweg zum Aquädukt – N 42°45'50" E 02°30'47". Viele Leser fahren von hier auf der **Südstrecke** nach Limoux und Carcassonne.

Die landschaftlich schönere, aber kurvenreichere Gegend durchqueren Sie auf der **Nordstrecke** nördlich der Gorges de Galamus ab Cubières-sur-Cinoble westwärts (das ist weniger verwirrend, wenn Sie sich unsere Tourenkarte genau anschauen). Das Sträßchen am Fuße des **Pic de Bugarach**, dem mit 1.231 Meter höchsten Berg der Corbières, windet sich durch liebliche Wiesen.

Pic de Bugarach

Der Bürgermeister des kleinen Dorfes Bugarach (200 Einwohner) musste im Dezember 2012 einen in einer eher touristischen Gegend ungewöhnlichen Hilferuf absetzen: »Ich richte einen Appell an die ganze Welt, kommen Sie nicht nach Bugarach!«

Am 21.12.2012, die Älteren werden sich erinnern, drohte nämlich angeblich das Ende der Welt, weil an diesem Tag der alte Maya-Kalender geendet hat (was Forscher zu dieser Zeit heftig bestritten haben). Aus diesem Grund drohte auf mehreren Bergen der Erde ein Massenansturm oder, wie in Argentinien, sogar ein Massensuizid.

Auch der Pic de Bugarach gehörte zu den Erhebungen, von denen sich Esoteriker die Rettung erhofft haben, weil hier oben eine Ufo-Landebahn vermutet worden war, von der Außerirdische irdische Auserwählte zur Reise in den Orbit abholen. Die Verwaltung befürchtete den Ansturm von bis zu 100.000 Spinnern und Neugierigen und sah den einzigen Ausweg in der tagelangen Sperrung des Berges.

Aber Bugarach leidet nach dem ausgebliebenen Weltuntergang weiter unter seinem Ruf, am Fuß eines magischen Berges zu liegen, auf dem manche sogar den Heiligen Gral vermuten. Die Bevölkerung hat sich, für die abgelegene Region völlig untypisch, in den letzten Jahren fast verdoppelt, obwohl im Internet Wanderer Bilder veröffentlicht haben, auf denen die Landung der Aliens zu sehen ist (www.youtube.com/watch?v=nT7w7WRoIUA). Sogar die Grundstückspreise sind wieder gestiegen.

Und was unternimmt ein Schultheiß zusätzlich, wenn er merkwürdige Fremde fürchtet? Er verbietet von 22 bis 7 Uhr im gesamten Gemeindegebiet Wohnmobilen das Parken.

Viel zu leicht ist man versucht, auf dieser Nordstrecke möglichst ohne Pause bei Couiza wieder die breite D 118 zu erreichen, um auf schnellem Weg nach Carcassonne zu brausen. Sind Sie dafür im Wohnmobil unterwegs? Halten Sie lieber 1,7 Kilometer westlich von Bugarach links seitlich der Straße an, um gegenüber an einer **Geierbeobachtungsstation** meist vergeblich in der Luft die wieder angesiedelten, majestätischen Vögel zu erspähen. Auch an der Futterstation haben wir bislang selbst noch keinen Gänsegeier gesehen, und stets etwas frustriert zu Fuß die 850 Meter entfernte **»Römerbrücke«** gesucht. Die schmale Steinbrücke ist aber leider nur die Rekonstruktion eines antiken Bauwerks, dass bei einem Hochwasser im Jahr 1992 so sehr zerstört worden ist, dass nur noch die beiden Widerlager übrig geblieben sind. Der kurze Weg lohnt sich trotzdem.

Rennes-les-Bains

Auch in **Rennes-les-Bains** (225 Einwohner) musste man nach jener Überschwemmung die Therme wieder aufbauen, in deren stark salzhaltigem Warmwasser schon die Römer gekurt haben, denn das *Flüsschen La Sals ist salziger als das Meer*. Die heutige Badeanstalt ist nur während des Sommers von etwa dem 20. April bis zum 20. Oktober geöffnet, aber sie finden frei zugängliche Quellen, angeblich vier kalte und fünf warme, die wir in dieser Anzahl nicht aufspüren konnten.

Wer Freude an einem bescheidenen Thermalbad in ruhiger Umgebung hat, bleibt wenigstens zwei Nächte auf dem familiären Campingplatz und genießt, dass dem Dorf jegliches Ambiente eines Kurortes fehlt. Legale freie Stellplatzmöglichkeiten gibt es allerdings nicht:

089 Rennes-les-Bains – *Camping La Bernède*

GPS/Kontakt: N 42°54'49" E 2°19'08", Chemin de la Bernède, Tel. 04 68 20 07 30; www.camping-renneslesbains.fr. **Öffnungszeit**: Anfang April bis Mitte Oktober. **Ausstattung**: Pool, Restaurant, Brotverkauf. **Beschreibung**: Der schattige Campingplatz am Ortsrand hat eigentlich nur den Nachteil, dass relativ viele Mobilhomes den Gesamteindruck etwas trüben. Sie können hier gut wandern. **Preise**: 18 €–25 €. **Zufahrt**: Der Campingplatz ist südlich des Ortes nicht zu verfehlen.

Am besten ziehen Sie hier noch einmal die für jeden Frankreichtrip unverzichtbare Michelin-Karte zurate und lassen sich von kreisförmigen blauen Strichen und dem Aufforderungscharakter dieser auf der Landkarte eingezeichneten Aussichtspunkte zu einem kleinen Umweg nötigen. Es wäre ein echter Fehler, wenn Sie sich und Ihren Lieben die 3,5 Kilometer hinauf nach **Rennes-**

Rennes-le-Château – Bibliotheksturm

le-Château (50 Einwohner und nicht mit Rennes-les-Bains zu verwechseln) nicht zumuten – richtiger gönnen – würden. Sie werden mir recht geben, wenn Sie das kleine Dorf in Traumlage auf der Kuppe des Berges erreicht haben.

Wohnmobile werden schon 400 Meter vor dem Dorf auf einen Parkplatz geleitet, auf dem Sie nur kurz bedauern, trotz der Traumsicht hier nicht übernachten zu dürfen. Das Gelände ist nämlich abschüssig. Spazieren Sie von hier entlang der Straße in die Ortschaft, staunen Sie, wandern Sie und fahren Sie anschließend weiter.

Mit Sicherheit würde man Sie aber sehr böse anschauen, wenn Sie beim Rundgang den Klappspaten schultern. Auf Schatzgräber reagieren die Einheimischen nämlich allergisch. Das hat Gründe:

Der Schatz von Rennes-le-Château

Rennes-le-Château war ein ärmliches Dorf, als im Jahre 1885 der Pfarrer Bérenger Saunière in diese gottverlassene Gegend versetzt wurde. Nach einigen Jahren begann er jedoch, mit dem Geld um sich zu werfen. Er restaurierte die Kirche und ließ sie prunkvoll ausschmücken. Dabei schien es, als habe ihn der Größenwahn überkommen. Er baute eine Prunkvilla, einen parkähnlichen Garten und als Krönung am Rande des Steilhangs einen wie ein Schlösschen wirkenden neogotischen **Bibliotheksturm** (Tour Magdala).

Auch anderen weltlichen Genüssen war der Kirchenmann nicht abgeneigt. So gab er rauschende Feste mit Ministern und Würdenträgern aus dem ganzen Land. Sogar eine Pariser Operettensängerin soll zeitweise bei (?) ihm verkehrt haben. Wie es sich für einen Priester gehörte, beschäftigte er auch eine Haushälterin, die der Nachwelt ein Haushaltsbuch hinterlassen hat: 4,5 Millionen Goldfranken, ein unglaubliches Vermögen, stehen dort auf der Ausgabenseite! Die kamen nicht aus dem Klingelbeutel! Woher der Reichtum stammte, hat Monsieur Saunière, bevor er im Jahre 1917 das Zeitliche segnete, weder seiner Gemeinde noch der Nachwelt verraten.

Die weiß wohl, dass es damals noch keine Lotteriegewinne dieser Größenordnung gab und erkannte eine Marktlücke. So hat noch in jüngster Zeit eine Reihe ernst zu nehmender Forscher die Theorie aufgestellt, der Pfarrer habe einen Schatz verjuxt, der einst von den Herren von Rennes verbuddelt worden war. Denn Rennes-le-Château war zur Zeit der Westgoten (etwa 400–700 n.Chr.) eine Großstadt mit 30.000 Einwohnern. Später siedelten hier Katharer und Tempelritter, jeweils Leute, denen man ein solches Vermögen ebenfalls zutraut. So liegt der Verdacht nahe, dass noch nicht der ganze Reichtum verbraten ist. Goldgräber zogen nach Rennes, und einer soll sich sogar mit einem Presslufthammer in der Kirche zu schaffen gemacht haben. Die Bürger des Dorfes sahen das mit einem lachenden und einem weinenden Auge; man untersagte zwar schon im Jahr 1965 die Schatzgräberei (am Ortseingang sehen Sie rechts sogar ein Verbotsschild), man verstand es aber dennoch, die Geheimniskrämerei geschäftlich zu verwerten: Die Kirche kostet Eintritt, der Beleuchtungsautomat nochmals extra, und ein Laden bietet Esoterik-Literatur feil, mit der ganzen Palette von Hintergrundinformationen, Lageplänen, Pendel und ähnlichem Schnickschnack. Sogar eine Fernsehserie *(Das Gold des Teufels)* wurde gedreht, und in der gediegenen Behausung des Pfaffen darf man sich eine Ton-Schau zu Gemüte führen – gegen stattlichen Obolus. Nur das Schloss mit seinen Rundtürmen, den Namensträger des Ortes, das es schon vor Saunières Zeiten gab, hat man noch nicht touristisch aufbereitet und lässt es verfallen.

Das Beste ist an klaren Tagen der ***Blick von der Balustrade*** oberhalb des Steilhangs und seitlich des Bibliotheksturmes zu den bis in den Sommer schneebedeckten Pyrenäengipfeln.

Wir haben auch den dreieinhalbstündigen Wanderweg *Sentier du Ritou (Pfad des Priesters)* erkundet:

Sentier du Ritou bei Rennes-le-Château

Vom **Wohnmobilparkplatz** unterhalb von **Rennes-le-Château** erreichen Sie entlang der Straße das Dorf, das Sie geradeaus durchqueren. An der fantastischen Aussichtsbalustrade halten Sie sich rechts und erkennen spätes-

tens hier einen gelben Wegweiser, der Sie unterhalb des **Bibliotheksturms** rechts hinter dem Dorf wieder zum Ortseingang zurückführt. Dort zweigt bald links ein Pfad ab, der bergab bei Ihrem WOMO endet. Am Anfang des Parkplatzes schickt Sie die gelbe Markierung auf einem Weg ins Tal, links eines Brunnens mit schönen Löwenskulpturen und links unterhalb einer ehemaligen Windmühle (Foto von Seite 154).

Den Rest der Streckenführung muss ich Ihnen nicht beschreiben, weil Sie sich wegen der lückenlosen Zeichengebung nicht verlaufen können (falls Sie längere Zeit keine Markierung sehen, sind Sie sicher falsch und müssen umkehren). Im Mittelteil wird die Wanderung zwar schattig, dafür aber etwas eintönig, weil Sie keine weite Sicht mehr haben.

Umso spektakulärer ist das letzte Drittel, wenn Sie aus dem Wald auf einen schmalen Grat mit wunderbarer Fernsicht getreten sind, ehe Sie am **Pic de la Valdieu** allmählich absteigen und im Tal wieder auf den Hinweg stoßen und bald danach an Ihrem WOMO (nicht im Dorf) ankommen. Auf der IGN-Wanderkarte ist die Wegführung immer noch nicht eingetragen.

Wenn Sie nach der Wanderung ein nahes Nachtlager suchen, bietet sich der offizielle Stellplatz in **Espéraza** an:

090 Espéraza

GPS: N 42°56'01" E 2°12'57", Promenade F. Mitterrand. **Max. WOMOs**: 10. **Öffnungszeit**: Ganzjährig. **Ausstattung**: Ver- und Entsorgung, Toilette, Mülleimer. **Beschreibung**: Sie übernachten meistens in sehr schöner Lage hintereinander am Rand des Flusses und stellen Ihre Klappstühle zwischen Fahrzeug und grasigen Rand der Uferböschung unter Bäume. Gaststätten und Geschäfte finden Sie im nahen Zentrum der Kleinstadt (1.700 Einwohner). Höchstens 48 Stunden. **Preis**: 5 € und 0,55 € pro Person. **Zufahrt**: Der Platz liegt südlich des Ortszentrums unmittelbar südlich der Flussbrücke, nördl. der D 118 und westl. der D 46.

Etwa 15 Kilometer südlich von Rennes le Château finden Sie am Bahnhof von **Quillan** (3.500 Einwohner) einen offiziellen Stellplatz, der uns aber immer noch nicht gefällt, auch wenn er inzwischen von der Gesellschaft *Camping-Car Park* neu angelegt worden ist, weshalb ich hier nur die Koordinaten preisgebe:

091 N 42°52'18" E 2°10'54"; Ver- und Entsorgung hinter der Schranke.

Hat man die Corbières erst einmal bis Couiza oder Espéraza durchquert, wird man sich auf der D 118 beeilen, um endlich im

Norden Carcassonne zu besuchen. Ich erwähnte bereits, dass es sich wegen der Kurven empfiehlt, die Corbières von deren Rand aus zu bereisen. Die nächsten Ziele sind daher auch von Norden, von der Strecke Carcassonne–Narbonne, gut zu erreichen.

Alternativ zu dieser Route kann man sich aber auch von Couiza auf der D 613 zurück nach Osten voran arbeiten, um auf diesem Wege die Dörfer Lagrasse (7. Tour), Mouthoumet, Termés (sehenswerte, beim Erklettern aber nicht ganz ungefährliche Katharer-Burg aus dem 13. Jahrhundert) und vor allem Villerouge-Termenès kennenzulernen. Der erste Stellplatz in unserer Tourabfolge liegt am südlichen Rand von **Félines-Termenès**, einem kleinen Dorf mit 110 Seelen und ohne Infrastruktur:

092 Félines-Termenès

GPS: N 42°59'14" E 2°36'47", D 613. **Max. WOMOs**: 10. **Öffnungszeit**: Ganzjährig. **Ausstattung**: Wasser, Toilette (beides funktioniert nur im Sommer), Picknickbank. **Beschreibung**: Der klappstuhlgeeignete, asphaltierte Parkplatz ist durch Bäume aufgelockert und liegt nicht unschön am Rand der Bebauung, schon ein kleines Stück von Häusern entfernt. Vor Ort öffnet ein kleiner Trinkkiosk allenfalls im Sommer. Im Dorf können Sie nichts kaufen und auch nicht essen. **Zufahrt**: Der Platz liegt an der D 613 südlich des Dorfkerns.

Die wahrscheinlich bessere Alternative ist inzwischen das Gelände im nördlichen Nachbarort **Villerouge-Termenès** (140 Einwohner), der mit einer Burg lockt und touristisch renommierter ist, was letztlich darauf zurückgeht, dass hier im Jahre 1321 Guillaume Bélibaste, der letzte Kartharische Führer, auf dem Scheiterhaufen

Villerouge-Termenès

starb. Das ist Grund genug, um im August ein mittelalterliches Festival zu veranstalten, mit Ausstellungen, einem traditionellen Markt, Theateraufführungen und sonstigem Brimborium. Dazu gibt es im Burghof ein *Repas Médiévaux*, ein mittelalterliches Gelage, bei welchem zeitgemäß kostümierte Fräuleins dem freudigen Zahler eine Mahlzeit auftragen, während Gaukler die Gaumenfreuden erst so richtig rauskitzeln. Die Völlerei ist im Sommer mehrfach angesagt, möglicherweise sogar ganzjährig. Jedenfalls hat sich ein Restaurant auf mittelalterliche Essen spezialisiert. Das Festival hingegen gibt es nur einmal, an einem Samstag, Mitte August. Zur Ehrenrettung der Bewohner muss man aber beachten, dass das Gedankengut der Katharer in Villerouge-Termenès auch sonst wertgeschätzt wird, und dass die Burg gut erhalten ist. Wir kennen aus eigener Anschauung weder das Festival noch die Lokale – und den Stellplatz nur vom Vorbeifahren:

093 Villerouge-Termenès

GPS: N 43°0'18" E 2°37'37", D 613. **Max. WOMOs**: 3-4. **Öffnungszeit**: Ganzjährig. **Ausstattung**: Wasser, Toilette (vor dem Friedhof – über die D 613 schräg rechts, bzw. zwischen den Zebrastreifen links), Mülleimer. **Beschreibung**: Das schattige, eingeschränkt klappstuhlgeeignete Gelände ähnelt dem vorerwähntem, liegt aber dichter bei den Häusern. Die Gaststätte in der Burg ist von Do. bis So. geöffnet (das ist nicht die Rotisserie Médiévale mit den Mittelaltergerichten – dazu siehe https://restaurant-medieval.fr), kein Lebensmittelgeschäft. **Zufahrt**: Der Platz grenzt an die D 613 südlich des Dorfkerns. Rechts neben dem großen Gebäude sind durch ein Schild 2-3 Stellplätze ausgewiesen; man kann auch auf dem restlichen Gelände stehen.

Darüber enttäuscht, in Félines-Termenès und in Ville rouge-Termenès nichts einkaufen zu können, ziehen wir die *Michelin-App* unseres Smartphones (siehe dazu unter *Restaurants*) zurate und staunen nicht schlecht, dass uns in der Nähe ein Restaurant mit drei Michelinsternen empfohlen wird, eine der besten Küchen Frankreichs, tief in den Corbières.

»Ruf' doch mal an, die haben ohnehin nichts frei«.

An einem gewöhnlichen Dienstag, Mitte Juni, hatten sie in der ***Auberge du Vieux Puits*** in **Fontjoncouse** aber sogar noch mehr als einen freien Tisch, an den wir bald geleitet wurden – und zunächst angespannt ein wenig mit unserem Mut haderten. Das legte sich aber, als uns mit großer Freundlichkeit kreative Speisen serviert wurden, wie wir sie nicht für kochbar gehalten hätten, das beste Essen aller unserer Reisen! Wer bereit ist, sich auf ein solches Lokal und seine hier nicht ganz so steifen Kellner einzulassen, wer sich ohne Reue ein Spitzenmenü mit fast künstlerischer Küchenkunst leisten möchte, kann sich ein solches Erlebnis vermutlich an keinem Ort in Südfrankreich besser gönnen, wobei die Preise in neuer Zeit kräftig gestiegen sind *(Tel. 04 68 44 07 37, leichte Reservierung über das Internet; Mo. und Di. geschlossen; Menüs für 260 € und 290 €)*. Am fehlenden Stellplatz scheitert das Abenteuer jedenfalls nicht:

094 Fontjoncouse

GPS: N 43°02'51" E 2°47'26", D 323. **Max. WOMOs**: 2-4. **Ausstattung**: Keine. **Beschreibung**: Der asphaltierte Übernachtungsplatz wird hier hauptsächlich wegen des nahen Spitzenrestaurants erwähnt. Er taugt nicht für WOMO-Massen und nicht für WOMOs über 7,50 m. Der von mir früher empfohlene Platz an der Quelle, nach der das Dorf seinen Namen trägt, ist mit einer Kette versperrt. **Zufahrt**: Der Platz liegt seitlich der D 323 am östlichen Ende des Dorfes.

Alternativ finden Sie eine Möglichkeit – auch für große Fahrzeuge – am nordwestlichen Ende des Dorfes unmittelbar nach dem letzten Haus seitlich der D 323.

Alet-les-Bains – Ruine der Kathedrale

Wir erlauben uns nun literarisch einen großen Sprung zurück und machen dort weiter, wo wir oben bei Espéraza unterbrochen haben und überlegen uns, ob wir nicht schon in **Alet-les-Bains** (480 Einwohner) erneut pausieren sollten. Vor allem die Ruine der während der Religionskriege im Jahr 1557 von Hugenotten zerstörten **Kathedrale** lohnt den Besuch, den man nicht auf die Sommermonate beschränken muss. Der zwischen Kirchenruine und dem Fluss Aude liegende, anheimelnde Campingplatz ist nämlich nahezu ganzjährig geöffnet:

095 Alet-les-Bains – *Camping Val d'Aleth*

TOUR 6

GPS/Kontakt: N 42°59'47" E 2°15'17", Rue Nicolas Pavillon, Tel. 04 68 69 90 40; www.valdaleth.com. **Öffnungszeit**: 15.1.–15.12. **Ausstattung**: Keine übliche Entsorgungsanlage. **Beschreibung**: Das schattige Gelände vor der Kulisse der Kirchenruine hat nur den Nachteil, dass man zeitweise deutliche Geräusche von der stark befahrenen Straße jenseits des Flusses hört. Einen Laden und ein Restaurant finden Sie in der Nähe, das Ortszentrum nach 300 m. Das öffentliche Schwimmbad ist 700 m entfernt**. Preise**: 19 €–21 €. **Zufahrt**: Der Platz liegt mitten im Ort am Rand des Flusses Aude.

Limoux – Place de la République

Weiter im Norden durchqueren wir auf unserem Weg nach Carcassonne das Städtchen **Limoux** (10.000 Einwohner), einen netten Ort ohne jeden Massentourismus, obwohl die Stadt in ganz Frankreich berühmt ist: wegen des *Blanquette de Limoux*, eines

Schaumweins, der nicht etwa in neuerer Zeit kreiert worden ist, in der allenthalben die Winzer das perlende Getränk ins Sortiment holen. Der *Blanquette* wird hier schon als ältester Sekt seit dem 16. Jahrhundert gekeltert, einer Zeit, als man in der Champagne noch nicht an Champagner dachte. Die Winzer müssen aber lange beim Marketing schlecht beraten gewesen sein, denn was ich früher (in anderen Gegenden Frankreichs) als Blanquette den Supermarktregalen entnommen habe, war meist eine klebrige Brühe. Umso größer war meine Freude, als ich in der erstbesten Alimentation von Limoux eine Flasche mit der Aufschrift Brut (Trocken) erstanden habe, die mit den besten Schaumweinen konkurrieren konnte.

Verhalten präsentiert sich auch das Städtchen, das Sie sogar bei knapp bemessener Zeit durchstreifen sollten. Sie werden bei den Ansichtskartenständern feststellen, dass hier der Karneval Tradition hat. Wein und Fastnacht bilden also nicht nur in Mainz eine Symbiose. Gut hat uns der offizielle Stellplatz nördlich der Innenstadt gefallen:

096 Limoux

GPS: N 43°03'28" E 2°12'54", Rue Lois Braille. **Max. WOMOs**: 28. **Öffnungszeit**: In der ersten Septemberhälfte wegen eines Jahrmarktes geschlossen. **Ausstattung**: Ver- und Entsorgung, Strom, Mülleimer, Bouleplatz. **Beschreibung**: Das teilweise schattige Gelände am Fluss, aber innerhalb der Bebauung, ist asphaltiert und deshalb nur bedingt klappstuhlgeeignet. Gaststätten und Geschäfte finden Sie in der nahen Innenstadt, einen Bäcker nach etwa 250 m). **Preis**: 12 €. Der Platz gehört zum Unternehmen ***Camping-Car Park***, zu den Benutzungsregeln siehe bei den Tipps unter *Freies Camping / Stellplätze / übernachtungsgeeignete Parkplätze*. **Zufahrt**: Biegen Sie nördlich der Altstadt und etwa 150 m nördlich eines Kreisverkehrs von der D 118, das ist die Straße nach Carcassonne, im spitzen Winkel nach rechts und gleich wieder nach links ab.

Carcassonne – La Cité

Sie werden noch einmal wehmütig an die schmalen Straßen, die alten Arkaden und die charmanten Bürgerpaläste der noch nicht verödete Innenstadt von Limoux denken, vor allem an die provinzielle Stille, wenn Sie sich 23 Kilometer weiter nördlich, in der Cité von Carcassonne, durch die Gassen schieben lassen.

Schon mit dem klangvollen Namen **Carcassonne** (der sogar Namensgeber für ein Gesellschaftsspiel war) verbinden sich hohe Erwartungen, die ich nur ungern trübe. Halten Sie mich nicht für schulmeisterlich, wenn ich Ihnen dringend rate, das Besichtigungsprogramm strategisch anzugehen: Die Rede ist ja (noch) nicht von der eigentlichen Stadt (43.000 Einwohner), sondern von der **Cité**, der auf einem Hügel so malerisch daliegenden Festungsstadt, der größten in Europa und mit Recht von der *UNESCO geschützt* – und damit auch auf der Liste unserer persönlichen **Top Ten** selbstverständlich.

Die Festungsstadt der Cité von Carcassonne ist mit 52 Türmen die größte in Europa und mit Recht von der UNESCO geschützt

Die Mauern und Zinnen, vor allem aber die 52 Türme, wirken perfekt nur von der Ferne, und so stellt sich das Aha-Erlebnis erst ein, wenn man die Festung aus gebührendem Abstand und vor allem von der richtigen Stelle aus in Augenschein nimmt – und fotografiert. Dann aber ist der Eindruck gewaltig und tröstet über den Rummel im Innern des doppelten Festungsrings hinweg. Nicht nur *Fotofreunde* bevorzugen wegen des schrägen, schon gelblichen und mit den Schatten spielenden Lichts den Nachmittag, um sich von Süden an die richtige Stelle zu pirschen: Fahren Sie auf der D 118 – von Limoux kommend – unter der Autobahn durch und wählen Sie bei nächster Gelegenheit an einem großen Kreisverkehr auf der D 104 den Weg nach rechts – Richtung ›*La Cité*‹ und ›*Camping la Cité*‹; Sie unterqueren erneut die Autobahn (Wegweiser ›*La Cité*‹), um nach einer lang gezogenen Linkskurve die *Autoroute* ein drittes Mal zu kreuzen; nun liegt die Cité in ihrer ganzen Breite vor Ihnen; das hat sich so sehr herumgesprochen, dass

Carcassonne – La Cité

hier Halteverbotszeichen angeschraubt worden sind; Sie parken daher unmittelbar vor der Autobahnbrücke und gehen ein paar Meter zu Fuß: Route de St Hilaire, N 43°11'36" E 2°20'26". Vom Campingplatz kann man auf 1,4 km hin radeln oder spazieren; lassen Sie sich von Google Maps den Weg zeigen.

Sie sind auf der Strecke für das ultimative Foto und das Nachtlager gleichermaßen auf dem richtigen Weg. Mehrere Möglichkeiten kommen infrage:

097 Carcassonne – *La Cité*

GPS/Kontakt: N 43°12'01" E 2°21'13", Route de Saint Hilaire, Tel. 04 68 10 01 00; https://campingcitecarcassonne.com. **Öffnungszeit**: 1.4.–30.9. **Ausstattung**: Pool mit großer Rutsche, Laden, Restaurant, Hundewiese. **Beschreibung**: Bis auf die unvermeidlichen Mobilhomes ist das ein angenehmer, teilweise schattiger Campingplatz mit großräumigen Parzellen in guter Lage. Die Cité ist nämlich nach etwa 1,2 km bequem

in 20 Minuten zu Fuß erreichbar: Verlassen Sie den Campingplatz nach links und gehen Sie auf einem angezeigten, auch nachts beleuchteten Fuß- und Radweg entlang einem Bach, überqueren Sie am Ende dieses Weges die Straße und steigen Sie nach einem kurzen Straßenstück auf einem Pfad zur Cité auf. Die schönsten Parzellen liegen im rechten Bereich. In der Hochsaison müssen Sie wegen Überfüllung (früh anreisen!) allerdings gelegentlich auf andere Plätze ausweichen. **Preise**: 19 € bis 27 €. **Zufahrt**: Der Platz liegt südlich der Cité und ist überall in Carcassonne beschildert.

Alternativplätze für den Fall der Überfüllung:

098 ***Camping à l'Ombre des Oliviers*** in **Cazilhac**, 3,5 km südlich vom Campingplatz in Carcassonne; **GPS**: N 43°10'44" E 2°22'12", Av. du Stade.

099 ***Camping La Malolya*** nördlich von **Villemoustaussou**, 10 km nördlich vom Campingplatz in Carcassonne; **GPS**: N 43°15'36" E 2°21'53", Chemin du Pont neuf.

TOUR 6

100 Carcassonne – *La Cité*

GPS: N 43°11'59" E 2°21'10", Route de Saint Hilaire. **Max. WOMOs**: 38. **Öffnungszeit**: Ganzjährig. **Ausstattung**: Ver- und Entsorgung, Mülleimer, Brot und Lebensmittel auf dem benachbarten Campingplatz, Grillstelle. **Beschreibung**: Das klappstuhlgeeignete, teilweise schattige Gelände mit geschottertem Untergrund gehört zum benachbarten Campingplatz. Wegen des Wegs zur Cité siehe dort. Es gibt keinen Strom! Der Platz ist in der Hochsaison ebenfalls schon relativ früh belegt. Nur für Fahrzeuge bis 8 m Länge und nur für 72 Stunden. **Preise**: 12 €–18 € bis 72 Std.; man kann den Platz dazwischen theoretisch verlassen; Bezahlung nur mit Kredit-Karte. **Zufahrt**: Der Platz liegt östlich der Cité und ist beschildert.

P WOMO-Parkplatz: Carcassonne – *P1*

GPS: N 43°12'19" E 2°22'25", Chemin de Montlegun. **Max. WOMOs**: etwa 80. **Ausstattung**: Toilette, Mülleimer. **Beschreibung**: Das ist ein riesiger, schattenloser, geschotterter Parkplatz ohne jeden Charme, mit zweifelhafter Sicherheitslage, aber sehr günstig gelegen, denn der

Fußweg in die Cité beträgt höchstens 10 Minuten. Es liegen Autoglaskrümmel herum, was auf ein hohes Aufbruchrisiko hindeutet. Auch im Internet wird von Aufbrüchen berichtet. Bei *park4night* häufen sich diese Meldungen auffällig in Monaten, in denen wenig los ist. Wenn der Parkplatz leer wäre, würde ich hier mein Wohnmobil auch für die Zeit der Besichtigung niemals allein lassen. Von nächtlichen Einbrüchen ist nicht die Rede. Obwohl für Wohnmobile ein 24-Stundentarif angezeigt wird (20 €, was irritiert, da der Platz nachts nichts kostet), ist das Übernachten im Wohnmobil verboten. Das wird allerdings nachhaltig missachtet und meines Wissens nicht geahndet. Vermutlich will man sich damit jeglicher Verantwortung entziehen. Erstaunlicherweise verweist am offiziellen Platz Nr. 100 für den Fall der Überfüllung ein Schild auf diesen *P1*.. **Preise**: Komplizierte Preisgestaltung, beispielsweise für die ersten 4 Stunden 8 €; 24 Stunden 20 €. **Zufahrt**: Der Platz liegt östlich der Cité und ist als *P1* und Busparkplatz beschildert.

Hoffen wir, dass Sie für den **Besichtigungsrundgang** einen Sonn- oder Feiertag vermieden haben, wenn Sie sich ins Getümmel stürzen. Das ist dann ziemlich genau so, wie man es sich vorstellt, mit Lokalen und Andenkenläden *en masse*. Die Cité ist die am meisten besuchte Sehenswürdigkeit in Südfrankreich, 4 Millionen Besucher pro Jahr (zum Vergleich: Eiffelturm 6,2 Mio. – vor Corona). Außer den baulichen Attraktionen gibt es nichts anderes, vor allem keine bewohnte Ansiedlung. Unsere Kinder waren einst begeistert! Am Foltermuseum, dessen Schlepper die Kundschaft auf der Straße abfangen, konnte ich sie noch vorbeilotsen. Wir einigten uns aber auf einen Kompromiss, Verabredung eines Treffpunktes und individuelles Besichtigungsprogramm: Die Kinder zum Nippes, die Alten zu den Altertümern. Die haben stellenweise gar nicht die Jahre auf dem Spitzdach, die man ihnen zutraut. Denn ein gewisser **Viollet-le-Duc**, dem die Ladenbetreiber allabendlich beim Kassensturz auf Knien danken, hat um 1850 dem Mittelalter kräftig auf die Sprünge geholfen und dabei weniger das Vorhandene restauriert als es fantasievoll ergänzt. So bekam die Mauer Türmchen, Zinnen und spitze Dächer verpasst, die es bis dahin gar nicht gab, und die Cité wurde mehr ein Produkt der romantischen Vorstellungen des Architekten als ein naturgetreues Abbild der Vergangenheit. Trotzdem ist vieles einigermaßen echt, und ab und zu überkommt mich sogar Staunen.

Zum Beispiel in der **Kathedrale**, der Basilique Saint-Nazaire *(9–12 und 14–19 Uhr, im Winter bis 17 Uhr)*. Der ehemals im romanischen Stil begonnene Kirchenbau aus dem 11. Jahrhundert wurde bis ins 15. Jahrhundert erweitert und besticht durch ein hohes, harmonisch proportioniertes, gotisches Kirchenschiff. Besonders beeindruckend sind die Fenster, die als die schönsten in ganz Südfrankreich gelten, und die beiden gegenüberliegenden Rosetten.

Sehenswert sind auch das Weihwasserbecken aus dem 12. Jahrhundert und die schöne Orgel aus dem 16. Jahrhundert, beide unverfälscht, während ein Turm der Kathedrale von Viollet-le-Duc verunstaltet worden ist. Der Architekt hielt ihn für einen Bestandteil der alten Befestigungsanlage und stattete ihn mit Zinnen aus.

Interessant ist auch das **Château Comtal**, die um 1130 errichtete Burg in der Festung, in der zu Beginn des 13. Jahrhunderts der Vizegraf Raymond Roger Trencavel die Katharer vor dem Legaten des Papstes, Simon de Montfort, in Obhut nahm, der zuvor ein Massaker in Béziers veranstaltet hatte. Die bis zu diesem Zeitpunkt als uneinnehmbar geltende Stadt hielt aber nur zwei Wochen der Belagerung stand, da sie von den mitsamt ihrem Vieh aus der Umgebung in die Stadt geflüchteten Menschen überbelegt war. Nachdem das Wasser ausgegangen war und sich Seuchen ausgebreitet hatten, musste Raymond Roger Trencavel kapitulieren, nicht ohne zuvor die Schonung der Bevölkerung ausgehandelt zu haben. Nur er wurde in einem finsteren Verlies gefangen gehalten, während Simon de Montfort für die Dauer von acht Jahren die Burg zum Hauptquartier für seinen Vernichtungsfeldzug gegen die Katharer in Besitz nahm. Wie die Geschichte sich wiederholt: Während des Ersten Weltkriegs diente das Château Comtal als Gefängnis für 300 deutsche Offiziere und im Zweiten Weltkrieg als regionales Hauptquartier der Nazis.

Da wir gerade in die Geschichte tiefer einsteigen, lassen Sie mich den Rundumschlag noch vervollständigen: Nach Montfort übernahm der französische König die Besitztümer von Carcassonne und vergrößerte die Festung. Insbesondere stattete er sie wegen der Nähe zur katalanischen Grenze mit einem zweiten Mauerring aus, der vom ersten durch einen breiten Streifen, die sogenannten Lices, getrennt war. Erst nach einem Frieden mit den Katalanen verlor Carcassonne seine strategische Bedeutung und gammelte vor sich hin, bis Viollet-le-Duc Hand anlegte. Dies gilt auch für das **Château**, das heute kaum mehr als ein Modell der alten Anlage ist. Die Eintrittskarten *(Führungen, von April bis September 10–17.45 sonst bis 16.30 Uhr; 9,50 €; die Cité selbst ist kostenlos)* berechtigen sowohl zur Besichtigung des **Musée lapidaire**, einer Sammlung von Architekturfragmenten und sonstigen Funden aus der Umgebung von Carcassonne, unter anderem römische Meilensteine und Grabmäler, wie auch zum Besuch eines **Kostümmuseums**.

Mich beeindrucken besonders die eben schon erwähnten **Lices**, die Freiflächen zwischen den beiden Mauerringen, auf denen die Angreifer, hätten sie das erste Bollwerk überwunden, von den Verteidigern auf der inneren Mauer beharkt worden wären. Wenn es jemals dazu gekommen wäre und man die Stadt nicht, wie oben beschrieben, durch Belagerung in die Knie gezwungen hätte. Wer Carcassonne richtig auf sich wirken lassen möchte – damit meine ich nicht die Touristenfallen, muss am frühen Morgen oder späten Nachmittag den Spaziergang zwischen den Mauern in Angriff nehmen, man fühlt dann tatsächlich eine Mischung aus Mittelalter, Film und Kindheitstagen, als man mit der Ritterburg spielte. Gehen Sie am nordöstlichen Haupttor, der Porte Narbonnaise, nach links bis zum nächsten Tor.

Den meisten der zahlreichen Gasthäusern, besonders rund um die Place Marcou, sieht sogar der unerfahrene Urlauber an, dass die Wirte nur auf schnellen Umsatz hoffen und die Wiederkehr eines zufriedenen Gastes nicht in Betracht ziehen. Weshalb jener Feriengast, sollte er ausnahmsweise keine Spaghetti kochen, dankbar nachliest, dass wir im **Restaurant *La Table d'Alaïs*** eindeutig das erfreuliche Gegenteil kennengelernt haben. Wir haben dort sogar ein *Cassoulet* gekostet, das Vorzeigegericht der Gegend, vor dem man eher warnen muss, solange man nicht weiß, welche Zutaten der Koch im Eintopf unter die weißen Bohnen mischt *(Rue du Plo 32, gehen Sie durch die Porte Narbonnaise in die Cité und durch die erste Gasse links, das Lokal liegt nach dem kleinen Platz, vor dem wir Sie schon gewarnt haben, auf der linken Straßenseite; mit schönem Freisitz; Tel. 04 68 71 60 63; Fr.–Di., Menüs ab 36 €)*. Für die Vorauflage waren wir zum ersten Mal Ende August am Abend in der Cité – und das noch an einem Samstag. Nachdem wir am Spätnachmittag bei fünf Lokalen nicht mehr reservieren konnten, haben wir in einer nördlichen Seitenstraße im **Restaurant *La Marquière***, den letzten Tisch bekommen, was nicht zur befürchteten Enttäuschung ausgeartet ist. Ganz im Gegenteil! Das Essen ist dort relativ teuer, aber auf hohem Niveau *(Rue St Jean, Tel. 04 68 71 52 00; Mi. und Do. geschlossen, Menü 45 €)*.

Wenn Sie vom am Camping- und Stellplatz beginnenden Fußweg nicht zur Cité abbiegen, werden Sie noch etwa weitere 15 Minuten zu einer **Bastide** geleitet. Das ist sozusagen die Altstadt der Neustadt, also der Unterstadt, die gar nicht so uninteressant ist, wie ich das früher behauptet habe. Das Großereignis erlebt man dort am 14. Juli, dem französischen Nationalfeiertag, wenn oben auf der Cité ein unglaubliches Illuminations- und Feuerwerkspektakel entfacht wird, das die Schaulustigen aus dem ganzen Departement, ja fast aus ganz Frankreich, anlockt.

Tour 7

1. Karte

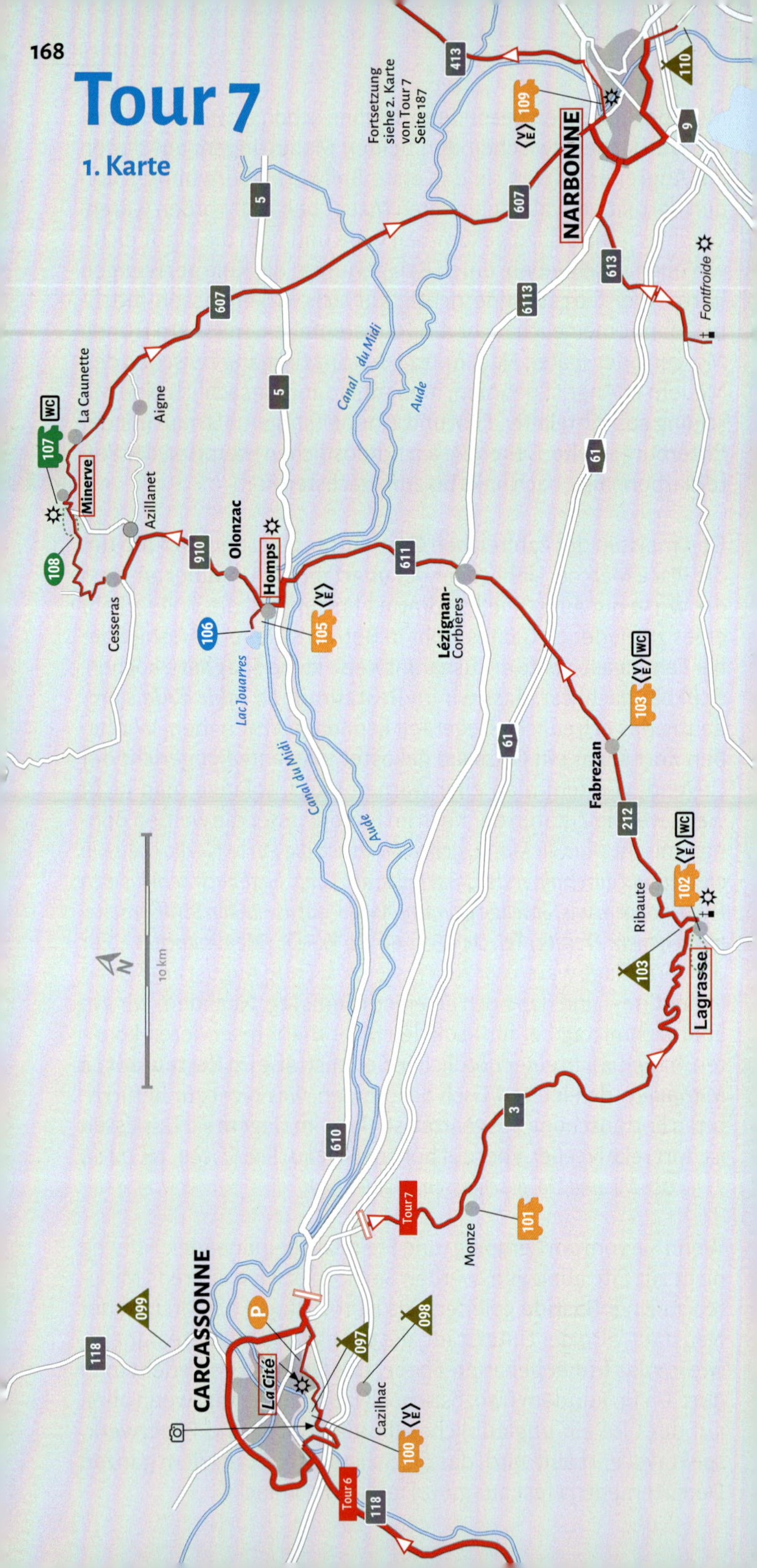

Minervois – Von Lagrasse nach Béziers

280 km

Auf dieser Tour erleben Sie außer dem Meer alles, was das Languedoc zu bieten hat: zwei der schönsten Städte, alte Klöster, Schluchten, Flusstäler und unser erstes Kajakabenteuer. Auch wenn die Tour etwas verwinkelt ist, sollten Sie folgende Höhepunkte nicht versäumen:

- **Lagrasse**
- **Minerve**
- **Narbonne mit dem Musée Narbo Via**
- **Gorges d'Héric**
- **Canal du Midi und Béziers**

Ausgangspunkt unserer 7. Tour ist Carcassonne. Fast noch besser starten Sie von Narbonne zur Rundreise in die Hügel links und rechts des Flusses Aude. Oder Sie arbeiten sich vom Süden, vom Kernland der Corbières, nach Norden vor und besuchen dabei Villerouge-Termenès und vielleicht Fontjoncouse, also den Teil, der bei der 6. Tour als Abstecher nach Norden beschrieben worden ist. Wie man es auch macht, auf allen Strecken müssen zahlreiche Kurven bewältigt werden. Nicht mehr ganz so schlimm ist die Kurbelei beim Durchmessen des breiten Aude-Tals, was man sehr zu schätzen weiß, liegen doch die Ziele dieser Tour ziemlich weit voneinander entfernt. Alles zusammen sollte Sie nicht abschrecken, denn die nachfolgenden Orte sind mehr als nur einen Umweg wert. Und etwa 14 Kilometer östlich von Carcassonne ist ein kleiner offizieller Stellplatz eine gute Alternative:

101 Monze

GPS: N 43°09'11" E 2°27'45", Rue Sauvignon. **Max. WOMOs**: 5–6. **Öffnungszeit**: Ganzjährig. **Ausstattung**: Keine. **Beschreibung**: Das Beste ist der schöne Blick über eine hügelige Weingegend, den Sie auch vom Klappstuhl auf einem schattenlosen, geschotterten Areal am Rand der Bebauung genießen können. Sie können nichts einkaufen, ein Restaurant gibt es ebenfalls nicht. Höchstens 48 Stunden. **Zufahrt**: Der Platz liegt westlich der D 3 und ist dort südlich des Dorfes beschildert.

Auf der Weiterfahrt durch ein landschaftlich schönes Tälchen stoßen wir automatisch auf die Schokoladenseite von **Lagrasse** (700 Einwohner) eines der *Schönsten Dörfer Frankreichs* und **einer unserer** *Lieblingsorte* **im südwestlichen Midi**, in dem die mittelalterlichen Häuser mit ihren Ziegeldächern auf einen kleinen Felsvorsprung über den Wasserlauf geklebt scheinen. Und wo

Lagrasse – alte Brücke

TOUR 7

das schönste Bauwerk des Ortes, die in einem kühnen Bogen geschwungene **alte Brücke**, die Altstadt mit der bekannten Abtei verbindet; ein Motiv für Fotokalender.

In dieser **Abbaye Sainte-Marie**, einem ehemaligen, 1.200 Jahre alten Benediktinerkloster, sind – im Anschluss an das nördliche Querhaus – die Reste eines ursprünglich dreigeschossigen Turmes aus vorromanischer Zeit, der Abtspalast und ein renovierter Kreuzgang aus dem 18. Jahrhundert zu sehen; außerdem ein Schlafsaal mit schönem Deckengerippe, eine Kapelle mit glasierten Bodenkacheln, Vorratsräume und die Klosterkirche aus dem 11. bis 15. Jahrhundert. Die Krönung ist der 40 m hohe Glocken- und Wehrturm, den man aber nur noch im Rahmen einer Führung besteigen kann. Ein Freund Karl des Großen soll im 8. Jahrhundert die Abtei gegründet haben, die zwischen dem 13. und 18. Jahrhundert eine der reichsten in Südfrankreich war und weite Landstriche beherrscht hat, ehe sie, wie die meisten Klöster, während der Französischen Revolution aufgelöst worden ist. Zur Besichtigung muss man aber zweimal Eintritt bezahlen, weil der Teil mit der Kirche, dem Kreuzgang und einem Klostergarten einer Glaubensgemeinschaft gehört, der Rest jedoch einem anderen Eigentümer *(Kloster: 15.6.–14.9. 10–18 Uhr, 1.11.–31.3. bis 16 Uhr, sonst bis 17 Uhr; 5 €; Kreuzgang, Kirche und Garten: Mitte Apr. – Mitte Nov. tägl. außer Do 15:15–17:45 Uhr, sonst nur Sa, So und Feiertage; 4 €).*

Lagrasse – Klostergarten

Mindestens so lohnend ist der Bummel über die Brücke und durch die engen Gassen der **kleinen Altstadt**, bis hin zur großen **Markthalle** mit einer interessanten Balkenkonstruktion aus dem 14. Jahrhundert (samstags ist dort Markt). Besonders gut gefällt uns, dass sich Lagrasse nicht ausschließlich den Touristen anbiedert, die übrigens den Ort keineswegs überschwemmen, und dass die kleine Stadt neben den üblichen Töpferläden auch noch eine normale Seite bewahrt hat, mit kleinen Geschäften und Cafés. Lagrasse gilt als die alte Hauptstadt der Corbières und ist trotz seiner Winzigkeit auch heute noch ein gesellschaftliches Zentrum. Trotzdem kann sich inzwischen nur noch ein einziges klassisches Restaurant halten, nachdem unser Lieblingslokal in einer Gasse geschlossen hat. Wir haben daher zuletzt erneut die ***Hostellerie des Corbières*** getestet und würden dort sofort wieder einkehren *(Tel. 04 68 43 15 22; vermutlich Do. geschlossen; Menü 38 €)* Der angenehme offizielle Stellplatz liegt fast benachbart am nordwestlichen Ortsrand:

102 Lagrasse

GPS: N 43°05'35" E 2°37'12". **Max. WOMOs**: ca. 20. **Öffnungszeit**: Ganzjährig. **Ausstattung**: Ver- und Entsorgung für den Toilettentank, Toilette (unter der Brücke links oder etwas weiter entfernt neben *Tabac/Presse*), Mülleimer. **Beschreibung**: Sie stehen klappstuhlgeeignet zwischen Olivenbäumen auf grasigem, im Sommer allerdings vertrockneten und bei Regen bisweilen matschigem Untergrund (und müssen mit großen Fahrzeugen beim Rangieren zwischen den Bäumen aufpassen). Nach 350 m erreichen Sie einen im Juli/August sogar *überwachten Badestrand*

Lagrasse – links der Stellplatz

am gestauten Fluss Orbieu (gehen Sie unterhalb der neuen Brücke in die erste Gasse und dann immer geradeaus bis zu einem Stauwehr, wo das Wasser flussaufwärts immer tiefer wird; eine Liegewiese entdecken Sie auf der anderen Flussseite flussaufwärts). Gaststätten und Geschäfte im angrenzenden Ort. Unsere nachfolgende Wanderung beginnt hier. **Preis**: 9 € für 23 Stunden und 45 Minuten über einen Automaten. **Zufahrt**: Sie finden den mit ›*P* 2‹ beschilderten Parkplatz nördlich der D 3.

Es könnte Ihnen aber leidtun, wenn Sie sich gegen den Campingplatz entscheiden. Der besticht nämlich durch eine Traumlage: Das Städtchen, seine Brücken und das Kloster liegen Ihnen zu Füßen, eingebettet in eine mehr als anmutige Landschaft. Und man kann auf einem direkten Pfad während etwa acht Minuten in den Ort spazieren (zur Hälfte beleuchtet). Aber der Höhepunkt des Tages ist das letzte Glas oben auf dem natürlichen Aussichtsbalkon, über den Lichtern einer nicht nur um diese Zeit fast verschlafenen Kleinstadt:

103 Lagrasse – *Camping Boucocers Bachandres*

GPS/Kontakt: N 43°05'43" E 2°37'06", Route de Ribaute; www.tourisme-corbieres-minervois.com/campings/camping-boucocers-bachandres. **Öffnungszeit**: 15.3.–15.10. **Ausstattung**: Bescheidene Sanitäranlagen, aber gute Duschen, kein Grauwasserabfluss. **Beschreibung**: Siehe im vorstehenden Text. Gaststätte und Lebensmittel im Ort, von einigen Bereichen Traumblick auf Lagrasse. Zum Ortszentrum 1 km auf einem nur am Anfang steinigen Weg. Häufig ist die Rezeption nicht besetzt; Sie können, wenn das Tor offensteht, trotzdem auf den Platz fahren. Am letzten Augustwochenende war das Gelände wegen eines Folk- und Tanzfestivals belegt, man fand dann zwischen Freitagabend und Sonntagmorgen keinen Platz, wohl aber auf dem Stellplatz oder auf einer diesem benachbarten Wiese. **Preis**: 14 €. **Zufahrt**: Der Platz ist an der D 212 auf dem Weg nach Ribaute beschildert.

Zu einem derart liebenswerten Ort gehört auch eine Wanderung:

Rundweg bei Lagrasse

Ehrgeizige Wanderer werden sich nicht mit den schönen Ausblicken auf Lagrasse am Anfang und Ende des Weges begnügen, sondern unsere kurze Strecke, die sie einen **Spaziergang** nennen, mithilfe der IGN-Karte 2446O ausweiten:

Gehen Sie zunächst in **Lagrasse** vom Stellplatz bzw. der Altstadt aus über die Straßenbrücke (nicht zu verwechseln mit der alten Bogenbrücke). Am anderen Ufer werden Sie eine Wandertafel mit verschiedenen Wegbeschreibungen und einer rot-weißen Markierung entdecken, die Sie bergauf führt. Sie werden mehrfach den schönen Ausblick zurück auf die Altstadt und die Abtei von Lagrasse fotografieren und schon nach deutlich weniger als einer Stunde auf einem Bergkamm eine markierte Wegweisung zurück nach Lagrasse entdecken, bei der Sie links abbiegen.

Auf einem breiten geschotterten Weg verlieren Sie nun allmählich wieder Höhe, bis erneut der markante Turm der Abteikirche auftaucht. Unmittelbar nach dem Klostergelände halten Sie sich rechts und gehen ein Stück entlang dem Fluss, den Sie am Stauwehr auf einer flachen Betonbefestigung, der Passerelle de L'Orbieu, überqueren – unser oben gerühmter Badeplatz *(insg. etwa **1 Stunde und 45 Minuten**, eine Karte ist nicht erforderlich)*.

TOUR 7

Als Badeplatz beliebt ist auch das Ufer von **Ribaute**, dem nächsten Dorf nördlich von Lagrasse. Dort können Sie mit dem Wohnmobil an den Fluss fahren (zwischen Lagrasse und Ribaute sehen Sie eine zum Fluss führende Asphaltstraße), Sie dürfen hier allerdings nicht übernachten und kommen wegen der berüchtigten Teppichstangen auch nicht auf die schönsten Parkplätze. Nach unseren Beobachtungen konnte man im linken Teil wenige Fahrzeuge abstellen. Weiter rechts sprudelt der Fluss über hohe Steine, was, als *Cascade* bezeichnet, im Sommer viele Einheimische zu Badetagen animiert.

Vielleicht steht Ihnen der Sinn nach einem beschaulichen Städtchen des Midi, einem von der unspektakulären Sorte, aber typisch und mit einer langen Platanenallee, in der man früher kostenlos die Nacht verbringen konnte. Das hat die Gemeinde auf die Idee gebracht, den angrenzenden Bereich des ehemaligen Camping municipal dem Stellplatzvermarkter *Camping-Car Park* zu überlassen. Ob allerdings so nahe bei Lagrasse wirklich mal jemand länger in **Fabrezan** (1.280 Einwohner) verweilt, muss man bezweifeln:

104 Fabrezan

GPS: N 43°08'19" E 2°42'11". Avenue de l'Ancienne Gare.
Max. WOMOs: 20. **Öffnungszeit**: Ganzjährig. **Ausstattung**: Ver- und Entsorgung (wahrscheinlich weiterhin außerhalb der Einzäunung in der Platanenallee), Toilette (zeitweise weiter vorne beim Tennisplatz), Mülleimer. **Beschreibung**: Das Gelände am Rand der Bebauung sieht aus, wie ein ehemaliger, etwas vernachlässigter Campingplatz und ist

400 m vom Zentrum mit Gaststätten und Geschäften entfernt. **Preis**: 11 €; zu den Benutzungsregeln von *Camping-Car Park* siehe bei den Tipps unter *Freies Camping / Stellplätze / übernachtungsgeeignete Parkplätze*. **Zufahrt**: Verlassen Sie in Fabrezan die D 212 beim Wegweiser ›*Complexe Sportif*‹ bergab und fahren Sie bis zum Ende der Platanen.

Die Kurven sind nun weniger geworden, entsprechend eintöniger wirkt die Gegend. Dies gilt auch für den touristisch uninteressanten Hauptort der Gegend, **Lézignan-Corbières** (7.900 Einwohner), den wir auf schnellstem Weg von Süden nach Norden durchqueren, um bald danach auf den Fluss Aude zu stoßen, wo wir uns nach Norden zum Dorf **Homps** (590 Einwohner) wenden. Das liegt am **Canal du Midi** sowie wegen des nahen Badestausees und damit einhergehender Ferienhausbebauung im touristischen Aufwind:

105 Homps

GPS: N 43°16'08" E 2°42'55", Av. Claude Bourel. **Max. WOMOs**: 31. **Öffnungszeit**: Ganzjährig. **Ausstattung**: Ver- und Entsorgung, Strom, Mülleimer. **Beschreibung**: Hier wurde von *Camping-Car Park* ein nagelneuer, noch schattenloser, klappstuhlgeeigneter und ortsnaher Stellplatz angelegt. **Zufahrt**: Nördlich der Brücke und des Bootshafens.

Der nahe **Stausee**, der **Lac Jouarres**, wirkt oft bräunlich, er ist aber ein richtiger Badesee, auch wenn das Ufer steinig ist, besonders bei niedrigem Wasserstand. Erstaunlicherweise sind trotz des nahen Ferienhausgebietes alle Verbotsschilder wieder verschwunden, was wirklich einem Wunder gleicht:

106 Lac Jouarres

GPS: N 43°16'26" E 2°42'31". **Max. WOMOs**: 6-8. **Ausstattung**: Mülleimer. **Beschreibung**: Das schattenlose, geschotterte Gelände grenzt direkt an das Wasser und ist erstaunlicherweise nicht abgesperrt. Sie können hier baden und finden zumindest im Sommer auch eine Gaststätte. Wahrscheinlich kann man abends sogar auf Klappstühlen einen malerischen Sonnenuntergang bewundern. Sie übernachten nicht einsam, sondern in der Nähe eine Feriensiedlung. Im Juli und August herrscht ziemlicher Rummel. **Zufahrt**: Wie zum vorgenannten Platz jedoch am Kreisverkehr nördlich der Flussbrücke geradeaus zum beschilderten See; davor an der Westseite abwärts an das Ufer oder auf eine Terrasse auf halber Höhe.

Über Olonzac geht es weiter nordwärts, immer zwischen Weinfeldern hindurch, ehe die Straße kurz vor Minerve wieder ansteigt (an der Steigung schöner Blick zurück in das Aude-Tal).

Minerve

In **Minerve**, einem der *Schönsten Dörfer Frankreichs*, wohnen nur 100 Menschen, wobei ich diese Zahl schon für übertrieben halte. Trotzdem hat es einer ganzen Gegend, dem Minervois, seinen Namen verliehen und ist im Grunde ein Freilichtmuseum. Nicht eines, in dem Gegenstände präsentiert sind, sondern Minerve stellt sich selbst zur Schau und besteht wirklich nur aus alten Häusern, gebaut in schwindelerregender Höhe auf einem Felsen am Zusammenfluss der Bäche Brian und Cesse. Äußerst eindrucksvoll und folglich Bestandteil des südwestfranzösischen Pflichtprogramms ist die Ansicht von außen, der Blick von diesseits der gewaltigen Bogenbrücke, für das Felsennest eigentlich zwei Nummern zu groß, auf die verschachtelten Weinberge, die den Ort in die Zange nehmen, und auf den unermesslich tiefen, im Sommer ausgetrockneten Bachlauf unter der Brücke.

Die Ansicht von Minerve auf einem Felsen über einem steilen Tal gehört zu den schönsten Motiven in diesem Teil unseres Reisegebietes

Das darüber liegende Dorf war ursprünglich eine Festung, in der sich Katharer angesiedelt hatten. Im Jahre 1209 zog der berüchtigte Simon de Montfort zusammen mit dem Bischof von Narbonne und einem Kreuzfahrerheer vor die Burg, um diese zu belagern (Näheres zu diesen Kreuzzügen siehe bei Tour 6 unter dem Stichwort *Katharer*). Nach mehreren Wochen mussten die Bewohner wegen Wasserknappheit aufgeben, ein Geschoss der Angreifer hatte den Brunnen zerstört. Wer seinem Glauben abschwor, durfte weiterleben. Die anderen, das waren die meisten, wurden in Gottes Namen auf einem im trockenen Flussbett geschichteten Scheiterhaufen verbrannt. Angeblich spielten wirtschaftspolitische Gründe eine Rolle, denn den papsttreuen Bewohnern von Narbonne war der schon zu dieser Zeit zunehmende und rentable Weinanbau im Minervois ein Dorn im Auge.

Man könnte glauben, das in den Himmel ragende, turmähnliche Skelett, die Tour la Candéla, sei das Überbleibsel der damaligen Zerstörung. Richtig ist aber, dass der achteckige Turm erst nach jenem Kreuzzug gebaut worden ist.

Es ist wohl weniger die düstere Geschichte als mehr die Bilderbuchlage, die zur Bekanntheit von Minerve geführt hat, zu einem Ruhm, unter dem der Ort an Sonn- und Feiertagen bisweilen leidet, wenn sich allzu viele Touristen durch die Gassen schieben und etwas enttäuscht sind, dass die wenigen Häuserwinkel von der Nähe nicht ganz so spektakulär wirken, wie man das von weitem vermutet – und dass die Töpfereien und die Weinverkaufsstellen noch nicht die Oberhand gewonnen haben. Und die gar nicht bemerken, dass hier kein Lebensmittelgeschäft mehr überleben konnte.

Am Abend wird es aber ruhiger, unerwartet still, fast zu still. Die Restaurants verköstigen die letzten Esser, und ein paar Wohnmobilurlauber erfreuen sich auf dem Parkplatz oberhalb des Dorfes an der schönen Silhouette:

Minerve

107 Minerve

GPS: N 43°21'21" E 2°44'36". **Max. WOMOs**: 8-10. **Öffnungszeit**: Ganzjährig. **Ausstattung**: Toilette, Wasser, Mülleimer. **Beschreibung**: Das Parkplatzgelände, das außerorts und leicht einsam über dem Ort liegt, aber von Wohnmobilisten ständig besucht wird, besteht aus einem asphaltierten, einigermaßen ebenen Bereich, der für Pkw vorgesehen ist, und einem unebenen, etwas holprigen Teil, auf den per Beschilderung Wohnmobile geschickt werden (weshalb man von einem offiziellen

Wohnmobilstellplatz sprechen kann). Auf diesem naturbelassenen, schattenlosen Gelände hinter der Toilette kann man am Abend Klappstühle aufstellen. Abends parken viele Wohnmobile aber auch auf dem Asphaltbereich. Stellenweise haben Sie eine wunderbare Sicht. Wir sind hier losgewandert. Sie brauchen leistungsfähige Auffahrkeile. **Preis**: 13 €/für bis zu 72 Stunden. **Zufahrt**: Fahren Sie vor der großen Brücke links bergab, dem ›*P*‹ hinterher, bei der nächsten Gabelung links zum ausgeschilderten Parkplatz.

108 Eine etwas einsame **Alternative** mit Picknickbank für 2–3 nicht zu große Fahrzeuge finden Sie an der D 10E1 westlich von Minerve (siehe bei der folgenden Wanderung) bei **N 43°20'47" E 2°42'24"**.

TOUR 7

Minerve gehört zu den Zielen, bei denen man nach Wanderwegen giert, weil man überall liest, die Hauptattraktion des Ortes sei ein **unterirdischer Flusslauf**, die sogenannten ***Ponts naturels***. Nichts liegt demnach näher als der Versuch, diese Wassertunnels trockenen Fußes zu durchwandern. Kein Wanderbuch, weder auf Deutsch noch auf Französisch, kann auf die Anleitung zu diesem Abenteuer verzichten. Wenn man sich derart animiert aber nach einer Regenzeit Anfang April auf den Weg macht, wird man danach gemeinsam lustige Fotos belächeln:

Von Minerve durch die Gorges de la Cesse

Steigen Sie auf der Dorfseite von **Minerve**, das Dorf im Rücken, links der zum Dorf führenden hohen Brücke in das Flussbett. Den Weg seitlich dieser Brücke können Sie nicht verfehlen, zumal er mit dem Wegweiser ‚*Poterne Sud*' beschildert ist. Sie gelangen so zum Anfang des **ersten Flusstunnels** und werden sich bei einem Wasserstand, wie wir ihn Anfang April ange-

troffen haben, fragen, ob alle diejenigen noch bei Trost waren, die Ihnen einen Fußweg durch diese Laune der Natur empfohlen haben. Im Sommer werden Sie andere Bedingungen vorfinden und locker durch den Tunnel marschieren. Es mag Ihnen bei höherem Wasserstand helfen, dass wir bereits umgekehrt waren, bevor wir einen ernsthaften zweiten Anlauf gewagt und dazu erst einmal auf Steinen den Fluss überquert haben. Das ging besser als wir dachten – vor allem mit Wanderstöcken. Danach spazierten wir bequem auf einer Kiesbank in die Dunkelheit, die schneller heller wurde als befürchtet, und wir konnten an deren Ende mit dem nötigen Mut ein weiteres Mal über Steine turnen.

Bis hierhin blieben unsere Füße trocken und unsere Entschlossenheit zur Bewältigung des **zweiten Tunnels** ungebrochen. Der folgt schon bald nach dem ersten und ist sogar kürzer. Nur leider war der Wasserstand so hoch, dass ein Durchqueren in Schuhen unmöglich war. So haben wir für die Wanderung eine **Alternative** entdeckt, die wir gerne empfehlen, zumal man sich dann auch keine Sorge über den weiteren Wegverlauf im Flussbett machen muss:

Etwa 10 bis 30 m vor dem zweiten Tunnel, zu dem ein deutlicher Fußweg führt, sehen Sie links desselben eine Abzweigung, von der wir hoffen, dass sie Vegetationsschüben zukünftiger Jahre trotzt oder von den Stiefeln unserer Leser weiter breitgetreten wird. Sie müssen also einen Trampelpfad nach links finden, vorbei an einer zerfallenden Gartenhütte, der Sie auf einem kurzen, steilen Anstieg hoch zur Straße führt. Dieser Pfad ist sogar auf Google Maps und auf dem Satellitenbild zu sehen. Falls der Trampelpfad nicht mehr erkennbar ist, machen Sie nichts falsch, wenn Sie sich nach links durchs Unterholz schlagen und einfach zur Straße aufsteigen. Das relativ kurze Stück müsste stets gelingen. Sie stehen dann am Rand der nach Westen führenden D 10E1 und fragen sich berechtigterweise, warum Sie nicht einfach vom Parkplatz, auf dem Ihr Wohnmobil steht, nach Westen (nicht bergauf, sondern bergab und dann rechts) gewandert sind. Die Antwort ist einfach: Weil Sie sich dann nicht an den lustigen Fotos im ersten Tunnel erfreuen und nicht Ihren Lieben von der kurzen Pfadfinderkraxelei vor dem zweiten Tunnel berichten könnten. Außerdem ist der Begriff Straße für diesen Teil der Strecke nur deshalb zutreffend, weil Sie auf Asphalt gehen. Autos fahren dort so gut wie keine.

TOUR 7

Sie wandern trotzdem auf der »Straße« nach Westen, bis Sie rechts eine Etage tiefer einen **Picknick-Platz** sehen (der Ihnen schon oben bei der Stellplatzempfehlung unter Nr. 108 als Alternative angedient worden ist) und biegen nach rechts auf einen Fußweg ab (vom Erreichen der »Straße« bis hierher ca. 50 Minuten). Sie werden kurz von einer gelben Markierung begleitet, die Sie bei der nächsten Gabelung schon wieder verlassen. Nun spazieren Sie nach rechts bergab und lassen sich bis zur Rückkehr in Minerve von grünen Metallpfosten seitlich des Weges leiten.

Steil geht es bergab und ins Flussbett der Cesse bis zu einer Schutzhütte, dem **Moulin d'Azam**, wo Sie mal wieder den Entschluss fassen, sich irgendwann mehrtägig mit Rucksack und Zelt auf die Socken zu machen, um in einer solchen Hütte zu übernachten. Im Frühjahr werden Sie hier die Strümpfe dann doch noch ausziehen müssen, weil Sie auch die kühnsten Versuche, von Stein zu Stein zu springen, vernünftigerweise aufgeben werden. Pfarrer Kneipp wäre mit Ihnen zufrieden, aber die wenigen Schritte durch das kalte Wasser sind keine wirkliche Herausforderung.

Nachdem Sie die Füße getrocknet und die Schuhe wieder geschnürt haben, steigen Sie erneut hinauf auf die Hochebene und unternehmen, etwa auf halber Strecke nach Minerve, kurz bevor Sie eine weitere Straße erreichen, einen Seitensprung nach links. Hierbei gehen Sie etwa 300 Schritte, um dann links des breiten Weges 4000 Jahre alte Steingräber zu entdecken (auf der IGN-Karte eingezeichnet).

Sie kehren dort um, gehen die 300 Schritte zurück und folgen nun wieder den grünen Metallpfosten bis zum Parkplatz von Minerve. Das ganze Unterfangen würde ohne Balanceakte im Flussbett etwa **drei Stunden** dauern (11 km), eine Karte ist nicht unbedingt erforderlich; wenn es Sie beruhigt, nehmen Sie die IGN 2444 ET, auf welcher der Weg mit Ausnahme der »Straße« als markierter Wanderweg zu sehen ist. Auch der Rother-Führer schickt Sie auf diese Strecke.

Einzelne Wanderführer empfehlen Ihnen auch einen Weg durch die **Gorges du Briant**, das ist die Schlucht nördlich von Minerve. Wir hatten uns die Streckenbeschreibung eines früheren Rother-Wanderführers zu Herzen genommen, der uns einen Einstieg in den Wanderweg in der Nähe der Candéla empfohlen hat, dem Turmrest zwischen dem Parkplatz und Minerve. Wir glauben, dass dieser Weg für viele Alltagswanderer ungeeignet ist. Uns jedenfalls wurde es schon nach wenigen Metern auf ausgesetztem Pfad oberhalb brutal steiler Hänge zu mulmig. Bei Rother wurde inzwischen die Streckenführung geändert (7 km), weshalb mehrere Leser diese Schlucht sogar bevorzugt haben (es geht vom Parkplatz kommend kurz vor dem Ort links rein – nicht bei der Kehre, wo der Weg gesperrt ist).

Beachten Sie auch den Nachbarort von Minerve, das schöne ehemalige Katharerdorf **La Caunette**.

Bevor Sie auf unserer Route Narbonne besuchen, ist vorher, 15 Kilometer südwestlich von Narbonne, eine der größten Sehenswürdigkeiten Südwestfrankreichs angesagt, das **Kloster Fontfroide** *(das Kloster kann ohne Führungen besichtigt werden: 1.11.–31.3. von*

Abbaye de Fontfroide

10–12 Uhr und 13:30–16:30 Uhr, 1.4.–30.6. und 1.9.–31.10 von 10–17:30 Uhr, im Juli/Aug. bis 18:30 Uhr; 13,50 €, Familienermäßigung; keine Hunde). Um das Jahr 1093 zogen sich ein paar fromme Mönche in ein einsames, felsiges Tal und in die Nähe einer alten Römerbrücke zurück. Sie unterwarfen sich zunächst den Regeln der Benediktiner, schon bald aber wurden sie in den Bann der Zisterzienser gezogen, einer Reformbewegung, die vor allem Bernhard von Clairvaux im 12. Jahrhundert in Burgund und im südlichen Frankreich verbreitete. Man besann sich wieder auf Askese, Zurückgezogenheit und echte Religiosität. Das Kloster Fontfroide entsprach auch dem Wunsch des neuen Mönchsordens nach Abgeschiedenheit, denn man lebte an schwer zugänglichen Orten, in entlegenen Tälern, Sümpfen oder tiefen Wäldern, meist weitab größerer Städte. Typische Beispiele für Klöster der Zisterzienser sind die in meinen Provencebüchern beschriebenen Abteien von Sénanque und Le Thoronet

Die Architektur des Ordens war schlicht und geradlinig unter Verzicht auf Prunk und Pomp; es gab nicht einmal Türme. Deren Funktion als Glockenträger wurde von einem Dachreiter übernommen, der allerdings in Fontfroide noch turmähnlicher ausgebildet ist als bei anderen Zisterzienser-Abteien. Der Kreuzgang (erste Hälfte des 12. Jahrhunderts) hingegen, in den wegen der großen Bogenfelder viel Licht gelangt, vor allem auch die gut proportionierte Klosterkirche, entsprechen eher den vorgenannten Idealen. Architektonisches Glanzstück der Abtei ist der Kapitelsaal, eines der ältesten Bauteile und ein hervorragendes Zeugnis der damaligen Säulenarchitektur: Gewaltige Rundbogengewölbe werden von Säulchen getragen, die so dünn sind, dass man sich fragt, wie sie die schwere Last über Jahrhunderte aushalten konnten. Dieselben schmalen Säulenstangen wurden auch an den Arkaden des Kreuzgangs verwendet, wo sie allerdings doppelt gestellt sind, um das Gewicht aufzufangen. Stellen Sie sich an die Rückwand des Kapitelsaals, um den Blick nach vorne, zum

Hof hin, zu genießen, der in einem Reiseführer als der Blick durch einen »*Wald von Säulen*« beschrieben wird. Die vierfache Staffelung der Säulen durch unterschiedlich ausgeleuchtete Räume ist wirklich ein Erlebnis. Interessant ist auch der Wandelgang *(Promenoir)* im ersten Stock, dessen Terrasse den Kreuzgang überragt und diesem zugleich als Dach dient. Mithilfe des leichten Gefälles konnten die Mönche hier das Regenwasser sammeln.

Andere Teile des Klosters sind neueren Datums, so stammt der mehr an ein französisches Schloss erinnernde Ehrenhof *(Cour d'Honneur)* mit seinem klassizistischen Eingangsportal aus dem 17. Jahrhundert. Und der Rosengarten *(Roseraie)* wurde sogar erst 1990 zur Besichtigung freigegeben. Über 2.000 Rosenstöcke erfreuen dort im Sommer den Besucher, wobei einige Züchtungen schon Preise gewonnen haben. Sehr gut kann man von dort erkennen, dass die Mauerquader des Klosters so sorgfältig behauen wurden, dass sie praktisch nahtlos aufeinander gefügt werden konnten.

Abbaye de Fontfroide

Falls Sie sich beim Klosterrundgang einer französischsprachigen Führung anschließen oder einem deutschsprachigen *Audioguide* lauschen, erfahren Sie einiges über die Geschichte der Abtei. Eher Unrühmliches! Denn im 12. und 13. Jahrhundert war Fontfroide zu einem einflussreichen Bollwerk des rechten Glaubens, der Orthodoxie, gewachsen, als Papst Innozenz III. den Abt von Fontfroide, Pierre de Castelnau, zu seinem persönlichen Legaten, einer Art päpstlichen Statthalter, machte, zu einem Vorkämpfer gegen die Katharer. Als der Abt im Jahre 1208 ermordet wurde, war dieses das Signal für Krieg. Von dem nun folgenden Kreuzzug gegen die Albigenser war bei dieser Tour und in früheren Kapiteln unseres Buches schon öfter die Rede. Auch die Nachfolger des Ermordeten waren treue Kirchenmänner, das waren damals in erster Linie rücksichtslose Machtpolitiker. So ist fast zwangsläufig im Jahr 1334 ein Abt des Klosters unter dem Namen Benedikt XII. zum dritten Papst von Avignon aufgestiegen und hat dort den im strengen zisterziensischen Stil gehaltenen Teil des Papstpalastes bauen lassen (siehe meinen Führer *Provence-Westen*). Vielleicht hat diese Entwicklung dem Herrgott nicht ganz so gut gefallen, denn die Pest ereilte im Jahr 1348 auch Fontfroide, und das Kloster erfuhr allmählich seinen religiösen Niedergang, an dessen Ende es schließlich während der Französischen Revolution aufgelöst worden ist. In der zweiten Hälfte des 19. Jahrhunderts kehrten noch einmal Mönche in die Abtei zurück, was aber nur eine kurze Episode war, ehe Fontfroide 1908 endgültig in private Hände übergegangen ist, die im Laufe der Jahrzehnte umfangreiche Restaurierungsarbeiten ausgeführt haben.

Außerhalb der Klosteranlage ist ein kleiner **Spazierweg** zum Gipfelkreuz *(Hin- und Rückweg etwa 30 Minuten)* sehr lohnend, bei dem man einen schönen Eindruck von der abgeschiedenen Lage der Anlage bekommt und die besten Fotos aufnimmt.

Für den Rest dieser Tour sollte Ihre Bereitschaft zu Besichtigungen groß sein. Sie wird nämlich teilweise eine Städtereise. Aber eine erfreuliche, denn **Narbonne**, Ihr nächstes Ziel, ist mit seinen 56.000 Einwohnern ausgesprochen sehenswert und dabei überschaubar. Nachdem der frühere Stellplatz mit einer Sporthalle überbaut worden ist, blieb jahrelang nur ein entfernter Campingplatz. Im Oktober 2023 wollte *Camping-Car Park* ein neues Gelände eröffnen, das ich noch nicht inspizieren konnte, zumal sich die Eröffnung verzögert hat:

109 Narbonne

GPS: N 43°11'27" E 3°00'09". Rue de Cuxac. **Max. WOMOs**: 55. **Öffnungszeit**: Ganzjährig. **Ausstattung**: Ver- und Entsorgung, Strom, Mülleimer. **Beschreibung**: Das Gelände liegt nördlich nicht mehr betriebener Bahngleise in der Nähe des Canal de la Robine. In die Innenstadt zur Kathedrale sind es etwa 1,1 km. **Preis**: Unbekannt; zu den Benutzungsregeln siehe bei den Tipps unter *Freies Camping / Stellplätze / übernachtungsgeeignete Parkplätze*. **Zufahrt**: Das Gelände ist vermutlich nördlich des Zentrums zwischen diesem und dem Kanal beschildert.

Sicherheitshalber empfehle ich noch einen nahen Campingplatz und Parkmöglichkeiten, auf denen man vielleicht auch mal die Nacht verbringen kann und deren Halbwertzeit ich als kurz einschätze:

Platz 1: Parkplatz in der **Rue Auguste Blanqui 6**; auch für lange Fahrzeuge (N 43°10'42" E 2°59'38"); 1,2 km bis zur Kathedrale;

Platz 2: Parkplatz in der **Av. d'Espagne** beim Schwimmbadkomplex; am Rand einige Plätze für längere Fahrzeuge (N 43°10'30" E 2°59'38"); 1,6 km bis zur Kathedrale.

110 Narbonne – *Camping Les Floralis*

GPS/Kontakt: N 43°09'58" E 3°02'11", Chemin du Maritime, Tel. 04 68 32 65 65; www.campinglesfloralys.com. **Öffnungszeit**: 1.3.–15.11. **Ausstattung**: Brotverkauf, Pool. **Beschreibung**: Der nicht sehr große, schattiger Campingplatz am Canal de la Robine (deswegen gibt es Moskitos) liegt für Fahrradfahrer günstig. Sie können entlang dem Kanal bis in die Innenstadt radeln (oder spazieren – überwiegend unbeleuchtet); bis zur Kathedrale sind es 3,2 km. **Preise**: 18 €–23 €. **Zufahrt**: Der Platz liegt südlich der A 9 an der Straße nach Gruissan.

TOUR 7

Narbonne kann man auch gut ab Gruissan per Bus besichtigen; außerdem beginnt dort ein Radweg nach Narbonne; beachten Sie ferner die nahe gelegenen **Stell- und Campingplätze der 3. Tour**.

Auf jedem Weg zur Innenstadt stößt man an die Lebensader der Stadt, den Canal de la Robine, mit dem im Revolutionsjahr 1789 nachgeholt wurde, was Riquet mehr als 100 Jahre vorher versäumt hat, Narbonne an den Canal du Midi anzubinden. Dieses Jahrhundert der Vernachlässigung reichte aber, um Narbonne zu dem zu machen, was es heute noch ist, eine Provinzstadt; wenn auch, der nahen Küste sei Dank, mit lebhaftem Charakter. Solche Städte liebt der gestresste Tourist, der in drei Urlaubswochen seinen Bildungshunger an einem knappen Nachmittag stillen

Narbonne - Cathédrale Saint-Just

möchte. Alles liegt beisammen: der malerische Kanal, der quirlige Rathausplatz, das Museum und als wahrhafter Höhepunkt die **Cathédrale Saint-Just-et-Saint-Pasteur** *(10–12 und 14–18 Uhr, Mai bis Sept. keine Pause und bis 19 Uhr)*. 40 Meter Höhe misst das Kirchenschiff, eines der höchsten Frankreichs, das sich bei genauem Hinsehen als Chor entpuppt. Die Kathedrale ist nämlich unvollendet, weil man sich im 13. und 14. Jahrhundert technisch wie auch finanziell übernommen hat; ebenso wie bei anderen französischen Kathedralen. Die Gigantonomie des Baumeisters Jean Deschamps verfehlt auch heute ihre Wirkung nicht, wenn man unter der extrem hoch wirkenden, schlanken Gotik *mit ihrer vorgetäuschten Schwerelosigkeit* steht, oder wenn man von der Autobahn die Kathedrale von Ferne sieht, viel höher als alle Häuser, ein unvergesslicher Anblick. Die geplante Größe von stolzen 100 Meter Länge kann man gut erahnen, wenn man sich auf der Rückseite *die halbfertigen Bögen des unvollendeten Kirchenschiffs* anschaut, was allein schon sehr sehenswert ist. Beachten Sie auch im Innern die mit musizierenden Engeln verzierte Orgel, das Chorgestühl und die Glasfenster in den Seitenkapellen. Etwas bescheidener hingegen ist der Kirchenschatz, darunter ein mit Gold durchwebter Wandteppich und eine Elfenbeintafel aus dem 9. Jahrhundert. Den Kreuzgang schließlich darf man getrost auslassen, wird er doch von einem gestrengen Kunstführer als *»abscheulich unproportioniert«* disqualifiziert.

TOUR 7

Das neue Musée Narbo Via sollten Sie schon wegen der Hochregalmauer mit 760 antiken Steinen aus römischen Bauten in Narbonne besuchen

Südlich an die Kathedrale angebaut ist der ehemalige **Erzbischöfliche Palast** (Palais-Musée des Archevêques), ein ehrwürdiger Rahmen für das **Museum für Kunst und Geschichte** mit Bildern, Fayencen und einer in Frankreich einzigartigen Sammlung orientalischer Gemälde (10–12:45 und 14–17 Uhr; Di geschlossen; Juni–Sept. kein Ruhetag und 10–18 Uhr; 6 €).

Im Jahr 2021 war es endlich so weit, dass man das in den Neubau des **Musée Narbo Via** ausgegliederte antike Museum eröffnen konnte. *Das sollten Sie sich unbedingt ansehen*: In dem Gebäude am Ufer des Canal de Robine würden Sie auf den ersten Blick vielleicht einen Gemüsegroßmarkt verorten, was Ihnen nach genauerer Betrachtung schnell peinlich wäre, weil kein Geringerer als Norman Forster, jedenfalls dessen Büro (u. a. Neugestaltung des Reichstages in Berlin, Viaduc de Millau, Londoner Wembley Stadion, Musée bei Quinson), nach einem Architektenwettbewerb den Entwurf geliefert hat. Das Bauwerk ist riesig, die Sammlung hingegen erfreulich übersichtlich. Besonders eindrucksvoll ist eine Hochregalmauer, 76 Meter lang und zehn Meter hoch, mit 760 antiken Steinen aus römischen Bauten in Narbonne. Neben zahlreichen antiken Fundstücken, schönen Wandbildern und Sarkophagen sind aber auch Überbleibsel von Narbo Martius zu sehen, dem Hafen der damals noch am Meer gelegenen Hauptstadt der römischen Provinz *(das Museum befindet sich südwestlich der Innenstadt am Kreisverkehr der Av. Maître Hubert Mouly, westlich des Theaters – keine Parkmöglichkeit für WOMOs; Okt.–April 11–18 Uhr, Mai–Sept. 10–19 Uhr, Mo. geschlossen; 8 €).*

Zu den antiken Ausstellungsbereichen gehört noch das **Horreum**, ein römischer Lagerkeller nordöstlich der Kathedrale, der das besterhaltene Zeugnis der ehemals bedeutenden antiken Stadt ist *(10–12 und 14–17 Uhr, Mai–Sept. bis 13 und 18 Uhr, 5 €)*. Spätestens nach dieser Visite setze ich mich auf dem Rathausplatz vor dem Erzbischofspalast in ein Straßencafé und lasse das pulsierende Leben des Stadtzentrums auf mich wirken. Es ist nicht der Pastis, der eine gewisse Freude daran aufkommen lässt, dass die Portale des prunkvollsten gründerzeitlichen Gebäudes, des Kaufhauses, nicht mehr nur denjenigen offenstehen, für die es einstmals gebaut war, wie es in Stein gemeißelt an der Fassade steht: *Aux dames de France (Den Damen Frankreichs)*. Der Warenhauskonzern *Monoprix* hat von dem Prachtbau Besitz ergriffen und dafür gesorgt, dass gerade die weniger betuchten Bevölkerungsschichten Zugang finden. So ist das auch mit dem Stadtzentrum von Narbonne: Man muss sich nicht zum Bildungsbürgertum zählen, um einfach einen schönen halben Urlaubstag zu genießen.

TOUR 7

Capestang

Weniger Zeit beansprucht die Kleinstadt **Capestang** (2.800 Einwohner), die man ebenfalls wegen ihrer hohen gotischen, von weitem sichtbaren Kirche ansteuert, aber eher wegen des großen Platzes davor und wegen der illusionistischen Malerei an zwei Hauswänden (zwischen diesem Platz und der D 5) in Erinnerung behält. Wo Sie mit Ihrem WOMO gerne länger verweilen würden, am Canal du Midi nördlich der Innenstadt, wird es Ihnen verboten. Das gilt leider genauso für das südwestlich gelegene Dorf **Poilhes**, das ebenfalls interessant am Kanal liegt.

Von hier ist es nicht mehr weit zum **Oppidum d'Ensérune**, wo die Archäologen auf einer Anhöhe die Reste einer Stadt aus dem 4. vorchristlichen Jahrhundert ausgegraben haben. Im Museum sind Stücke aus der Zeit bis zum 1. Jahrhundert v. Chr. ausgestellt,

wobei ich gestehen muss, dass ich interessantere Relikte kenne *(9:30–11:30 Uhr und 14–17:30 Uhr, Mo. geschlossen, Sept. bis April bis 16:30 Mo. und Di. geschlossen; 5 €)*. Der Reiz des Ausgrabungsfeldes beruht mehr auf einem Weitblick, der nach Norden auf eine im Mittelalter trockengelegte und ursprünglich zur Salzgewinnung genutzte Lagune reicht, den Étang de Montady. Man erkennt noch gut dessen kreisrunde Spuren und das von ihm wegführende, sternförmige Entwässerungssystem, das zwischen der Jahrtausendwende und dem Ausbruch der Pest im Jahre 1348 angelegt worden war (sehenswert ist insoweit *Google Earth*). Später brauchte man Landwirtschaftsfläche und schritt daher schon in so früher Zeit zum technischen Landgewinn. Südöstlich des Oppidums finden Sie den (beschilderten) **Malpas-Tunnel**, *den ersten Schiffstunnel der Welt*, durch den der Canal du Midi auf 173 Metern durch den Berg geleitet wird.

Beim Ausgrabungsgelände und beidseitig des Malpas-Tunnels kann man prinzipiell gut übernachten, ich habe in Vorauflagen dazu auch drei Plätze empfohlen. Leser wurden aber entweder von der Polizei oder von der Touristeninformation vor Einbrüchen gewarnt, weshalb ich diese Stellplatztipps nicht mehr veröffentliche. Ungefährlich, weil vor Häusern und trotzdem direkt am Canal du Midi liegt eine kleine Fläche in Colombiers:

111 Colombiers

GPS: N 43°18'44" E 3°08'06" Rue de l'Oppidum. **Max. WOMOs**: 2-3. **Ausstattung**: Keine. **Beschreibung**: Das ist eine wenig aufregende, geschotterte, klappstuhlgeeignete Fläche am Kanal bei Häusern. Lebensmittel und Gaststätten finden Sie im nahen Dorf, besonders auf der nordöstlichen Seite bei einem Hafen. **Zufahrt**: Der Platz liegt westlich des Ortes am Kanal.

Olargues - Pont du Diable

Béziers liegt hier fast vor der Tür, und es bietet sich an, dort sogleich weitere Wasserbauwerke am Canal du Midi zu bestaunen. Wie fahren trotzdem oben herum – im ganz großen Bogen und mit Abstecher. Anders kann man nämlich den Weg über **Olargues** (600 Einwohner) nicht in unser Tourenprogramm einbauen, in welches das Dorf, eines der *Schönsten Dörfer Frankreichs* schon wegen des hohen Brückenbogens des **Pont du Diable** (Teufelsbrücke aus dem 13. Jahrhundert) unbedingt gehört. Von allen *Schönsten Dörfern*, die ich schon gesehen habe, ist kaum eines weniger aufgebrezelt. In Olargues wünscht man sich sogar ein wenig mehr touristische Infrastruktur. Sie sollten sich das Dorf ansehen, bevor es das Schicksal anderer *Schönster Dörfer* erleidet und nicht mehr bewohnt, sondern nur noch bereist wird. Der offizielle Stellplatz könnte allerdings *schöner* liegen:

112 Olargues

GPS: N 43°33'23" E 2°55'08", Chemin de Coulayro. **Max. WOMOs**: 11. **Öffnungszeit**: Ganzjährig. **Ausstattung**: Ver- und Entsorgung, Strom, Mülleimer. **Beschreibung**: Das von der Gesellschaft *Camping-Car Park* betriebene Areal wird der malerischen Lage des Dorfes nicht gerecht. Ihre Klappstühle stehen nämlich bei der Sporthalle und dem Bauhof etwas einsam auf Asphalt. Das Beste ist der Blick auf die rote historische ehemalige Eisenbahnbrücke. Das Zentrum mit Gaststätten, aber vermutlich ohne Lebensmittelgeschäft, ist 600 m entfernt. **Preis**: 12 €; zu den Benutzungsregeln siehe bei den Tipps unter *Freies Camping / Stellplätze / übernachtungsgeeignete Parkplätze*. **Zufahrt**: Sie finden das Gelände südwestlich des Ortskerns.

Eine gute Verwendung hat man für die ehemalige Bahntrasse gefunden. Man hat sie nicht verunkrauten und verfallen lassen, sondern als ›*La Piste Verte*‹ für *Wanderer und Radfahrer* aufbereitet. Bemerkenswert ist die dafür verwendete rote Flussbrücke direkt beim vorgenannten Stellplatz.

Wanderer schwärmen von den **Gorges d'Héric**, rund fünf Kilometer weiter östlich, die auf einfacher Strecke von fünf Kilometern zu durchwandern etwa eineinhalb Stunden dauert. Wegen der leichten Steigung benötigen Sie für den Rückweg etwas weniger Zeit. Sie spazieren (radeln oder schieben sogar den Kinderwagen) auf einem schmalen Betonsträßchen durch die Schlucht, die an den wenigen Häusern des Dorfes Héric endet. Ihren Kindern machen Sie eine Riesenfreude, wenn Sie *im Sommer Badesachen* mitnehmen, um je nach den Schwimmkünsten des Nachwuchses an flachen oder tieferen Gumpen zu rasten (am besten nach etwa zwei Kilometer – siehe Foto).

Gorges d'Héric

Der beschilderte Parkplatz am Eingang der Schlucht, östlich von Mons-la-Trivalle, wird gerne als Stellplatz genutzt. Eine Alternative dazu ist der nahe Naturcampingplatz mit kleinen Zelten, jungem Publikum und in anmutiger Landschaft:

113 Gorges d'Héric

TOUR 7

GPS: N 43°34'25" E 2°58'04", Mons-la-Trivalle. **Max. WOMOs**: 20. **Öffnungszeit**: Ganzjährig. **Ausstattung**: Ver- und Entsorgung, Toilette, Mülleimer, tagsüber im Sommer ein Kiosk. **Beschreibung**: Der theoretisch klappstuhlgeeignete Waldparkplatz zieht sich über mehrere Ebenen, auf denen sie unter Bäumen oder im Halbschatten mehr oder weniger einsam, jedenfalls außerhalb jeglicher Ansiedlung, stehen und loswandern, aber auch zum Badefluss gehen können. Bisweilen finden Sie tagsüber gar keinen freien Raum, weil das Gelände bei Wanderern und Wasserratten sehr beliebt ist. Mir ist von Einbrüchen nichts bekannt, bei *park4night* wird darüber nicht berichtet, es liegt auch kein zerbrochenes Glas herum. Leser hatten mit sehr großen Fahrzeugen Rangierprobleme. An der Zufahrt verbietet ein Schild ›*Camping*‹, was allenfalls die Benutzung von Markisen und Campingmöbeln untersagt, nicht aber die Nacht im Fahrzeug. Ich habe extra am Kiosk, wo ich den Parkpreis bezahlt habe, gefragt. Nach 1,2 km können Sie in Mons-la-Trivalle einkaufen und ein kleines Restaurant finden. **Preis**: 10 €, von Mitte Sept. bis Mitte April kostenlos. **Zufahrt**: Der Platz liegt östlich von Mons-la-Trivalle am Anfang der Schlucht.

114 Mons-la-Trivalle – *Camping du Caroux*

GPS/Kontakt: N 43°34'12" E 2°57'55", Le Verdier, Tel. 06 42 16 28 63; www.campingducaroux.com. **Öffnungszeit**: 1.4. – 30.9. **Ausstattung**: Möglicherweise Brotverkauf. **Beschreibung**: Sie finden Wanderwege und Bademöglichkeit in der Schlucht nach 600 m. Ein kleines Dorfzentrum mit Gaststätte und Lebensmittelladen ist 700 m entfernt (beim ehemaligen Bahnhof). **Preise**: 15€–17 €. **Zufahrt**: Der Platz liegt an der Zufahrt von der D 908 in die Schlucht.

In etwa 1,5 km Entfernung liegt an der D 14, das ist die Straße nach Béziers, nahe dem Dorf **Tarrasac** ein sehr schöner ***Camping Municipal*** am Fluss mit Bademöglichkeit.

Wer von hier auf schnellstem Weg zu 8. Tour gelangen möchte, fährt durch das Tal des Orb flussaufwärts durch Bédarieux. Man kommt dabei durch **Lamalou-les-Bains** (2.500 Einwohner), einem Badeort, in dem heute noch gekurt wird. Auf dem (damaligen) städtischem Campingplatz wurden im September 2014 vier Menschen vom Hochwasser mitgerissen und kamen dabei ums Leben. Nach heftigsten Regenfällen hatte sich ein kleiner Nebenfluss des Orb durch angeschwemmte Stämme und Äste an einer Brücke gestaut, weshalb der Wasserstand in kurzer Zeit unerwartet stark angeschwollen ist. In diesem Zusammenhang verweise ich auf meine Unwetterwarnungen bei der 13. Tour. Nicht ohne Grund hat man daher der Gesellschaft *Camping-Car Park* ein Gelände zum Betrieb eines Stellplatzes auf der Höhe überlassen:

115 Lamalou-les-Bains

GPS: N 43°35'27" E 3°05'34", Av. de Capimont 65. **Max. WOMOs**: 49. **Öffnungszeit**: Ganzjährig. **Ausstattung**: Ver- und Entsorgung, Spülbecken, Strom, Mülleimer. **Beschreibung**: Das geschotterte, klappstuhlgeeignete und von der Gesellschaft *Camping-Car Park* betriebene Areal am Rand der Bebauung ist etwa 1,5 km (ziemlicher Anstieg auf dem Rückweg) vom lebhaften Zentrum mit Therme, Gaststätten und Geschäften entfernt. **Preis**: 14 €; zu den Benutzungsregeln siehe bei den Tipps unter *Freies Camping / Stellplätze / übernachtungsgeeignete Parkplätze*. **Zufahrt**: Sie finden das Gelände gut beschildert östlich oberhalb des Ortskerns.

In **Bédarieux** (6.200 Einwohner), neun Kilometer flussaufwärts, waren im folgenden Jahr die Schäden der vorstehend erwähnten Überschwemmung längst nicht vollständig beseitigt, und in der Fußgängerbrücke nahe dem Übernachtungsplatz hingen noch in unglaublicher Höhe die Reste des Treibgutes. Der offizielle Stellplatz war neugestaltet und mit einem Schutzdamm abgesichert. Der Maßnahme fielen die Bäume zum Opfer, weshalb Sie inzwischen überwiegend ohne Schatten, aber dennoch schön am Fluss stehen:

116 Bédarieux

GPS: N 43°36'38" E 3°09'10", Chemin des Horts et Prats. **Max. WOMOs**: 20. **Öffnungszeit**: Ganzjährig. **Ausstattung**: Ver- und Entsorgung, Mülleimer. **Beschreibung**: Das Gelände am Fluss und am Rand des Ortes ist klappstuhlgeeignet, geschottert und schattenlos. Das Zentrum ist nach 750 m bequem zu Fuß erreichbar. **Zufahrt**: Der Platz liegt beim Schulzentrum (Wegweiser ›*Campotel*‹).

Dem Ort sieht man aber an, dass die besseren Zeiten endgültig vorbei sind, währen derer in der Nähe noch Kohle gefördert worden ist.

Roquebrun

Wählen Sie nicht die sich hier anbietende Abkürzung zu Tour 8, sondern folgen Sie unserem nachfolgend beschriebenen Tourverlauf. Dazu biegen Sie einen Kilometer östlich der Gorges d'Héric nach Süden auf die D 14 ab, der Straße durch die **Gorges de l'Orb**. Diese Gorges können ab hier im nördlichen Teil mit fast jeder anderen südfranzösischen Schlucht konkurrieren. Das sandige südliche Flussufer in **Roquebrun** (530 Einwohner) ist im Sommer ein gut besuchter *Badestrand*, und gerne würde man auf dem Parkplatz nördlich der langen Brücke übernachten, allein das Wohnmobilverbot steht dem entgegen. So bleibt nur der kleine, schön gelegene Campingplatz, wo man von einigen Parzellen die fotogene Flussrandlage des Dorfes im Blick hat (Platz Nr. 10!!):

117 Roquebrun – *Camping Le Nice*

GPS/Kontakt: N 43°29'52" E 3°01'41", Rue du Temps Libre, Tel. 04 67 89 61 99; www.camping-lenice.com/fr. **Öffnungszeit**: Wahrscheinlich 15.3.–10.11. Mittagspause von 12–14 Uhr, Sie können aber auf den Platz fahren; sonntags kann man sich gar nicht anmelden, aber ebenfalls den Platz benutzen. **Ausstattung**: Campingplatzüblich; es stehen nur 25 Plätze zur Verfügung, Überfüllung ist trotzdem nicht zu befürchten. **Beschreibung**: Vom schönen Gelände oberhalb des Flusses sind es über einen Treppenweg nur wenige Schritte hinunter zum Badestrand und der Kanuvermietung. Lebensmittelladen und Gaststätten finden Sie im Ortszentrum nach 400 m. Wir haben die schmackhafte Landküche und die Terrasse der ***Auberge St Hubert*** sehr genossen *(Tel. 04 67 89 50 37; Sie sollten um die Mittagszeit für den Abend reservieren; Menü 26 €)*. **Preise**: 14 €–16 €. **Zufahrt**: Das Gelände ist südlich des Orb beschildert.

Paddeltour nach Roquebrun

Der Orb eignet sich hervorragend für Kajak-Touren. Durch seine wilden Stromschnellen, die sich mit ruhigen Abschnitten in der traumhaften Landschaft des Orb-Tals abwechseln, ist eine Paddeltour ein besonderes Erlebnis. Praktischerweise befindet sich der Kajak-Anbieter *Canoë-Roquebrun* nur wenige Gehminuten vom Campingplatz *Le Nice* entfernt.

Von dort wird man mit dem Shuttle-Bus flussaufwärts gebracht, steigt in Aufsitz-Kajaks und paddelt bis zum Ausgangspunkt zurück, wobei man zeitlich völlig frei ist. Angeboten werden vier Tagestouren von 5 bis 21 Kilometern Länge. Eine Reservierung über die Website (siehe unten) oder direkt vor Ort ist erforderlich. Die lange Tour eignet sich eher für erfahrene Kanuten, da hier ausgedehntere Rutschen und wilde Stromschnellen zu überwinden sind, die kurze Tour ist eher etwas für Kajak-Neulinge, die wenig Zeit haben.

Wir empfehlen die 15 Kilometer-Variante ab Tarassac, die im oberen Bereich einige spannende Stromschnellen bietet und großen Spaß für die ganze Familie garantiert. Die Tour dauert fünf Stunden, man sollte aber etwas mehr Zeit für einige ausgedehnte Pausen am traumhaften Flussufer und Badestopps einplanen. Die Gefahr einer Kenterung in den Stromschnellen ist durchaus gegeben, das ist in der Sommerzeit aber eher ein Erlebnis und nicht gefährlich. Die mitgelieferten Helme sollten aber wegen der vielen Steine im Fluss verwendet werden. Zurück in Roquebrun wird das Kajak wieder abgeliefert und auf dem Campingplatz oder der Terrasse der *Auberge St. Hubert* können Sie die Erlebnisse des Tages herrlich ausklingen lassen *(beschildert; Mitte April bis Mitte Oktober täglich von 9–19 Uhr; Tel. 04 67 89 52 90; www.canoeroquebrun.com)*.

Von Roquebrun sind es noch etwa 30 Kilometer in die Altstadt von **Béziers** (78.000 Einwohner), wo Sie möglichst nicht über Mittag flanieren sollten. So sehr um diese Tageszeit die Parkplatzsuche erleichtert wird, so ausgestorben ist dann die ansonsten relativ quirlige Stadt. Außerdem ist dann die **Cathédrale Saint-Nazaire** geschlossen *(9:30–12 und 14:30–17:30 Uhr, 15.6.–30.9. 9:30–19 Uhr)*,

was schade wäre. Denn die im Durchmesser 10 Meter messende Fensterrosette aus dem 15. Jahrhundert ist ein überaus elegantes Zeugnis gotischer Baukunst. Auch das spätgotische Gewölbe der Sakristei, links vom Chor, scheint ebenfalls gut proportioniert, während die weiteren Kunstschätze etwas wahllos zusammengetragen sind, bis hin zu einer Kanzel aus dem 19. Jahrhundert. Wenig stimmig sind auch die Proportionen des unfertigen Kreuzgangs, in dem aber sehenswerte Skulpturen ausgestellt sind. Am eindrucksvollsten finde ich die Kathedrale von außen, der Blick von der angrenzenden Balustrade auf den Fluss und die Kanalbrücke sowie mein obiges *Foto* von unten, von der anderen Seite des Orb. Sie können auf dem Südufer der benachbarten Brücke seitlich der Straße gut anhalten (Fotostandort: N 43°20'16" E 3°12'27").

Der Kirchenbau ist vergleichsweise jung und wurde erst nach der schwersten Heimsuchung errichtet, die Béziers in seiner Geschichte erlebt hat: Im Jahre 1209 hatte der Kreuzzug gegen die Katharer hier seinen unrühmlichen Anfang genommen. Die Stadt war durch ihre mächtigen Mauern gut befestigt, weshalb das Bürgertum und die von diesem beschützten religiösen Abweichler darauf vertrauen durften, dass sich die bunt zusammengewürfelten, feindlichen Belagerer wieder verziehen würden. An den Kreuzzügen, deren Ziel zunächst gar nicht das »Heilige Land« war, nahm der kriegerische Christ teil, um Vergebung seiner Sünden zu erlangen. Der liebe Gott, so glaubte man damals, würde das sündige Leben verzeihen, wenn man möglichst viele Ungläubige mit dem Schwert niedergestreckt, aber auch, wenn man sich redlich darum bemüht hatte. Dabei reichte es, eine Stadt 40 Tage lang zu belagern, die Zeit der sogenannten Quarantäne. Danach durfte man unverrichteter Dinge weiterziehen – neuen Untaten entgegen.

In Béziers kam es aber anders: Aus von Historikern bis heute nicht geklärten Gründen konnten die Kreuzfahrer schon nach 24 Stunden in die Stadt eindringen, um nun auf höchst blutige Weise dem Herrgott zu gefallen. Mehr als 20.000 Menschen fielen dem Morden zum Opfer, Christen und Ketzer, Frauen, Kinder sowie Kranke. Und es war ausgerechnet ein Zisterzienserabt, der das blutrünstige Heer mit dem historischen Satz aufgestachelt haben soll: »Tötet sie alle, Gott wird die seinen schon erkennen«. Die Stadt Béziers war danach praktisch vom Erdboden verschwunden, und die heutige Kathedrale wurde an der Stelle der zerstörten Kirche errichtet, als Zeichen des Sieges der papsttreuen Kirche.

Béziers war auch in unserem Jahrhundert noch einmal Schauplatz der Geschichte, als im Jahre 1907 der berühmte **Winzeraufstand** hier seinen Ausgang nahm, in dem sich die Weinbauern gegen die auf Grund zunehmender Krisen (Reblaus, Mehltau) verschlechternden Arbeits- und Lebensbedingungen gewehrt haben. 500 Soldaten, die mit Waffengewalt die Revolte niederwerfen sollten, weigerten sich erfolgreich.

Von alledem sieht man natürlich heute nichts mehr, wenn man durch die relativ kleine Altstadt bummelt, vorbei an einer hervorragend restaurierten **Markthalle** *(montags geschlossen)* hin zur nahe liegenden **Kirche Sainte Madeleine**, einem romanischen Gotteshaus, in dem im Jahre 1209 besonders viele Menschen umkamen. Schön ist ebenfalls die romanische **Kirche Saint Jacques** am südlichen Rand der Altstadt, wobei ich auch hier wieder die Lage für das eigentlich Sehenswerte halte.

Das Herz von Béziers schlägt auf der **Platanenallee *Paul Riquet***, die am Theater (aus dem vorletzten Jahrhundert) ihren Anfang nimmt und mit den Errungenschaften unserer Zeit bestückt ist, auf die auch der Südfranzose nicht mehr verzichten kann. Die meisten Marken der Geschäfte sind Ihnen geläufig. Wer aber war Paul Riquet? Er ist zweifellos der »größte Sohn der Stadt«, einer der fanatischsten Baumeister der Jahrhunderte, ein Genie seiner Zeit:

Béziers – Platanenallée Paul Riquet (im April)

TOUR 7

Canal du Midi

Es geschah während der Regentschaft Ludwigs XIV., und man schrieb das Jahr sechzehnhundertsoundso, als es **Paul Riquet** zu einigem Reichtum gebracht hatte. Er war der »Pächter der Salzsteuer des Languedoc« (angesichts dieser historischen Bedeutsamkeit muss mal klargestellt werden, dass es richtigerweise **der** Languedoc heißen müsste, dass wir in unserem Reiseführer sprachlich also unkorrekt zu Werke gehen). Paul Riquet erfüllte sich einen Traum, der schon den Römern schlaflose Nächte bereitet hatte, das Mittelmeer durch einen **Kanal** mit dem Atlantik zu verbinden. Der Tüftler hatte entdeckt, dass die Flüsse zwischen den Meeren fast zu gleichen Teilen in Richtung Mittelmeer und atlantischem Ozean strömten, eine natürliche Gegebenheit, die er ausnutzen wollte, um den Kanal mit Wasser zu füllen.

Verständlicherweise wurde er zuerst nicht ernst genommen, als er seinen Plan an höchster Stelle vortrug. Mithilfe des Bischofs von Toulouse gewann er aber schließlich Zugang zu Colbert, der so etwas war wie der Wirtschaftsminister des Sonnenkönigs, also ein höchst einflussreicher Vertrauter Ludwigs, der ständig Geld brauchte und sich schließlich durch den *Canal entre deux mers* Steuereinnahmen versprach. Der König zeigte Interesse, beteiligte Riquet an den zu erwartenden Erlösen, versprach kräftige finanzielle Zuschüsse und gab schließlich grünes Licht. So konzipierte Riquet den neuen Hafen von Sète und ließ im Jahre 1666 die Arbeiter mit Hacken, Spaten und Schippen anrücken. 12.000 Menschen mussten Hand anlegen, um eine 240 km lange Fahrrinne auszuheben, um 64 Schleusen, 126 Brücken und 55 Aquädukte zu bauen. Außerdem wurden entlang des Kanals rund 100.000 Platanen gepflanzt (angeblich waren es zunächst Pappeln, die aber zu viel Wasser aus dem Kanal absaugten), damit die Schiffer keinen Sonnenbrand bekamen. Dass daneben noch die Kleinigkeit von 2 Talsperren erforderlich war, um den Wasserstand zu gewährleisten, sei am Rande erwähnt.

Nur war leider auf den König wenig Verlass. Er knauserte zunehmend mit den Subventionen, was Riquet zwang, diverse Privatleute zu ködern, denen er, der Steuereintreiber, Abgabennachlass gewährte. Als das Geld immer noch nicht reichte, setzte er auch noch sein Privatvermögen ein, er versilberte Häuser und Ländereien, um sich schließlich finanziell wie körperlich zu übernehmen. Ein halbes Jahr, bevor das erste Schiff von Toulouse (also noch nicht am Atlantik) startete, starb er völlig verarmt.

Béziers – Kanalbrücke über den Orb

Aber er hinterließ lachende Erben. Für die erwies sich nämlich der Geniestreich des Erblassers als wahre Goldgrube, durften sie doch die Zoll- und Benutzungsgebühren einstreichen, bis Napoléon am Anfang des 19. Jahrhunderts die Wasserstraße zwischen Toulouse und Sète für den Staat beschlagnahmte. Erst Mitte des 19. Jahrhunderts wurde der Garonne-Seitenkanal fertiggestellt, der den **Canal du Midi**, wie die Wasserstraße heute heißt, endgültig mit dem Atlantik verband. Zu diesem Zeitpunkt interessierte man sich aber fast nur noch für ein neuzeitliches Transportmittel, die Eisenbahn, mit welcher die Güter schneller von Meer zu Meer bewegt werden konnten. Aber bis dahin war der Kanal von Sète nach Toulouse die Sensation und brachte diesem Teil des Midi für 200 Jahre einen ungeahnten Wohlstand. Fast alles wurde auf diesem Wasserweg verschifft, an dessen Ufer entstand, was die Kapitäne der Wasserstraße damals brauchten: Gasthäuser, Kapellen und Bordelle. Ein Postservice wurde geschaffen, und wenn drei Pferde das Schiff zogen, schaffte man die Strecke Toulouse – Sète in nur 5 Tagen. Womit auch gesagt wäre, mit welcher Kraft sich die Schiffe damals bewegten: mit der Stärke von Pferden, die auf Treidelpfaden zwischen den Platanen und dem Wasser geführt wurden. Fragen Sie mich bitte nicht, wie man an den Brücken weitergekommen ist.

Béziers und dem regionalen Weinhandel bescherte Riquets Jahrhundertwerk einen Aufschwung, der bis heute zu spüren ist und erklärt, weshalb Béziers größer ist als Narbonne, eine Stadt, die abseits des Kanals liegt.

Was ist von dem Canal du Midi geblieben? Eigentlich alles, nur wird die heute geradezu als niedlich anzusehende Wasserrinne seit einigen Jahrzehnten ausschließlich freizeitmäßig genutzt. Am Rande sind hier und da noch einige Lastkähne vertäut, die aber nur noch pittoreske Funktion besitzen. Dafür hat sich die Zunft der Hausbootverleiher etabliert, deren Klientel zu den begüterten Bevölkerungsschichten gehören muss. Da ich mir nicht vorstellen kann, dass Sie Ihr WOMO für einige Tage mit einem Freizeitboot vertauschen werden, darf ich darauf verzichten, Ihnen die hohen Preise zu nennen.

Leider sind die Platanen von einem Pilz befallen und müssen nach und nach abgeholzt werden, da ein wirksames Mittel gegen den sogenannten **Platanenkrebs** fehlt. In Südfrankreich rechnet man mit dem Schlimmsten, nicht nur am Canal du Midi.

Noch können Sie die Idylle des Canal du Midi auf sich wirken lassen, das grünliche Wasser, die spiegelnden Platanen, die Libellen und vielleicht auch mal am Abend die quakenden Frösche. Denn in der Nähe mancher **Bootsanlegestellen** kann und darf man auch mit dem Wohnmobil übernachten. Sie werden den Kanal oftmals überqueren und an ihm entlangfahren. Vielleicht werden Sie auch an seinen Ufern sitzen, sich einen *Ricard* genehmigen und darüber sinnieren, ob Monsieur *Ricard* der begnadete Baumeister war und *Riquet* der Schnapsfabrikant – oder umgekehrt?

Der Canal du Midi steht schon seit dem Jahr 1996 in der **UNESCO-Liste des Welterbes**. Wer sich näher mit ihm beschäftigt, braucht Wochen und betrachtet sich vorher die perfekten Internetseiten, wo jedes bedeutende Kanalbauwerk beschrieben und abgebildet ist (www.canalmidi.com).

Man kann fast überall auf langen Strecken entlang des Kanals **radeln**. Wer es eilig hat und nur einen kleinen Eindruck davon gewinnen möchte, dass der Kanal sein Aussehen aus dem 17. Jahrhundert erstaunlich gut bewahrt hat, nimmt sich am westlichen Ortsausgang von Béziers zu Fuß (ab nachfolgendem Stellplatz) das Ensemble von acht hintereinander gebauten **Schleusen** vor, genannt **Les Écluses de Fonsérannes** und unübersehbar an der D 609 beschildert (siehe Michelinkarte). Sechs Schleusenkammern sind noch immer in Betrieb, zwei werden nicht mehr benutzt. Aber weshalb ist auf französischen Wegweisern von neun *(neuf)* Schleusen die Rede? Vermutlich, weil 1983 noch ein Schiffshebewerk zur Entlastung der historischen Schleusen (jährlich bis zu 10.000 Freizeitboote, im August etwa 60 täglich) daneben gebaut worden ist. Diese künstliche Rinne ist noch immer zu sehen, obgleich sie im Jahr 2001 wegen ständiger technischer Störungen wieder außer Betrieb gesetzt worden ist.

Nach der Besichtigung der Schleusen fährt man südlich von Béziers bei der kleinen **Ortschaft Cers** und direkt neben der D 612 an das Wasser und erlebt ein weiteres Stück von der Romantik, die wir an Frankreich so sehr lieben.

Bei den Écluses de Fonsérannes

Sie können zu den im grauen Kasten vorerwähnten **Schleusen von Fonsérannes** und zusätzlich über den berühmten **Aqueduc**, mit welchem der Kanal über den Fluss Orb geleitet wird, wunderbar spazieren (siehe beim folgenden Stellplatz), wenn Sie in Béziers auf dem offiziellen Stellplatz parken und vielleicht sogar übernachten:

118 Béziers – *Aire de Sauclières*

GPS: N 43°19'52" E 3°13'39", Av. Fernand Sastre. **Max. WOMOs**: 36. **Öffnungszeit**: Ganzjährig. **Ausstattung**: Ver- und Entsorgung, Strom (teuer und kompliziert), Picknickbänke, Mülleimer, Videoüberwachung. **Beschreibung**: Der 2020 neu eröffnete Stellplatz liegt ruhig unweit des Canal du Midi. Sie können die Klappstühle auf Schotter teilweise in den Schatten stellen und auf 1,4 km zur Allée Paul Riquet im Zentrum spazieren oder radeln. Sie müssen dazu die Bahngleise unterqueren; gehen Sie vom östlichen Teil des Wasserbeckens in Verlängerung der Brücke durch die *Av. de J. Lazare* Richtung Stadt, nach der Unterquerung der Bahn links bis zu einem Denkmal vor einem Park, dort rechts in die *Rue de la Rotonde* und am Ende des Parkes rechts die Treppe hoch; Sie gelangen so zur *Allée Paul Riquet*. Die Unterquerung der Bahn fanden Leser nachts unheimlich, wir gar nicht. Zur *berühmten Kanalbrücke* sind es 1,3 km (gehen Sie entlang dem Kanal auf dessen Nordseite nach Westen – die Brücke im Rücken links). **Preis**: Etwa 11,50 €; es gibt leider keinen Kurzparktarif. Zum Ziehen eines Einfahrttickets müssen Sie aussteigen und rechts zu einem großen Automaten gehen; das dort ausgegebene Ticket wird dann in den Schlitz an der Schranke gesteckt. **Zufahrt**: Der Platz liegt auf dem Südufer des Hafenbeckens des Canal du Midi, östlich des beschilderten Stade de Sauclières. An der Einfahrt werden lange Fahrzeuge von einer Verkehrsinsel etwas behindert.

Tour 8

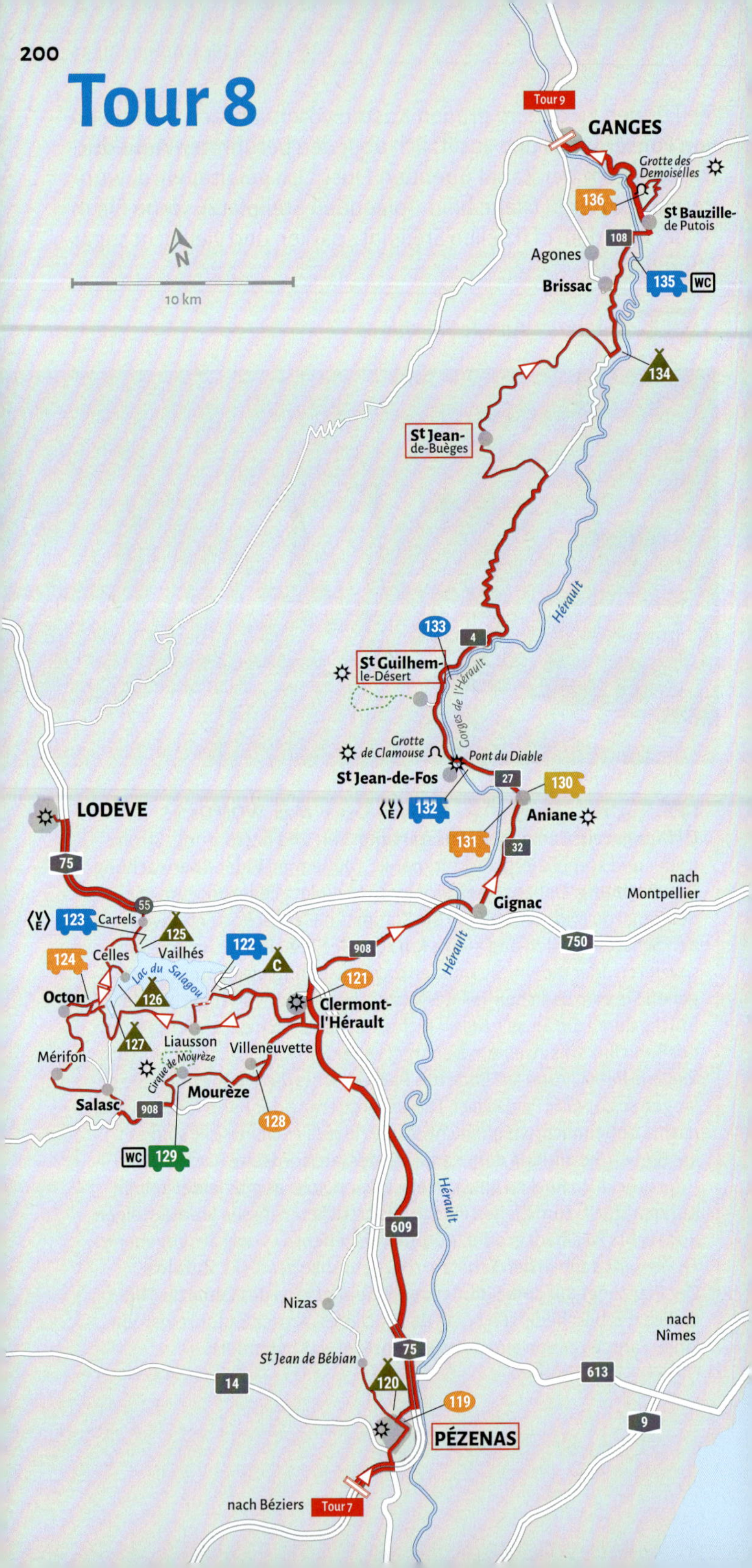
Tour 9
GANGES
Grotte des Demoiselles
136
St Bauzille-de Putois
108
Agones
Brissac
135
WC
134
10 km
St Jean-de-Buèges
Hérault
133
4
St Guilhem-le-Désert
Gorges de l'Hérault
Grotte de Clamouse
Pont du Diable
St Jean-de-Fos
27
130
Aniane
132
131
32
LODÈVE
75
55
123
Cartels
125
Vailhés
122
Celles
124
Lac du Salagou
C
Octon
126
121
Clermont-l'Hérault
908
Gignac
nach Montpellier
750
127
Liausson
Villeneuvette
Mérifon
Cirque de Mourèze
Mourèze
Salasc
908
128
WC
129
609
Nizas
nach Nîmes
75
St Jean de Bébian
14
613
120
119
9
PÉZENAS
nach Béziers
Tour 7

Zwischen Meer und Cevennen
Von Pézenas nach Ganges
170 km

Auf dieser Tour verbinden Sie den Bummel durch eine sehenswerte Kleinstadt mit Badefreuden in einem Stausee oder einem Fluss, Sie bereisen beschauliche Orte und bestaunen die wohl schönste Höhle Frankreichs. Besonders empfehle ich Ihnen:

- **Pézenas**
- **Lac du Salagou**
- **Antikriegsdenkmäler in Clérmont-l'Hérault und Lodève**
- **Saint-Guilhem-le-Désert**
- **Grotte des Demoiselles**

Im richtigen Urlaubsleben werden Sie sich nach der vorangegangenen Tour nicht schon wieder eine Stadtbesichtigung zumuten, sondern eher für ein paar Tage an der Küste entspannen. Aber literarisch liegt **Pézenas** (8.000 Einwohner und 23 km nordöstlich von Béziers) am Weg zu den ruhigeren Gefilden der südlichen Cevennenausläufer. Bis wir am Ende unserer Tour dort angekommen sind, müssen wir noch einer touristischen Pflicht genügen, wie uns die Reiseführer lehren. Die uns zwar darauf hinweisen, dass der Ort ein hervorragendes Abbild der Lebens- und Wohnkultur des 16. und 17. Jahrhunderts ist, aber verschweigen, dass sich die Stadt noch nicht vollständig museal zur Schau stellt. Sie ist nämlich noch von ganz normalen Leuten bewohnt, die zu einem großen Teil eine andere Beschäftigung ausüben, als den Touristen die Füße zu küssen. Gewiss, im Erdgeschoss der alten

Pézenas

Häuser gehen auch hier die Euros schnell über den Tisch, aber einen Stock höher und hinter prächtigen Fronten wohnen nicht nur die Alten, die den Wegzug nicht mehr schaffen. Und unvergleichlich ist das Ensemble der Bauten, der Gassen sowie der pittoresken Innenhöfe.

Das schönste Haus ist (unweit des großen Hauptparkplatzes und dem von mehreren Lokalen gesäumten Zugang zur Altstadt) das **Hôtel de Lacoste** mit einem einzigartigen Treppenhaus hinter einer gotisch gewölbten Vorhalle, in welcher der Fürst von Conti den König Ludwig XIV. im Jahre 1660 empfangen hat. Der Fürst war Statthalter des Königs im Languedoc. Er war aber auch ein Literaturfreund und Mäzen einer jungen Schauspielertruppe. Deren Stückeschreiber und Kopf war kein geringerer als **Molière**, Frankreichs größter Dramatiker, der hier in den Jahren 1650 bis 1656 einige seiner Werke erstmals aufführen durfte. Souvenirs an Molière sind im **Musée de Vulliod-Saint-Germain**, im nordöstlichen Teil der Altstadt, nahe dem Hôtel de Lacoste ausgestellt *(10-12 und 15–19 Uhr Okt.–Mitte April kürzer, Do. vormittags, So. vormittags und Mo. geschlossen; 3 €)*.

Lassen Sie sich Zeit beim Streifzug, zu dem Sie überall Wegweiser finden, die Ihnen den Rundgang und das Auffinden der schönsten Ecken erleichtern. Wo Sie in der Nähe von Pézenas ausgezeichneten Wein kaufen können, verrate ich Ihnen hinten beim passenden Stichwort. Und wo uns das vielleicht *beste Essen der letzten Recherchetour* serviert worden ist, nach dem folgenden

Pézenas – Hôtel de Lacoste

Doppelpunkt: im **Restaurant *Le Pré Saint Jean*** ganz in der Nähe von Parkplatz Nr. 119 *(Av. Maréchal Leclerc 18, Tel. 04 67 98 15 31; Mo. und Do. abends geschlossen; Menüs ab 39 €).*

Man kann in Pézenas unmittelbar vor der Altstadt auf einem mit Platanen bestandenen Parkplatz übernachten, auf dem WOMOs geduldet werden. Das ist allerdings leider gerade an dem Tag am unpraktischsten, an dem Pézenas am lohnendsten ist, dem Samstag, an dem in einem großen Teil der Altstadt (aber nicht auf diesem Parkplatz) ein legendärer **Wochenmarkt** abgehalten wird. Ansonsten ist Pézenas wohnmobilunfreundlich und sperrt alle anderen geeigneten Plätze, weshalb tagsüber oft nur ein Straßenrand infrage kommt und nachts der Campingplatz die beste Wahl ist:

119 Pézenas

GPS: N 43°27'37" E 3°25'34", Avenue du Maréchal Leclerc. **Max. WOMOs**: 5-8. **Ausstattung**: Mülleimer. **Beschreibung**: Das ist der einzige stadtnahe Parkplatz, auf dem Wohnmobile geduldet werden. Allerdings finden Sie auf dem schattigen, bei Regen matschigen Gelände am Rand der Altstadt häufig keine Lücke, weil es tagsüber oft belegt ist. Für WOMOs, die deutlich länger als 7 Meter sind, ist es ohnehin nicht geeignet. Man muss auch aufpassen, dass man nicht zugeparkt wird. Gaststätten und Geschäfte sind nach wenigen Schritten zu erreichen. **Zufahrt**. Der Parkplatz ist nordöstlich der Altstadt mit ›P‹ und dem Zusatz ›*Pré St Jean*‹ beschildert; parken Sie in der Seitenallee.

120 Pézenas – *Camping St Christol*

GPS/Kontakt: N 43°27'59" E 3°25'26", Chemin de St Christol, Tel. 06 11 39 59 17; https://de.campingsaintchristol.com. **Öffnungszeit**: 15.3.–30.9., möglicherweise bis 15.10. **Ausstattung**: Pool, Brotverkauf, bei Einheimischen beliebtes Restaurant. **Beschreibung**: Das halbschattige Campinggelände alter Schule mit nur wenigen festen Behausungen liegt ideal nur 600 m vom Altstadtrand entfernt. **Preise**: 15 €–33€. **Zufahrt**: Der Platz ist nördlich der Altstadt beschildert.

Südwestlich der Altstadt finden Sie ein **weiteres Campinggelände** bei N 43°27'16" E 3°24'56", Rue Louis Audibert.

Uns haben die Bedingungen für eine innerörtliche WOMO-Nacht außerhalb eines Campingplatzes in **Clermont-l'Hérault** (8.700 Einwohner), 21 Kilometer nördlich, deutlich besser gefallen, auch wenn die Stadt selbst nicht so herausragend ist, aber immerhin die stattliche gotische **Kirche Saint-Paul** mit riesiger Fensterrose in der Westfassade vorzuweisen hat. Ich halte zudem das *Monument aux morts pacifiste*, das **Antikriegsdenkmal** von 1931, für eine echte Sehenswürdigkeit. Der Bildhauer Paul Dardé lässt in einem Scheingrab, einem sogenannten Cenotaph, einen gefallenen Krieger von einer nackten Frau beweinen, die wie eine Cabaret-Tänzerin aussieht. Das hat schon bei der Errichtung so viele Proteste verursacht, dass man das Denkmal mit einem Gitter weitläufig versperrt hat *(Place Jean Jaurés, Sie finden das Kunstwerk ganz in der Nähe unseres Übernachtungsplatzes, auf dem Sie ohnehin parken sollten, im Schnittpunkt der Alleen beim Kreisverkehr)*. Näheres zu diesen Denkmälern erfahren Sie weiter unten.

Ob wir im Sommer den Parkplatz zweckentfremden würden, ist zu bezweifeln. Über Ostern hingegen fanden wir die geräumige Möglichkeit mehr als nur brauchbar. Das mag vielleicht auch daran liegen, dass wir um die Ecke (auf der breiten Straße Richtung inneres Zentrum) ein wirklich empfehlenswertes, nicht überteuertes Lokal mit einfallsreicher Küche gefunden haben, in dem wir am Dienstag nach Ostern den letzten Tisch bekamen. Wegen des **Restaurants *Le Tournesol*** würden wir in dieser Jahreszeit sofort wieder in Clermont-l'Hérault übernachten *(rue Roger Salengro 2, Tel. 04 67 96 99 22; in der Nebensaison, So. abends und Mo. geschlossen, Menüs ab 29 €; nicht neu getestet)*:

121 Clermont-l'Hérault

GPS: N 43°37'33" E 3°26'13", Boulevard Paul Bert. **Max. WOMOs**: 10. **Ausstattung**: Keine. **Beschreibung**: Der großflächige, gemischte Parkplatz in der Stadt bietet keinen Schatten und ist nachts ruhiger als befürchtet, jedoch für laue Sommerabende nicht geeignet. Geschäfte und Gaststätten sind nur einen Steinwurf entfernt. **Zufahrt**: Fahren Sie in der Innenstadt Richtung ehemaliger Bahnhof, der östlich des historischen Zentrums liegt; Sie können den großen Parkplatz seitlich des früheren Bahnhofs nicht verfehlen.

Nutzen Sie in Clermont-l'Hérault die Einkaufsmöglichkeiten, denn der nahe **Lac du Salagou** ist ein Bade- und Wassersportparadies in freier, karger Natur, die wegen der roten Erde etwas gewöhnungsbedürftig und bei trübem Wetter nicht einladend und deshalb eher nur im Sommer empfehlenswert ist. Supermärkte gibt es dort nicht. Es gibt auch keine freien Stellplätze mehr, seitdem das Seeufer unter Naturschutz steht. Entweder ist der Seezugang durch Barrieren oder Erdwälle versperrt, oder auf Schildern wird auf das Nachtparkverbot hingewiesen. Häufig kommt beides zusammen. Trotzdem sahen wir auch bei unserer letzten Recherche nachts WOMOs (und sogar Zelte) am Ufer. Das Verbot wird durch vier Campingplätze ausgeglichen, von denen ich drei wirklich schöne empfehlen kann. Und drei offizielle Stellplätze kommen hinzu:

122 Lac du Salagou – Südostecke

GPS: N 43°38'37" E 3°23'18", Clermont-l'Hérault, Route du Lac. **Max. WOMOs**: 20. **Ausstattung**: Mülleimer, Restaurant und Lebensmittel am nahen Campingplatz. **Beschreibung**: Der etwas öde, schattenlose, klappstuhlgeeignete, teilweise grasige Platz außerhalb jeder Bebauung wird bei Regen schlammig. Im Sommer hören Sie Lärm vom nahen Campingplatz bis spät in die Nacht. Der Badestrand ist 250 m entfernt. Höchstens 24 Stunden, was von der Polizei im Sommer täglich am frühen (!) Morgen kontrolliert wird. **Zufahrt**: Am Ende der Straße von Clermont-l'Hérault zum See fahren Sie links und vor einer Barriere rechts.

Lac du Salagou – Celles

123 Lac du Salagou – *Les Vailhés*

GPS: N 43°40'16" E 3°21'19", Lodève (Le Puech), Baie des Vailhés. **Max. WOMOs**: 14. **Öffnungszeit**: April - Sept. **Ausstattung**: Ver- und Entsorgung, die Duschen und Toiletten des benachbarten Campingplatzes (Nr. 125) dürfen benutzt werden, Bäckereiwagen, Mülleimer, Tische und Bänke. **Beschreibung**: Sie stehen auf Naturboden, teilweise im Schatten am schönen Badestrand. Surfschule, Bootsvermietung und Gaststätte sind wenige Schritte entfernt: Im **Restaurant *Auberge du Lac*** wurden wir vor einiger Zeit zu akzeptablen Preisen ordentlich bekocht *(Reservierung ist sinnvoll, für diese Auflage nicht erneut getestet, Menüs ab* 30 €). **Preis**: 9 €; zu bezahlen an der Campingplatzrezeption. **Zufahrt**: Der Platz liegt auf dem Nordufer. Nehmen Sie an der A 75 die Abfahrt Nr. 55 über Cartels und fahren Sie ans Nordufer. Dort wählen Sie die Abzweigung von der D 148 (E 4) Richtung ›*Camping les Vailhés, Auberge du Lac*‹, der Platz liegt vor dem Campingplatz.

124 Octon

GPS: N 43°39'15" E 3°19'06", D 148. **Max. WOMOs**: 10. **Öffnungszeit**: Ganzjährig. **Ausstattung**: Entsorgung (das Wasser funktioniert schon seit langer Zeit nicht mehr), Picknick-Bänke. **Beschreibung**: Das klappstuhlgeeignete Gelände liegt einsam außerorts, ist aber bisweilen besucht. Nach Octon (Lebensmittel, Gaststätten) sind es rund 1,5 km. An den See ist es ähnlich weit. Dort kann man tagsüber parken und baden. **Zufahrt**: Der Platz liegt an der Straße von Octon an das Nordufer.

125 Lac du Salagou – *Camping Les Vailhés*

GPS/Kontakt: N 43°40'15" E 3°21'21", Lodève (Le Puech), Baie des Vailhés, Tel. 06 52 27 70 77; www.onlycamp.fr/camping-les-vailhes-lac-du-salagou. **Öffnungszeit**: 1.4. - 30.9. **Ausstattung**: Bäckereiwagen um 8:30 Uhr, schöner Badestrand. **Beschreibung**: Siehe beim vorgenannten Stellplatz. Ein Ortszentrum erreichen Sie nach etwa 5,5 km. **Preise**: 18 €–20 € (nicht veröffentlicht). **Zufahrt**: Wie zu Platz Nr. 123.

126 Celles – *Le Mas de Riri*

GPS/Kontakt: N 43°39'35" E 3°20'06", Celles, Tel. 04 67 96 77 80; https://lemasderiri.com. **Öffnungszeit**: 1.4.–30.9. **Ausstattung**: Bäckereiwagen, schöner Badestrand, gutes, bei Einheimischen beliebtes **Restaurant**, schön auf der Seeterrasse *(am Wochenende unbedingt reservieren; Hauptgerichte ab 16 €)*; Bootsvermietung. **Beschreibung**: Das ist eine Mischung zwischen Gaststättenpark- und Campingplatz und war bei unserer letzten Reise unser Lieblingsplatz am Lac du Salagou. Der Platz ist größer als er wirkt; etwas abenteuerliche Steckdosen. Das Ortszentrum von Octon ist 3,3 km entfernt. **Preis**: 16 €. **Zufahrt**: Zwischen Celles und Octon zweigt am Westufer von der D 148 eine steile Zufahrt hinunter zum See ab. Sie wirkt beängstigend steil. Nehmen Sie deshalb wenigstens für die Rückfahrt den wesentlich flacheren Weg über die Zufahrt nach Celles, weiter nördlich. Und schauen Sie mit großen Fahrzeugen nach, bevor Sie hinunterfahren.

127 Octon – *Camping Les Arcades*

GPS/Kontakt: N 43°38'53" E 3°19'22", Chemin du Moulin, Tel. 04 67 96 99 13; www.campinglesarcades.com. **Öffnungszeit**: 30.6–Mitte September. **Ausstattung**: Brotverkauf, Getränke, **Beschreibung**: Der Platz nennt sich Aire naturelle und sieht auch so aus, Badestrand nach 200 m, Ortszentrum nach 1,8 km. **Preise**: 20 €–23 €. **Zufahrt**: Der Platz liegt in der Südwestecke des Sees und ist dort an der D 148 beschildert.

Von allen Plätzen schweift der Blick über ungewöhnlich roten, zerbröselten Buntsandstein, der noch aus vulkanischer Zeit stammt. Der See wurde im Jahr 1969 von Menschenhand an der Stelle eines erloschenen Kraters angelegt. Sehen Sie sich unbedingt in der Nordwestecke bei Platz Nr. 126 das einst verlassene Dorf **Celles** an (Foto Seite 205). Es ist auf der Michelin-Karte als *Village ruiné* eingezeichnet. Ganz so weit ist es nicht gekommen, auch wenn viele Häuser mehr und mehr verfallen und sie zum Schutz vor Vandalismus mit Drahtgittern abgesperrt werden mussten. Dass sie überhaupt noch zu sehen sind, ist auf einen Berechnungsfehler beim Bau des Stausees zurückzuführen. Nur das Ortsschild und

Lac du Salagou im Frühjahr

Liausson – oberhalb des Lac du Salagou

eine Scheune mussten daran glauben, als nach zwei Jahren das Befüllen des Sees abgeschlossen war und der Wasserstand nicht ganz die vorausgesagte Höhe erreicht hatte. Einen Nutzen hat die Enteignung der Bewohner dennoch, der Weiler diente des Öfteren als Filmkulisse. Und neuerdings werden die Bauwerke wieder bezogen, das Dorf hat wieder eine Mairie für 36 Einwohner. Man kann hier mit dem WOMO nur noch etwas oberhalb parken und baden, man darf aber nicht über Nacht bleiben.

In Seenähe liegen **Octon** sowie **Salasc**, beides nette, auch in der Hochsaison verschlafene Dörfer.

Nördlich des Sees ist ein Bummel durch die Kleinstadt **Lodève** (7.400 Einwohner) kein Fehler. Die ehemalige **Kathedrale** steht in allen Büchern, das anrührende **Denkmal** am Park dahinter wird nur selten erwähnt:

Kriegerdenkmäler in Frankreich

Wer häufig in Frankreich unterwegs ist, hat sich daran gewöhnt, dass in nahezu jeder der rund 35.000 französischen Gemeinden ein Rathaus allen Gebietsreformen trotzt, eine Telefonzelle lange das Handyzeitalter überdauert hat und ein Denkmal an die Gefallenen des Ersten Weltkriegs erinnert. Oft steht man in winzigsten Dörfern erschüttert vor einem langen Register gefallener junger Männer. Die meisten dieser Gedenksteine sind schlichte Sockel oder Obelisken, manchmal auch nur Tafeln mit eingravierten Auflistungen der Toten. Nicht selten begegnet man aber auch skurrilen Exemplaren oder sogar großen Kunstwerken.

Und ungewöhnlich häufig sieht man Monumente mit pazifistischem Hintergrund. Denn von etwa 8,1 Millionen im Ersten Weltkrieg zum Wehrdienst eingezogenen Franzosen überlebten 1,3 Millionen den Krieg nicht (im Deutschen Reich kamen auf 13,25 Millionen eingezogener Männer 2 Millionen Tote), und die meisten französischen Familien hatten einen oder mehrere Söhne verloren. So widmete sich zu Beginn der Zwanzigerjahre

Lodève – Antikriegsdenkmal

in Frankreich eine einflussreiche Bewegung der Aufgabe, Kriegerdenkmäler nicht nur zur Erinnerung an die tapferen Söhne des Vaterlandes zu errichten, sondern um vor allem vor den Folgen des Krieges zu mahnen. Statt glorifizierender Gedenkstätten schuf man Mahnmale mit antimilitaristischem Inhalt und nennt diese heute *Monuments aux morts pacifiste*. In großer Anzahl sind in ganz Frankreich Ehrenmale dieser Zielrichtung zu sehen.

Das Antikriegsdenkmal von Lodève gehört dazu. Bildhauer war Paul Dardé, der auch schon den Cenotaph von Clermont-l'Hérault geschaffen hat (siehe oben). Sie sollten sich unbedingt die Figurengruppe ansehen, bei der vier Frauen und zwei Kinder den gefallenen Vater beweinen. Die Mütter symbolisieren mit ihrer Kleidung die Jahreszeiten, aber auch die unterschiedlichen Bevölkerungsschichten.

In Lodève ist im Hôtel Dardé dem Bildhauer auch eine Dauerausstellung gewidmet. Sie finden das Gebäude im südöstlichen Teil der Innenstadt seitlich der Rue du Mazel.

Ein weiteres *Monument aux morts pacifiste* steht ganz in der Nähe, im kleinen Ort Aniane (dazu gleich unten).

Nach angenehmen Badetagen steht wieder die Kultur auf dem Programm: Wir fahren auf der kleinen Straße westlich um den See herum, biegen zwischen Octon und Salasc nach Mérifons ab und erreichen hinter dem zuletzt genannten Dorf die Häuser von La Lieude, wo eine Tafel mit einem Fußabdruck eines Dinosauriers zu bewundern ist. Nach diesem kurzen Abstecher in die frühe Geschichte unseres Erdballs machen wir wieder kehrt, um nahe bei Clermont-l'Hérault ein viel späteres Zeugnis der menschlichen Entwicklung zu betrachten: Das Industriedenkmal heißt **Villeneuvette** und ist der Rest eines französischen Zentrums der Textilherstellung aus dem 17. und 18. Jahrhundert. Die Manufaktur war unter der Regentschaft des Sonnenkönigs gegründet worden, weil der König Röcke für seine Soldaten brauchte. Ein Teil der Klamotten wurde zur Geldbeschaffung sogar expor-

In Villeneuvette

tiert. Bis zu 800 Weber und Färber waren am Werke – und strengen, kasernenartigen Regeln unterworfen. Die Inschrift ›*Ehre der Arbeit*‹ über dem Eingang der spätbarocken Fabrikationsanlage, die bis 1957 in Betrieb war, erinnert uns, zugegebenermaßen zu Unrecht, an den unrühmlichsten Teil der deutschen Geschichte. Aus den Arbeiterhäuschen werden allmählich Ferienwohnungen, der Parkplatz der Manufaktur ist stimmungsvoll und multifunktional:

TOUR 8

128 Villeneuvette

GPS: N 43°36'38" E 3°24'07". **Max. WOMOs**: 5-6. **Ausstattung**: Keine. **Beschreibung:** Sie stehen leicht einsam und abends klappstuhlgeeignet auf einem geschotterten Parkstreifen unter Bäumen, seitdem das große Wiesengelände abgeschrankt worden ist. Die nahe Straße stört nachts nicht, allerdings leicht gegen Morgen. Wo es ruhiger wäre, können Sie wegen einer Höhenbarriere nicht hinfahren. Bei den wenigen Häusern können Sie nichts kaufen, es gibt dort eine Gaststätte. **Zufahrt**: Der Platz ist vor dem Tor der Anlage seitlich der Zufahrt von der D 908 nicht zu verfehlen.

Am besten halten Sie schon vorher an und wandern am nördlichen Dorfrand von **Mourèze** in das Felsenmeer des Cirque de Mourèze. Der Parkplatz des auch *Cirque de Dolomitique* genannten Naturwunders ist offiziell als Stellplatz ausgewiesen und hat uns und vielen Lesern gut gefallen:

129 Mourèze

GPS: N 43°37'02" E 3°21'41". **Max. WOMOs**: 10. **Öffnungszeit**: Ganzjährig. **Ausstattung**: Wasser, Toilette, Mülleimer. **Beschreibung**: Das klappstuhlgeeignete, geschotterte, weitgehend schattenlose Gelände liegt etwas einsam zwischen nicht störender Straße und Natur. Unsere Wanderung beginnt hier. Gaststätten finden Sie im nahen Ort oder auf dem Weg dorthin. **Preise**: In der Saison tagsüber 5 €, nachts 7 €, die von einem Kassierer vereinnahmt werden. **Zufahrt**: Der Stellplatz ist 400 m östlich von Mourèze direkt südlich der D 8 nicht zu verfehlen.

Der **Cirque de Mourèze** ist ein *lohnendes Naturerlebnis*, das Ihnen nicht viel Zeit und körperliche Mühen abverlangt. Folgen Sie dazu in Mourèze dem Wegweiser und gehen Sie bei den letzten Häusern geradeaus. Die Wunderwelt aus verwittertem Gestein ist noch kostenlos und großartiger als man sie erwartet, wenn man bedenkt, dass es in Südfrankreich viele ähnlich hochgelobte Steinsehenswürdigkeiten gibt, unter denen der Cirque de Mourèze aber eine *Ausnahmestellung* einnimmt. Wegen des fantastischen Blicks auf den Lac du Salagou steigern Sie das Erlebnis, wenn Sie uns (und anderen Publikationen) nachwandern:

Eine Wanderung am Cirque de Mourèze ist wegen des fantastischen Blicks auf den Lac du Salagou ein besonderes Erlebnis

Cirque de Mourèze

TOUR 8

Durch den Cirque de Mourèze auf die Montagne de Liausson

Folgen Sie in **Mourèze** den Schildern zum Cirque und wählen Sie bei den letzten Häusern gleich links den Weg ins Gebüsch zum *'Col de Portes'* (blaue Markierung, die am Anfang fehlt, nicht der gelben Markierung folgen). Auf jeden Fall leitet Sie bald der blaue Balken stetig durch einen weniger spektakulären Teil des Cirque bergan. Immer wieder müssen Sie auf einer nordwestlichen Route ein wenig über Steine klettern, bis Sie bei einem Bachbett auf einen Schotterweg treffen. Die ganze Zeit ist die Strecke so gut markiert, dass Sie sich nur dann verlaufen, wenn Sie nicht auf den blauen Pinselstrich achten.

Blick von der Montagne de Liausson

Cirque de Mourèze

Auf jenem Weg gehen Sie rechts hinauf zum **Col de Portes**, wo Sie auf keinen Fall auf dem gelb markierten Weg geradeaus wandern dürfen, sondern sich scharf rechts halten müssen. Bis hierhin haben Sie eine Stunde gebraucht.

Wenn Sie am Col de Portes unsere Anweisung artig befolgt haben, benötigen Sie noch eine weitere halbe Stunde, bis Sie auf dem Kamm der **Montagne de Liausson** stehen, wo Sie sich vermutlich zu einer Rast niederlassen werden, weil Sie derart malerisch den Lac du Salagou kein zweites Mal zu Gesicht bekommen (Fotos auf den Seiten 207 und 211).

Danach wandern Sie auf dem Gipfelkamm weiter nach Osten, passieren die Ruinen der **Einsiedelei von St-Jean-d'Aureillan** und müssen nun gehörig aufpassen, dass Sie den **Einstieg zum Abstieg** nicht verpassen (was uns leider widerfahren ist, weshalb wir schon fast in Liausson waren, bis wir unser Missgeschick bemerkt haben und wieder aufsteigen mussten). Denn es ist falsch, vertrauensvoll der gelben Markierung bergab zu folgen. Falls Sie an einem großen Felsklotz vorbeikommen, der links des Pfades aufragt, sind Sie mehrere Hundert Meter zu weit gegangen und hätten vorher abbiegen müssen. Den Abstieg übersieht man deshalb so leicht, weil er unerwartet steil beginnt; dafür ist er bei genauem Hinsehen blau markiert.

Wenn Sie derart von uns vorgewarnt sind, kann fast nichts mehr schief gehen: Sie mühen sich an manchen Stellen ziemlich steil bergab, freuen sich über den flacheren zweiten Teil des Abgangs und tauchen an der schönsten Stelle wieder in den Cirque de Mourèze ein. Dort vertrauen Sie erneut und diesmal zu Recht einer gelben Markierung, die Sie an den aufregendsten Steingebilden vorbei ins Dorf führt (**gut 7 km**, eine Karte ist nicht erforderlich; auf der IGN-App ist der Wegverlauf vollständig eingezeichnet; damit finden Sie problemlos den Abstieg, gut ist auch der Rotherführer).

Im wirklichen Urlaubsleben kehrt man von hier häufig zur Küste zurück, während Sie auf unserer Tour im nördlich gelegenen **Aniane** (2.700 Einwohner) wieder anhalten, falls Sie noch ein weiteres Antikriegsdenkmal ansehen möchten. Sie fahren am bekannten ***Monument aux morts pacifiste*** *von* Jacques Louis Robert Villeneuve von 1920 vorbei *(westliche Seite der D 32/D 27 am* *nördlichen Ortsausgang, kurz vor der Hostellerie Saint Benoît auf der Ecke einer Straßeneinmündung).* Schräg gegenüber zahlt sich womöglich meine jahrelange Werbung für die ***Hostellerie Saint Benoît*** aus, die Ihnen ein Menü mit großzügigen Portionen serviert und in einer Qualität, die Sie hier nicht erwarten *(Route de St-Guilhem; Tel: 04 67 57 71 63; Menü 36 €, Essen nur nach Reservierung, die gut per Internet funktioniert; siehe beim folgenden Stellplatz).* Vielleicht ist man dadurch auf die Idee gekommen, neben dem Haus einen Stellplatz anzubieten, der besser ist als der offizielle:

130 Aniane – *Hostellerie Saint Benoît*

GPS/Kontakt: N 43°41'20" E 3°35'07", Chemin de Bourguet Naou, Tel. 04 *67 57 71 63; www.hostellerie-saint-benoit.com/.* **Max. WOMOs**: 10. **Öffnungszeit**: Ganzjährig. **Ausstattung**: Wasser, Poolbenutzung (5 € Aufpreis), Brotverkauf, Restaurant, Mülleimer. **Beschreibung**: Die klappstuhlgeeignete, schattenlose, im Sommer braune Wiese grenzt an das Hotel-Restaurant; das Zentrum ist 600 m entfernt. **Preis**: 10 €. Sie müssen das Restaurant nicht besuchen. **Zufahrt**: Der Hotelkomplex ist nördlich des Zentrums an der D 32/D 27 nicht zu übersehen.

131 WOMO-Stellplatz: Aniane

GPS: N 43°41'12" E 3°34'57", Lotissement Enclos Vernière. **Max. WOMOs**: 20. **Öffnungszeit**: Ganzjährig. **Ausstattung**: Keine. **Beschreibung:** Das schattige, klappstuhlgeeignete Gelände auf Naturboden ist im Prinzip nicht schlecht, aber etwas verwahrlost mit leichtem Gefälle. Eine Toilette finden Sie auf dem großen Dorfplatz, etwa 200 m entfernt, dort auch Gaststätten, Bäcker und Geschäfte. **Zufahrt**: Der Platz liegt nördlich des Zentrums. Biegen Sie in Aniane von der D 32 nach links auf die D 27 Richtung St Guilhem ab. Danach fahren Sie bei erster Gelegenheit erneut links (blaues *'P'* bei der Feuerwehr, relativ schmale Straße), danach leicht links versetzt bis zum Ende der Straße (beschildert).

Die Stellplätze von Aniane haben etwas an Bedeutung verloren, seit die Mächtigen vier Kilometer nordwestlich ein langjähriges Übernachtungsverbot aufgehoben und einen beliebten Parkplatz freigegeben haben. Wo der Hérault gerade aus einer Schlucht heraustritt und leicht aufgestaut ist, überspannt eine im Jahre 1030(!) erbaute romanische Steinbrücke den Fluss, der man den klangvollen Namen **Pont du Diable** (Teufelsbrücke) gegeben hat. Sie können hier zu

Pont du Diable

TOUR 8

einem wunderbaren Strand absteigen und sich in dem klaren, an den Felsen jenseits der Brücke allerdings nicht völlig ungefährlichen Fluss aalen. Der **Strand** hat wegen vieler Mietboote aber nicht mehr ganz die Größe von früher, und der Parkplatz wurde nach Süden verlegt. Der touristische Auftrieb ist nämlich stetig gewachsen, da gleich nördlich der Teufelsbrücke die **Grotte de Clamouse**, eine Tropfsteinhöhle mit drei Michelinsternen, die Massen anzieht *(Führungen 1 Std.; 10:30–16:30 Uhr, Juni - Sept. auch um 17 Uhr; Mitte Nov.–Mitte Februar geschlossen; 14,40 €).*

Auf dem Parkplatz wurde ein Bereich für Wohnmobile ausgewiesen, während der Rest durch Höhenbarriere gesperrt ist:

132 Pont du Diable

GPS: N 43°42'09" E 3°33'39". **Max. WOMOs**: 20. **Öffnungszeit**: Ganzjährig. **Ausstattung**: Ver- und Entsorgung, Strom, Mülleimer. **Beschreibung:** Das Beste an diesem schattenlosen, klappstuhlgeeigneten, geschotterten Gelände mit kleinen Bäumen ist die günstige Lage: die Bademöglichkeit nach einem 400 m langen Fußweg an den schönen Strand unter der Teufelsbrücke, Gaststätten in Saint-Jean-de-Fos auf dem anderen Ufer in fußläufiger Entfernung, im Sommer Shuttle nach Saint-Guilhem-le-Désert (im Bus vermutlich keine Hunde). Sie können aber nichts einkaufen. Das Reglement wurde in den letzten Jahren mehrfach geändert. **Preise**: 5 €/Tag; 10 €/Nacht von 1–6 Uhr; für die Übernachtung also 20 €! Außerhalb der Saison kostenlos, aber ohne Service; die Schranke öffnet sich automatisch. Achtung, der Automat nimmt auch Geld, wenn man nicht verstanden hat, dass der Platz kostenlos ist. **Zufahrt**: Biegen Sie südlich des Pont du Diable beim Wegweiser zum großen Parkplatz ab.

Wenn ein Teil eines so prominenten Parkplatzes nach vielen Jahren plötzlich für WOMOs frei gegeben wird, danke ich schon lange nicht mehr der Einsicht eines Gutmenschen in irgendeiner

Saint-Guilhem-le-Désert - Platane Anfang April

Verwaltung. So ist die Öffnung des Platzes auch hier nur ein Zugeständnis für eine andere, schlimmere Restriktion: Zur Grotte de Clamouse können Sie von diesem Parkplatz noch in Ruhe spazieren, während Sie nach **Saint-Guilhem-le-Désert** (entlang der Straße) wandern oder im Sommer mit dem Shuttle-Bus fahren müssten (vermutlich sogar ohne Ihren Hund). Denn Sie dürfen mit dem Wohnmobil nicht mehr zum 3,5 Kilometer entfernten Ort fahren, in dem richtige Einwohner bald ohnehin nicht mehr vorkommen, weil das Dorf zu den *Schönsten Frankreichs* zählt und deshalb mit Andenken- und Fast Food-Läden immer weiter aufrüstet (obendrein Teil des *UNESCO-Welterbes* Pilgerweg). Trotzdem ist Saint-Guilhem-le-Désert an ruhigeren Tagen weiterhin sehenswert, jedenfalls der große Platz an der über 100-jährigen gigantischen Platane.

Saint-Guilhem-le-Désert

Das Nest zwischen schroffen Felsen wird dominiert von einer romanischen Kirche mit religiöser Legende: Der 752 geborene Herzog Wilhelm (Guilhem) von Aquitanien war ein berühmter Heerführer. Man nannte ihn »Wilhelm Kurznase«. Als er eines Tages von einem glorreichen Kriegszug gegen die Araber zurückkam, war seine Frau gestorben. Wilhelms Trauer übermannte ihn so übermächtig, dass er die Rüstung an den Nagel hängte und sich in die Steinwüste (*Désert*) zurückzog, um dort ein Kloster zu gründen. Das wurde bald von Karl dem Großen, der seinem Mitstreiter zu Dank verpflichtet war, mit einem Splitter vom Kreuz der heiligen Helena bestückt, was, übertragen auf die heutige Zeit, gleichbedeutend war mit der Lizenz zum Gelddrucken. Denn mit dieser Reliquie konnte man die Pilger auf dem Weg nach Santiago de Compostela ködern. So war ein geräumiger Kirchenbau eine verkehrs- wie religionspolitische, vor allem aber auch wirtschaftspolitische Notwendigkeit. Mit eben diesem sehenswerten Gotteshaus lassen sich nun fast dreizehnhundert Jahre später abermals Touristen gewinnen, wenn auch weniger fromme. In der Kirche, die von 12 bis 14 Uhr geschlossen ist, befindet sich eigentlich Guilhems Grab, doch sein Sarkophag ist verschwunden. Genauso wie Teile des Kreuzgangs, die demontiert wurden und heute irgendwo in New York zu sehen sind – oder auch nicht. Das forsche Auftreten Wilhelms im Kreuzzug gegen die Ungläubigen wurde übrigens mehrfach literarisch aufbereitet, unter anderem in Deutschland zu Beginn des 13. Jahrhunderts von Wolfram von Eschenbach, der neben seinem bekannteren Meisterwerk, dem *Parzival*, auch die Taten des kurznasigen Herrn besungen hat und in dem Verswerk *Willehalm* für ein versöhnliches Nebeneinander mit den Heiden eingetreten ist.

Auf den Großparkplatz dürfen nur noch Fahrzeuge unter zwei Meter Höhe, weshalb der Parkplatz am Pont du Diable zum Ausgangspunkt für Wohnmobile auserwählt worden ist. Aber Sie können das vermeiden, wenn Sie 1 km südlich von Saint-Guilhem-le-Désert eine Parkbucht für wenige Fahrzeuge ansteuern (N 43°43'27" E 3°33'02", im Sommer häufig besetzt) oder etwa 1,8 km nördlich unseren Stellplatz Nr. 133. Reisen Sie frühzeitig an, möglichst nicht an einem Wochenende, betrachten Sie Kirche, Dorf und Platane und gönnen Sie sich eine abwechslungsreiche Wanderung:

Von Saint-Guilhem-le-Désert durch den Cirque de l'Infernet

Wandern Sie in **St Guilhem** am Parkplatz vorbei ins Tal hinein und bleiben Sie zunächst auf dem Niveau des Baches. Vor einem ehemaligen Fußballfeld wenden Sie sich nach links zu den Felsen und gewinnen auf einem rotweiß markierten GR mit mehreren Windungen etwas Höhe. Bald zweigt nach links ein rot-weiß markierter Weg ab, hier kommen Sie auf dem Rückweg an; Sie gehen also halb rechts weiter.

Unterhalb gigantischer Felswände wandern Sie nun hoch über dem Tal in den **Cirque de l'Infernet**, einen Felsenkessel, in dem Sie auf von Mönchen gebauten, mit Natursteinen gepflasterten Serpentinen aus der Schlucht steigen. Vom mit Mauern gestützten Weg am oberen Ende dieses Schlangenweges, den sogenannten **Fénestrelles**, genießen Sie einen fantastischen Blick durch das Tal zurück nach Saint-Guilhem-le-Désert.

Fénestrelles

Oberhalb der Serpentinen folgen Sie weiter dem markierten Weg und biegen nach einer Quelle nach links ab. Nun geht es längere Zeit bergauf, bis zu einer Forststraße, wo Sie sich erneut nach links wenden. Sie treffen auf diese Weise wieder auf die rot-weiße Markierung und genießen am Aussichtspunkt **Max Nègres** den Blick, ehe Sie zu zwei nacheinander folgenden Geländern absteigen und nach insgesamt knapp dreieinhalb Stunden wieder auf den Hinweg treffen.

Damit habe ich Ihnen verraten, dass die ganze Strecke etwa **4 Stunden** erfordert. Die IGN-Karte 2642 ET, die Sie in Saint-Guilhem-le-Désert kaufen können, bzw. die App, ist sinnvoll. Der Streckenverlauf ist auch im Rother-Wanderführer und auf dessen App beschrieben.

Der beste Ausgangspunkt für eine Besichtigung von Saint-Guilhem-le-Désert und vorstehende Wanderung ist ein *feines Badeplätzchen*, 1,8 Kilometer (die bei der Wanderzeit nicht mitgerechnet sind) flussaufwärts. Die Freude wird selten getrübt, wenn der Hérault mal nicht aufgestaut ist. In solchen Zeiten plätschert nur ein zum Baden zu flaches Rinnsal:

133 Gorges de l'Hérault

GPS: N 43°44'37" E 3°33'59", D 4. **Max. WOMOs**: 20. **Ausstattung**: Keine. **Beschreibung**: Dieser schöne, klappstuhlgeeignete und teilweise schattige Badeplatz mit Kiesstrand liegt außerhalb jeglicher Ansiedlung zwischen der nachts nicht befahrenen, relativ schmalen Straße und dem aufgestautem Fluss, der sich auch für SUP eignet. Herrlicher Strand für Campingmöbel wenige Meter unterhalb des Parkplatzes mit Blick auf den Fluss. Man fühlt sich normalerweise in Gesellschaft anderer Wohnmobile nicht einsam. **Zufahrt**: Sie sehen den Platz ca. 1,8 km nördlich von Saint-Guilhem bei einer Staumauer direkt seitlich der D 4.

Fahren Sie auf der D 4 (schmal, kurvenreich, unproblematisch) weiter nach Norden in Richtung Ganges und gönnen Sie sich einen kleinen Umweg über das malerische **Saint-Jean-de-Buèges** (200

Saint-Jean-de-Buèges

Einwohner), wo Sie alles antreffen, was Sie in einem fast verlassenen Dorf Südwestfrankreichs erwarten: hohen Felsen, Burgruine, Café, plätschernden Bach – und kaum noch echte Einheimische. Wir kennen Leute, die seit Jahrzehnten hier urlauben und mit uns nicht mehr reden würden, besäßen wir den Mut, zu erwähnen, auf dem nicht geräumigen Parkplatz fänden zwei nicht zu große Wohnmobile eine Bleibe. Wir raten demnach zum nicht sehr weit entfernten Campingplatz beim Nachbarort, der allerdings Anfang August auch mal belegt und sonst von zu vielen *Mobilhomes* geprägt ist:

134 Brissac – *Camping Val de l'Hérault*

GPS/Kontakt: N 43°50'47" E 3°42'18", Tel. 04 67 73 72 29; www.campinglevaldherault.com. **Öffnungszeit**: April bis Ende Oktober. **Ausstattung**: Sehr schöne Badestelle im etwa 180 m entfernten Fluss, Pool, Laden, Restaurant. **Beschreibung:** Die Lage ist überdurchschnittlich schön, die festen Behausungen nerven noch nicht zu sehr, aber direkt am Wasser dürfen nur Vans stehen – und nur im Juli und August. Das Ortszentrum ist 4,5 km entfernt. **Preise**: 18 €–30 €. **Zufahrt**: Das Gelände ist 11 km südlich von Ganges an der D 4 beschildert.

Beachten Sie wenige Meter südlich des Campingplatzes die ausgesprochen malerische Brücke über den Hérault, den **Pont de St-Étienne d'Issensac**, der nur mit Fahrzeugen bis zwei Meter Breite befahren werden kann (2,05 m des Fiat Ducato sind schon zu viel). Wer Campingplätze hasst, kann im Sommer auf einem privaten Platz bei einer Kanuvermietung und Gaststätte baden:

135 Agonès

GPS: N 43°53'12" E 3°43'46", Route de Brissac. **Max. WOMOs**: 10. **Öffnungszeit**: Nur im Sommer bis allenfalls Ende September. **Ausstattung**: Toilette, Spülbecken mit Wasser, Strom, Mülleimer. Sehr schöne Badestelle mit Kiesstrand, Kajakvermietung, einfache Gaststätte. **Beschreibung:** Ihre Klappstühle stehen außerhalb einer Ortschaft auf gewachsenem Boden im Schatten oder Halbschatten direkt am Ufer. **Preis**: 10 € als reine Stellplatzgebühr; es gibt keinen Service und keinen Strom. **Zufahrt**: Der Platz liegt südlich von **St-Bauzille-de-Putois** auf dem westlichen Ufer des Hérault, das hier zur Gemeinde Agonès gehört, südlich der Brücke, ist an der D 108 beschildert und vermutlich an einem aufgestellten Kajak zu erkennen.

Irgendwann kommt man einfach nicht mehr an ihr vorbei, an einer Höhle, die von Kennern als die schönste Tropfsteinhöhle in ganz Frankreich beschrieben wird, die **Grotte des Demoiselles** (ebenfalls drei Michelinsterne). Ich muss hier erneut gestehen, dass ich die schier unermessliche Freude der Franzosen an ihren Höhlen nicht ganz nachvollziehen kann. Eine jede Grotte gleicht der anderen, und überall muss man langatmige und, weil auf Französisch, schwer verständliche Führungen (die Aufsicht ist nötig, damit niemand heimlich Stalaktiten abschlägt) über sich ergehen lassen, bei denen der *Guide* in irgendwelchen Tropfsteingebilden Feen, Zwerge oder den halben Zoo wiedererkennt. Aber die Wegweiser am Straßenrand sind zumeist so reißerisch, dass man doch dem Lockruf der – sehr kühlen – Unterwelt erliegt und brav seinen Geldbeutel zückt. Bei der Grotte des Demoiselles ist der Werberummel allerdings berechtigt. Hauptraum des schon sehr früh, im Jahre 1770, erforschten sogenannten *Aven*, der so heißt, weil er sich zur Erdoberfläche trichterförmig öffnet, ist ein riesiger Saal, 120 Meter lang und 80 Meter breit, mit bis zu 50 Meter hohen Stalagmiten und Stalaktiten. Er wirkt wie eine von Zauberhand erbaute Halle, die mittels Scheinwerfer bizarr illuminiert ist *(Oktober–März 14–17:30, sonntags 10–17.30 Uhr, sonst 10–19 Uhr, die Öffnungszeiten sind so vielschichtig, dass Sie sicherheitshalber auf der Internetseite nachschauen sollten: www.demoiselles.fr; 14 €)*. Leser haben besonders die erste Führung am Morgen genossen und zuvor in mobiler Gesellschaft auf dem kostenlosen für Wohnmobile ausgewiesenen Parkplatz geschlafen:

136 Grotte des Demoiselles

GPS: N 43°54'26" E 3°44'41". **Max. WOMOs**: 20. **Öffnungszeit**: Ganzjährig.
Ausstattung: Mülleimer, tagsüber Gaststätte und Toilette.
Beschreibung: Der lang gezogene Asphaltparkplatz liegt einsam, wird aber häufig als Stellplatz (und am Abend auch als Sitzplatz) benutzt. In wenigen Bereichen erlaubt die Vegetation noch eine weite Sicht.
Zufahrt: Folgen Sie in St-Bauzille-de Putois an der D 108 dem Wegweiser zur Grotte des Demoiselles. Die schmale Straße ist großenteils eine Einbahnstraße. Der untere Parkplatz ist für Wohnmobile ausgewiesen. Bleiben Sie wegen der Einbahnstraßenregelung gleich dort stehen, der obere Bereich ist nicht besser.

Die Kleinstadt **Ganges** (4.200 Einwohner), ein paar Kilometer nördlich, hat die besten Zeiten schon lange hinter sich. In der Vor-Nylon-Zeit war hier wegen der umfangreichen Seidenraupenzüchtungen der südlichen Cevennen, wo die Maulbeerbäume besonders gut wachsen (Näheres bei Tour 14), das Zentrum der Seidenstrumpffabrikation. Schon zu Lebzeiten Ludwigs XIV. im 17. Jahrhundert fertigte man 80.000 Paar pro Jahr. Die landwirtschaftlichen Erzeugnisse heutiger Tage sind etwas trivialer, es sind Zwiebeln. Vom früheren Wohlstand ist nicht mehr viel geblieben.

Tour 9

Cevennes
Causse Noir
Causse du Larzac
Ganges
nach Sauve
Tour 13
Tour 8
Gorges de la Vis
Madières
Rogues
Avèze
Le Vigan
Montardier
Blandas
Cirque de Navacelles
La Baume-Auriol
Wasserfall
Vissec
Alzon
10 km
St-Jean-du-Bruel
Sauclières
La Couvertoirade
nach Lodève
Cantobre
Nant
Gorges de la Dourbie
La Cité de Pierres à Montpellier-le-Vieux
La Roque Ste Marguerite
Maubert
Camp Larzac
La Cavalerie
Cornus
Graufesenque
MILLAU
Viaduc de Millau
Tour 11
Tour 10
nach Roquefort

Gorges und Causses
Vom Cirque de Navacelles nach Millau
170 km

Lernen Sie die einsamen, allmählich verlassenen Hochflächen, die Gorges de la Dourbie und den Cirque de Navacelles kennen – samt deren Badeplätze. Womit auch fast schon die Höhepunkte genannt sind:
- **Cirque de Navacelles**
- **La Couvertoirade**
- **Nant**
- **La Cité de Pierres à Montpellier-le-Vieux**

Die Überschrift zu unserer 9. Tour ist auch für einen Kenner der französischen Sprache, der sich noch nie in dem auf den nächsten Seiten beschriebenen Gebiet aufgehalten hat, nur teilweise verständlich: Dass man unter dem Wort ***Gorges*** Schluchten oder enge Flusstäler versteht, hat sich weitgehend herumgesprochen. So waren auch Sie bei der vorangegangenen Tour in den Gorges de l'Hérault. Die bekannten Gorges du Tarn werden Sie während der 10. Tour kennen lernen und die nicht weniger berühmten Gorges de l'Ardèche anlässlich der 14. Tour.

Was aber, um auf die Überschrift zurückzukommen, versteht man unter den ***Causses***? Die Rede ist von einem riesigen Kalkplateau, das vor 200 Millionen Jahren noch vom Meer überspült war. Vor 80 Millionen Jahren platzte die Oberfläche, und es bildeten sich die steilen, tiefen Täler, die ***Gorges***, die sich dann in oder nach der Eiszeit vor etwa zwei Millionen Jahren mit Flussläufen füllten. Genau genommen bestehen die Causses also aus mehreren Plateaus, 600 bis 1.000 Meter über dem heutigen Meeresniveau.

Diese Höhenangaben lassen erahnen, dass der Mensch hier zu jeder Zeit den Kampf gegen die Natur aufnehmen musste. Im Winter wird es empfindlich kalt, und oftmals liegt der Schnee bis zum Frühjahr. Damit konnten sich die Bewohner über Jahrhunderte, wenn nicht sogar Jahrtausende, arrangieren; auch noch, nachdem die Bäume des einst waldreichen Plateaus abgeholzt waren. Hier, wie in den östlich gelegenen eigentlichen Cevennen (Näheres bei der 12. Tour), lebte man in Einklang mit der Natur – und von der Natur. Vor allem züchtete man Schafe, die von Wanderhirten über die grasigen Hochflächen getrieben wurden. Aber dann schlugen die Errungenschaften des technischen Zeitalters erbarmungslos zu: Bessere Transportmöglichkeiten führten zu einer rasanten Ausbreitung der Weinfelder an den Südrändern der Cevennen und der Hochplateaus. In Bereiche also, die einst

Auf den Causses

von den Herden im Winter und Frühling als Weideplätze genutzt worden waren. Dazu kam, ebenfalls begünstigt durch die Technisierung, billige Importwolle nach Mitteleuropa, und Hirten sowie Alteingesessene hörten mehr und mehr von einem bequemeren Leben. Die Einwohnerzahl ging zurück, und die Herden schrumpften; heute gibt es höchstens noch 30.000 Tiere. So begegnet man inzwischen auf den sogenannten *Drailles* eher einem Wandersmann als einem Schäfer, obgleich es sich doch eigentlich um die über Jahrhunderte benutzten Schafswanderwege handelt (viele in Wanderbüchern verzeichnete Strecken verlaufen heutzutage auf den *Drailles*).

Die Causses und die Cevennen wurden wegen ihrer landschaftlichen Schönheit in die UNESCO-Liste des Welterbes aufgenommen

Die Landwirtschaft ging natürlich auch zurück und ist inzwischen fast zum Erliegen gekommen. Zu den Gründen, die auch anderswo den Niedergang des bäuerlichen Lebens bewirkt haben, kam hier noch hinzu, dass der Dung fehlte. Denn ein Hirte durfte seine Schafsköpfe nur auf fremdem Gelände fressen lassen, wenn er auch für den natürlichen Nährstoff in Form von Schafsknotteln sorgte. Als die ausblieben, versteppte die Vegetation, die dann auch noch von den wenigen Schafen unkontrolliert kurz und klein gefressen wurde.

Warum erwähne ich das? Damit Sie verstehen, weshalb die Landschaft so verlassen ist, warum die Häuser leer stehen oder verfallen; genauso wie die über Jahrhunderte mühsam von Menschenhand aufgeschichteten Steinmäuerchen. Damit Sie sich vorstellen können, dass es einst Kulturlandschaften gab, wo heute die Dürre vorherrscht. Das Land ist braun, nur braun – und vielerorts unglaublich still. Gäbe es nicht die Touristen, die Landschaftsfanatiker oder die Höhlenliebhaber – das Land wäre inzwischen nahezu ausgestorben.

Um das heute noch Vorhandene für spätere Generationen zu bewahren, wurden die Causses und die Cevennen im Jahr 2011 wegen ihrer landschaftlichen Schönheit und wegen der Schäferkultur in die *UNESCO-Liste* des Welterbes aufgenommen (zu 182 anderen natürlichen Welterbestätten). Die offizielle Formulierung klingt etwas hochtrabender: Die Ehre wurde aufgrund der »universellen Rolle« zuteil, die dem »Agropastoralismus« (Anm.: der Kombination von Land- und Weidewirtschaft) bei der Gestaltung und beim Erhalt offener Lebensräume des 3.000 Quadratkilometer großen Gebietes zukommen.

Seit Ganges allgegenwärtig ist der Wegweiser zum **Cirque de Navacelles**, einer Natursehenswürdigkeit, von welcher der französische Fastmonopolist unter den Reiseführern, der *Grüne Michelin*, meint, die Besichtigung *verdiene eine ganze Reise* (und ihr drei Sterne zuerkennt). Für die Fahrt dorthin empfehle ich nur noch die **Strecke über Le Vigan** und Montardier, weil Sie auf diesem Weg keine Schwierigkeiten wegen der Straßenbreite befürchten müssen, auch wenn die südliche Alternative auf der D 25 durch die schmalen und wildromantischen **Gorges de la Vis** aufregender ist – und am Anfang mit einigen schönen Bade- und ausgeschilderter Parkplätzen neben der Straße glänzt.

Die Route über Le Vigan hingegen ist auch deshalb erste Wahl, weil Sie noch vor der Schlucht einen lauschigen Badeplatz finden und eine Alternative sieben Kilometer weiter in Montardier:

TOUR 9

137 Avèze – *Le Pont Vieux*

GPS: N 43°58'30" E 3°35'55". **Max. WOMOs**: 44. **Öffnungszeit**: Ganzjährig. **Ausstattung**: Ver- und Entsorgung, Strom, Mülleimer, im Sommer kalte Dusche sowie Toilette und zeitweise öffentliches Restaurant. **Beschreibung**: Auch hier wurde ein ehemaliger *Camping municipal* von *Camping-Car Park* übernommen, außerorts, aber nicht einsam. Vor einer alten Bogenbrücke können Sie baden (vermutlich tief genug zum Schwimmen – vielleicht auch ein paar Meter flussaufwärts an einem Wehr), eine Gaststätte und einen Lebensmittelladen finden Sie in Avèze auf dem anderen Ufer – über die alte Brücke nach rechts; einen gro-

ßen Supermarkt erreichen Sie zu Fuß, wenn Sie hinter dem Sportplatz auf der D 999 nach Westen gehen und sich am großen Kreisverkehr rechts halten. **Preis**: 15 €; zu den Benutzungsregeln siehe bei den Tipps unter *Freies Camping / Stellplätze / übernachtungsgeeignete Parkplätze*. **Zufahrt**: Biegen Sie westlich von Le Vigan von der D 999 auf die D 48 Richtung Cirque de Navacelles ab, der Platz ist dann beschildert.

138 Montardier

GPS: N 43°55'45" E 3°35'28". **Max. WOMOs**: 10. **Öffnungszeit**: Ganzjährig. **Ausstattung**: Toilette, Dusche, Spülbecken (zuletzt alles außer Betrieb), Mülleimer, Picknickbänke. **Beschreibung**: Das grasige, schattige, klappstuhlgeeignete Gelände liegt am Fuß des privaten Schlosses und etwa 500 m vom Dorfzentrum mit Restaurant und Lebensmittelladen entfernt. **Preis**: 5 € pro Person. **Zufahrt**: Der Platz ist nördlich von Montardier an der D 48 beschildert.

Bald fahren Sie, nachdem Sie sich ab Avèze über **Montardier** auf die Hochebene geschraubt haben, durch die Landschaft, von der ich Ihnen eingangs so ausführlich berichtet habe, durch ein Stück der *Causses*. Das Château von Montardier ist eigentlich mittelalterlich, wurde aber im neugotischen Still in der Mitte des 19. Jahrhunderts von Viollet-le-Duc, den Sie aus Carcassonne kennen, erbaut und kann nicht besichtigt werden.

Der weitere Weg zum Cirque de Navacelles ist dank der Beschilderung leicht zu finden. Man kommt noch, Asterix und Obelix lassen grüßen, an steinzeitlichen Menhiren vorbei, an rosafarbenen »Hinkelsteinen«, und wäre wegen des sich plötzlich hinter einer Kurve auftuenden tiefen Talkessels geradezu erschreckt, würde man nicht am **Panorama de Blandas** von einem etwas trostlosen Parkplatzgelände (Nachtparkverbot)

Cirque de Navacelles – Sicht vom Panorama de Blandas

Navacelles

mit architektonisch ambitioniertem Gaststättengebäude aufgehalten. Sie müssen hier parken und ein Stück zu Fuß gehen – für den schönsten Blick das Gasthaus im Rücken halb rechts schräg bergauf (als *Belvédère de la Cascade* beschildert). Sie tasten sich hinter einer Glasscheibe förmlich an den schwindelerregenden Abgrund des **Cirque** heran, also an einen *rundlichen, steilen Felsentrichter*, den die Laune der Natur über Jahrtausende geschaffen hat. Einem *Cirque* begegnet man in Südfrankreich vielerorts (häufig ist er nicht rund, sondern lässt nur einen Hauch von Biegung erkennen), der von Navacelles ist perfekt und kann noch mit einer Besonderheit aufwarten: Das Flüsschen Vis hat in Urzeiten mäandert, es hat entlang der Felswände einen Bogen geschlagen, wie weiland sein großer Bruder, ein Fluss in Kleinasien, der zu antiken Zeiten Mäander hieß. Durch die Flussschlinge entstand im früheren Bachbett eine fruchtbare Schwemmlandfläche, nicht mehr als eine große Wiese. Das würde aber für die drei Sterne des *Michelin* noch nicht reichen, wäre nicht in der Mitte ein spitzer Kegel übrig geblieben, der dem Tal zu seinem einmaligen Anblick verhilft und den ich, wie mir Leser aufgetragen haben, geologisch korrekt *Umlaufberg* nennen muss.

Sie haben nun mehrere Alternativen: Die erste, Sie staunen, fotografieren und fahren weiter; die zweite, Sie **wandern** auf dem markierten Pfad nach unten – und auf dem Rückweg wieder steil bergauf (ebenso schön wie schweißtreibend, aber nicht so langwierig wie befürchtet). Dafür wäre der kleine Campingplatz von Blandas die beste Ausgangsposition:

139 Blandas – *Camping Le Crom de Blandas*

GPS/Kontakt: N 43°54'36" E 3°30'56", Chemin de Rogues 253, Tel. 06 85 01 81 94; https://le-crom-de-blandas.business.site. **Öffnungszeit**: Nahezu ganzjährig. **Ausstattung**: Toilette, Dusche, Wasser, keine Entsorgungsstation. **Beschreibung**: Das kleine halbschattige Campinggelände ist eher ein privater Stellplatz als ein klassischer Campingplatz. Es liegt sehr schön und etwa 1.4 km vom Aussichtspunkt entfernt. In Blandas gibt es ein Restaurant. Sie können aber nichts einkaufen. **Preis**: 18 €. **Zufahrt**: Der Platz liegt an der Straße zum Belvédère.

Navacelles - Badestelle

Die dritte Alternative ist wahrscheinlich die gebräuchlichste. Sie trauen sich mit dem Wohnmobil hinunter auf den Talboden zum Dorf **Navacelles** (190 Einwohner, Foto Seite 125). Die sechs Kilometer lange Strecke ist passabel, aber für sehr unerfahrene Piloten ungeeignet (**zugelassen für Fahrzeuge bis zehn Meter Länge**, am Anfang vier Serpentinen und nur vor den ersten Häusern von Navacelles – gleich nach der Abzweigung zur weiteren Zufahrt – gibt es eine kurze Engstelle; weitere Anfahrt siehe beim folgenden Parkplatz und weiter unten), und am Ende der Straße finden Sie *einen der romantischsten Badeplätze Südfrankreichs*. Die Vis sprudelt dort in Form kleiner Wasserfälle. Entweder ist das Vergnügen grenzenlos oder aber der Bach ist sehr kalt. Die Schreie der Badenden sind jedenfalls noch oben auf dem Aussichtsbalkon zu hören. Am nahen Parkplatz kann man nach meiner Interpretation übernachten, aber nicht campieren:

140 Navacelles

GPS: N 43°53'39" E 3°30'39".
Max. WOMOs: 5.
Ausstattung: Mülleimer.
Beschreibung: Sie parken außerhalb der Bebauung schön unter Bäumen auf gewachsenem Untergrund in der Nähe einer Toilette, zweier Gaststätten und der beschriebenen Bademöglichkeit. Unsere nachfolgende Wanderung beginnt hier. Im Juli/August herrscht bis gegen 20 Uhr großer Trubel; sonntagnachmittags würde ich wegen der im Text beschriebenen Engstelle erst nach dem Rückreiseverkehr nach unten fahren. Ein Schild verbietet *Camping et Caravaning* (also keine

Markisen und Klappstühle). Leser haben unbeanstandet übernachtet. **Zufahrt**: Fahren Sie auf dem im Text beschriebenen Weg ab dem Panorama de Blandas in den Talkessel und dann am Ende der Straße seitlich unter Bäume (die angrenzende Wiese ist durch eine Barriere gesperrt); die Südroute ab Le Baume ist für Fahrzeuge bis 8 m frei gegeben und entsprechend gut zu befahren.

Hier beginnt ein Wanderweg mit einem *spektakulären Ziel* an der Quelle der Vis:

Von Navacelles zu den Moulins de la Foux

Wir wandern in **Navacelles** in Verlängerung der Straße kurz links und gleich wieder rechts an den kleinen Fluss, ohne ihn zu überqueren. Die gelbe Markierung leitet uns auf einen Pfad, der nach etwa 25 Minuten auf die Straße stößt. Dort wenden wir uns nach links, 300 m bergauf, und entscheiden uns an der Einmündung der von La Baume-Auriol herkommenden Straße und bei einer **Wegtafel** für den weiterhin gelb und gut markierten Weg nach rechts.

TOUR 9

Ab hier folgen wir dem Lauf des Flusses, teils auf dessen Niveau und immer wieder vorbei an verlockenden Badestellen, einmal sogar mit einer kurzen Seilsicherung, bis wir nach insgesamt 2 Stunden (ab Navacelles) unter uns das Tosen der **Visquelle** vernehmen, die mit unglaublicher Macht und mit Wassermassen, die wir in diesem Umfang nicht erwartet hatten, unter dem restaurierten Mühlengebäude der ehemaligen **Moulins de la Foux** hervorbricht. Wir bedauern den armen Müller, der über diesem Lärm seinem schweren Tagwerk nachgehen und sich zuletzt vor Hochwasser auf das Dach seiner Mühle retten musste, was uns auf Schautafeln ebenso gut erläutert wird, wie die technische Funktion des Mahlwerkes.

Wir müssen ein wenig über große Steine ans **andere Ufer** klettern (schon wegen des Fotos von dieser Seite) und uns von der gelben Markierung bergauf bis zu einem kleinen Parkplatz an der **D 713** leiten lassen

Moulins de la Foux

(Achtung, kurz nach der Mühle links gehen). Hier wandern wir auf der Straße ein kurzes Stück bergab, ehe uns die Markierung nach links schickt. Der Weg wirkt dort zunächst gemütlich, er wird aber bald sehr schmal und führt in einem großen Bogen durch steil abfallendes Gelände. Wer nicht trittsicher, bei Regen, mit Kindern oder mit Hund unterwegs ist, bleibt daher für den Rest des Rückweges lieber auf der wenig befahrenen Straße. Das ist kaum weiter und belohnt Sie mit ähnlich schönen Blicken auf Navacelles, wo Sie 90 Minuten nach der Rast an der Mühle wieder eintreffen *(die IGN-Karte 2642 ET ist hilfreich, aber entbehrlich)*. Als Ausgangspunkt bietet sich auch Platz Nr. 142 an.

TOUR 9

Eine Alternative zum Betrachten des Cirque de Navacelles, bzw. zum Fußweg in denselben, ist der Aussichtspunkt von **La Baume-Auriol** südlich des Talkessels, von wo die meisten *Ansichtskartenmotive* aufgenommen werden. Auch von hier kann man in den Talkessel fahren, sofern das WOMO nicht länger als acht Meter ist. Leser fanden diese Strecke noch einfacher als die Nordroute. Um nach La Baume-Auriol zu gelangen, müssen Sie von Ganges durch das Tal der Vis fahren oder von Lodève (Tour 8) anreisen. Den weitaus schönsten Stellplatz der Gegend finden Sie im Weiler **Vissec** (50 Einwohner), westlich von Blandas:

141 Belvédère de La Baume-Auriol

GPS: N 43°53'15" E 3°30'31", D 130. **Max. WOMOs**: 6-8. **Ausstattung**: Wasser, Toilette, Mülleimer. **Beschreibung**: Nach einigen Schritten von den asphaltierten Parkbuchten genießen Sie eine grandiose Sicht auf den Cirque und können vermutlich abends nach Abzug der Touristen etwas einsam Ihre Klappstühle benutzen. Der Wirt der nahen Gaststätte beanstandet die WOMOs nicht und ist sehr freundlich. Sie können hier loswandern. **Zufahrt**: Biegen Sie in St Maurice-Navacelles nach Norden auf die D 130 nach La Baume-Auriol ab und stellen Sie sich neben das Informationsgebäude.

142 Vissec

GPS: N 43°54'02" E 3°27'36", D 113. **Max. WOMOs**: 10. **Öffnungszeit**: Ganzjährig. **Ausstattung**: Wasser, Toilette, kalte Dusche, Strom, Mülleimer, steinerne Picknickbänke, Grillstelle. **Beschreibung**: Das ist ein Musterbeispiel für einen schönen, klappstuhlgeeigneten offiziellen Stellplatz mit grasigem Untergrund und Schatten spendenden Bäumen am Rand der Bebauung. Man kann auch von hier sehr gut und beschildert zu den Moulins de La Foux wandern und mithilfe der IGN-Karte oder App sogar eine Rundwanderung zusammenstellen. Im kleinen Weiler finden Sie weder Lebensmittel noch eine Gaststätte. Leser haben im Sommer von Falterschwärmen in der Toilette berichtet. **Preis**: Spende erwünscht. **Zufahrt**: Der Platz ist nordöstlich des Ortes als ›*Aire d'Acceuil*‹ beschildert.

Weiter im Norden, bei **Alzon** (190 Einwohner), stoßen wir an den Rand der Cevennen

143 Kostenloser Stellplatz mit Ver- und Entsorgung an der D 999 bei N 43°57'57" E 3°26'20" gegenüber einer Gaststätte.

La Couvertoirade

Auf der D 999 wählen wir den Weg nach Westen, Richtung Saint-Jean an der Dourbie. Bevor wir uns in die kalten Fluten dieses Flüsschens stürzen, ist erst noch ein Abstecher angesagt: Beim Dorf **Sauclières** (Automatenmuseum) geht es auf den Causse du Larzac zum mittelalterlichen **La Couvertoirade**. Das mit Mauern und Türmen ringsum befestigte Dorf, eines der *Schönsten Dörfer Frankreich*, ist so etwas wie der Hauptort der Causses und wirkt auf der menschenleeren, graubraunen Hochebene wegen seiner abgeschiedenen Lage und seiner Niedlichkeit fast spielzeughaft. Es waren Tempelritter, die hier im 12. Jahrhundert eine Fliehburg zur Unterbringung der Alten und Kranken gegründet haben. Nach der Auflösung des Templerordens (benannt nach der Stammburg auf dem Tempelberg von Jerusalem) übernahm im 14. Jahrhundert der Johanniterorden die Festung und verstärkte die Mauer. Templer waren, um es etwas zu vereinfachen, Mönche als Krieger einer Eliteeinheit, die direkt dem Papst unterstanden

hat, gegen die Un- oder Andersgläubigen. Der gute Erhaltungszustand ihrer Burg ist vor allem darauf zurückzuführen, dass der Ort ab der Wende zum 20. Jahrhundert aus den oben schon beschriebenen Gründen unter einer starken Entvölkerung zu leiden hatte. Es war also niemand mehr da, der Mauern und Burg für neue Häuser niederreißen konnte. Heute leben hier noch 186 Einwohner. Es sind fast nur Künstler oder solche, die sich dafür halten – ein Wirt und jedes Jahr mehr Souvenirverkäufer. So ist, wie häufig an solchen Ansiedlungen, sehr stark der Eindruck eines Freilichtmuseums entstanden, gleichwohl eines sehenswerten. Die Mauern kann man gegen Eintritt besteigen *(10–12 und 14–18 Uhr, Juli/August 10–19 Uhr; 4 €)*, und Sie entdecken einen richtig guten Parkplatz, auf dem Wohnmobile ausdrücklich über Nacht geduldet werden:

144 La Couvertoirade

GPS: N 43°54'39" E 3°18'49".
Max. WOMOs: 15.
Öffnungszeit: Ganzjährig.
Ausstattung: Toilette (am weiteren Parkplatz direkt vor dem Ort), Mülleimer.
Beschreibung: Sie parken nur oder übernachten auf geschottertem Untergrund mit grasigen Rändern und Bäumen außerhalb der Bebauung (für Angsthasen also etwas einsam) etwa 350 m vor der Ansiedlung mit Gaststätten. Ich weiß nicht, ob man im Ort jederzeit Lebensmittel einkaufen kann.
Preis: 4 € (April bis Oktober). **Zufahrt**: Fahren Sie von der D 55 durch die Schranke auf den Parkplatz vor dem Ort. Dort ist ein Bereich für Wohnmobile ausgewiesen.

Wir befinden uns nun im Zentrum des **Causse du Larzac**, einer Landschaft, die in meiner Jugend im Blickpunkt von ganz Europa gestanden hat. Wenn Sie auf Ihrer Karte genauer nachsehen, erkennen Sie weiter nördlich einen Truppenübungsplatz, das Camp Larzac, welches einen erschreckend großen Teil der Hochfläche einnimmt. Es galt lange Zeit als Synonym für den Widerstand durch Bürgerbewegungen gegen staatliche Umweltzerstörung: Anfang der Siebzigerjahre wollte man das Soldatentrainingsgelände nachhaltig vergrößern, einschließlich Militärflugplatz und allem Drumherum. Etwa 100 landwirtschaftliche Betriebe sollten ihre spärliche Existenzgrundlage verlieren. Eine komplette Region trat daraufhin in aktiven Widerstand. Es kam zu Protestversammlungen mit bis zu 100.000 Menschen, und aus ganz Frankreich, ja sogar aus dem benachbarten Ausland, waren Menschen nach Larzac gereist, um verlassene Bauernhöfe samt deren Land wieder in Betrieb zu nehmen, vor allem soweit dieses im Bereich des geplanten Militärübungsplatzes lag. Zehn Jahre, bis 1981, dauerte der Kampf, und es bedurfte noch eines Regierungswechsels in Paris, ehe das Militärprojekt zu den Akten gelegt wurde. Die Parolen auf den Hauswänden sind längst verblasst oder aktualisiert. Protest und Widerstand werden im Larzac trotzdem weiterleben. Am Ende der 10. Tour fahren Sie nochmals über den Causse du Larzac.

Bei **Saint-Jean-du-Bruel** (700 Einwohner) treffen wir auf das Flüsschen **Dourbie**, das hier noch in einem lieblichen Tal plätschert und wenig *Gorges* erahnen lässt. Für das Abendessen gibt es in St Jean-du-Bruel, einem wenig aufregenden, aber angenehmen Städtchen, im ***Restaurant du Midi-Papillon*** die passende Adresse *(Tel. 05 65 62 26 04, nur von Mitte März bis Mitte November, abends immer geöffnet; Menüs ab 30 €)*. Wir kommen gerade noch dazu, den Tisch zu reservieren und uns im Ort etwas umzusehen, ehe ein kräftiges Sommergewitter über uns hereinbricht, vor dem wir uns in die Markthalle flüchten. Es ist eine willkommene Flucht, wie wir alsbald feststellen. Denn in der nach drei Seiten offenen Halle entdecken wir einen Ausschank mit Tischen und Stühlen, auf denen nun der halbe Ort scheinbar auf besseres Wetter, insgeheim aber auf einen verfrühten *Pastis* wartet.

Der Parkplatz seitlich der Festhalle ist nicht mehr als ein reiner Übernachtungsplatz. Allerdings besitzt er dafür alle Tauglichkeitskriterien:

TOUR 9

145 Saint-Jean-du-Bruel

GPS: N 44°01'16" E 3°21'40", Grand Rue. **Max. WOMOs**: 3-4. **Ausstattung**: Mülleimer. **Beschreibung**: Der Asphaltplatz mit grasigen Rändern und Bäumen innerhalb der Bebauung eignet sich für eine ruhige Nacht, solange in der Festhalle nicht gefeiert wird. Gaststätten und Geschäfte sind wenige Schritte entfernt. **Zufahrt**: Der Platz liegt am südlichen Ortsende seitlich der D 999 hinter der *Salle des Fêtes*.

Das Dourbie-Tal bis nördlich von Nant ist auch reich an Campingplätzen aller Ausstattungen und Lagevarianten, ich habe mehr als zehn gezählt. Unter diesen finde ich die Möglichkeit direkt bei Nant am besten geeignet und einem freien Stellplatz am ähnlichsten; sie ist auch der preiswerteste Platz. Diese, einen komfortableren Fastnachbarn und einen offiziellen Stellplatz finden Sie in folgender Übersicht:

146 Nant – *Camping Vialaret*

GPS/Kontakt: N 44°01'39" E 3°17'49", D 991, Tel. 05 65 62 13 66; https://campinglevialaret.jimdofree.com. **Öffnungszeit**: 1.4.–31.10. **Ausstattung**: Bescheidene Ausstattung, überwiegend alte Steckdosen mit Stift. **Beschreibung**: Der Platz ist im hinteren Teil angenehm naturbelassen, teilweise unter Bäumen, teils auf einer Wiese. Eine hüfttiefe Badestelle erreichen Sie im angrenzenden Fluss. Das Ortszentrum ist 0,6 km entfernt. Sie können hier wandern. **Preis**: 18 €. **Zufahrt**: Der Platz liegt direkt nördlich von Nant an der D 991.

Etwa 2,5 km nördlich von Nant an der D 991 und bei Häusern, die auf der Michelin-Karte als *Les Cuns* eingezeichnet sind, liegt ein touristisch etwas mehr aufbereiteter Platz mit der Bezeichnung ***Le roc, qui parle***.

147 Nant – *Camping Val de Cantobre*

GPS: N 44°02'44" E 3°18'06", Chemin de Lestiouette, Tel. 05 65 58 43 00.; www.rcn.nl/de/camping/frankreich/aveyron/rcn-val-de-cantobre. **Öffnungszeit**: Ende April bis Ende Sept. **Ausstattung**: Pool mit Wasserrutsche, Laden, 2 Restaurants, Tennisplatz. **Beschreibung**: Die Einrichtung nennt sich *Ferienpark*, ist sehr gepflegt und mit Animation ebenso durchorganisiert. Es gibt viele feste Behausungen. Das Ortszentrum ist 4,5 km entfernt. Sie können hier gut wandern. **Preise**: Im Sommer bis zu 50 €; zu solchen Plätzen werden im Internet üblicherweise keine Preise veröffentlicht. **Zufahrt**: Der Platz ist 3,8 km nördlich von Nant an der D 991 beschildert.

148 Nant – Piscine

GPS: N 44°01'12" E 3°18'14", Route du Faubourg Bas. **Max. WOMOs**: 10. **Öffnungszeit**: Ganzjährig. **Ausstattung**: Wasser, Freibad (Juli/August). **Beschreibung**: Sie können Ihre Klappstühle auf Asphalt oder dahinter auf einen grasigen Untergrund stellen. Gaststätten und Geschäfte sind nur wenige Schritte entfernt. **Zufahrt**: Der Platz liegt noch innerhalb der Bebauung an der D 999 südlich der Ortsmitte beim Schwimmbad und dem Sportgelände.

Nant – Markthalle

Nant (990 Einwohner) mit einer *Dourbiebrücke aus dem 14. Jahrhundert* ist eines der Städtchen, die einem den Urlaub im Landesinneren von Südfrankreich angenehm machen. Alles geht ein paar Takte langsamer, fast schon zu langsam. An erster Stelle ist es die Arkadenreihe der niedrigen **Markthalle**, das Überbleibsel eines klösterlichen Kreuzganges. Als wir uns vor ihren Bögen gerade zu einem Eisbecher niedergelassen haben, marschiert plötzlich eine Ehrenformation auf. Vornweg der Bürgermeister, der eine kurze Rede hält, die Trikolore in einen an der Wand der Bogenreihe angebrachten Fahnenhalter steckt und einen Blumenstrauß niederlegt. Erst jetzt erkenne ich dort eine Gedenktafel, die daran erinnert, dass heute vor vielen Jahren, an einem Augusttag des Jahres 1944, mehrere Bewohner von Nant, die sich dem *Marquis*, der südfranzösischen Partisanenbewegung, angeschlossen hat-

ten, von deutschen Soldaten erschossen wurden. Die befanden sich damals schon auf dem Rückzug und haben dabei in vielen Dörfern des Cevennen-Gebietes blutige Rache genommen. Man steht erschreckend oft vor ähnlich anklagenden und mahnenden Gedenksteinen.

Sensationell ist die ***Bäckerei/Patisserie W. Foissac*** *(Place St Jaques)*, deren Kundenschlange nicht selten bis vor die Ladentüre reicht. Leider gab es zuletzt nur noch ein einziges montags geschlossenes Restaurant und eine sehr schlechte Pizzeria. Dienstags lohnt sich ein sehr schöner *Markt* (Foto Seite 233).

Cantobre

TOUR 9

Hinter Nant beginnt flussabwärts die landschaftlich reizvolle Strecke durch die **Gorges de la Dourbie** (Canyon de la Dourbie), die zwar an die Tarnschlucht nicht herankommen, aber dennoch schöne Winkel vorzuweisen haben. Einen Ort, der so malerisch wie **Cantobre** auf einen Felsvorsprung geklebt ist, werden Sie am Tarn jedoch vergeblich suchen. Spazieren Sie hoch in das Dörfchen, nachdem Sie das WOMO am besten schon unten an der D 991 auf dem ausgeschilderten Parkplatz abgestellt haben (Fußweg über 1,3 km entlang dem schmalen Sträßchen bergauf; es folgt ein weiterer Parkplatz nur für Pkw). Noch immer sind nicht alle Häuser Ferienhäuser.

Auch die alte **Mühle von Sainte-Marguerite**, 13 Kilometer weiter im Norden, ziert so manchen Bildband. Etwa zwei Kilometer westlich von La Roque-Sainte-Marguerite finden Sie an der Dourbie in einer Kurve der D 991 eine *schöne Badestelle* (N 44°07'15" E 3°11'30"; Wertsachen mitnehmen).

Schon in La Roque-Sainte-Marguerite zweigt eine Zufahrt ab, hoch auf den Causse zur Cité des Pierres à Montpellier-le-Vieux. Das Sträßchen ist allerdings gefährlich schmal und für Wohn-

Gorges de la Dourbie – Mühle von Ste Marguerite

La Cité de Pierres à Montpellier-le-Vieux

mobile verboten. Wählen Sie daher die Alternative, die bei Millau beginnt, zumal sie den Vorteil besitzt, dass man bis dorthin das Dourbie-Tal ganz durchfahren hat. Auch diese Straße, die D 110, ist am Aufstieg kurvenreich, aber ich kann versprechen, dass selbst große Wohnmobile, von ein oder zwei Stellen abgesehen, an denen man bei breitem Gegenverkehr anhalten muss, ungefährdet ans Ziel kommen. Allein schon die Blicke auf die fantastische Autobahnbrücke (Tour 10) und auf Millau (Tour 11) lohnen die Fahrt auf dieser Strecke.

Das Ziel nannte sich über Jahrzehnte *Chaos* (für eine in Frankreich gebräuchliche Bezeichnung einer Ansammlung spektakulärer Felsbrocken) *de Montpellier-le-Vieux*. Diese Bezeichnung hat man modernisiert und firmiert nun unter **La Cité de Pierres à Montpellier-le-Vieux** *(Steinstadt des alten Montpellier)*. Das ist eine Natursehenswürdigkeit und hat mit der gleichnamigen Stadt nur den Namen gemeinsam. Wanderhirten sollen die merkwürdigen Felsgebilde aus der Ferne für eine zerstörte Stadt gehalten haben, was ziemlich weit hergeholt ist. Die von der Erosion angenagten Steine besitzen zwar bizarre Formen, diese erinnern uns aber eher an Tierfiguren als an Häuser. Das angeblich größte Felsenmeer in Europa ist bei Franzosen sehr beliebt, der *Michelin*-Reiseführer verleiht ihm sogar drei Sterne. Die wirklich lohnenden Wegstrecken eignen sich für einen kürzeren Ausflug, aber auch für anspruchsvolle **Wanderungen** (wenn man die große Runde mit Abstechern dreht, ist man über drei Stunden auf den Socken). Der mit roter Farbe markierte Rundweg beispielsweise dauert schon gut eineinhalb Stunden. Kürzer ist mit etwa 40 Minuten nur die blaue Strecke. Kombiniert man rot mit gelb, benötigt man mehr als zwei Stunden. Uns hat an einem heißen Spätsommertag die rote Runde angestrengt. Man flaniert nämlich nur teilweise auf bequemen Spazierwegen und muss – außer auf blau – hier und da auch mal mit den Händen nachhelfen, weshalb ich dringend Wanderschuhe und auch Stöcke empfehle. Die Bäume waren ursprünglich einmal höher, aber dann brannte fast das ganze Gelände ab, und heute ist überwiegend nur noch Strauchwerk übrig. Markantester Punkt ist die **Belvédère du Douminal**, eine Aussichtsplattform auf gewachsenem Fels, von der aus man einen beeindruckenden Rundblick genießt. Weniger naturverbunden ist der Bummelzug, der den Gebrechlichen und Gehfaulen während fünfzigminütiger Fahrt von den Beinen hilft *(Anfang April bis Anfang November, 9:30–17:15 Uhr, Mitte Juli bis Ende August bis 18:15 Uhr; 8,90 €, der kleine Zug kostet weitere 6,10 €; ich kann nicht ausschließen, dass die farbigen Markierungen seit meinem letzten Besuch verändert worden sind)*. Wer die große sportliche Herausforderung sucht, und/oder seine jugendlichen Verwandten (ab 12 Jahre) unterhalten möchte, findet in der Nähe einen Klettersteig, eine **Via Ferrata** *(nur auf Vorbestellung; siehe unter www.lacitedepierres.com/fr-fr)*.

Man darf sogar innerhalb des beschrankten Geländes übernachten (wir haben nachgefragt). Schöner finden wir Wiese oder Parkplatz bei dem kleinen Weiler Le Maubert:

149 La Cité de Pierres à Montpellier-le-Vieux

GPS: N 44°08'16" E 3°12'11". **Max. WOMOs**: 30. **Öffnungszeit**: Unbekannt. **Ausstattung**: Wasser, Toilette. **Beschreibung**: Am besten steht man auf dem naturbelassenen und klappstuhlgeeigneten Pkw-Platz, weil es dort eine Toilette gibt. Der Ausblick ist grandios, und man kann gegen Abend ganz allein durch das Gelände wandern. Die Schranke

fährt beim Verlassen automatisch hoch, weshalb man bei Fracksausen auch noch spät auf den nachfolgenden Platz fahren kann, denn das Gelände liegt sehr einsam. **Preis**: Man muss eine Eintrittskarte für den Park lösen. **Zufahrt**: Folgen Sie der Beschilderung zur Cité de Pierres à Montpellier-le-Vieux.

150 *L'Auberge de Maubert*

GPS: N 44°08'50" E 3°11'50". **Max. WOMOs**: 5-7. **Öffnungszeit**: Unbekannt. **Ausstattung**: Gaststätte. **Beschreibung**: Parken Sie neben einer nett aussehenden, von uns noch nicht getesteten Gaststätte. Theoretisch auch ganz unabhängig davon schräg gegenüber. Sie können hier wandern. **Zufahrt**: Der Parkplatz liegt ca. 1,5 km vor der Cité de Pierres à Montpellier-le-Vieux.

Man kann nun von der Cité de Pierres à Montpellier-le-Vieux auf direktem Weg (schmale Straße mit Serpentinen) an den Zusammenfluss von Tarn und Jonte, in die Gorges du Tarn, absteigen und auf der anderen Seite des Jonte-Tals, auf dem Causse Méjean, das Erlebnis der einsamen Hochflächen fortsetzen. Wir kommen bei der 11. Tour auf die vorgenannten beiden Flüsse und die Causses zurück. Man verpasst bei dieser Abkürzung aber den ersten südlichen Teil des Tarn-Tals. Der ist zwar nur ein Vorgeschmack für die eigentliche Schlucht, aber immerhin so sehenswert, dass ich Ihnen empfehle, es uns gleichzutun und denselben Weg zurück nach Millau zu wählen und die eindrucksvolle *Sicht auf den Viaduc de Millau* zu genießen..

Millau und der Viaduc de Millau

Tour 10

Tour 9
Tour 11
MILLAU
Tarn
Aquessac
La Cavalerie
Ste Eulalie-de-Cernon
Tournemire
Roquefort-s.-Soulzon
St Rome-de-Cernon
Viaduc de Millau
Peyre
St. Beauzély
St Rome-de-Tarn
St Affrique
43°57'21"
02°52'52"
43°56'45"
02°50'22"
Vabres-l'Abbaye
Salles-Curran
Lac de Pont-de-Salars
Pont-de-Salars
Lac de Pareloup
Baraqueville
44°16'43"
02°26'02"
St Sernin-sur-Rance
43°53'16"
02°36'08"
Alban
43°53'14"
02°27'33"
Carmaux
44°03'08"
02°09'53"
ALBI
Cordes-sur-Ciel
10 km
N

Der unvermeidliche Umweg
Nach Albi
330 km

Ziel und Hauptgrund des weiten Bogens nach Westen ist die Stadt Albi mit einer Kathedrale, die sicher eine der besuchenswertesten in Europa ist. Sie machen mit diesem kurzen Abstecher, der vielleicht nur zwei Tage dauert, auch sonst nichts falsch. Sehen Sie selbst:

- **Viaduc de Millau**
- **Albi**
- **Cordes-sur-Ciel**
- **Roquefort-sur-Soulzon**
- **Sainte-Eulalie-de-Cernon**

Klappe! Und Szenenwechsel! Sie stehen in Millau. Tarnschlucht und Badefreuden locken, und jetzt komme ich und rate Ihnen zu einem Umweg, für den Sie mindestens zwei Tage veranschlagen sollten. Vermutlich werden Sie weiterblättern und »Im nächsten Jahr« murmeln. Dann allerdings wird sich der Vorgang wiederholen – und so fort. Am Ende werden Sie alt, und nach Albi kommen *Sie* bestimmt nicht mehr. Es sei denn, Sie fahren *jetzt*. Auf der Stelle und ohne zu zögern. Mit meinem Versprechen im Ohr, Sie würden nicht nur eine schöne Landschaft, eine noch schönere Stadt, sondern auch, ohne Übertreibung, eine der interessantesten Kathedralen der Welt kennenlernen, **eine der größten Sehenswürdigkeiten in Südfrankreich**. Wer es besonders eilig hat, könnte zur Zeitersparnis unseren kürzeren Tourrückweg auch als Hinweg wählen.

Überredet?

Das erste Stück auf der D 911, das ist die Straße Richtung Rodez, gehört sowieso zum Pflichtprogramm, was Ihnen schnell klar wird, wenn Sie am Kreisverkehr vor der Autobahnanschlussstelle Nummer 45 den Wegweiser zum ›*aire du viaduc de Millau*‹ erkennen. Er leitet Sie zu einem Parkplatz (N 44°05'51" E 3°01'30"), von dem ein kurzer Fußweg zu einem benachbarten Autobahnrastplatz führt, wo sich ein Informationszentrum und der Startpunkt einer geführten Besichtigung befinden. Und wo Sie auch nur die Brücke von der Seite anschauen können. Der **Viaduc de Millau** hat sich nämlich fast über Nacht zu einem Touristenmagneten entwickelt und zählt zu unseren persönlichen **Top Ten**. Im Dezember 2004 wurde das ›*Kunstwerk in den Wolken*‹, wie die Brücke oft umschrieben wird, dem Verkehr übergeben, die *höchste Autobrücke und mit 2.460 Meter die längste Schrägseilbrücke der Welt*, 270 Meter über dem Tarn, der höchste Pfeiler misst sogar 343 Meter, 19

Viaduc de Millau

Meter mehr als der Eiffelturm, und ist das höchste Bauwerk in Frankreich. Gestalterischer Planer der filigranen Schrägseilkonstruktion war kein geringerer als Sir Norman Forster (der vom Reichstag!). Man muss einfach hinfahren, staunen und sich mit Wissenswertem und Bildern über den Bau eindecken, am besten der Führung zu einzelnen Bauteilen und dem schönsten Blick folgen *(mit deutschem Audioguide; geführte Besichtigungen um 11, 14 und 16 Uhr, 40 Minuten; 4 €, Ihre ganze Familie mit allen 6 Kindern 14 €; Spitzenfotos und Spitzeninternetseite mit guter Zufahrtsbeschreibung unter www.leviaducdemillau.com)*. Der Parkplatz ist kostenlos.

Wir sind auf der A 75 auch mehrfach über die Brücke und auf diese Weise auf den Rastplatz gefahren. Wenn man bedenkt, dass das kurze Stück der ansonsten kostenlosen Autobahn zwischen den Anschlussstellen Nr. 45 und Nr. 46 teuer ist, kann man darauf verzichten *(WOMOs unter 3 m Höhe kosten je nach Saison und Zeitpunkt zwischen etwa 15 und 18 € – für 13 Kilometer, höhere sogar bis zu 34 €)*. Am Ende dieser 10. Tour fahren wir bei **Pfeiler 2** unter der Brücke durch, was wir für ähnlich lohnend halten wie den Blick von oben, weil von hier das Bauwerk noch gigantischer wirkt (Parkplatz *Pile* 2, das ist der höchste Pfeiler bei N 44°05'14" E 3°01'28"; aber Sie können von hier nicht zu dem genannten Parkplatz beim Autobahnrastplatz fahren). Und weshalb kennen Sie das Abbild dieser Brücke aus Ihrem Alltag? Von der Rückseite des 500-Euro-Scheins, den Sie in Ihrem *Portemonnaie* gerade nicht finden, weil er Ende 2018 abgeschafft worden ist.

Nach diesem architektonischen Weltwunder fahren wir nach Albi und geben erst mal tüchtig Gas. Bald sind wir wieder auf einer Höhe von über 800 Meter angelangt, abgeschieden wie auf den Causses, nur ist die Landschaft hügeliger. Man kommt gut voran, und früher als befürchtet darf man zum **Lac de Pareloup**, einem

Staumauer des Lac de Pareloup

Stausee, abbiegen. Das Gewässer ist eher etwas für Liebhaber mitteleuropäischer Gefilde ohne südliche Hitze und mediterrane Vegetation des Midi. Wir weilen auf annähernd 900 Meter Höhe. Die Freiheit und Leichtigkeit des Südens fehlen auch in den Köpfen der Anrainer, die weite Teile des Seeufers in Privatbesitz genommen haben. Jedenfalls machen die Gartenzaunhändler hier gute Geschäfte. Denn frei zugängliche Stellen am See sind selten. Trotzdem finden Sie am Ostufer bei **Salles-Curan** einen vorbildlich auf Terrassen angelegten Stellplatz am See mit eingebautem Sonnenuntergang:

151 Salles-Curan – *Aire de Camping-Car des Vernhes*

GPS: N 44°12'01" E 2°46'33", Route des Vernhes. **Max. WOMOs**: 80. **Öffnungszeit**: Ganzjährig. **Ausstattung**: Ver- und Entsorgung, Toilette, Duschen, Strom, Mülleimer, Badestrand. **Beschreibung**: Auf dem ehemaligen kommunalen Campingplatz verweilen Sie fast wie auf einem Campingplatz; im Sommer Bäckereiwagen und Pizzaverkauf, denn wir kennen in der Nähe weder ein Restaurant noch einen Lebensmittelladen. **Preis**: 13 € (Incl. Strom) mit Kreditkarte. **Zufahrt**: Das Gelände liegt an der D 243 zwischen Les Vernhes und Salles-Curan.

Der See ist wegen seines sauberen Wassers bei Wassersportlern sehr beliebt, weshalb Sie mehrere Campingplätze entdecken, die auch im Hochsommer nicht überfüllt wirken und unmittelbar am Seeufer liegen, wo sich mancherorts sogar kleine Strände gebildet haben. Ich fasse mich hier aber kurz, da der See eindeutig nicht mehr zum Languedoc-Roussillon gehört.

Auch am weiter nördlich gelegenen **Lac de Pont-de-Salars** finden Sie eine landschaftlich schön gelegene *Badestelle*, wenn Sie von **Pont-de-Salars** (1.400 Einwohner) am westlichen Seeufer nach Norden fahren. Sie kommen dabei zunächst an einem reizvollen **Campingplatz** vorbei, ehe Sie seitlich der Straße auf den Parkplatz der *Plage des Rousseleries* treffen (N 44°17'43" E 2°43'30"). Man muss von dort noch ein paar Meter zum Seeufer runterklettern und dürfte sogar, wenn auch einsam und direkt an der wenig befahrenen Straße, **frei nächtigen**. Zumindest hat dieser Strand das Zeug für einen angenehmen Badenachmittag. Für den Abend und die Nacht können Sie auf den offiziellen Stellplatz ausweichen:

152 Pont-de-Salars

GPS: N 44°16'42" E 2°43'45", Chemin du Rival. **Max. WOMOs**: 5. **Öffnungszeit**: Ganzjährig. **Ausstattung**: Ver- und Entsorgung (1.5.–20.10.; 5 €, Jetons bei 11 Verkaufsstellen), Toilette, Mülleimer. **Beschreibung**: Auf Asphalt sind im Ort zwischen Hecken 5 Plätze für Wohnmobile ausgewiesen; der Parkplatz ist allerdings deutlich größer. Geschäft und Gaststätten (früher habe ich das *Hôtel des Voyageurs* empfohlen, die Erfahrung aber schon lange nicht mehr aufgefrischt) im Umkreis. **Zufahrt**: Wenn Sie sich von Millau nähern, sehen Sie am südlichen Ortseingang seitlich der D 911 einen großen beschilderten Platz.

Unweit kommt nördlich auch der Campingplatz *Les Terrasses du Lac* in Frage.

TOUR 10

Nach einer Nacht in frischer Höhenluft sind Sie gestärkt, um das eigentliche Ziel unseres Umwegs in Angriff zu nehmen. Für die Strecke nach **Albi** (49.000 Einwohner) benötigen Sie noch eine gute Stunde, ehe Sie die breite Tarn-Brücke überqueren. Am besten parken Sie schon mal kurz davor (leider oft belegt), denn über die Brücke muss man genussvoll schlendern. Der Blick hinunter

zum Tarn, auf die kleinere ältere Brücke (aus dem 11. Jahrhundert) und vor allem hinauf zu den roten Häusern der Altstadt, deren Dächer vom mächtigen Schiff der Kathedrale fast erdrückt werden, ist allein schon die Reise wert (siehe unser Foto). Selbst wenn Sie erst viel später einen Parkplatz (auf einem unserer Stellplätze) finden, müssen Sie unbedingt zu dieser Brücke zurück spazieren. Von dort ist es auch nicht mehr weit in die Altstadt, die fachgerecht saniert worden ist und sogar ohne das berühmte Kirchenbauwerk schön anzusehen wäre – vor allem die Fachwerkhäuser aus Backsteinen südlich unterhalb der Kathedrale. Das war auch ein Grund dafür, dass im Jahr 2010 das Bischofsviertel mit dem Dom auf die *UNESCO-Liste* des **Weltkulturerbes** gesetzt worden ist. Als das in der Stadt bekannt wurde, läuteten in der Nacht 20 Minuten lang die Glocken.

Die im Jahr 1282 begonnene **Kathedrale Sainte-Cécile** steht völlig zu Recht auf dieser Liste, sie gehört zu unseren persönlichen **Top Ten** und *stellt alles in den Schatten*. Sie ist ein Bauwerk der Gotik und erinnert von außen doch so wenig an die anderen gotischen Kathedralen und Kirchen Frankreichs oder Deutschlands – und ist deshalb *weltweit einmalig*. Auf der Außenseite enthält nur der Baldachin über dem Haupteingang die verspielten, behauenen Steine. Alles andere samt dem Turm ist trutzig, wie ein großer, roter, steinerner Kasten, kaum abgemildert durch die runden, als kleine Türmchen ausgebildeten Ecken und den schmucklosen Stumpf des immerhin noch 78 Meter hohen Hauptturms. Die

Albi

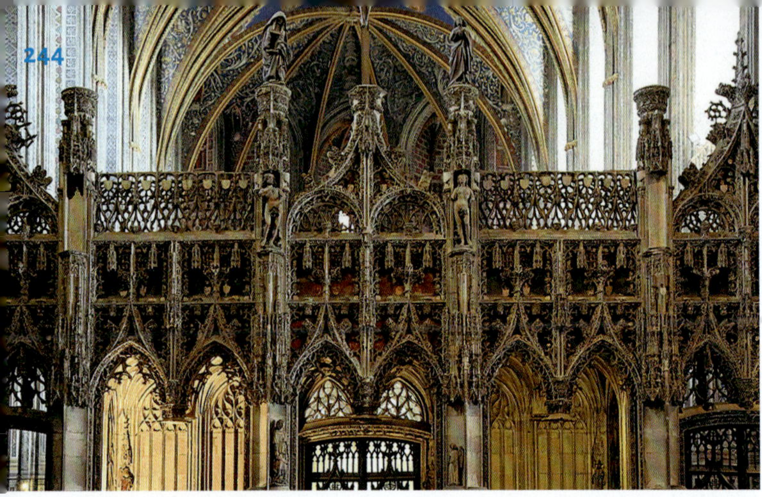

Albi – Chorschranke

schmalen Fenster tragen dazu bei, dass man das Bauwerk eher für eine Festung als für ein Gotteshaus halten könnte, das als die *größte Backsteinkirche der Welt* gilt.

Das allein ist schon äußerst beeindruckend, aber noch nichts gegen die Pracht, die Sie im Innern erwartet: Kein Zentimeter wurde ausgespart, als sich von weitem angereiste Künstler vom 13. bis 15. Jahrhundert alle Mühe gaben, mit Malereien, Schnitzereien und vor allem mit fein bearbeitetem Stein ein Zeichen religiösen Prunks zu setzen. Unweigerlich hält man vor der spätgotischen **Chorschranke** (dem sogenannten *Lettner*) den Atem an, einer quer durch das Kirchenschiff verlaufenden, ungemein kunstvollen Steinmetzarbeit, die weltweit ihresgleichen sucht (weil in den meisten anderen gotischen Kathedralen die Lettner abgerissen worden sind, um den Chor vom Kirchenraum aus sichtbar zu machen). Kaum weniger formvollendet und ästhetisch sind die Statuen in der dahinterliegenden Apsis oder im Inneren des abgeteilten, sehr sehenswerten **Chors**. Betrachten Sie auch das riesige Renaissance-Fresko vom Jüngsten Gericht. Überhaupt wären allein die **Malereien**, mit denen die gesamte einschiffige Saalkirche auf einer Fläche von 18.500 m² ausgemalt ist, eine Sensation. Alles, was Sie sehen, ist frühe Renaissance und original. Es gibt in ganz Südfrankreich keine weitere Kathedrale mit einer solchen Anhäufung von Schätzen, von denen jeder alleine schon

den Umweg, ja die ganze Reise, lohnt. Dazu gehört schließlich die **Orgel**, eine der größten Frankreichs. Damit ich nicht Seiten mit der Beschreibung der einzelnen Kunstwerke füllen muss, sollten Sie sich unbedingt den hervorragenden Audioguide leisten, den Sie ohnehin bekommen, wenn Sie das Eintrittsgeld für die Besichtigung des Chors bezahlen. Es macht keinen Sinn, nach Albi zu fahren und hier an sechs Euro zu sparen *(die Kathedrale kann täglich von 10–18 Uhr besichtigt werden, So. nur 12–17:30 Uhr, der Chor aber nur von 10 – 17:15 Uhr und So. nur ab 12 Uhr; der Chor kostet 5 €).*

Im Innern der Kathedrale hält man vor Bewunderung der kunstvollen Ausschmückung und der Steinmetzarbeiten den Atem an

Albi – Kathedrale, Bischofspalast und Eingang zum Lautrec-Museum

Hier hat die Kircheninstitution nicht gekleckert, hier wurde geklotzt, und man fragt sich, weshalb die Kirchenmänner ausgerechnet in Albi derart aufwendig hingelangt haben. Man wollte im 13. Jahrhundert ein demonstratives Zeichen setzen, ein Symbol des rechten Glaubens, eine Geste der Macht. Hatte man doch gerade erst in blutigen Kämpfen die Katharer (fast) ausgemerzt, eine Religionsgemeinschaft, deren Glaube geprägt war von Askese und Toleranz, aber auch von dem Bedürfnis, sich nicht von der damals weltlichen Macht der Kirche unterjochen zu lassen. Die Anhängerschaft dieses Glaubens rekrutierte sich aus weiten Teilen Südwestfrankreichs, namentlich aus der Bevölkerung um Albi, weshalb die Katharer auch heute noch Albigenser genannt werden. Das ist zwar unpräzise, weil die regionale Verbreitung der Häresie, der Ketzerei, weit über das Land um Albi hinaus reichte (siehe auch unsere 6. und 7. Tour). Aber schon der Begriff zeigt, dass in Albi besonderer Anlass bestanden hat, nach jener Unterwerfung, so brutal diese auch vonstattengegangen war, dem Herrgott zu danken – und dem Volk zu zeigen, wer die Macht hatte. So darf man heute bei aller Freude über die prachtvollen Kunstwerke nicht die damit verbundene Ideologie vergessen, genauso wenig wie die Hunderttausende von toten Andersgläubigen, die grausam niedergemetzelt worden sind.

Berufspinkler

Sie fragen sich vielleicht auch, woher das Geld für diese prächtige Kathedrale stammt. Zwar war die Bauweise mit Backsteinen preiswerter als die anderer Kathedralen, aber die Größe und der Innenausbau müssen eine Unmenge gekostet haben.

Der unermessliche Reichtum der Gegend bis nach Toulouse hatte unter anderem mit dem Wasserlassen zu tun. Jeder WOMO-Fahrer kennt den Wildpinkler. Was aber war ein Berufspinkler, ein *Pisseur*? Urin war unverzichtbarer Grundstoff für einen Fermentationsprozess, bei dem sich aus den zerkleinerten grünen Blättern der gelb blühenden Pflanze Färberwaid (franz. heißt dieselbe Blume *Pastel*) innerhalb einer geklumpten, pastösen Masse blaues Pigment gebildet hat. Diese Kugeln, man nannte sie *Cocagne*, mussten danach mehrere Monate trocknen (woraus angeblich der Ausdruck ›*Blau machen*‹ abgeleitet wird), bevor sie in die Färbereien transportiert werden konnten. Es gab in ganz Europa nur zwei Anbaugebiete für Färberwaid (das zweite lag bei Erfurt), weshalb der Preis für den dringend benötigten blauen Farbstoff hochgehalten werden konnte.

Das änderte sich, als aus Indien das wesentlich farbintensivere Indigo importiert worden ist, weshalb *Pastel* und damit die Profession des *Pinklers* im 17. Jahrhundert unrentabel geworden sind. Erst in neuester Zeit wurde *Pastel* von Künstlern auch außerhalb der *Pays de Cocagne*, so nennt sich das Gebiet im Dreieck zwischen Albi, Toulouse und Carcassonne heute noch, wiederentdeckt. Aber ich weiß nicht, mit welchen Rohstoffen heutzutage die Fermentierung beschleunigt und verbessert wird.

Die Geschichte trägt in Albi auch paradoxe Züge. Denn direkt neben die Kathedrale hat sich der **Bischof** einen **Palast** bauen lassen, von dem ich annehmen darf, dass er von Frömmigkeit, zumindest von Frömmelei, durchzogen war. Ausgerechnet dort hängen nun die bekanntesten Puff-Bilder der Kunstgeschichte, die Gemälde, auf denen Henry de Toulouse-Lautrec in seinem kurzen Leben (1864 - 1901) die Nutten und die Halbwelt verewigt hat. Der Maler entstammte der Linie der Grafen von Toulouse und wurde in Albi geboren. Henrys Vater hatte, um das Vermögen in der Familie zu behalten, seine Cousine geheiratet. Diese Verwandtschaftsehe war der Grund für eine Erbkrankheit, die sich durch Kleinwüchsigkeit bemerkbar machte und in den Jahren 1878 und 1879 die Ursache für zwei Beinbrüche war, die den jungen Mann monatelang an das Krankenlager fesselten. Leider verfiel er während seiner Zeit als malender *Bohémien* in Paris immer mehr dem Alkohol. Bevor er schließlich im Delirium dahindämmerte, schuf er die genialen Abbilder der Bordelle am Pariser Montmartre, von denen seine Mutter nach seinem Tod einen großen Teil der Geburtsstadt vermacht hat, dazu mehrere sehr schöne, weniger bekannte Bilder mit eher klassischen Motiven. So kann Albi heute mit einem Museum von Weltrang aufwarten, dem **Musée Toulouse-Lautrec**, das allerdings einen entscheidenden Nachteil hat, es ist zeitweise über Mittag geschlossen. Weshalb Sie die Kirchenbesichtigung den Öffnungszeiten des Museums anpassen sollten *(Okt. bis Mai 10–12:30 und 14–18 Uhr und Mo. geschlossen, Juni bis Sept. täglich durchgehend; 10 €)*.

Hat man sich an den beiden touristischen Highlights sattgesehen, und ist man noch durch die sehenswerte **Altstadt** gebummelt, stellt sich die Frage nach der weiteren Urlaubsplanung. Sie beglückwünschen sich inzwischen, dass Sie den inneren Schweinehund überwunden und sich zu diesem Abstecher nach Albi aufgerafft haben. Aber jetzt soll es so schnell wie möglich wieder zurückgehen an die Badeplätze der Gorges du Tarn. Genehmigt! Nach zwei Stunden Fahrtzeit sind Sie wieder in Millau, und ich bin schon froh, dass ich einige von Ihnen überreden konnte.

Sie könnten aber auch in Albi übernachten, mit Sicht auf die Kathedrale. So zentral stehen Sie selten, meistens sogar überraschend ruhig:

153 Albi – Cathédrale

GPS: N 43°55'39" E 2°08'28", seitlich des Boulevards du Général Sibille. **Max. WOMOs**: 9. **Öffnungszeit**: Ganzjährig. **Ausstattung**: Mülleimer. **Beschreibung**: Sie stehen auf Asphalt am Rand eines Parkes sehr zentral; Klappstühle und Markisen sind verboten; höchstens 48 Std. eine derart günstige, für Fahrzeuge über 7,50 m nicht geeignete Stelle ist sehr beliebt und daher oft schon früh belegt. **Zufahrt**: Folgen Sie den Wegweisern ‚*P - Cathédrale*' bis auf einen großen Parkplatz am Hang nahe und südwestlich der Kathedrale; ein kleiner Teil davon ist offiziell für WOMOs reserviert.

Man darf auf demselben Großparkplatz auch an anderen Stellen stehen. Dafür bietet sich die tiefere Etage an, wo man in Pkw-Buchten mit dem Heck über dem Rand- oder Mittelstreifen parken kann und wo am ehesten was frei ist.

154 Albi – Pratgraussals

GPS: N 43°56'00" E 2°08'09", Chemin de Pratgraussals. **Max. WOMOs**: 50. **Öffnungszeit**: Ganzjährig. **Ausstattung**: Ver- und Entsorgung, Mülleimer. **Beschreibung**: Sie stehen auf einer klappstuhlgeeigneten, schattenlosen, befestigten, grasigen Fläche am Rand der Bebauung. In der Nähe können Sie nichts kaufen. Aber der Fußweg in die Innenstadt ist kürzer als befürchtet: Gehen Sie auf der Straße entlang der Friedhofsmauer um die Ecke bis zum Bahndamm, dort rechts und dann links unter einem Eisenbahnviadukt immer geradeaus durch die Rue de Lamothe, sodann nach rechts in die Rue Rinaldi und über die alte Brücke – höchsten 1,5 km. **Zufahrt**: Der Stellplatz liegt auf dem Nordufer des Tarn, gegenüber der Altstadt, aber etwas weiter westlich. Fahren Sie über die Tarnbrücke nordöstlich der Altstadt und bei der ersten größeren Kreuzung nach links auf den *Boulevard Alsace-Lorraine*. Am Ende der Straße fahren Sie rechts und die dritte Straße (nicht die erste nach einem Bahnübergang, in die das Navi Sie vielleicht schickt) wieder links – Wegweiser mit Wohnmobilsymbol.

In dieser schönen Stadt kehrt man gerne ein. Besonders, wenn das WOMO bei der Kathedrale nachtfertig parkt, wo man ja nicht auf Klappstühlen sitzen kann. Das möchte sowieso niemand mehr, der die Terrasse des **Restaurants *Bruit en cuisine*** gesehen hat, von der Sie die Rückseite der Riesenkirche im Blick haben. Auch die Karte des modernen, aber relativ schlichten Lokals kann dabei problemlos mithalten *(hinter der Kathedrale noch vor der Markthalle, 22 rue de la Souque, Tel. 05 63 36 70 31; So. und Mo. geschlossen, es gibt sogar Pizza).*

TOUR 10

Cordes-sur-Ciel

So lobenswert die Stellplätze von Albi auch sind, werden Sie das Urlaubserlebnis diesbezüglich steigern, wenn Sie auf einem der schönsten, in diesem Buch beschriebenen Stellplätze schlafen. Dazu entfernen Sie sich noch mehr vom Titel-Gebiet dieses Reiseführers und fahren nach **Cordes-sur-Ciel** (1.000 Einwohner), 25 km nordwestlich von Albi, wo Sie zwischen einem sehr schönen Stell- und einem angenehmen Campingplatz wählen dürfen:

155 Cordes-sur-Ciel

GPS: N 44°03'50" E 1°57'31", P 1. **Max. WOMOs**: 25. **Öffnungszeit**: Ganzjährig. **Ausstattung**: Ver- und Entsorgung, Strom (oft defekt und läuft pro Münze nur 3 Std.), Mülleimer. **Beschreibung**: Ihre Klappstühle stehen außerorts auf geschottertem, leicht grasigem, aber überwiegend nicht schattigem Gelände. Der Fußweg bergauf in den Ort mit Gaststätten und Geschäften dauert 7 Minuten, im Sommer Shuttle in die Altstadt. **Preis**: 8 €/24 Std. – auch für das Kurzparken; es wird häufig kontrolliert. **Zufahrt**: Folgen Sie dem Wegweiser auf einen geräumigen Parkplatz namens *Les Tuileries* am Fuß des Ortes.

156 Cordes-sur-Ciel – *Camping Le Moulin de Julien*

GPS/Kontakt: N 44°03'16" E 1°58'14", D 922, Tel. 05 63 56 11 10; www.campingmoulindejulien.com. **Öffnungszeit**: 1.5.–30.9. **Ausstattung**: 2 Pools mit witziger Riesenrutsche, Laden, Snack, Angelweiher. **Beschreibung**: Das schöne, halbschattige Gelände liegt 1,4 km vom Beginn der Altstadt entfernt. **Preise**: 19 €–25 €. **Zufahrt**: Der Platz ist an der Straße von Albi, der D 600, ca. 1 km vor Cordes beschildert, nach links auf die D 922 abbiegen und dann gleich wieder links.

TOUR 10

Sie müssen am Stellplatz nicht in das Bimmelbähnchen einsteigen, das Sie im Sommer mehrfach täglich in das historische Zentrum befördert. Der Fußweg ist ein Stück des Genusses. Schneller als befürchtet sind Sie im neueren Ortsteil (mit Geschäften) angelangt, wo Sie durch eine steile Gasse bis fast in den *Himmel* (*ciel* – daher der Name) aufsteigen. Das wird sehr lohnend. Wenn Sie nämlich glauben, schon alles gesehen zu haben, sind Sie noch längst nicht am Ziel. Die Stadt hatte im Mittelalter 5.000 Einwohner, was damals sehr viel war, und erstreckt sich daher auf einem Bergrücken. Man erwartet putzige Häuschen und flaniert stattdessen unter respektablen gotischen Giebeln aus dem 13. und 14. Jahrhundert. Und selbst bei der alten Markthalle ist die Anzahl der Kunst- und Souvenirläden, zumindest im Vergleich mit anderen ähnlich exponierten Ortschaften, noch verhalten. Wir waren allerdings noch nicht Anfang August hier.

In Cordes-sur-Ciel

Cordes ist eine sogenannte Bastide, ein im südlichen Frankreich weitverbreiteter Siedlungstyp. Das ist kein gewachsener Ort, sondern ein vor allem im 13. Jahrhundert als Festung entworfener Gebäudekomplex, ein Fixpunkt zur Bindung der Bevölkerung für strategische, kriegerische Zwecke.

Leider hat das Lokal meines früheren Gastrotipps geschlossen. Der touristische Zuspruch und vielleicht in dessen Folge auch die Einwohnerzahl der Kleinstadt scheinen zu sinken. Jedenfalls sahen wir zunehmend Leerstand. Und wo ein berühmtes Restaurant, in dem schon die Königin von England und der Kaiser von Japan zu Tische saßen, seit Jahren leer steht, haben wir auch nichts Neues in petto.

Die Rückfahrt zum Tarn-Tal ist alles andere als eine Strafe, führt sie doch durch eine landschaftlich abwechslungsreiche Gegend **mit Stellplatzmöglichkeiten**, die ich mit **Koordinaten und einem Symbol für die Entsorgung** auf der Tourenkarte eingezeichnet habe. Dazu gehört auch die Kleinstadt **Saint-Affrique**, deren imposante Brücke unweigerlich zum Anhalten nötigt. Hier ist die Entsorgungsstation lobenswerter als die Asphaltfläche daneben.

Außerdem liegt wenige Kilometer abseits der Strecke auch das Dorf **Roquefort-sur-Soulzon** (550 Einwohner). Angeblich hat sich schon Karl der Große von hier Käse schicken lassen, der als Erster seiner Art mit einem Schimmelpilz durchsetzt worden war, dem *Penicilium roqueforti*. Was übrigens nach der Erfindung des antibiotischen Penicillins viele Menschen zum untauglichen

Versuch veranlasst hat, die Halsentzündung mit Roquefort-Käse zu behandeln. Die Besichtigung der Käseherstellung ist eine beliebte Urlaubsunterhaltung. So warten auch wir mit anderen Urlaubern vor dem Tor der Käserei *Société* auf den Rundgang. Bei dem man uns zunächst einen Film vorführt, um uns dann durch die im Berg liegenden Höhlen zu leiten, wo die aus reiner Schafsmilch erzeugten Käselaibe in Holzregalen und im natürlichen Luftzug des Berges bei konstanten acht Grad Celsius und einer ebenso beständigen Luftfeuchtigkeit von 95 Prozent reifen. Ich persönlich finde den Besuch sehr lohnend, der Roquefort-Käse ist schließlich das Musterbeispiel für Blauschimmelkäse, dem man heutzutage an jeder Kühltruhe sortenreich, wenn auch meistens aus Kuhmilch, begegnet. Am Ende der Visite werden wir an einem Verkaufsstand vorbeigeschleust, wo wir unerbittlich zuschlagen.

Der Blauschimmelkäse aus Schafsmilch reift im natürlichen Luftzug des Berges bei konstanten acht Grad Celsius

Roquefort rühmt sich schon seit 1925 einer geschützten Ursprungsbezeichnung, die Sie vom Wein kennen, die sich inzwischen *AOP* abkürzt, *Appellation d'origine protegée*. Hier bedeutet sie, dass sich nur der Blauschimmel-Schafskäse *Roquefort* nennen darf, der auch aus dem Gebiet dieses ansonsten unscheinbaren Dorfes kommt *(10–12 und 13:30–17 Uhr, Führungen auch in Deutsch 1 Std.; wechselnde Zeiten siehe www.roquefort-societe.com/les-caves; 7,50 €; bei der Konkurrenz, den Caves Papillon, ist der Eintritt frei, in jedem Fall warme Kleidung, die Temperatur beträgt nur 10 Grad)*.

Der Stellplatz des Ortes hat sich dank seiner Ausstattung und der Lage mit weitem Blick herumgesprochen:

157 Roquefort-sur-Soulzon

GPS: N 43°58'52" E 2°58'52", D 23. **Max. WOMOs**: 20. **Öffnungszeit**: Ganzjährig. **Ausstattung**: Ver- und Entsorgung (kostenlos), Toilette, Mülleimer. **Beschreibung**: Das gut besuchte leicht abschüssige Gelände ist trotz Asphalts mit grasigem Rand klappstuhlgeeignet. Tagsüber ist es wegen der vorbeiführenden Straße eher laut, nachts nicht. Es gibt einen schönen Wanderweg, das Zentrum mit Geschäften und Gaststätten ist 750 m entfernt. **Zufahrt**: Der Platz liegt seitlich der D 23, bei der Touristeninformation am westlichen Ortseingang.

Falls Sie auf dem Umweg noch einen Umweg dranhängen, fahren Sie von Roquefort über die Hochfläche *(Causse)* nach Millau, wobei Sie an mehreren der so gerne abgebildeten Schafstränken *(Lavogne)* vorbeifahren. Noch unten im Tal durchqueren Sie Tournemire mit einem großen innerörtlichen Parkplatz und Picknickbänken seitlich der D 23 und wählen vielleicht als Tagesziel einen der besten Stellplätze der Gegend:

158 Sainte-Eulalie-de-Cernon

GPS: N 43°59'07" E 3°08'18". **Max. WOMOs**: 30. **Öffnungszeit**: Ganzjährig. **Ausstattung**: Ver- und Entsorgung, Toilette, warme Dusche, Strom, Waschmaschine, Trockner, Mülleimer. **Beschreibung**: Ihre Klappstühle stehen entweder auf Gras oder Kies und teilweise im Schatten. Der Ort mit Gaststätte und Lebensmittelgeschäft ist 350 m entfernt. Sie stehen etwas einsam, aber vermutlich nie allein. **Preis**: 9,50 €, alles inklusive, zu bezahlen nur mit Karte. **Zufahrt**: Der Stellplatz ist oberhalb des Ortes und oberhalb des dortigen großen Parkplatzes beschildert.

159 Beim 6 km entfernten **La Cavalerie** finden Sie einen weniger schönen und weniger ausgebauten, aber auch weniger abgelegenen Stellplatz aus der Serie *Camping-Car Park* mit Ver- und Entsorgung; **GPS**: N 44°00'32" E 3°09'08", D 277; 10,20 €.

In **Sainte-Eulalie-de-Cernon** (280 Einwohner) hat einst ein Verwalter des Ordens der Tempelritter und später der Johanniter residiert. In einer sogenannten Komturei, einer der größten und reichsten, der die Festungen La Cavalerie und La Couvertoirade (siehe Tour 9) unterstanden. Ste Eulalie-de-Cernon ist weniger herausgeputzt als La Couvertoirade, und hier leben sogar noch richtige Einwohner vor und hinter den fast das ganze Dorf umschließenden Mauern. Es lohnt sich! Am ehemaligen Bahnhof südlich des Ortes kann man auf **Fahrraddraisinen** steigen, die unter der Bezeichnung ***Velorail du Larzac*** auf einem ehemaligen Bahngleis die Erkundung der Gegend samt Viadukten und Tunnels auf mehreren Abschnitten mit bis zu 24 km Länge ermöglichen. Die Rückfahrt erfolgt im Zug *(wir haben das noch nicht selbst ausprobiert; siehe www.surlesrailsdularzac.com; Sie dürfen das WOMO vor dem Bahnhof gut parken).*

TOUR 10

Sie können nun auf direktem Weg nach Millau zurückkehren. Ich empfehle Ihnen stattdessen eine kurze Gurkerei, mit der Sie sich der Stadt von Westen nähern und unter dem **Viaduc de Millau** hindurchfahren. Denn ich darf Sie noch einmal erinnern: Die 10. Tour ist eine Tour der großen Ziele. Und nachdem Sie unter der Autobahnbrücke beim **Pfeiler 2** angehalten haben (siehe oben), fahren Sie auf der D 41 noch 3,2 Kilometer nach Westen auf den einzigen für Wohnmobile zugänglichen Parkplatz von **Peyre** (130 Einwohner, gehört schon seit 1830 zur Gemeinde Comprégnac). Weniger, um hier zu übernachten, was möglich wäre, sondern weil das kleine Dorf an einem felsigen Steilhang über dem Tarn zu den *Schönsten Dörfern Frankreichs* zählt und einen weiteren Blick zum Viaduc de Millau ermöglicht, wenn auch nicht vom WOMO-geeigneten Parkplatz.

Tour 11

Le Pont-de-Montvert
174
175
WC
998
Tarn
173
Bédouès
106
nach Alès
Tour 12
nach St Jean-du Gard
171
172
907
Florac-Trois-Rivières
Ispagnac
Tarn
170
Montbrun
10 km
N
169
Castelbouc
168
907
167
Ste Énimie
St Chély
Tour 12
986
Causse Méjean
Meyrueis
zum Mont Aigoual
907
La Malène
P
Tarn
du
166
Rieisse
Roc des Hourtous
Causse de Sauvterre
Aven Armand
996
Grotte de Dargilan
Gorges de la Jonte
Tour 12
163
Maison des vautours
Causse Noir
165
Baumes
Gorges
Point Sublime
Cirque des
164
Les Vignes
Gorges du Tarn
907
Le Truel
Capluc
C
Le Massegros
La Cité de Pierres à Montpellier-le-Vieux
Tour 9
nach Nant
Le Rozier
Peyreleau
C
907
C
Boyne
Tarn
Gorges de la Dourbie
Tour 9
75
Château de Peyrelade
Rivière
162
C
Tarn
907
Sévérac-le-Château
Aguessac
161
Graufesenque
160
75
911
MILLAU
Tour 10
Viaduc de Millau
Tour 10

Unter Geiern
Millau und die Tarnschlucht
120 km

Diese Tour führt Sie durch eine der eindrucksvollsten Schluchten Südfrankreichs. Sie werden über die bizarren Felsformationen staunen, an unerwartet vielen Badestellen auf Campingplätzen verweilen und möglichst auch ein Stück auf dem mäßig wilden Wasser paddeln. Meine besonderen Empfehlungen sind:
- **Museum in Millau**
- **Felswände von Les Détroits**
- **Bootsfahrt (Kajak oder mit Motor) ab La Malène**
- **Blick auf Castelbouc**
- **Le Pont-de-Montvert**

Die **Tarnschlucht** und ihre Umgebung geben so viel her, dass man hier einen ganzen Urlaub verbringen kann. Nicht ohne Grund gehört sie zu unseren persönlichen **Top Ten**. Wir wollen deshalb ab Millau den Flussverlauf talaufwärts systematisch unter die Lupe nehmen und Ihnen vorweg noch einige **grundsätzliche Anmerkungen zur Stell- und Campingplatzsituation** mit auf den Weg geben: Zweifelsfrei legale freie Stellplätze am Wasser gibt es nur zwei. In den meisten Orten gilt Nachtparkverbot, das erstaunlich viele Franzosen missachten. Campingplätze hingegen finden Sie so zahlreich, dass ich nur eine kleine Auswahl erwähnen kann. Viele Zeltplätze sind sehr schön gelegen, aber sehr schlicht und einem freien Stellplatz ähnlicher als einem herkömmlichen Campingplatz und kaum teurer als ein kostenpflichtiger Stellplatz. Das Tarn-Tal ist also auch ohne freie Übernachtungsplätze ein WOMO-Eldorado! Sie sollten vielleicht darauf achten, dass der Fluss im Bereich des Campingplatzes stellenweise tief genug zum Schwimmen und nicht lediglich knieflach ist.

Wenn Sie auf Ihre Michelin-Karte schauen, werden Sie sich angesichts diverser Tunnels und streckenweise schmaler Straße die bange Frage stellen, ob das Tarn-Tal für Ihr Reisemobil überhaupt befahrbar ist. Ich kann Sie beruhigen!

Die **Straße** ist zwar teilweise tatsächlich nicht sehr breit, aber nur zwischen Le Rozier und Ste Énimie gibt es ein paar Engstellen, an denen Sie anhalten sollten, wenn Ihnen ein Lkw oder ein anderes WOMO entgegenkommen. Auch die Tunnels sind kein Problem, wenn Ihr Fahrzeug nicht höher als 3,50 Meter ist. Früher habe ich weitere Ratschläge zu dieser Strecke publiziert, die ich inzwischen für übertrieben halte, zumal die Straße im Lauf der Jahre stellenweise verbreitert worden ist. Fragen Sie lieber nach den Verkehrswegen zu Wasser:

Paddeltour auf dem Tarn

In den Vorauflagen habe ich von alten Zeiten schwadroniert, in denen der Fremde sein Kanu vom Autodach gehievt oder sein Paddelboot zusammengebaut hat, als der Verkehr zu Wasser noch vom Individualverkehr geprägt war. Und ich war stolz darauf, mit einem Badeboot aus Plastik, kaum länger als breit und mit dicken Luftwülsten die klassische Strecke von La Malène bis zum Cirque de Baume geschafft zu haben.

Heutzutage bietet ein landesweit operierendes Unternehmen uniforme Wasserfahrzeuge an, die sich ***Canoë*** nennen, aber **Kajaks des Typs Sit-on-Top** sind. Diese können nämlich nicht sinken, und beim Kentern bleibt man nicht mit den Füßen im Boot hängen (diese Vorteile hatte mein Badeboot auch); außerdem liegen sie gut im Wasser. Nur kleinere örtliche Anbieter haben noch andere Modelle im Programm.

TOUR 11

Mietboote werden an mehreren Stellen angeboten. Ich empfehle Ihnen die Tour im schönsten Teil der Schlucht. In La Malène, wo Sie das WOMO

gut parken können, werben zwei Anbieter, bei denen Sie direkt lospaddeln dürfen, von denen Sie nach Voranmeldung aber auch zu den anderen Startplätzen gefahren werden. Die Preise variieren nach der Jahreszeit, möglicherweise sogar nach dem Wetter. Von jedem Ziel werden Sie mit einem kleinen Bus an den Startpunkt zurück chauffiert. Folgende Strecken kommen infrage (die Aufzählung ist nicht vollständig):

8 km von **La Malène zum Cirque des Baumes**. Sie schaffen das Stück, auch wenn Sie noch nie in einem Kanu *(Canoë)* oder Kajak, bzw. einem flacheren *Sit-on-Top* gesessen haben. Diese Bootstour dauert höchstens 2 Stunden und schlägt mit etwa 21 Euro/Person zu Buche;

11 km von **La Malène zum Pas de Souci**, 3 Stunden;

17 km von **St Chély zum Cirque des Baumes**, 4 Stunden;

20 km von **St Chély zum Pas de Souci**, 5 Stunden;

20 km von **Ste Énimie zum Cirque des Baumes**, 5 Stunden.

Die längeren Passagen verursachen Ungeübten deutlichen Muskelkater. Bei unsicherer Witterung macht das Abenteuer keine rechte Freude. Sie geraten auf dem Tarn zwar nicht so leicht wie auf der Ardèche in Gefahr zu kentern, aber Sie werden dem Boot in keinem Fall mit trockenem Hintern entsteigen und sollten deshalb bei kühlem Wetter Ersatzkleidung in der wasserdichten Tonne dabeihaben (siehe auch meine Tipps zu Mietbooten bei Tour 14).

Infrage kommt auch eine Tarntour im **Motorboot**, die ich Ihnen weiter unten bei La Malène vorstellen werde.

Beginnen wir unsere Tarn-Tour also in **Millau**. Obwohl die Stadt nur 22.000 Einwohner hat, wirkt sie fast wie eine Großstadt. Denn sie ist Geschäftszentrum für ein weites Gebiet. Hier werden Handschuhe für ganz Frankreich hergestellt; die Fabrikationsweise kann man im Obergeschoss des örtlichen Museums besichtigen. Ende der Siebzigerjahre kamen noch zwei Drittel der französischen Produktion von hier. Dies liegt daran, dass die wenigen noch praktizierenden Bauern auf den Hochebenen vorwiegend von der Schafzucht leben. Nicht nur Altertumfreaks werden sich am zentralen Platz der Stadt das **Musée de Millau et des Grands Causses** (MUMIG) zu Gemüte führen *(Place du Maréchal Foch im östlichen Teil der Altstadt, östlich der großen Markthalle, 10–12:30 und von 14–18 Uhr; Mo. geschlossen, von Oktober bis Ostern auch So., Ostern bis Juni und Sept. Mo. und Di. geschlossen; kostenlos).* Dort ist vor allem die Sammlung von **Töpferwaren** sehenswert, die ab dem 1. Jahrhundert n. Chr. in **Graufesenque** in fast schon industrieller Weise hergestellt worden sind. Ich muss an dieser Stelle gestehen, dass ich vor allem im Sommer ein eher zurückhaltender Museumsgänger bin und mich hier ein Gewitterregen zur Flucht in das Stadtpalais getrieben hat. Das allerdings war ein Volltreffer: Die Ausstellung ist überschaubar klein, man verdirbt sich nicht einen halben Urlaubstag, und die Teller, Schüsseln und Kannen sind *wirklich atemberaubend*. Das Geschirr steht da, als sei

Römische Töpferware

es gerade von einem heutigen Händler in die Regale gestellt worden, fertig zum Einfüllen der Suppe. Viele Stücke haben beinahe zwei Jahrtausende unversehrt überstanden, und die Formen gleichen überraschend denen neuzeitlicher Produkte. Erst bei genauem Hinsehen wirken sie etwas krumm und verzogen, was das Geheimnis dieser Fundstücke verrät: Einem gallo-römischen Töpfer muss im Jahre 40 n. Chr. ein *Malheur* unterlaufen sein, als er nämlich das Zeug zu lange im Brennofen gelassen hat. Die Geschichtsschreibung überliefert leider nicht, was dem armen Kerl anschließend widerfahren ist. Denn der Schaden war beträchtlich. Stapelweise sind die Töpfe miteinander verbacken, sie haben Dellen oder ein ovales Aussehen. Entweder war der Brennofen riesengroß oder unser Töpfer hat mehrfach den rechten Zeitpunkt verpennt. Jedenfalls haben die Ausgräber *15.000 (!) missratene Gefäße* gefunden, auf der Müllkippe der Manufaktur, vom Sand und vom Dreck der Jahrhunderte sorgsam geschützt. In den Werkstätten der römischen Siedlung von Graufesenque wurde Gebrauchskeramik für ganz Gallien gebrannt, die man sogar bis nach Spanien exportiert hat. Die nur mittelmäßig interessante **Ausgrabungsstelle** findet man etwa einen Kilometer südlich von Millau, östlich der D 809, der Straße nach Montpellier, wenn man dort an der ersten Abzweigung gleich südlich der Tarn-Brücke abbiegt *(von Nov. bis Anfang April geschlossen, sonst Mo. und Di., Juli/August nur Mo.; 10–12:30 und von 14–18 Uhr; 3,50 €).*

Der offizielle Stellplatz liegt stadtnahe, und der Bezahlvorgang ist, wie bei allen Plätzen der Gesellschaft *Camping-Car Park*, nur beim ersten Mal umständlich. Erwarten Sie hier noch keine Flussauen. Trotzdem habe ich erstaunlich viele freundlich gestimmte Zuschriften erhalten:

160 Millau

GPS: N 44°05'45" E 3°05'08", Rue de la Saunerie 22. **Max. WOMOs**: 40.

Öffnungszeit: Ganzjährig.
Ausstattung: Ver- und Entsorgung, Strom, Mülleimer.
Beschreibung: Das wenig schattige, klappstuhlgeeignete, aber sonst nicht sehr einladende Gelände liegt

nur etwa 600 m vom Stadtzentrum entfernt (gehen Sie dorthin, den Tarn im Rücken, im Prinzip immer geradeaus). Der Platz ist zeitweise gut besucht, man steht dann eng; zeitweise stören Verkehrsgeräusche. **Preis**: 13 €. Der Platz gehört zur Kette *Camping-Car Park*. Siehe bei den Tipps unter *Freies Camping / Stellplätze / übernachtungsgeeignete Parkplätze*. **Zufahrt**: Wenn Sie Millau am Tarnufer umfahren, sehen Sie ab der Brücke einen Wegweiser mit Wohnmobilsymbol.

Spaziert man von hier etwa 400 m flussabwärts (nach Westen), stößt man auf die häufig fotografierte alte Mühle (Moulin vieux).

Millau – Vieux Moulin

In die umgekehrte östliche Richtung müssen Sie fahren, wenn Sie sich den der Altstadt ebenfalls nahen Campingplatz ansehen, der schön am Zusammenfluss von Tarn und Dourbie liegt und kaum teurer ist als der Stellplatz:

161 Millau – *Camping des 2 Rivières*

GPS/Kontakt: N 44°6'10" E 3°05'16", Av. de l'Aigoual 61, Tel. 05 65 60 00 27, www.camping2rivieresmillau.fr/en-gb. **Öffnungszeit**: 1.4.–31.10. **Ausstattung**: Baden im Fluss am Privatstrand (der Tarn ist aber flach), Getränke, Brot. **Beschreibung**: Das Beste sind die schöne, überwiegend schattige Lage direkt am Fluss und der mit 0,9 km kurze Weg ins Zentrum. Tagsüber stören lästige Geräusche von den nahen Straßen. **Preise**: 14 €–20 €. **Zufahrt**: Fahren Sie auf der D 911 zwischen Innenstadt und Fluss (Tarn), den Sie über die zentrale Bücke in das Dourbie-Tal, Richtung Nant überqueren. Der Platz liegt gleich nach der Brücke links.

Ein kleines Stück oberhalb liegt ein **weiterer** Campingplatz am Flussufer.

Die Stadtnähe und der Bummel durch die engen Gassen verführen uns zu einem Restaurantbesuch. Wenn uns nicht der Mut verlassen hätte, wären wir bei einem der zahlreichen Nordafrikaner eingekehrt. Stattdessen hat uns einst die Michelin-App den Weg in das modern gestylte **Restaurant *Capion*** gewiesen – und uns, wie fast immer, nicht enttäuscht *(Rue J.-F. Alméras 3 – suchen Sie auf dem die Altstadt umschließenden Boulevard-Ring das westlich gelegene große Rondell mit Springbrunnen; dort biegen Sie in die nach Norden abzweigende Avenue de la République ein, nach etwa 100 m sehen Sie links das Rathaus und ein paar Meter weiter zweigt rechts die Straße ab, in der das Gasthaus liegt; Tel. 05 65 60 00 91; dienstagabends und Mi geschlossen; Menüs ab 35 €)*.

Zur bekannten Autobahnbrücke, dem **Viaduc de Millau**, führe ich Sie am Anfang der 10. Tour.

Sie sollten aber in einem der Supermärkte von Millau noch an die Vorratswirtschaft denken. Sie werden sich nämlich in der nun beginnenden Tarn-Schlucht länger aufhalten, als Sie vorher dachten; dort gibt es nur Dörfer, in denen man zwar nicht verhungert, aber keine Geschäfte mit nennenswertem Angebot findet (die Anzahl der Läden ist zudem rückläufig). So machen wir uns nun endlich auf den **Weg durch die Schlucht**:

TOUR 11

Nordöstlich von Millau ist man zunächst wegen der ausgebauten und stark befahrenen Schnellstraße in einem breiten Tal enttäuscht. Erstere zweigt aber bald nach Norden ab, und das Tarn-Szenario wird Stück für Stück Wirklichkeit. Das Tal hat sich zwar auch hier noch nicht zur Schlucht verengt, sondern es wirkt fast lieblich. Aber nun folgt Campingplatz auf Campingplatz, was daran liegt, dass es hier in der Breite des Tals ausreichend ebene Fläche gibt, die sogar einen offiziellen Stellplatz seitlich eines Campingplatzes möglich macht:

162 Aguessac

GPS: N 44°09'06" E 3°05'58", Chemin des Prades. **Max. WOMOs**: 30. **Öffnungszeit**: Unbekannt. **Ausstattung**: Ver- und Entsorgung, Strom, Mülleimer. **Beschreibung**: Das schattige, klappstuhlgeeignete Gelände gehört zu einem Campingplatz und ist eingezäunt. Den Badestrand kann man nur etwas umständlich erreichen, und das Wasser ist zum Schwimmen zu flach. Lebensmittelladen mit Bäckerei nach etwa 350 m. Die stark befahrene D 809 und die Bahnlinie daneben sind vermutlich nur wenig zu hören. **Preise**: 12 €–14 €. **Zufahrt**: Der Platz liegt südlich von Aguessac zwischen der D 809 und dem Fluss seitlich von Camping *La Belle Étoile*.

Ihr erstes Besichtigungsabenteuer könnte bei der zerklüfteten Burgruine des **Château de Peyrelade** stattfinden, nordöstlich von Rivière-sur-Tarn. Parken Sie auf dem Busparkplatz und gehen Sie

Château de Peyrelade

zu der zeitweise mit Animation hochgerüsteten Burg. Die Sicht ist jedenfalls fantastisch *(beschilderte Zufahrt östlich von Boyne; 14–18 Uhr, Juli/August 10–18:30 Uhr; 5 €; Vater, Mutter und alle sieben Kinder 12 €).*

Der legendäre Teil der Schlucht beginnt bei Le Rozier, wo die Schranke vor einem Parkplatz am Tarn seit Jahren nicht mehr offensteht, was in der Nachbarschaft zahlreicher naturbelassener und preiswerter Campingplätze nicht überraschend und zu verschmerzen ist. Das schön auf der anderen, südlichen Tarnseite gelegene Dorf besteht aus zwei Teilen, einem auf einen Bergkamm geklebten mit dem Namen **Peyreleau** (70 Einwohner) und einem unteren namens **Le Rozier** (135 Einwohner, einige Geschäfte), bei dem sich auch die Zeltplätze befinden, die allesamt gut besucht sind (auf den Parkplätzen im Ort ist das Parken nachts verboten). Einen der Campingplätze *(Les Prades)* habe ich vor vielen Jahren getestet und mich gefragt, was die Gäste dort anmacht. Aber die Wanderung ist schön:

Von Le Rozier zum Rocher de Capluc

Wer das Angenehme mit dem Nützlichen verbinden will, einen schönen Blick mit einer kleinen körperlichen Ertüchtigung, sollte hinauf zum **Rocher de Capluc** wandern, einem Aussichtsfelsen oberhalb von Le Rozier. Der Anstieg dauert eine gute halbe Stunde und beginnt beschildert zwischen der Tarn-Brücke und dem Dorf.

Man kann die Wanderung ausdehnen und an der Weggabelung ca. 30 Minuten hinter dem Rocher de Capluc den linken, rot-weiß markierten Weg wählen, an der **Fontaine du Teil** vorbeistiefeln und an der nächsten Weggabelung, beim Col de Cassagnes, rechts abbiegen, um dann in einem südlichen Bogen über den **Balcon du Vertige** zum Rocher de Capluc zurückzukehren.

Ich bin diesen weiteren Weg auf den Corniches du Causse Méjean noch nicht gegangen, er soll aber zu den schönsten Wanderwegen der ganzen Gegend zählen. Die Strecke dauert einen halben Tag. Möglicherweise sehen Sie die berühmten Geier (siehe unten). Sinnvollerweise kauft man sich in Le Rozier die Wanderkarte 2640 OT oder benutzt die IGN-App.

Geierbeobachtung

In Le Rozier ist zudem ein Abstecher ins **Tal der Jonte** unumgänglich, das zwar an das Tarn-Tal nicht herankommt, aber mit einer unglaublichen Attraktion aufwarten kann. ***Unter Geiern***, wie Karl May einst einen Abenteuerroman betitelt hat (wer von Ihnen kennt überhaupt noch Karl May?), bewegt man sich an Sonnentagen ständig und fast niemand merkt es. Dann sind die gewaltigen Vögel im Aufwind so weit nach oben gestiegen, dass sie trotz ihrer *knapp drei Meter Spannweite* mit bloßem Auge kaum noch zu erkennen sind. Der Abstand beträgt oft über 600 Meter, wenn man bedenkt, dass es von der Schlucht bis zur Hochebene allein 450 Meter sind. Angeblich etwa 900 Gänsegeier, mehrere Schmutzgeier und zunehmend auch Mönchsgeier nisten inzwischen wieder in den Felsen der Grands Causses, mehr als 200 über der Jonte, besonders beim Dörfchen **Le Truel**, wo Sie in der **Maison des vautours** (Haus der Geier) die Tiere mit dem Fernrohr beobachten und viel über sie erfahren. Sie dürfen hier sogar frei übernachten, jedenfalls gibt es kein Verbotsschild:

TOUR 11

163 Le Truel

GPS: N 44°11'51" E 3°14'53", D 996. **Max. WOMOs**: 20. **Ausstattung**: Mülleimer. **Beschreibung**: Das nur wenig schattige, geschotterte und klappstuhlgeeignete Gelände ist der Hauptparkplatz der **Maison des vautours** und liegt einsam an der nachts nicht befahrenen Straße. Häufig stehen hier auch andere WOMOs. **Zufahrt**: Der Platz im Tal der Jonte, in dem die Straße aber nicht auf dem Flussniveau verläuft, liegt 1 km westlich der kleinen Ansiedlung Le Truel.

Die Wiederansiedlung der Geier

70.000 Jahre lang lebten über den Grands Causses Geier, bis um das Jahr 1940 der letzte dieser Riesenvögel ausgerottet war. Vergiftete Füchse, Jagdeifer und das Gebot, Tierkadaver beseitigen zu müssen, waren dafür die Hauptursachen. Früher, zu Zeiten der vielen Schafe, war der Tisch reichlich gedeckt. Später fanden die Vögel in den dezimierten Herden nicht mehr genügend Nahrung. Gleichzeitig war zudem die Überlebensrate der jungen Schäfchen gestiegen. Letztlich hat aber der Mensch dem Vogel den Garaus gemacht.

Nachdem im Jahr 1971 ein erster Versuch zur Ansiedlung spanischer Geier gescheitert war, päppelte man zehn Jahre lang geeignete Vögel heran, von denen im Dezember 1981 fünf Paare freigelassen werden konnten. Einer der Geier war zu zahm für die Freiheit, ein anderer verunglückte bald an einer Elektroleitung (heute eine der Hauptgefahren für die Großvögel), zwei verschwanden spurlos, aber der Rest konnte sich bis zu einer unglaublichen Zahl von nahezu tausend Geiern, verteilt auf weite Teile der Grands Causses, vermehren.

Die meisten von ihnen sind Gänsegeier (Lämmergeier gibt es in den Cevennen nicht), aber auch Mönchsgeier, die ab dem Jahr 1991 hier angesiedelt wurden, wo sie zuvor noch nie heimisch waren. Mönchsgeier suchen auch im halbbewaldeten Gelände nach Aas, was vorteilhaft scheint, da die Causses durch den Rückgang der Herden allmählich wieder zuwachsen.

Geier ernähren sich ausschließlich von Aas und jagen niemals. Dank ihrer Eigenschaft, ausgezeichnete Segler zu sein, können sie auf der Suche nach toten Tieren weite Strecken zurücklegen. Sie entdecken dabei Kadaver sogar unter Gras oder Gesträuch. Und weil sie sich stets untereinander beobachten, stürzen sich in kürzester Zeit zahlreiche Vögel »wie die Geier« auf ein totes Tier, das von einem Artgenossen, vielleicht aber auch von einem Raben oder einer Elster, aufgespürt worden ist. Auch wenn Geier mehrere Wochen ohne Nahrung auskommen können, hätten die Tiere ohne Zufütterung immer noch keine Chance.

Die Fähigkeit, so lange auf Aas verzichten zu können, muss ein Geier schon deshalb besitzen, weil er nur im Aufwind segeln kann, also nur bei gutem Wetter, wenn im Sommer die Sonne den Boden erwärmt oder wenn in kalten Jahreszeiten bestimmte Winde an die Felswände treffen, auf deren Vorsprüngen die Vögel stunden- oder sogar tagelang sitzen, um auf diesen Wind zu warten.

Geier sind monogam und bleiben ein Leben lang mit einem Partner zusammen, sie legen in der Brutzeit nur ein Ei, und das Küken wird 60 bis 80 Tage nach dem Schlüpfen beringt. So können Mitglieder der Vogelschutzliga und des Nationalparks der Cevennen das ganze Jahr über so gut wie alle Tiere beobachten, die man an den Strichen auf der Beringung, die an beiden Beinen vorgenommen wird, mit dem Fernrohr relativ treffsicher identifizieren kann.

Wenn Sie vom Tarn aus über sich große Raubvögel sehen, sind das meistens Geier. Und mit Sicherheit erspähen Sie in der **Beobachtungsstation von Le Truel** durch die dort aufgestellten Fernrohre zahlreiche Geier auf den Felsen. Sie müssen sich kurz an das Fernrohr gewöhnen und dann langsam die oberen Ränder der Felsen absuchen. Oder Sie warten, bis ein Vogel startet oder bei seinen Artgenossen landet. Zuletzt sahen wir die Tiere sogar über Mittag noch in den Felsen, lange nachdem Thermik eingesetzt hatte. Generell verspricht aber an sonnigen Tagen ein früherer Besuch der Beobachtungsstation das größere Erfolgserlebnis. Bei trübem Wetter bleiben die meisten Vögel zu Hause. Ich hatte jedenfalls stets zahlreiche Exemplare vor der Linse und empfehle Le Truel als großes Urlaubserlebnis, zumal die angegliederte Ausstellung samt ihrer Videoschau allein schon sehenswert ist *(La Maison des vautours, April bis Oktober 10-17 Uhr, von Mai bis September bis 18 Uhr; 7,50 €.)*.

Man kann von hier über Le Truel hinaus ins Tal der Jonte weiter vorstoßen, bis zur heftig beworbenen **Höhle von Dargilan** (Leser haben dort gerne übernachtet) oder zur noch berühmteren Grotte Aven Armand. Letztere lernen Sie auf der nächsten Tour kennen, denn wir machen bei den Geiern wieder kehrt, um weiter der **Tarnschlucht** zu folgen.

Tarnschlucht – Les Détroits

Diese sieht nun so aus, wie wir sie uns vorgestellt haben. Auf dem Talgrund ist gerade noch Platz für den Wasserlauf, der sich jährlich zwei Millimeter tiefer in das Gestein frisst, und für die Straße, die im Gegensatz zu denen entlang anderer berühmter französischen Schluchten nicht auf der Anhöhe über dem Abgrund, sondern weitgehend unten kurz oberhalb der Talsohle verläuft. Genau deshalb halte ich die Gorges du Tarn für die schönste aller südfranzösischen Gorges.

Im ersten, westlichen Teil der eigentlichen Schlucht, zwischen Le Rozier und Les Vignes, gibt es keinerlei Ansiedlungen und auch nur wenige Badestellen. Man kommt aber an einigen Campingplätzen vorbei. In **Les Vignes** (80 Einwohner, seit 2017 mit anderen Dörfern zur neuen Gemeinde Massegros Causses Gorges zusammengeschlossen), einem kleinen Nest, dessen Name darauf hindeutet, dass hier in früherer Zeit Wein angebaut worden ist, gibt es Parkplätze direkt am Tarn, auf denen, wie fast überall, das Parken nachts verboten ist.

Bei Les Vignes beginnt auch die Zufahrt zum bekanntesten und wohl auch schönsten Aussichtspunkt über dem Tarn-Tal, zum **Point Sublime**. Der liegt ziemlich genau über dem Cirque des Baumes und wird gut besucht, seit die Spitzkehren von Les Vignes zur Hochebene, dem Causse de Sauveterre, ausgebaut wurden und jetzt auch für Wohnmobile geeignet sind.

800 Meter nördlich von Les Vignes finden Sie einen schönen Campingplatz, bei dem das Wasser im hier aufgestauten Tarn zum Schwimmen tief genug ist. Der Platz ist gut ausgestattet und deshalb auch sehr gut besucht:

164 Les Vignes – *Camping Huttopia Gorges du Tarn*

GPS/Kontakt: N 44°17'11" E 3°14'04", D 907, Tel. 04 66 48 64 97; https://europe.huttopia.com/de/site/gorges-du-tarn. **Öffnungszeit**: Mitte Mai bis letzte Septemberwoche. **Ausstattung**: Pool, Baden im Fluss direkt über einen Privatzugang, Brot- und Getränkeverkauf, Spielplatz mit Klettergerüst. **Beschreibung**: Das Gelände liegt sehr schön und romantisch direkt am Ufer des hier breiten und zum Schwimmen stellenweise geeigneten Flusses, dessen Strömung schwach ist, weshalb auch SUPs im Einsatz sind (und hier vermietet werden). Der Platz ist bei Familien wegen seiner Mischung aus schöner Lage, guter Ausstattung und einem Rest von Alternativität sehr beliebt. Wenn Sie eine Bleibe suchen, bei der Ihr Nachwuchs Spielkameraden findet, sind Sie hier richtig, sollten aber in der Hochsaison reservieren. Es gibt keine festen Behausungen, nur Mietzelte. Zum Dorf führt ein 800 m langer, zur Hälfte unbeleuchteter Weg entlang dem Tarn. Im Ort finden Sie Gaststätten und Lebensmittel. **Preise** sind im Internet nicht ohne weiteres ermittelbar. Wir haben Ende August für zwei Personen auf einem Uferplatz 40 € bezahlt – pro Nacht; laut Aushang zwischen 30 € und 60 €, je nach Zeitpunkt und Flussnähe. **Zufahrt**: Der Platz ist an der D 907 nordöstlich von Les Vignes nicht zu übersehen.

Am Abend sind wir zu Fuß in das Dorf spaziert und haben dort ein über 100 Jahre altes, kleines, ländliches **Hotel-Restaurant** von der Gattung entdeckt, die wir schon beinahe für ausgestorben gehalten haben. Und wir hatten den Eindruck, dass die ganze Wirtsfamilie ihren Beruf noch mit Freude ausübt. Im ***Le Parisien*** wird von Ostern bis Allerheiligen jeden Abend gekocht, eine kurzfristige Reservierung halte ich für sinnvoll *(am südlichen Ortseingang, Tel. 04 66 41 01 20; Menü 28 €; schöne Terrasse über dem Tal).*

Jetzt beginnt der *schönste Teil der Tarn-Schlucht*, an dessen Anfang der **Pas de Souci** liegt. Wir klettern dort auf einen direkt neben der Straße liegenden Aussichtsfelsklotz, um uns zu überzeugen, dass der Fluss auf einem kurzen Stück nicht mal von den

kühnsten Kanuten bepaddelt werden kann.

Bald darauf folgt mit seinen Straßentunnels der **Cirque des Baumes**, eine gewaltige Felskurve (das eindrucksvollste Straßenstück), an deren oberen Rand sich der schon erwähnte Point Sublime befindet. Am Cirque des Baumes können Sie weiterhin picknicken und baden, Sie könnten auch übernachten. Aber Sie dürfen es nicht mehr. Der Cirque des Baumes ist der Hauptankunftspunkt der gemieteten Paddelboote. In der Nähe werden auch die grünen Motorbarken wieder aus dem Wasser gehoben. Mit diesen Kähnen kann man sich von La Malène bis zu eben dieser Stelle chauffieren lassen, man wird dann wieder im Auto zurückgebracht.

Diese **Bootsfahrt** von La Malène, das wir gleich besuchen werden, zählt zu den Hauptattraktionen des Tarn. Vier bis fünf Personen werden in eine flache Barke verfrachtet, die der Schiffer mittels eines Außenbordmotors durch die Strudel des Flusses manövriert. Bei Untiefen wird das Motörchen hochgeklappt, und der Fährmann stakt, im Heck stehend, mit einer langen Stange den Kahn durch die Untiefen. Die Sache dauert im Wasser eine Stunde, ist völlig ungefährlich, aber leider mit wenigstens 25 Euro pro Person nicht gerade billig (die Preise scheinen aber saisonal zu variieren). Wer sich kein Kajak oder Kanu mieten möchte und wer kein Gummiboot besitzt, sollte sich dieses kleine Abenteuer gönnen, bei dem man auf dem Fluss am Fuß der höchsten Felsen vorbei schippert.

La Croze

Auf dem anderen Ufer sehen Sie bald die malerischen Häuser von **La Croze**, einem aufgegebenen Gehöft, das sich ein nordfranzösischer Industrieller zu einer traumhaften Ferienwohnung ausgebaut hat. Angeblich hat Jaqueline Kennedy/Onassis hier mehrfach geweilt (wer das war, wissen nur die Leser, die noch Karl May kennen). Ihr Urlaubsdomizil könnte in der Nähe liegen, an einem schönen Strand und auf einem weiteren Zeltplatz, der noch zu Les Vignes gehört:

165 Les Vignes / Cirque des Baumes – *Camping La Blaquière*

GPS/Kontakt: N 44°18'15" E 3°16'07", D 907, Tel. 04 66 48 54 93; www.campinggorgesdutarn.fr/de. **Öffnungszeit**: Mitte Mai bis Mitte September. **Ausstattung**: Direkter Zugang zum Fluss, kleiner Laden, Snack. Sie können hier Kajaks mieten und werden zum Startpunkt gebracht und am Ziel abgeholt. **Beschreibung**: Das ist ein familiärer Campingplatz mit dem vielleicht besten Badeplatz und Kiesstrand. Uns hat gestört, dass die meisten Parzellen sehr schattig sind und dass es viele Mobilhomes gibt. Außerdem ist das nächste Ortszentrum 4 km entfernt.
Preise: 15 €–35 €, je nach Zeitpunkt und Flussnähe. **Zufahrt**: Der Platz ist an der D 907 nicht zu verfehlen.

Es folgt nun die beeindruckendste Flusspassage der Schlucht (durch die auch die genannten Motorbarken fahren), die auf der Michelin-Karte eingezeichneten unglaublich hohen **Felswände von Les Détroits** (Foto Seite 264). Sie haben hier die *außergewöhnlichste Stelle* der ganzen Tarnschlucht erreicht, ein Fleckchen Erde, wie Sie es in Südfrankreich ein zweites Mal nicht finden werden. Der Campingplatz etwa drei Kilometer östlich von Les Détroits ist altersbedingt schon lange geschlossen. So müssen Sie ein paar Kilometer weiter an einem lauen Abend unter hohen Felsen vor Ihrem Rotwein sitzen, wenn von dem gluckernden Fluss ein feuchter, frischer Geruch in Ihre Nase steigt, und wenn das Echo der Felswände den Ruf der Eulen schaurig verstärkt. Die beste Gelegenheit dazu ist der Campingplatz von **La Malène** (200 Einwohner), zumal man auch hier wunderbar schwimmen kann:

166 La Malène – *Camping Municipal du Pradet*

GPS/Kontakt: N 44°18'04" E 3°19'07"; D 907, Tel. 04 66 48 58 55; www.gorgesdutarn-camping.com/de. **Öffnungszeit**: 1.4.–30.9. Achtung: Mittagspause von 12–16:30 Uhr, in der Sie wegen der Schranke als Neuankömmling nicht auf den Platz fahren können (wegen des nachmittäglichen Runs parken Sie am besten im Ort und stellen sich ab 16:15 Uhr an). **Ausstattung**: Campingplatzüblich, Grillstelle. **Beschreibung**: Gute Badestelle an einem breiten Kiesstrand, wo zeitweise nur etwas die Bootstouristen stören. Trotzdem ist das die uns bekannte beste Kombination von Strand und Schwimmtiefe am Tarn. Metzgerei, Le-

bensmittel und Restaurants nach etwa 300 m im Ort (gehen Sie am Fluss entlang) Bootsvermietung und Startpunkt der Barken unmittelbar benachbart. Der kleine Platz ist in der Hochsaison am vorgerückten Nachmittag häufig belegt. Die Fluktuation ist aber hoch. Gelegentlich vergisst der Betreiber die Entfernung des Schildes ›*Complet*‹. Vormittags ist eigentlich immer was frei. **Preise**: 18 € -20 €. **Zufahrt**: Der Platz ist an der D 907 westlich des Ortes nicht zu verfehlen.

An der Zufahrt zum unteren Teil des geräumigen Parkplatzes von La Malène verbietet seit 2022 wieder ein Schild das Parken zwischen 23 und 7 Uhr. Auf der oberen Fläche fehlt es. Das sieht nach einem Versehen aus. Ich würde die Obrigkeit nur auf die Probe stellen, wenn der Campingplatz geschlossen oder belegt ist:

La Malène

P La Malène

GPS: N 44°18'04,5" E 3°19'18", D 907. **Max. WOMOs**: 3-5. **Ausstattung**: Wasser, Toilette. **Beschreibung**: Man kann hier sehr gut direkt am Strand stehen, ein Boot mieten und baden (siehe Foto unten). **Zufahrt**: Der Platz liegt mitten in La Malène oberhalb des Ufers. Nachtparkverbot ab 23 Uhr.

Eine **Entsorgungsstation** liegt etwa 600 m vorher, also westlich, seitlich der Straße (drücken Sie die grüne Taste für Wasser/Strom, dann läuft kostenlos Wasser). Genau genommen können hier zwei Wohnmobile über Nacht einsam stehen. Seitlich zweigt ein asphaltierter kurzer Weg zum Tarn ab, der mit einer Kette versperrt ist. Praktisch können Sie dort trotzdem auf etwa 90 m an eine einsame große, flache Parkgelegenheit am Fluss gehen, an der auch die Kanuten unbeanstandet anlegen, und wunderbar schwimmen. Sie stören nach meinen Beobachtungen bislang niemanden und dringen auch nicht in umfriedetes Gelände ein.

In La Malène stellt sein Wohnmobil ab, wer die oben beschriebene **Bootstour in der Barke** oder eine **Kajakfahrt** wagen will. Hier starten wir auch zu einer aufregenden Wanderung:

Von La Malène zum Roc des Hourtous

Roc des Hourtous

Wir spazieren in **La Malène** über die Brücke, wenden uns nach rechts, halten das Niveau (also nicht links bergauf) und wandern zunächst jenseits, also südlich des Flusses, auf einer unbefestigten Fahrstraße, die wir nach genau 30 Minuten (ab La Malène) gegenüber dem breiten Wiesengelände eines früheren Campingplatzes auf einem (hoffentlich weiterhin) markierten Pfad bergauf verlassen. Schon bald verzweigt sich der Weg, und wir gehen nach links (mit gelbem Strich zumindest früher unzureichend markiert).

TOUR 11

Nach etwa weiteren 70 Minuten haben wir den Gipfel erreicht. Der ist hier mehr eine Oberkante, denn es geht waagerecht weiter. Wir sind nämlich auf der **Causse Méjean** angekommen, einer der dünn besiedelten Hochebenen Südfrankreichs (seit 2011 auf der Liste des Weltnaturerbes).

Wir wenden uns nach rechts zur eingezäunten Aussichtsplattform des **Roc des Hourtous** (möglicherweise nicht mehr kostenpflichtig, bewirtschaftet), dem eigentlichen Ziel der Wanderung, wo die Sicht ins Tarn-Tal wirklich atemberaubend ist.

Nachdem wir lange in die Schlucht geschaut haben, machen wir uns auf den weiterhin markierten, hier asphaltierten Weg nach **Rieisse**.

Wer nicht genug kriegen kann, gönnt sich noch einen (beschilderten) Abstecher zum **Roc du Serre**, einem weiteren Aussichtspunkt mit Blick auf La Malène.

In Rieisse orientieren wir uns an den Wegweisern nach La Malène (betrachten Sie in der Mitte des Weilers den alten, noch benutzten Backofen) und stehen eine gute dreiviertel Stunde später wieder unten am Tarn. **Dreieinhalb Stunden** (ohne Roc du Serre) sollte man für die Wanderung insgesamt veranschlagen, und die Vorsichtigen benutzen die Karte *2640 OT*, wo die Wege aber nur gestrichelt und ohne Markierung eingezeichnet sind; auf der IGN-App ist der Weg eingezeichnet.

Fährt man am Tarn weiter nach Osten, stößt man bald auf das malerische **Schloss** von **La Caze**, in dem ein feudales Hotel installiert ist, ehe nach der Durchquerung einiger Tunnels auf der anderen Flussseite **Saint-Chély** auftaucht, dessen Bogenbrücke ein beliebtes Fotomotiv hergibt. Die Häuser sind, wie fast überall am Tarn, aus dem Kalkstein der Felsen gebaut, und sehenswert sind

Saint-Chély

in dem noch ruhigen Ort die romanische Kirche und der Brotofen. Der schöne Picknickplatz ist mit einer Höhenbarriere versehen, die nur kleine Busse durchlässt.

Einen Tick weniger langsam gehen die Uhren in **Sainte-Énimie** (550 Einwohner), dem größten Ort in der eigentlichen Schlucht und *Eines der schönsten Dörfer Frankreichs*. Sie treffen auf ein paar malerische Gassen und nach mehreren Tagen der Abgeschiedenheit auch wieder auf ein größeres Geschäft. Und der Wohnmobilhasser im Dienst der Gemeinde scheint den Arbeitgeber gewechselt zu haben und schleicht nun durch L Malène. In Ste Énimie sind zwar die Höhenbarrieren weiter in Betrieb, aber wenigstens dürfen WOMOs inzwischen nachts entlang der Mauer an der Parkplatzdurchfahrt bleiben. Wehe dem, der mit langem Hecküberhang zu dicht an der Wand steht oder an den der Vordermann zu dicht herangefahren ist. Der kommt nämlich nicht schadlos vom Fleck. Immerhin der einzige legale Nachtparkplatz zwischen Millau und Florac direkt am Ufer. Schöner ist der Campingplatz weiter östlich:

Sainte-Énimie

167 Ste Énimie

GPS: N 44°21'55" E 3°24'39", Rue du Front du Tarn. **Max. WOMOs**: 10-14. **Öffnungszeit**: Ganzjährig. **Ausstattung**: Badestrand mit Schwimmmöglichkeit, Wasser mit Druckknopf. **Beschreibung**: Perfekt sind die Nähe zum Fluss und zum Ort, solange Sie nicht vor dem Auto sitzen möchten, die Sonne nicht brennt und die ständig vorbeischleichenden anderen Parkplatzsucher Ihre Trittstufe nicht abgefahren haben. Aber die Parkplatzreihe wird offiziell für Wohnmobile freigehalten. Bei längerem Starkregen Überschwemmungsgefahr. **Zufahrt**: Der Platz liegt mitten in Ste Énimie fast auf dem Niveau des Flusses.

168 Ste Énimie – *Camping Les Gorges du Tarn*

GPS/Kontakt: N 44°21'55" E 3°25'35", Route de Florac, Tel. 04 66 45 24 89; www.campingdesgorgesdutarn.fr. **Öffnungszeit**: 20.4. - 30.9. **Ausstattung**: Brotbestellung, Snack. **Beschreibung**: Sie können am Kiesstrand liegen und im Tarn schwimmen. Eine Bootsvermietung finden Sie in der Nähe. In das Ortszentrum mit Gaststätten und Geschäften sind es entlang der Straße 1,1 km, auf einem Pfad auf der anderen Flussseite ist es etwas weiter. **Preise**: 16 €–21 €. **Zufahrt**: Der Platz ist an der D 907 östlich des Dorfes nicht zu verfehlen.

Castelbouc

Östlich von Ste Énimie wird das Tal allmählich wieder breiter, aber es gibt noch Höhepunkte. Der erste ist eher visueller Art, etwas für den WhatsApp-Status (Parkplatz an der Straße ist beschildert). Es sind die Häuser des tief im Tal liegenden, *traumhaft fotogenen* Weilers **Castelbouc**. Dazu passt ein malerisch am Fluss gelegener Campingplatz:

169 Castelbouc – *Camping Site de Castelbouc*

GPS/Kontakt: N 44°20'21" E 3°28'11", Prades, Tel. 04 66 48 58 08; https://camping.gorges-du-tarn.fr. **Öffnungszeit**: 15.4.–30.9. **Ausstattung**: im Juli/August Brotverkauf und Getränke. **Beschreibung**: Sie können im Tarn an einem breiten Kiesstrand schwimmen, Bootsvermietung, Pizzeria und Restaurant nach 200 m Richtung Castelbouc. **Preise**: 17 €–22 €. **Zufahrt**: Folgen Sie an der D 907 dem Wegweiser nach Castelbouc, Sie kommen dann am Platz auf dem Nordufer vorbei.

170 Ein Stück weiter östlich, auf dem Südufer und westlich unterhalb von **Montbrun** liegt der urwüchsige **Naturcampingplatz *Prat de Milou***, der aber nur vom 1.7. bis 31.8. geöffnet ist, mit ebenfalls guter Schwimmmöglichkeit und Strand. **GPS**: N 44°20'08" E 3°29'49". Folgen Sie an der D 907BIS dem Wegweiser nach Montbrun (Sie sehen den Platz von hier am anderen Ufer) und biegen Sie nach der Tarnbrücke links ab (nur bis 8 m). **Preis**: 14 €.

Das bald folgende **Ispagnac** (850 Einwohner) ist der letzte Ort der eigentlichen Schluchtstrecke und hat uns ohne brauchbaren Stellplatz enttäuscht. So freut man sich, wenn man schnell wegkommt, weil die Straße nun deutlich breiter wird, auf der man in **Florac-Trois-Rivières** einlaufen kann. Das wirkt nach der Einsamkeit in der Schlucht wie eine Mittelstadt, bietet aber nur noch 1.900 Einwohnern eine Heimat. Wenn **donnerstags Markt** ist, findet man kaum einen Park- und auf der langen, mit Platanen bestandenen *Esplanade* genauso schlecht einen Sitzplatz. An den anderen Wochentagen vermisse ich von Reise zu Reise mehr den früheren Charme. Das liegt nicht nur am inzwischen gesperrten Stellplatz. Auch die beiden Campingplätze sind nicht makellos:

171 Florac-Trois-Rivières – *Camping Le Pont du Tarn*

GPS/Kontakt: N 44°20'10" E 3°35'24", Route du Pont-de-Montvert 1, Tel. 04 66 45 18 26; www.camping-florac.com. **Öffnungszeit**: Mitte April bis Anfang Oktober. **Ausstattung**: Badestelle direkt am Platz (vor und unterhalb der alten Brücke ist der Tarn zum Schwimmen tief genug), beheizter Pool, Brotverkauf, Snack. **Beschreibung**: Das ist ein relativ lebhafter Platz mit vielen festen Behausungen. Ein Supermarkt liegt in der Nähe (am Kreisverkehr der nahen N 106 über die neue Brücke nach rechts noch 300 m), es gibt mehrere Wanderwege. Das Ortszentrum 1,7 km (Fuß- und Fahrradweg seitlich der N 106) zu mehr als der Hälfte beleuchtet. Tagsüber stören Verkehrsgeräusche, nachts ist es sehr ruhig. **Preise**: Bis zu 45 € (Parzellen nahe der Straße sind preiswerter als die lauschigen Wiesenplätze direkt am Tarn), keine Preisangaben im Internet. **Zufahrt**: Nordwestlich von Florac an der N 106 beschildert.

172 Mit 1,1 km Entfernung günstiger zum Ortszentrum liegt ***Camping du Velay***. Müssten Sie die 11 € auf einem Stellplatz bezahlen, würden Sie nicht viele Worte verlieren. So stehen Sie sogar am Ufer des zum Schwimmen zu flachen Nebenflusses La Mimente und fühlen sich tagsüber auch hier vom Verkehr gestört. **GPS**: N 44°19'03" E 3°35'58"; Route d'Alès, das ist die N 106 südlich des Ortes.

173 Etwa 2 km weiter östlich Richtung Pont-de-Montvert können wir bei **Bédouès** den direkt am Tarn gelegenen ***Camping Chantemerle*** empfehlen. Sie finden eine Badestelle direkt am Platz, Brotverkauf und eine Gaststätte. **GPS**: N 44°20'43" E 3°36'36", Tel. 04 66 45 19 66; www.camping-chantemerle.com/fr. **Öffnungszeit**: 15.4. bis Ende Okt. **Preise**: 17 €–24 €.

Sehenswert sind in Florac außer der Platanenallee die gestaute **Source du Pêcher**, eine Karstquelle, deren Wasser mitten durch den Ort rauscht (siehe Foto), sowie das über der Stadt thronende **Château** aus dem 17. Jahrhundert, heute Sitz der Verwaltung des Nationalparks der Cevennen.

Wer uns kennt, ahnt, dass wir uns gründlich genug umgesehen haben, um in Florac auch ein Lieblingslokal empfehlen können: Im **Restaurant *L'Adonis*** (das gehört zum *Hôtel des Gorges du Tarn*) können Sie einfallsreiche, richtig leckere Menüs verspeisen und die Auswahl vom auch in Frankreich in dieser Preisklasse allmählich aussterbenden, hier sehr gut bestückten Käsewagen genießen *(Tel. 04 66 45 00 63; Mi. und Do. geschlossen; Rue Pêcher 48, das Lokal liegt gut beschildert im südöstlichen Teil des Städtchens; Menüs ab 43 €; nicht obiges Foto).*

In Florac-Trois-Rivières beginnt die berühmte Corniche des Cévennes, die wir auf unserer nächsten Tour unter die Räder nehmen werden.

Allzu leicht macht man den Fehler, die Tour in Florac zu beenden und einen weiteren Lieblingsort am Tarn zu übersehen. Kurven Sie den Fluss noch 21 Kilometer weiter aufwärts, um östlich von Florac-Trois-Rivières, in **Le Pont-de-Montvert** (290 Einwohner), auf einem perfekt gelegenen Campingplatz einzuchecken. Dieser Zeltplatz grenzt direkt an fantastische **Badebecken**, von denen sich der noch beinahe *quellfrische, kühle und glasklare Tarn* über einen kleinen Wasserfall ins Tal stürzt. Es gibt nichts Schöneres, als dort an einem heißen Hochsommertag auf den runden, von der Sonne gewärmten Steinen zu liegen – auch

TOUR 11

Le Pont-de-Montvert – Badebecken

wenn ich Sie dringend davor warne (und es inzwischen auch verboten ist), wie die Dorfjugend von einem Felsen sechs Meter in die Tiefe zu springen! Nichtcamper finden das Naturerlebnis von der anderen, nördlichen Flussseite. Gehen Sie entlang der Straße nach Génolhac und wählen Sie circa 150 Meter östlich von Le Pont-de-Montvert eine Treppe. Diese ist etwa 300 Meter vom nacherwähnten Parkplatz entfernt, den ich hauptsächlich deshalb erwähne, weil der Campingplatz in der Hochsaison auch mal belegt sein kann:

174 Le Pont-de-Montvert – *Municipal du Gilliaou*

GPS/Kontakt: N 44°21'44" E 3°44'51", Le Chambon, 900 m, Tel. 04 66 45 82 88 oder 04 34 09 06 10; www.pontdemontvert-sudmontlozere.fr/camping-municipal-du-gilliaou--48-_fr.html. **Öffnungszeit**: Mitte März bis Anfang November; Mittagspause in der Nebensaison zeitweise bis 17 Uhr, während der die Schranke geschlossen ist. Auch zum Verlassen des Platzes mit dem WOMO brauchen Sie einen Code, den Sie unbedingt aufbewahren müssen. **Ausstattung**: Direkt am Platz entdecken Sie einen privaten Zugang zur sehr schönen Badestelle. Es gibt keinen Camper-Service. Die Chemietoilette muss über ein Stehklo entsorgt werden (wir haben gefragt). **Beschreibung**: Das ist noch ein richtiger, überwiegend schattiger Zeltplatz ohne feste Mietbehausungen mit vielen kleinen Zelten von Wanderern. Einige Saisondauercamper stören nur wenig. Geschäfte und Gaststätten finden Sie nach 300 m im Ortszentrum, Wanderwege sind beschildert. Das Gelände ist für Wohnmobile deutlich über 7,50 m Länge, weniger geeignet. **Preise**: 13 €–15 €. **Zufahrt**: Der Platz ist in Le Pont-de-Montvert auf dem südlichen Tarnufer beschildert, die Zufahrt über die historische Tarnbrücke scheint schwieriger, als sie es wirklich ist; möglicherweise müssen lange Fahrzeuge bei Linksabbiegen einmal zurücksetzen. Mittwochsvormittags ist die Zufahrt wegen des Marktes behindert.

TOUR 11

175 Le Pont-de-Montvert

GPS: N 44°21'49" E 3°44'43", D 20. **Max. WOMOs**: 5. **Öffnungszeit**: Ganzjährig, Mittwochs ist Markt, und der Platz ist vormittags nicht nutzbar. **Ausstattung**: Ver- und Entsorgung, Toilette, Mülleimer. **Beschreibung**: Am Rand der Bebauung sind zwei Parkplätze auf Asphalt mit wenig Schatten beschildert. Der obere ist für Wohnmobile reserviert. Dort sind aber nur 2–4 Plätze so wenig schräg, dass man das Gefälle mit Keilen so ausgleichen kann, um Eier zu braten. Man darf auch auf dem unteren Bereich übernachten. Dort sind die Parkbuchten ziemlich kurz und in der Saison tagsüber so gut wie immer von Pkw belegt (notfalls auf der Schräge parken und am späten Abend umziehen). Die Badestelle finden Sie nach 300 m (siehe oben im Text). Zu Gaststätten und Geschäften sind es nur wenige Schritte. Sie können hier loswandern. **Zufahrt**: Folgen Sie in Pont-de-Montvert auf dem nördlichen Tarnufer dem Wegweiser nach Vialas und Génolhac. Biegen Sie etwa am Ende der Bebauung beim Wegweiser ›*Parking*‹ scharf nach links ab.

Le Pont-de-Montvert

Auf beiden Seiten der geschwungenen Tarnbrücke, unter der man auch baden und sogar an einem kleinen Strand liegen kann, finden Sie alles, **was Sie zum glücklichen Urlaub brauchen** und zugleich ein Stück von Frankreich, das Sie vielleicht nicht mehr für möglich gehalten haben. Wahrscheinlich gefällt das sogar den Einheimischen. Sonst gäbe es das ***Café Le Commerce*** nicht seit dem Jahr 1902. Sie können dort, wo das Leben pulsiert, eine erstaunlich gute und preiswerte Bistrotküche genießen. Einfallsreich sind auch die beiden Menüs (eines davon vegetarisch) in der ***Auberge des Cevennes***, wo Sie am Vormittag für den Abend reservieren müssen *(Tel. 04 66 45 80 01; kein Ruhetag, Menü 28 €)*. Es lohnt sich ferner nachzuschauen, ob das von mir früher hochgelobte Hotel-Restaurant *La Truite Enchantée* weiterhin nur Hausgäste bekocht.

In Le Pont-de-Montvert finden Sie alles, was Sie zum glücklichen Urlaub brauchen – und ein Stück typisches Frankreich

In Le Pont-de-Montvert nahm 1702 der Camisardenkrieg seinen Anfang, mit dem wir uns auf unserer Cevennentour (Tour 12) näher beschäftigen werden.

Tour 12

Tour 13
Tour 11
Tour 9
Florac-
Trois-Rivières
Anduze
Bambouseraie
Musée du Désert
Grotte de Trabuc
Le Mas Soubeyran
Mialet
St Jean-du-Gard
nach Ganges
10 km
N
Corniche des Cevennes
Pompidou
Mont Aigoual 1567 m
Prat-Peyrot
Valleraugue
nach Le Vigan
Abime du Bramabiau
St Saveur-Camprieu
Meyrueis
Grotte de Dargilan
Gorges de la Jonte
Aven Armand
La Parade
Causse Méjean
Causse Noir
nach St Chély-du-Tarn und Ste Énimie
Roc des Hourtous
Tarn
nach Le Rozier
Nant
Gorges de la Dourbie
106
9
996
18
986
50
907
176
177
178
179
180
181
182
183
184
185
186
P
C

Durch die Cevennen
Vom Tarn an den Gardon
145 km

Vom Tarn werden Sie an den lieblichen Gardon geführt, einmal über die Hochebene, quer durch die einsamen Cevennen und zu mehreren Höhlen mit folgenden Höhepunkten:

- **Aven Armand**
- **Abime du Bramabiau**
- **Musée du Désert**
- **Bambouseraie**
- **Dampfzugfahrt**

Diese Cevennentour beginnt am Tarn (11. Tour), indem Sie an der Geierbeobachtungsstation (Platz Nr. 163) weiter durch das Tal der Jonte flussaufwärts fahren. Oder Sie nehmen die Hochebene des **Causse Méjean** ab Ste Énimie in Angriff. Jenes Plateau ist besonders typisch für alle die Merkmale, welche die Landschaft im Jahr 2011 auf die UNESCO-Liste gebracht haben.

Auf jeden Fall sollten Sie sich auch von dieser Seite (von der Nordseite haben Sie schon auf der 11.Tour in die Tiefe geblickt) auf etwa 900 Höhenmetern an den Rand des eingeschnittenen Tarntals wagen, am besten zur Aussichtsplattform des **Roc des Hourtous**, die sportliche Leser bei der 11. Tour schon erwandert haben. Wer nichts auslässt, fährt auf der D 986 weiter nach Norden bis zum Blick auf den **Cirque de Saint-Chély** und das gleichnamige Dorf (siehe ebenfalls 11. Tour)

Cirque de Saint-Chély

Als größte Sehenswürdigkeit des Causse Méjean gilt der **Aven Armand**, eine der bedeutsamsten Kalksteinhöhlen der Welt. Sie fahren mit einer Zahnradbahn durch einen 188 Meter langen Tunnel in einen gigantischen, *35 Meter hohen Tropfsteinsaal*, der an einen bizarren und märchenhaften Wald von Stalagmiten grenzt. Mehr als 400 riesengroße Tropfsteine stehen oder hängen dort in der sogenannten *Forêt Vierge (Urwald)* nebeneinander, und viele haben Namen, die man Ihnen anlässlich einer breit angelegten französischen Führung aufzählt. Entdecker der Höhle im Jahre 1883 war übrigens nicht Monsieur Armand, der sie zwar später erforscht hat, sondern der bekannte Höhlenforscher Martel *(Führungen 1 Std., zu den wechselnden Zeiten siehe unter https://avenarmand.com/visites; 16,90 €)*. Auf dem Parkplatz davor kann und darf man übernachten, und man schläft dabei im Sommer meistens nicht alleine:

176 Hures-la-Parade – Aven Armand

GPS: N 44°13'18" E 3°21'24", 970 m. **Max. WOMOs**: 15. **Ausstattung**: Wasser, tagsüber Toilette, Mülleimer. **Beschreibung**: Sie sitzen außerhalb jeglicher Ansiedlung am grasigen Rand des riesigen Platzes im Schatten und auf Klappstühlen, bis die Kälte Sie vertreibt. **Zufahrt**: Biegen Sie beim Wegweiser von der D 986 ab.

Es gibt noch eine Reihe weiterer Höhlen und Grotten in den Causses, was unter anderem am porösen Jurakalk liegt, der die Entstehung von Tropfsteinhöhlen erst möglich macht. Sie könnten südlich der Jonte noch in der **Grotte de Dargilan** frösteln und sich danach entscheiden, ob Sie tatsächlich das Gebirge der **Cevennen** durchqueren möchten, das von Wohnmobilurlaubern eher stiefmütterlich behandelt wird. Was weniger an den kurvenreichen Straßen liegt als daran, dass man die Cevennen, will man sie einigermaßen kennenlernen, in eine Rundreise einbeziehen müsste, die zeitraubend und mühsam ist.

Wenn Sie mit Ihren Urlaubstagen nicht aus dem Vollen schöpfen dürfen, bietet sich am ehesten die Überquerung ab Florac-Trois-Rivières (ebenfalls Tour 11) auf der **Corniche des Cévennes** an, einer Hochstraße, von der Sie einen guten, fast vollständigen Eindruck gewinnen.

Auf der von mir bevorzugten Tourstrecke fahren Sie durch **Meyrueis** (850 Einwohner), einem kleinen Städtchen, das am Zusammenfluss dreier Bäche liegt und auf angenehme Art hinterwäldlerische Provinz mit den Einrichtungen eines sanften Tourismus verbindet. Hier trifft man statt gestresster Urlauber, Menschen mit Wanderstiefeln und Rucksack. Wer die Cevennen näher erkunden will, kann auf einem der drei Campingplätze –

Meyrueis

schön gelegen, gut besucht, mit Pool, aber vielen festen Behausungen bestückt ist *Camping Le Capelan* – sein Basislager aufschlagen oder den offiziellen Stellplatz bevorzugen:

177 Meyrueis

GPS: N 44°10'29" E 3°25'54", Rue du 19 März 1962. **Max. WOMOs**: 6-8. **Öffnungszeit**: Ganzjährig. **Ausstattung**: Ver- und Entsorgung, Mülleimer, Spielplatz, Picknickbänke. **Beschreibung**: Der asphaltierte, klappstuhlgeeignete Parkplatz liegt günstig 500 m oberhalb des Ortes mit Gaststätten und Geschäften vor einer nicht ganz so schönen Sporthalle. **Zufahrt**: Biegen Sie von der D 996 in der Ortsmitte mit der Beschilderung nach Süden ab.

Das ***Hôtel du Mont Aigoual*** macht weiterhin einen guten Eindruck, auch wenn wir hier schon lange nicht mehr gegessen haben *(Tel. 04 66 45 65 61; nur im Sommer geöffnet, Menüs ab 40 €)*. Falls Sie auf dem Stellplatz stehen, haben Sie keinen weiten Heimweg.

Als Ziel kurzweiliger Unternehmungen bieten sich nicht nur die erwähnten, westlich gelegenen beiden Grotten an, sondern auch 18 Kilometer südlich die **Abime du Bramabiau**. Das ist keine Höhle, wenngleich im offiziellen Prospekt so betitelt, sondern eine Wasserklamm untertage, wo ein Bach namens Bonheur nach einer unterirdischen Wegstrecke von knapp 700 Metern wieder an das Tageslicht tritt. Dort donnert dann ein Wasserfall so laut gegen die Felsen, dass es sich nach der überbrachten Volksmeinung wie das Brüllen eines Ochsen anhört, was im örtlichen Dialekt so viel heißt wie *Bramebiou*. Die dunkle Kluft war übrigens eine der ersten »Höhlen«, die im Jahre 1888 von Martel erkundet worden war und die den Meister veranlasst hatte, die französische Gesellschaft für Höhlenkunde, die Speläologie, zu gründen. Selbstverständlich kann man auf einem gesicherten, unterirdischen Pfad das seltene Naturschauspiel anlässlich einer langatmigen, 1½ Stunden dauernden Führung betrachten *(Juli/August 10–18 Uhr, April bis Juni, September 10:30, 12, 13:30, 14:30, 15:30, 16:30: Uhr, Oktober bis Anfang Nov. 10–16 Uhr; 12 €; Hunde erlaubt)*. Auf der Internetseite werden *Camping-Cars für die Nacht eingeladen*:

In der Abime du Bramabiau, einer höhlenartigen Kluft, donnert ein Wasserfall gegen die Felsen

178 Saint-Saveur-Camprieu – Abime du Bramabiau

GPS: N 44°7'22" E 3°28'46". **Max. WOMOs**: 5-7. **Öffnungszeit**: Ganzjährig. **Ausstattung**: Wasser, Picknickbänke. **Beschreibung**: Sie nächtigen bei einem Haus klappstuhlgeeignet, aber 1,5 km vom kleinen Ort mit einem Restaurant entfernt, Wanderwege. Das ist ein Platz für warme Sommerabende in Gesellschaft. **Zufahrt**: Der Platz liegt direkt an der D 986.

179 Bei **Saint-Saveur-Camprieu**, dem nächsten Dorf, gibt es einen weiteren, einsamen Platz mit Ver- und Entsorgung bei **GPS**: N 44°06'30" E 3°28'59", vor einem Campingplatz.

Weniger einsam stehen Sie **im Ort** seitlich des Sportplatzes, bei der Mehrzweckhalle oder beim Friedhof.

Von hier ist es dann nicht mehr weit zum 1.597 Meter hohen Gipfel des **Mont Aigoual**, wo eine Wetterstation und eine Ausstellung über dieselbe mit mehr als 800 Fotos eingerichtet worden sind *(Mai bis Ende Sept. 10–19 Uhr, kostenlos)*. Legendär sind die Sonnenaufgänge, die man im Sommer eher sehen kann als die Untergänge. Mit Glück reicht der Blick bis zum Mont Ventoux und mit noch mehr Glück sogar bis zum Mittelmeer. Meistens sieht man aber nur die runden Rücken der benachbarten Cevennen-Kuppen. Das ist ohne Zweifel auch schön, ob sich dafür aber die Kurverei eines halben Tages lohnt, darf bezweifelt werden. Weil die Waschküche erst im Laufe des Vormittags entsteht, sollten Frühaufsteher und Bergfreunde früh anreisen, denn auf dem Gipfel darf man nicht mehr übernachten (Naturschutzgebiet). Die nächstliegende Möglichkeit ist offiziell für eine Nacht frei gegeben:

180 Val d' Aigoual – Prat Peyrot

GPS: N 44°07'00" E 3°33'11", D 2698, 1.400 m. **Max. WOMOs**: 10. **Öffnungszeit**: Ganzjährig. **Ausstattung**: Keine. **Beschreibung**: Der klappstuhlgeeignete Asphaltplatz liegt einsam an der nachts nicht befahrenen Straße bei einer Skistation, Wanderwege sind beschildert und führen nach einer Stunde zum Gipfel. Auch das ist ein Platz für warme Sommerabende, zumindest für gutes Wetter. **Zufahrt**: Folgen Sie dem Wegweiser zum Mont Aigoual; der Platz liegt in unserer Tourrichtung vorher westlich unterhalb des Gipfels,

In den Cevennen

TOUR 12

Den Aigoual sieht man trotz Dunst von weitem, wenn man auf der oben schon erwähnten **Corniche des Cévennes** von Florac-Trois-Rivières nach Saint- Jean-du-Gard fährt, einer für Wohnmobile aller Größen völlig unproblematischen Gebirgsstraße, die schon zu Beginn des 18. Jahrhunderts angelegt worden ist, als Weg für die Truppen Ludwigs XIV. im Kampf gegen die Protestanten. Die 53 Kilometer der Trasse führen durch ein eindrucksvolles Panorama, durch ein paar malerische kleine Ortschaften, zumeist aber durch unbewohntes Gebiet. Dass wir dennoch ein wenig enttäuscht sind, liegt vermutlich an den zu hohen Erwartungen, die durch die übertriebenen drei Sterne des grünen Michelin-Führers, die höchstmögliche Auszeichnung, geweckt wurden. Immerhin bekommt man einen umfassenden Eindruck von den Cevennen, und die Straße ist weder beschwerlich, noch erfordert sie größere Umwege. Ganz im Gegenteil, es ist die Strecke, die sich am ehesten anbietet, wenn man vom Tarn nicht direkt nach Hause fahren muss. Man kann noch einiges von dem abgeschiedenen Leben erahnen, das die bäuerliche Bevölkerung hier über Jahrhunderte gefristet hat. Ein paar kleine, meist un-

An der Corniche des Cévennes

bewohnte Häuser sind noch übrig geblieben, gebaut aus Granit und Schiefer, ebenso wie die unzählbaren Steinmäuerchen, die immer wieder von Menschenhand erneuert werden mussten, um den kargen Boden zusammenzuhalten. Noch vorhanden, wenn auch verwildert, sind ebenso die *Esskastanienbäume*, die einst die Hauptnahrungsquelle darstellten. Während des strengen Winters brachte man Mensch und Vieh mit Maronen durch, und sogar das Brot wurde aus Kastanienmehl gebacken.

Hugenotten

Die ärmlichen Lebensverhältnisse, ein paar Jahre schlechten Wetters und damit einhergehende Missernten waren in der ersten Hälfte des 16. Jahrhunderts eine Keimzelle für die revolutionäre Bewegung der Reformation. Prediger der Lehre des Genfer Reformators **Calvin** waren ins Land gekommen, und ihre Dogmen gegen den Sittenverfall der Kirche und der Päpste fanden schnell Gehör. Bäuerliche Schichten, Bürger und Adlige taten sich zusammen, um dem Klerus seine riesigen Ländereien streitig zu machen, die sich dieser im Laufe der Zeit durch von den Bauern erpresste Abgaben zusammengerafft hatte. Die nicht ausbleibenden Religionskämpfe fanden aber im Jahre 1598 ein Ende, als König Heinrich IV. im **Edikt von Nantes** Glaubensfreiheit gewährte.

Glücklich wurden die Menschen aber auch dann nicht, denn die **Hugenotten** entwickelten sich als glaubensstrenge Sittenwächter und übertrafen dabei die früheren katholischen Moralapostel um Längen. Tanz und Musik wurden verboten, ebenso wie das Lachen und der Austausch von Zärtlichkeiten in der Öffentlichkeit. Lust und Freude kamen in den Cevennen nicht mehr vor. Angeblich hat sich dort die Prüderie bis heute standhaft gehalten.

Die Religionsfreiheit währte nur 100 Jahre, bis Ludwig XIV. das Edikt von Nantes aufhob, das sich mit dem absolutistischen, vom katholischen Glauben geprägten Herrschaftsstil des Königs nicht vertrug. Zudem waren die Hugenotten politisch einflussreich geworden und mussten schon deshalb verfolgt werden. Aus allen Teilen Frankreichs emigrierten die Protestanten in das tolerantere Ausland, nur in den Cevennen blieb man weitgehend sesshaft. Dies führte Ende des 17. und Anfang des 18. Jahrhunderts zu einem grausamen Feldzug, dem **Kamisarden-Krieg**. Einer kämpferischen Auseinandersetzung, bei der die wegen ihrer weiten Hemden *(Camisards)* genannten Hugenotten den zahlenmäßig überlegenen königlichen Truppen in einer Art Guerillakrieg gegenüberstanden, in dem sich die Protestanten das vertraute, unwegsame Terrain und die Unterstützung der Bevölkerung zunutze machen konnten. Sie werden weiter unten das an diesen Krieg erinnernde Museum kennenlernen.

Die Herkunft der Bezeichnung *Hugenotten* ist ungeklärt. Es handelte sich um einen Spottbegriff, der wahrscheinlich auf die *Eygenots (Eidgenossen)* zurückzuführen ist, die Anhänger einer Gruppierung in der Schweiz, die sich der Lehre der Reformatoren Calvin und Zwingli verschrieben hatten.

Drei Kilometer westlich von Saint- Jean-du-Gard stoßen wir auf den Gardon. Genauer, auf einen der vier Gardons, die südlich von Alès unter einem Namen, quasi dem Nachnamen, zur Rhône fließen und gar nicht weit von der Mündung von einer der berühmtesten Brücken der Welt, dem Pont du Gard (Gard und Gardon sind dasselbe), überspannt werden. Das Flüsschen, auf das wir am Ende der Corniche des Cévennes treffen, ist der Gardon du Saint-Jean und heißt uns mit einem schönen Badeplatz direkt an der Straße willkommen. Leider kann man hier nicht frei stehen (aber von April bis September auf dem familiären, kleinen **Campingplatz** *Le Petit Baigneur*). Und ebenso bedauerlich ist es, dass uns die Zeit fehlt, nach Westen abzubiegen, um das liebliche Tal des kleinen Flusses zu erkunden, in dem es zusätzliche Campingplätze gibt. Wir fahren stattdessen knapp drei Kilometer weiter nach **Saint-Jean-du-Gard** (2.500 Einwohner), einer ruhigen Kleinstadt, die einstmals ein Zentrum der Seidenraupenzucht war, wo aber im Jahre 1964 die letzte Seidenspinnerei Frankreichs schließen musste (Näheres zur Seidenraupenhaltung finden Sie bei der 14. Tour). Wer Zeit hat, kann durch die Straßen schlendern und sich am

TOUR 12

In Saint-Jean-du-Gard

In Saint-Jean-du-Gard

schönen Uhrturm aus dem 12. Jahrhundert und an der Gardon-Brücke erfreuen.

Leider wurden alle im Lauf der Jahre offiziell freigegebenen Stellplätze anderen Zwecken zugeführt. Aber man kann wieder dort parken, wo es zwischenzeitlich verboten war:

181 Saint-Jean-du-Gard

GPS: N 44°06'12" E 3°53'05". **Max. WOMOs**: 10. **Ausstattung**: Keine. **Beschreibung**: Sie parken in schöner Lage, aber staubig auf einem unbefestigten Weg zwischen Stadt und Flussufer (Badeverbot). In das Zentrum sind es nur wenige Schritte. **Zufahrt**: Fahren Sie möglichst am Kreisverkehr östlich des Ortes von der D 907 in Richtung Zentrum; und dann so weit auf der Grand Rue, bis sich diese verengt und ein Parkplatzwegweiser nach links zeigt.

TOUR 12

182 Für einen längeren Aufenthalt geeigneter ist der 1,2 km nördlich des Zentrums gelegene **Campingplatz *Les Sources*** mit Pool (1.4. bis etwa 20.9.); **GPS**: N 44°06'47" E 3°53'27", Route de Mialet.

Erfreulich sind die Küche und Freisitz im **Restaurant *L'Oronge***, wo Sie Ihnen klassische französische Gerichte serviert werden *(Tel. 04 66 85 30 34; Mo. und Di. geschlossen; Menü 35 €)*.

In Saint-Jean biegen wir nach Norden ab und folgen dem Wegweiser zur **Grotte de Trabuc** *(Führungen 1 Std., 10–17.30 Uhr, im Juli/August bis 18 Uhr; 13,90 €; deutscher Audioguide)*. Das sollten Sie auch tun, wenn Sie keine Höhle mehr sehen wollen und bei der Vorstellung an eine weitere französische Führung rote Flecken bekommen. Für beides hätte ich volles Verständnis. Sie wählen also die schmale Strecke und den landschaftlich sehr reizvollen Umweg nur, weil Sie beim Weiler **Le Mas Soubeyran** zum **Musée du Désert** abbiegen (auf der Michelin-Karte eingezeichnet). Obwohl dort keine Nachspeisen zur Schau gestellt werden, wie Sie an der Schreibweise sicher schon bemerkt haben, und auch keine, wie die

Bezeichnung vermuten lässt, Fundstücke aus der Wüste. *Désert* ist vielmehr der Begriff für einsame, abgeschiedene Ortschaften, für Verstecke in Wäldern und Höhlen, wo sich im schon erwähnten Kamisarden-Krieg Hugenotten vor den Soldaten des Königs verborgen hielten (siehe im obigen grauen Kasten). Das Anliegen des Museums besteht darin, in erster Linie die Erinnerung an das schwere Schicksal der französischen Protestanten wachzuhalten. Das kommt, wie ich meine, gut rüber, weshalb Sie den kleinen Abstecher, der von Anduze aus noch kürzer ist, auf sich nehmen sollten. Das Museum ist in einem typischen Cevennenhaus untergebracht, dem Geburtshaus des Kamisarden-Führers, der fast nur noch unter seinem Spitznamen *Roland* bekannt ist, und der im Jahre 1704 von den Dragonern des Königs ermordet worden ist. In fünfzehn kleinen Räumen sehen Sie Zeugnisse des religiösen Lebens in der »Wüste«, unter anderem eine tragbare Kanzel, die zugeklappt als Kornfass getarnt werden konnte, blinde Laternen für unauffällige Wege im Dunkeln und einen Wandschrank, der als Versteck diente. Daneben gibt es auch bemerkenswerte alte Bibeln und Beweise der Grausamkeit, die an die »Dragonaden« erinnern, an die zwangsweise Einquartierung von Dragonern, die mit ihren protestantischen Herbergsleuten, vor allem mit deren Frauen und Töchtern, mehr als unchristlich umgesprungen sind. Allein schon zwei wunderschöne große Gemälde verdienen die Visite *(10–12:30 und 14–18 Uhr, Juni bis Sept. 9:30–18:30 Uhr; 6 €; lassen Sie sich an der Kasse eine deutschsprachige Beschreibung aushändigen).*

Auch die wellige Landschaft rund um das Museum ist ansprechend, und der kleine Parkplatz lädt auf gewachsenem Boden zu einer ruhigen, leicht einsamen Übernachtung ein:

183 Mialet – Musée du Désert

GPS: N 44°05'43" E 3°57'24". **Max. WOMOs**: 2-3. **Ausstattung**: Mülleimer, Gaststätte. **Beschreibung**: Sie stehen am Rand der Bebauung auf gewachsenem Untergrund teilweise im Schatten und können vermutlich abends sogar auf Klappstühlen sitzen. **Zufahrt**: Wegweiser ›*Musée du Désert*‹, an der D 50 nicht zu verfehlen.

Kontrapunkt zum Kamisarden-Museum, in dem sich im Hochsommer neben uns höchstens zehn weitere Besucher verlieren, ist der Bambushain von **Anduze**, die auf der Michelin-Karte ein-

Bambouseraie de Prafrance

gezeichnete **Bambouseraie Prafrance**. Es scheint, als hätte ich an keiner anderen Sehenswürdigkeit Südfrankreichs gleichermaßen viele Menschen auf einem Haufen gesehen. Was wieder einmal beweist, dass die Franzosen auf Natursehenswürdigkeiten abfahren, seien sie auch künstlich angelegt. Schon im Jahre 1856 hat ein Samenhändler zwei Kilometer nördlich von Anduze diese Plantage gezüchtet, aus mitgebrachtem Bambus, dessen Triebe unter idealen Bedingungen an einem Tag bis zu 1 m sprießen können. Daraus ist in der Tat ein erstaunlicher Bambuswald gewachsen, der später mit anderen außereuropäischen Pflanzen angereichert wurde; ferner mit dem, was sich der Durchschnittsfranzose so vorstellt, wenn er an Asien denkt. Das sogenannte »Laotische Dorf«, bestehend aus ein paar Bambushütten, wirkt eher lächerlich, und irgendwie können wir uns mit dem ganzen Ensemble, sind die Bambusstämme auch noch so dick und hoch, nicht so recht anfreunden (diverse Leser waren anderer Meinung, und die Gartenanlage ist wirklich nicht alltäglich; schöner Kletterpark für Kinder). Immerhin diente der Bambuswald schon mehreren Filmen als Kulisse, unter anderem *Lohn der Angst*. Unsere Unlust mag auch daran liegen, dass der heutige, private Besitzer die Menschen durch seinen Gartenbaubetrieb schleust, sodass fast jeder Franzose einen Topf mit Grünzeug nach Hause trägt *(1. März bis Mitte Nov. 9:30–17 oder 18 Uhr; ab 10 €, je nach Zeitpunkt und Buchungsart; www.bambouseraie.fr)*. Der geräumige, schattige Asphaltparkplatz wird gerne für die offiziell geduldete Übernachtung ohne jeglichen Service genutzt:

184 **Bambouseraie – N 44°04'16" E 3°58'54"**, gehört zur Gemeinde Généargues; von Nov. bis Feb. geschlossen.

Viele Besucher organisieren den Heimweg nostalgisch und warten an einer eigens für die Bambouseraie eingerichteten Bahn-

station auf das Pfeifen und Zischen des **Dampfzuges**, der von Anfang April bis Allerheiligen von Saint-Jean-Hauptbahnhof über Bambouseraie-Hauptbahnhof bis Anduze-Hauptbahnhof stampft, ein nettes Vergnügen, an dem die Väter vermutlich noch mehr Spaß haben als die Kinder. Über die Abfahrtszeiten können Sie sich an den Stationen informieren, die reine Fahrtzeit dauert knapp eine Stunde *(Abfahrten des ›Train à Vapeur‹ z.B. in Anduze 11:30, 14:30 und 16:30 Uhr, um 9:30 Uhr fährt zusätzlich eine Diesellok; Erwachsene bezahlen für die einfache Strecke 13 € und für die Rückfahrkarte 17,50 €; Kinder 12 € und 10 €, und Hunde 4 €; Anfang April– 31.10.; zeitweise bleibt Mo., Mi., Fr. und Sa. der Kessel kalt, deshalb: www.trainavapeur.com/horaires-tarifs)*.

Das Städtchen **Anduze** (3.000 Einwohner) ist zwar nicht ganz reizlos, größere Sehenswürdigkeiten suchen Sie allerdings vergeblich. Am interessantesten ist der **Pagodenbrunnen** aus dem 17. Jahrhundert mit Türmchen und Dach aus lackierten Ziegeln.

Anduze – Pagodenbrunnen

In Anduze

Und wissenswert ist vielleicht noch, dass sich in der Stadt eine der größten protestantischen Kirchen Frankreichs befindet, was Sie geschichtlich nicht überrascht, wenn Sie meiner Tourbeschreibung aufmerksam gefolgt sind. Am Nordrand der Stadt, auf dem Weg zur Bambusanlage, kommt man an der sogenannten *Porte des Cévennes* vorbei, dem Tor zu den Cevennen, das so heißt, weil hier der Gardon d'Anduze zwischen zwei Felsklötzen in das Flachland eintritt. Dort *baden* die Einheimischen, die zu faul oder unbeweglich sind, um schönere Strände aufzusuchen.

Anduze und Porte des Cévennes

Mit einer Übernachtungsstelle am Fluss kann ich nicht dienen, dafür mit einem im Sommer kostspieligen Plätzchen zum Baden und Erholen, einem schön gelegenen Campingplatz. Wer lieber frei steht, muss an das Gleis des Dampfzuges ausweichen. Dort sind auf einem öffentlichen Parkplatz Möglichkeiten gegeben, die sich aber eher für die Übergangszeit als für den Sommer eignen:

185 Anduze – *Camping de L'Arche*

GPS/Kontakt: N 44°04'08" E 3°58'22", Route de Saint-Jean, Tel. 04 66 61 74 08; www.camping-arche.fr. **Öffnungszeit**: 1.4.–30.9. **Ausstattung**: Attraktives Baden im Gardon, breiter Kiesstrand, Pool, Sauna, vieles für Kinder, gutes Restaurant, Laden (Mai bis Anfang Sept., sonst Brotbestellung). **Beschreibung**: Das ist ein äußerst gepflegter, sehr schön gelegener Campingplatz, der mir trotz des hohen Preises auffallend häufig von begeisterten Lesern genannt wird. In das Ortszentrum sind es allerdings 2,5 km. **Preise**: 30 €–70 €. **Zufahrt**: Der Platz liegt an der D 907, der Straße nach Saint-Jean, nördlich von Anduze, direkt gegenüber der Bambouseraie auf der anderen Gardon-Seite.

Benachbart gibt es einen weiteren, etwas ortsnäheren Platz am Gardon, mit großer Wasserrutsche, keine Preisangaben im Internet, ***Camping Le Caste Rose***.

186 Anduze

GPS: N 44°03'00" E 3°59'04", Place de la Gare. **Max. WOMOs**: 10. **Öffnungszeit**: Ganzjährig. **Ausstattung**: Ver- und Entsorgung, Mülleimer. **Beschreibung**: Der schattenlose, geschotterte Platz eignet sich nicht für längere Aufenthalte. Ursprünglich war er innerörtlich neben dem Bahnhof offiziell ausgewiesen. Das wurde aufgegeben. Ob man dort noch ganzjährig übernachten darf, weiß ich nicht. Weiterhin zieht sich das Gelände, auf dem man auf jeden Fall stehen darf, entlang der Gleise, ist aber weniger schön. Die Zugstrecke ist nachts nicht befahrenen. **Zufahrt**: Der Platz liegt südlich der Innenstadt links seitlich des Bahnhofes *(Gare)*.

Tour 13

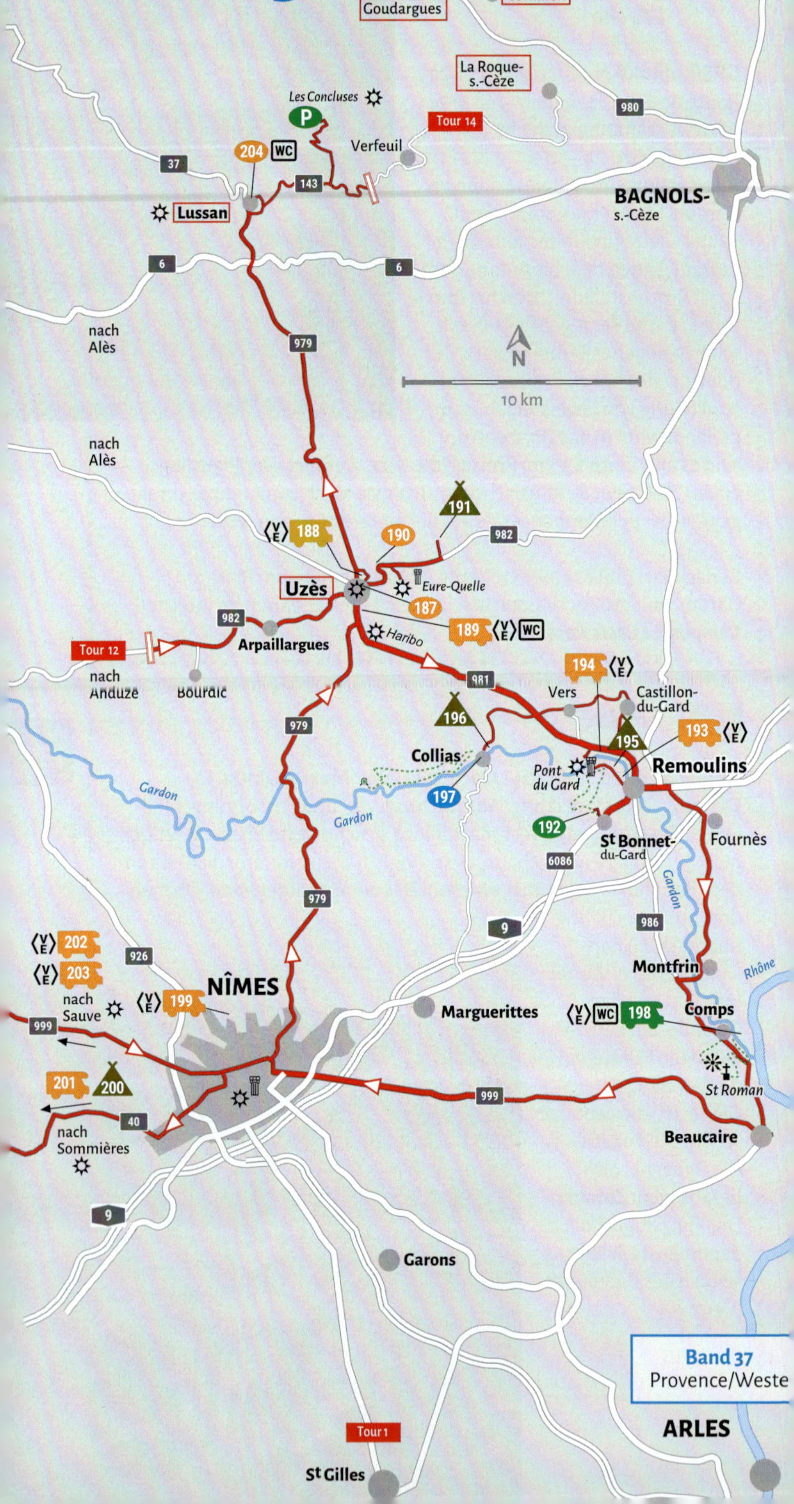

zur Ardèche
Montclus
Cornillon
Goudargues
La Roque-s.-Cèze
Les Concluses
Tour 14
Verfeuil
980
37
204 WC
143
Lussan
BAGNOLS-s.-Cèze
6
6
nach Alès
979
N
10 km
nach Alès
191
188
190
982
Uzès
Eure-Quelle
187
189 WC
982
Arpaillargues
Haribo
Tour 12
nach Anduze
Bourdic
194
981
Vers
Castillon-du-Gard
196
979
195
193
Collias
Pont du Gard
Remoulins
Gardon
197
Gardon
192
St Bonnet-du-Gard
Fournès
6086
Gardon
979
9
986
202
203
926
Montfrin
Rhône
nach Sauve
199
NÎMES
Marguerittes
198 WC
Comps
999
St Roman
201
200
999
40
Beaucaire
nach Sommières
9
Garons
Band 37 Provence/Weste
ARLES
Tour 1
St Gilles

Römische Erbschaften
Am Gardon und nach Nîmes
260 km

Diese Tour durch eine typische Languedoclandschaft ist streckenmäßig zwar lang, die besterhaltenen römischen Bauwerke außerhalb von Rom liegen allerdings dichter beieinander, und ich halte es für sicher, dass Sie zumindest einen Teil davon besuchen werden. Meine Tipps:

- **Uzès**
- **Pont du Gard**
- **Wanderungen am Gardon**
- **Nîmes**
- **Sommières**

Nach einem Badetag bei Anduze geht die Reise weiter nach **Uzès** (8.500 Einwohner), einer der *schönsten Städte im Languedoc*, wenn nicht sogar Südfrankreichs und demgemäß Bestandteil unsrer persönlichen **Top Ten**.

Unser geliebter Parkplatz auf der Rückseite der Kathedrale ist weiterhin zugänglich, auch wenn wir dort seit Jahren nicht mehr nächtigen. Auf vielen Reisen saßen wir in der Dämmerung an der *Promenade des Marronniers* hinter einem steinernen Geländer und haben uns an dem Blick über eine idyllische Landschaft inmitten von sanften Hügeln gefreut. Aus einer Mischung von Gartenland und Garrique sangen uns Nachtigallen ein Abendlied. Und wenn uns die Dunkelheit eingehüllt hat, konnten wir es Jean Racine nachempfinden, der an dieser Stätte einstmals schrieb: »*Unsere Nächte sind schöner als Eure Tage*«. Der junge Schriftsteller wohnte im Alter von 22 Jahren von 1661 bis 1662 in einem kleinen Pavillon vorn an der Balustrade, als er von seinen Eltern zum Onkel, dem damaligen Generalvikar von Uzès, geschickt worden war, damit er etwas Anständiges lernte. Außer von angenehmen Nächten berichtete Racine seinen Freunden in Paris auch vom guten Essen, er soll aber das Fehlen jedweder Buchhandlung in Uzès bedauert haben.

Stellplatzmäßig ist die Fläche unter den Kastanien allerdings nicht mehr erste Wahl:

187 Uzès – Promenade des Marronniers

GPS: N 44°00'47" E 4°25'23", Rue St Julien 3. **Max. WOMOs**: 3-5. **Ausstattung**: Wasser an der Hauswand. **Beschreibung**: Der mit einer beweglichen Schranke versehene öffentliche Parkplatz liegt auf der Rückseite der Kathedrale oberhalb des Schwimmbades am nordöstlichen Rand der Innenstadt. Gaststätten und Geschäfte sind daher nur wenige Schritte entfernt. Für große WOMOs sind die Möglichkeiten beschränkt. Fahren Sie in den hinteren Bereich bis kurz vor die Steinblöcke. Der Platz macht nur Spaß, wenn es dort genügend freie Fläche gibt. **Preise**: Von 21–8 Uhr, 2 €; tagsüber gestaffelt; beispielsweise von 18–21 Uhr 3,10 € und von 8–10 Uhr 1,90 € zu zahlen am Kassenautomat. **Zufahrt**: Die Kathedrale erkennt man am berühmten runden Turm, der Tour Fenestrelle. Die Parkplatzzufahrt zweigt an einer der größten Kreuzungen des Ortes ab, bevor die D 982 bergab führt.

188 Uzès – Weingut *Domaine Saint Firmin*

GPS/Kontakt: N 44°00'59" E 4°25'17", Rue Saint Firmin; www.saint-firmin.com. **Max. WOMOs**: 15-18. **Öffnungszeit**: Ganzjährig; Ankunft zwischen 9 und ca. 19 Uhr und nur eine Nacht, was aber nicht kontrolliert wird. Wenn abends ab etwa 20 Uhr das Tor geschlossen ist, muss man als Fußgänger über ein niedriges Mäuerchen steigen, was kein Problem ist. Nur so können die Betreiber auf ihrem Hof ein auch nachts ständiges Ankommen und Rangieren verhindern. Das Tor wir um 7 Uhr wieder geöffnet. **Ausstattung**: Ver- und Entsorgung, Mülleimer, Picknickbänke, Wein-, Früchte- und Honigverkauf. **Beschreibung**: Der *schönste Platz von Uzès* liegt weitgehend schattenlos am Rand eines kleinen Wäldchens (bitte dort nicht den Hund ausführen!!) auf einem Weingut der Gemeinschaft *France Passion*. Sie werden auch ohne Mitgliedsausweis eingelassen und nicht kontrolliert. Die Betreiber sind sehr freundlich, und sie dulden die Unruhe, den Wasserverbrauch und den Müllanfall nur, um ihren Wein (und andere Produkte) abzusetzen. Man muss das Engagement in höchsten Tönen loben. Sie sollten schon aus Anstand in einem angenehmen Verkaufsraum auf jeden Fall Garrique-Honig oder bezahlbaren und gut trinkbaren, biologisch angebauten **Wein** kaufen. Ich empfehle die Cuvées *Prélude* (rosé) und *Révélation* (rot); ich habe mich geärgert, von dem Roten (etwa 13 €) nicht mehr als ein Sixpack erworben zu haben. Weniger gut fanden wir den Weißwein.
Sie dürfen auf Klappstühlen sitzen – bitte nicht vor dem Fahrzeug stehen lassen, wenn Sie auf dem 400 m langen Weg ins Zentrum sind. In der Nacht auf Samstag ist der Platz wegen des Marktes gelegent-

TOUR 13

lich überfüllt. Zur Zeit der Weinernte fahren schon im Morgengrauen Traktoren über das Gelände und die Anzahl der Stellplatz ist etwas beschränkt. **Zufahrt**: Die Zufahrt wurde vor einiger Zeit wegen einer Einbahnstraßenregelung geändert. Folgen Sie nicht dem Navi. Es gibt relativ kleine Schilder. In der mit Platanen bestanden innerörtlichen Durchgangsstraße fahren Sie Richtung ›*Lussan*‹ und erst 600 Meter nach dieser Abzweigung scharf rechts, danach nochmals rechts.

189 Uzès – Großparkplatz

GPS: N 44°00'25" E 4°25'05", Route de Nîmes. **Max. WOMOs**: 30. **Öffnungszeit**: Ganzjährig. **Ausstattung**: Ver- und Entsorgung, Toilette, Mülleimer. **Beschreibung**: Das ist ein eingeschränkt klappstuhlgeeigneter, schattenarmer Großparkplatz in der Nähe eines Stadions (deshalb bisweilen belegt). Er sieht zunächst trist aus, gewinnt aber, wenn man hindurch bis unter Bäume fährt. Nicht in der Nacht auf Sonntag, weil dann häufig ein Flohmarkt aufgebaut wird. Zu Fuß in die Altstadt 5 Minuten. **Zufahrt**: Der Platz liegt südlich der Innenstadt an der Straße nach Nîmes und zweigt unübersehbar an einem Kreisverkehr ab (notfalls einmal umrunden).

190 Uzès – Chemin de Serrebonnet

GPS: N 44°00'59" E 4°25'34", Chemin de Serrebonnet. **Max. WOMOs**: 10. **Ausstattung**: Keine. **Beschreibung**: Der schattenlose Asphaltparkplatz innerhalb der Bebauung ist klappstuhlgeeignet, auch wenn dort gelegentlich Baumaterial gelagert wird. In das Zentrum sind es 500 m. **Fahren**: Rollen Sie auf der D 982 an Platz Nr. 187 vorbei, nach Norden und bergab. An der ersten scharfen Rechtskurve fahren Sie geradeaus auf eine von zwei Parkplatzetagen.

191 Saint-Quentin-la-Poterie – *Le Moulin Neuf*

GPS: N 44°01'56" E 4°27'21", St Quentin-la-Poterie, Tel. 04 66 22 17 21; www.le-moulin-neuf.fr. **Öffnungszeit**: Mitte April bis Mitte September. **Ausstattung**: 2 Schwimmbecken, Restaurant, Laden (beides nur Juli/August, sonst nur Brotverkauf), Tennisplatz. **Beschreibung**: Das sehr schöne, weitgehend naturbelassene, grasige und schattige Gelände ist nur zurückhaltend parzelliert und liegt 4 km nördlich des Zentrums von Uzès. **Preise**: 17 €–23 €. **Zufahrt**: Der Platz liegt direkt nördlich von Uzès und südlich von St Quentin-la Poterie an der D 405.

Die Schlafplätze sind aber nur das Beiwerk einer Stadt, die geradezu ein Muster französischer Lebensart ist. In mittelalterlichem Rahmen liegt alles beieinander, was man sich vom Urlaub in Südfrankreich erhofft: Käsegeschäft, Weinladen, kleine Bäckereien und perfekte Platanen. Den stimmungsvollsten Kaffee trinkt man neben einem Brunnen auf der arkadengesäumten **Place aux Herbes**, dem Platz, der mir unter allen französischen Plätzen einer der liebenswertesten ist und der auch für einige Szenen

Uzès – Place aux Herbes

des Films *Cyrano de Bergerac* als Kulisse gedient hat. Am Samstag ist dort der **Markt**, der dem ohnehin schon lebhaften Städtchen weiteren Auftrieb beschert. Auch wenn Sie lange nach einem authentischeren Markttreiben suchen müssen, kommt die Charakteristik des Platzes besser zur Geltung, wenn keine Stände aufgebaut sind, und wenn dort ein eher beschauliches Leben neben dem Brunnen dahinplätschert.

Uzès ist eine Stadt, in der man gerne flaniert und einkehrt. Wir haben im Laufe der Jahre viele **Restaurants** getestet. Die meisten haben nicht einmal eine Auflage überdauert, was übrigens auch anderswo leider gar nicht so selten vorkommt. Für diese Auflage waren wir im April und Anfang September vor Ort und hatten im Spätsommer nicht den leisesten Zweifel daran, dass es an Sommerabenden zu den Lokalen auf der Place aux Herbes keine Alternative gibt. Schöner sitzt man nämlich selten. Urlaub pur! Aber man sitzt hier, um zu sitzen, die Qualität des Essens muss

dagegen zweitrangig sein. So war die Zubereitung im von uns früher getesteten *Café L'Oustal* unter aller Sau, was sich aber vielleicht von Saison zu Saison ändert. Bei der letzten Revision hat es uns vor den Arkaden im ***La Voute*** bei schöner Stimmung überraschend gut geschmeckt – zu dieser Zeit eindeutig das beste Freiluftlokal auf dem Platz *(Tel. 04 34 32 09 70; vermutlich Mo. geschlossen; keine Menüs, Hauptgerichte ab 16 €; große Portionen).* Im April wurden wir an einem kühlen Abend sehr freundlich und gourmetmäßig im **Restaurant *Midi à l'ombre*** bewirtet *(rue Xavier Sigalon 9, das ist die Straße vom Weingutstellplatz in die Stadt; Tel. 04*

66 22 47 08; Mo. und Di geschlossen, schöner Freisitz; keine Menüs, Hauptgericht ab 25 €).

Auch den Freunden der Baukunst ist Uzès ein fester Begriff, vor allem die schon erwähnte **Tour Fenestrelle,** der »Fensterchen-Turm«. Er ist das einzige Überbleibsel der ehemals romanischen Kathedrale Saint Théodorit, die in den Religionskriegen mehrfach zerstört und im 19. Jahrhundert mit einer neo-romanischen Fassade ausgestattet worden ist. Der runde Turm blieb während aller Wirren unangetastet und erinnert, zumal ebenfalls freistehend, an einen italienischen Campanile, *das einzige Zeugnis dieser Baukunst* in Frankreich.

Uzès - Tour Fenestrelle

Sehenswert ist inmitten des Altstadtkerns auch der Herzogspalast, die **Duché**, mit einer schön proportionierten Renaissance-Fassade. Die Besichtigung ist nur im Rahmen von teuren Führungen möglich. Doch beim Rundgang durch die Gemächer kommt Langeweile auf. Weitschweifig berichtet man Ihnen während einer dreiviertel Stunde in französischer Sprache von der Herzogsfamilie, der ältesten des Landes, die in Frankreichs Adelshierarchie an erster Stelle rangiert und auch heute noch den Palast in Privatbesitz hält. Den schönen Schlosshof sehen Sie allerdings *gratis*, aber der zweifellos eindrucksvolle Blick vom Turm aus dem 11. Jahrhundert ist mitsamt der 148 Stufen keine 14 Euro wert. Für die Führung durch die Gemächer werden einschließlich Turmbesteigung sogar 22 Euro aufgerufen *(10–11:30 und 14–17:30 Uhr, Juli/Aug. jeweils 30 Minuten länger).*

TOUR 13

Da suchen Sie doch lieber die kostenlosen Sehenswürdigkeiten, die Sie finden, wenn Sie nordöstlich von Uzès die D 982 nach dem Gefälle und einer Minibrücke bei dem Wegweiser *Valée de l'Eure* nach rechts verlassen. Sie werden in ein Tälchen geleitet und zu einem kleinen, von einem Bach gespeisten Teich, wie Sie ihn ähnlich schon hunderte Male gesehen haben. Das Becken ist aber die Einfassung der **Eure-Quelle**, deren Wasser einst von den Römern über den Pont du Gard (Näheres unten) nach Nîmes geleitet worden ist. Eine etwas lieblose Tafel weist darauf hin, genauso wie auf die Reste eines kleinen römischen Aquäduktes.

Drei Kilometer westlich von Uzès, kurz vor **Arpaillargues**, können Sie im **Musée 1900** altes Spielzeug, ein paar Oldtimer und vor allem technische Geräte Ihrer Eltern und Großeltern bestaunen, vom Fotoapparat über die erste Generation von Fernsehgeräten bis zur Original-Ölmühle im Keller. Das ist wesentlich interessanter und kurzweiliger, als man es vermutet *(tägl. außer Mo. 10–12 und 14–18:30 Uhr, Juli/August ohne Ruhetag 10-19 Uhr; 12 €).*

Östlich von Uzès, etwa zwei Kilometer vom Stadtzentrum entfernt, wurde ein Museum eröffnet, dessen Besucherzahl den Grafen von Uzès vor Neid erblassen lassen könnte. Hätte dieser und nicht Ha(ns) Ri(egel) aus Bo(nn) im Jahr 1922 das Gummibärchen erfunden, könnten die blaublütigen Herrschaften heute im **Musée du Bonbon** den langen Weg der Lakritzschnecke und die Geschichte des Goldbären erzählen – und ganz nebenbei in großen Kartons an die Touristen Süßigkeiten verkaufen, die von 300 Beschäftigten zum Teil hier hergestellt werden. Das Museum ist nämlich eine clevere Verkaufsidee der Firma ***Haribo*** *(10–18 Uhr, August bis 20 Uhr, Mo. geschlossen außer Juli/August, an Feiertagen und während der franz. Schulferien; 12 €, Kinder ab 5 Jahren 10 €; das Sortiment unterscheidet sich vom deutschen; N 43°59'34" E 4°25'30").*

Auf der Strecke nach Osten sehen Sie noch weit vor Remoulins seitlich (südlich) der Straße hinter einer Mauer einen **römischen Tempel**, den Sie sich *unbedingt anschauen* sollten, zumal er in keinem anderen Reiseführer erwähnt wird. Das von Dornen umrankte Bauwerk ist zu schön, um antik zu sein. Es war nämlich Teil einer Gartenanlage bei **Argilliers**, die sich der Baron de

TOUR 13 **Pont du Gard**

Castille ab 1788 – offenbar von der Revolution unbeeindruckt – hat (nach-)bauen lassen. Der Park wird heute von der Landstraße durchschnitten, und die Reste des Schlosses, das man nicht besichtigen kann, in dem aber am Anfang des 20. Jahrhunderts viele Künstler, darunter Picasso, zu Besuch waren, sehen Sie auf der anderen Seite der D 981.

Was ist wohl die spektakulärste echte Hinterlassenschaft der alten Römer? Vom Latein soll nicht die Rede sein, eher von den baulichen Erbschaften. Klammern wir die Relikte in Rom auch noch aus, bleibt nur der **Pont du Gard** – deshalb auch einer unserer persönlichen **Top Ten**. Er ist zwar ein schnöder Zweckbau, der einst Trinkwasser über das Flüsschen Gardon geleitet hat, aber er ist der Prototyp eines Aquädukts, symbolhaft auf dem 5-Euro-Schein abgebildet und ganz real auf unserem Cover. Das Bauwerk bezieht seine Faszination in erster Linie aus der reinen praktischen Zielsetzung: Hier sollte Wasser über ein Flusstal geleitet werden – mit den im ersten nachchristlichen Jahrhundert vorhandenen technischen Möglichkeiten. Man musste allerdings präzise arbeiten, als man die Quader aneinandergefügt hat. Sie haften ohne Mörtel, und hätten die römischen Baumeister auch nur im Detail geschludert, wäre von der Bogenbrücke heute nichts mehr übrig – schon gar nicht nach einem schrecklichen Hochwasser im September 2002.

So wenig wie von den zahlreichen anderen Aquädukten, die für den etwa 50 Kilometer langen Wassertransport von der Eure-Quelle bei Uzès bis nach Nîmes erforderlich waren. Die recycelten Quader jener antiken Bauten erkennen Archäologen mitunter noch in den Mauern älterer Häuser. Teilweise wurde das Wasser aber auch durch Tunnels oder künstliche Kanäle geleitet. Eine schier unglaubliche Meisterleistung war die Berechnung des Gefälles. Denn von der Quelle bis nach Nîmes durfte auf 50 Kilometer nur ein Höhenunterschied von 17 Metern überbrückt werden, das sind ganze 34 Zentimeter auf den Kilometer! Am Pont du Gard musste man das Gefälle sogar auf 56 Zentimeter pro Kilometer erhöhen, was dann anderswo zu einer noch geringeren Neigung geführt hat. 20.000 Kubikmeter Wasser strömten täglich in die Großstadt Nîmes, um dort damals rund 40.000 Einwohner zu versorgen. Einiges ist unterwegs versickert oder verdunstet, wenngleich man gerade zum Schutz gegen die Sonne schwere Steinplatten auf den Wasserkanal gelegt hat. Diese sind am Pont du Gard noch größtenteils erhalten und erlaubten es noch zu meiner Zeit mutigen Zeitgenossen, oben auf der Brücke entlang zu spazieren. Ohne Geländer, Netz und doppelten Boden. Man hat dieses waghalsige Unterfangen erst vor einigen Jahren unterbunden. Zwei Millionen Besucher überqueren Jahr für Jahr die alte Brücke, die in einem kaum merklichen Schwung den Gardon kreuzt.

Eine unglaubliche Meisterleistung war die Berechnung des Gefälles. Von der Quelle bis nach Nîmes durfte auf 50 Kilometer nur ein Höhenunterschied von 17 Metern überbrückt werden

Man kann den Pont du Gard auf beiden Flussufern anfahren. Bis zum Jahre 1994 durfte man sogar vom linken Ufer auf ihm selbst mit dem Auto den Fluss überqueren. Die unterste Arkadenreihe wurde nämlich im Jahr 1743 für den Bau einer Straße verbreitert, um Fuhrwerken die Überquerung des Gardon zu ermöglichen. Mit der Fahrt auf der Brücke ist aber Schluss, nachdem die Umgebung des Aquädukts durchorganisiert worden ist. Die fliegenden Händler wurden verbannt, und die vorher eher chaotische Parksituation ist gestrafft (und erheblich verteuert).

Ich kann schon lange nicht mehr zählen, wie oft ich den Pont du Gard bestaunt habe. Jedes Mal bin ich auf dem rechten Ufer auch den schmalen, rot-weiß markierten Weg zum Aussichtspunkt hinaufgeklettert (und unterhalb dessen noch ein paar Meter weiter, bis die Sicht richtig gut wird), wo sich gerade am Nachmittag der schönste Blick auf die Brücke bietet (unser Foto, während das Titelbild ebenfalls vom rechten Ufer, aber östlich der Brücke aufgenommen wurde). Im Lauf der letzten Jahrzehnte hat sich, nachdem die *UNESCO* das Bauwerk zum *Weltkultur-*

erbe erklärt hat, außer dem Reinemachen im Jahre 1994 nur noch relativ wenig getan. Vor allem ist uns das große Desaster erspart geblieben: Geschäftemacher planten Mitte der Achtzigerjahre einen gewaltigen Freizeitpark rund um die Brücke, mit römischen Dörfern, Sport- und Vergnügungszentrum, Hochhaus-Hotels und sonstigen Einrichtungen, um den schnellen Franc zu verdienen. Bürgerinitiativen konnten sich jedoch wehren, sodass das Vorhaben abgeblasen werden musste. Vorbildlich hingegen ist die didaktisch gelungene Ausstellung im **Musée l'Histoire du Pont du Gard** im Untergeschoss des Gebäudes auf dem linken Ufer (*9–20 Uhr, im Sommer länger; 6,50 €; www.pontdugard.fr/de*). Für die Brücke selbst und den Zugang zum Gelände davor wird kein Eintrittspreis mehr verlangt (auf älteren Fotos im Netz sieht das noch anders aus).

Die Landschaft um die Brücke ist noch erstaunlich gut erhalten, man glaubt kaum, dass hier Jahr für Jahr Millionen Touristen herumtrampeln. Fast schon unwirklich ist der Bade-Kiesstrand, an dessen Rand man im Sommer unter den römischen Bögen hindurch schwimmen – und paddeln – kann. Nur dürfen die tollkühnen Kerle sich nicht mehr von den hohen Felsen in den Gardon stürzen (zuletzt hatte der Gardon im Sommer außerdem sehr wenig Wasser).

Leider können Sie auf den **Parkplätzen** nicht mehr zu akzeptablen Preisen übernachten (sondern für 43 Euro zwischen 0 und 7 Uhr). Aber Sie können auf beiden Ufern weiter zu Zwecken der Besichtigung und zum Baden im Gardon parken (*9 € pro Tag und nicht mehr pro Person; Rive Gauche=Nordufer N 43°57'08" E 4°32'10"; Rive Droite= Südufer N 43°56'57" E 4°32'35" mit Toilette*).

TOUR 13

Die schönste Möglichkeit, den Pont du Gard zu besuchen, ist der Fußweg ab **Saint-Bonnet-du-Gard**, für den der Begriff Wanderung fast schon ein wenig zu hochtrabend wäre, weil Hin- und Rückweg zusammen kaum mehr sind als ein ausgedehnter Spaziergang:

Saint-Bonnet-du-Gard (mit Stellplatz)

Pont du Gard zu Fuß

Parken Sie in **Saint-Bonnet** bei der Mairie (Zufahrt siehe beim nachfolgenden Übernachtungsplatz) und spazieren Sie von dort mit der rot-weißen Markierung auf einem Asphaltsträßchen in nordwestlicher Richtung. Nach dessen Ende gehen Sie geradeaus auf steinigem Weg auf eine kleine Anhöhe, wo Sie bei einem Wegzeichen nach links abbiegen (auf dem Weg, der nach rot-weiß rechts zum Pont du Gard führt, werden Sie zurückkommen).

Durch eine breite Brandschutzschneise marschieren Sie zunächst links ein Stück bergauf, biegen am Ende des Weges nach rechts ab (es gab dort mal eine Markierung, die möglicherweise verschwunden ist, aber es ist der breite Weg) und bummeln bequem auf leicht abfallendem Gelände dem Gardon entgegen (an einer Gabelung halb links), in der frohen Hoffnung, plötzlich die berühmte Brücke hinter den Bäumen zu sehen. Ihre Erwartungen werden sogar übertroffen, weil Sie unterwegs schon Reste eines weiteren kleineren Aquädukts, des **Pont de Valmale**, sowie des antiken Wasserkanals erkennen (beachten Sie dort die Markierung). Und wenn Sie am Ende, auf den letzten Metern unmittelbar vor dem **Pont du Gard**, in einen aus dem Felsen gehauenen **Tunnel** eintreten, werden Sie zunächst ein Werk der römischen Baumeister bewundern. Damit würden Sie allerdings deren Fähigkeiten überschätzen, denn die Röhre wurde erst gegen Ende des 19. Jahrhunderts durch den Stein getrieben. Die Römer haben das Wasser an dieser Stelle auf einer etwas anderen Streckenführung nach Nîmes geleitet, aber ich habe nicht recherchiert, ob die römischen Sklaven zu solchen langen Tunnelbauwerken überhaupt imstande waren. Hier jedenfalls war das unterirdische Bauwerk für die Wasserführung nicht notwendig, wohl aber für die neuzeitliche Wegführung.

TOUR 13

Bevor Sie von der Wasserrinne auf das heutige Straßenniveau absteigen, müssen Sie **unbedingt ein Stück nach links** wandern und sogar noch ein paar Meter an einem kleinen **Aussichtspunkt** vorbei, um die beste Sicht auf die Römerbrücke zu genießen und um danach umzukehren.

Der **Heimweg** ist genauso unbeschwert zu meistern: Sie gehen auf dem Südufer des Gardon ein Stück nach Osten (rechts) und erkennen in der Nähe des Parkplatzes erneut einen Wegweiser, der Sie von der Straße nach rechts (Süden) weist. Nach wenigen Metern unterqueren Sie weitere Reste der römischen Wasserleitungsführung und spazieren auf einem schattigen Hohlweg allmählich bergauf, bis Sie an der schon erwähnten Stelle auf den Hinweg treffen.

Die reine Wanderstrecke, deren Hälfte schattig ist, dauert kaum mehr als **zwei Stunden**, und es hängt von Ihren Besichtigungs-, im Sommer vielleicht auch von den Badeaktivitäten am Pont du Gard ab, ob Sie am Ende doch einen halben Tag oder länger benötigen. Eine Karte ist keinesfalls erforderlich, der Weg ist auf der IGN-App als markiert eingezeichnet.

Wer sich dieses Fußwegerlebnis gönnt, bleibt vielleicht danach auf dem kleinen Parkplatz von St Bonnet-du-Gard über Nacht. Man muss auch gar nicht wandern, um sich am Rand einer großen Wiese abseits des Touristentrubels zu erholen und sich zu wundern, dass hier noch keine Verbotsschilder stehen. Näher am Aquädukt liegt der bekanntere Stellplatz von Remoulins. Auch nördlich des Flusses gibt es eine offizielle Alternative:

192 Saint-Bonnet-du-Gard

GPS: N 43°55'41" E 4°32'36", Chemin du Sablas. **Max. WOMOs**: 3-5. **Ausstattung**: Wasser auf der Rückseite des Rathauses gegenüber, Mülleimer, Picknickbank. **Beschreibung:** Das Gelände besteht aus einem asphaltierten Teil für 3 bis 4 Fahrzeuge bis höchstens 6,50 m und einem klappstuhlgeeigneten, geschotterten für 2 bis 3 Wohnmobile bis 8 m Länge. Dort befindet sich auch die Müllsortierstelle des Ortes, was weniger optisch stört als durch die Geräuschentwicklung, wenn Bewohner nachts oder früh am Morgen dort anfahren und wenn wöchentlich oder in größeren Zeitabständen ein Müllauto kommt. Im angrenzenden Ort finden Sie nach wenigen Metern eine Gaststätte und eine Bäckerei. Unsere vorbeschriebene Wanderung beginnt hier. **Zufahrt**: Biegen Sie in St Bonnet-du-Gard von der D 6086 bei einem belaubten Platz ab und fahren Sie an einer Gaststätte und an einem ersten Parkplatz vorbei.

193 Remoulins

GPS: N 43°56'17" E 4°33'19", Av. du Pont du Gard. **Max. WOMOs**: 30. **Öffnungszeit**: Ganzjährig. **Ausstattung**: Ver- und Entsorgung, Strom, Mülleimer, Picknickbank. **Beschreibung**: Das eingezäunte, klappstuhlgeeignete Gelände auf Schotter zwischen Asphaltfahrbahnen ist schattenlos, liegt aber günstig: In den Ort sind es 550 m, an den Pont du Gard 2,2 km. Ich vermute, dass man in der Nähe, oberhalb eines Wehrs, baden kann, habe das aber noch nicht selbst ausprobiert. Die Einrichtung ist sehr beliebt und gelegentlich besetzt. **Preise**: 13 €–14 €; Kurzzeittarif 5,50 €; das ist ein Platz der Gesellschaft *Camping-Car Park*, siehe bei den Tipps unter *Freies Camping*. **Zufahrt**: Folgen Sie in Remoulins dem Wegweiser zum Pont du Gard *Rive droite*. Der Platz liegt südlich der Brücke nach einem Kreisverkehr.

194 Castillon-du-Gard

GPS: N 43°57'13" E 4°33'06", D 228. **Max. WOMOs**: 19. **Öffnungszeit**: Ganzjährig. **Ausstattung**: Ver- und Entsorgung, Strom, Mülleimer. **Beschreibung**: Das eingezäunte, klappstuhlgeeignete Gelände auf

Schotter zwischen künstlichen Hecken liegt deutlich praktischer als es schön ist. Sie können von hier aus alles erreichen, Geschäfte, Gaststätten und den Pont-du-Gard, vermutlich auf Pfaden – notfalls entlang der Straße – auf 2 km. Der Platz ist beliebt und gelegentlich belegt. **Preise**: 14 €–17 €. **Zufahrt**: Das beschilderte Gelände liegt nördlich des Flusses nahe der nördlichen Verbindung von Remoulins und dem Pont-du-Gard.

Ein Stellplatzleben ist im Hochsommer vielleicht schon deshalb erforderlich, weil der Campingplatz 500 Meter vor dem Pont du Gard nicht selten *complet* ist. Der Zeltplatz auf dem rechten Ufer ist wegen seines natürlichen Geländes direkt am Badefluss und wegen des Schwimmbades eine *optimale Entscheidung*, obwohl er nach dem Hochwasser des Jahres 2002 (siehe unten) verkleinert werden musste. Er gehört allein schon wegen der riesigen Parzellen in lauschigen Nischen zu den angenehmsten in diesem Buch – auch, weil es hier nachts noch richtig schön dunkel ist:

195 Pont du Gard – *Camping La Sousta*

TOUR 13

GPS/Kontakt: N 43°56'52" E 4°32'48", Remoulins, Av. du Pont du Gard, Tel. 04 66 37 12 80; www.lasousta.com. **Öffnungszeit**: April bis Oktober. **Ausstattung**: Schwimmbad, Laden, Restaurant, privater Badestrand (am westlichen Rand des Platzes ist der Fluss bisweilen zum Schwimmen tief genug), Fahrradvermietung. **Beschreibung**: Das nicht parzellierte, naturbelassene und überwiegend schattige Gelände liegt direkt am Ufer des Flusses, 2,5 km vom Ortszentrum und 500 m vor der Römerbrücke entfernt. **Preise**: 24 €–37 € incl. Strom. **Zufahrt**: Folgen Sie in Remoulins dem Wegweiser ›*Pont du Gard - Rive droit*‹ bis zum Campingplatz.

Das Städtchen **Remoulins** (2.200 Einwohner) wird, vom genannten Stellplatz abgesehen, hauptsächlich wegen seiner Nähe zum Pont du Gard überall erwähnt. Interessanter ist hingegen das kleine Dorf **Vers,** nördlich der römischen Wasserbrücke, wo die Quader für den Pont herkommen. Im alten Steinbruch am Westrand des Dorfes sieht man noch heute die Spuren der römischen Transportschlitten. Auch der Nachbarort **Castillon-du-Gard** ist ein schönes Dorf, vielleicht das schönste weit und breit, mit mittelalterlichen Bauten und derart an den Hang gelehnt, dass man von hier aus sogar den Aquädukt sehen kann. Der oben erwähnte Stellplatz liegt südlich des alten Ortskerns.

Abendlicher Blick vom Campingplatz auf die Brücke von Collias

Einen trotz einiger Mobilhomes angenehmen, aber relativ kleinen Campingplatz finden Sie in **Collias** (820 Einwohner), mit freundlichen Besitzern, familiärer Atmosphäre und Poolposition in Weltlage. Die früher erwähnten freien Stellplätze hingegen sind überwiegend gesperrt:

196 Collias – *Camping Le Barralet*

GPS/Kontakt: N 43°57'30" E 4°29'14", Chemin des Grès, Tel. 04 66 22 84 52; www.barralet.fr. **Öffnungszeit**: April bis September. **Ausstattung**: Pool mit Supersicht (die leider zuwächst), Brotverkauf, Restaurant (im Sommer). **Beschreibung**: Der anmutig gelegene Campingplatz grenzt an Badefelsen und verfügt über meist schattige Parzellen mit teilweise sehr schöner Sicht. Das Ortszentrum ist 1 km entfern (kürzerer Fußweg, der hinter dem Pool unterhalb des Spielplatzes beginnt). **Preise**: 22 €–32 €. **Zufahrt**: Der Platz ist an der D 112A direkt nördlich vor Collias beschildert.

TOUR 13

197 Collias

GPS: N 43°57'13" E 4°28'47", Av. du Pont. **Max. WOMOs**: 8-10. **Ausstattung**: Keine. **Beschreibung**: Der Parkplatz liegt direkt westlich der hohen Gardonbrücke auf Straßenniveau (nicht unter der Brücke). Wenn Sie sich und Ihrem Fahrzeug die etwas steile Abfahrt zutrauen, können Sie den asphaltierten Parkplatz überqueren und an seinem Ende auf eine weitere, tiefere und von der Straße nicht mehr einsehbare, klappstuhlgeeignete Fläche näher am Fluss fahren, was erstaunlicherweise nicht verboten ist. Gaststätten, Geschäft, Kanuvermietung und Badestelle sind nur wenige Schritte entfernt. Hier beginnt unsere Wanderung. **Preis**: Die Preise der Parkuhr haben sich im Lauf der Jahre mehrfach geändert. Zuletzt kostenpflichtig nur von 9–19 Uhr, nach meinem Verständnis 6,20 €. **Zufahrt**: Der Platz neben der Brücke ist nicht zu übersehen.

Das uralte Dorf, sieben Kilometer westlich des Aquädukts, wird von einer reizvollen Lage oberhalb des Gardon verwöhnt sowie von zahlreichen Badefelsen, auf denen man sich im Sommer gerne sonnt. Der Fluss ist unerwartet kühl und wunderbar sauber. Auf ihm können Sie eine zweistündige **Kanutour** bis kurz hinter den Pont du Gard wagen, was nur nach Regenfällen ein echtes Abenteuer ist. Diese Anmut hatte eine Zeit lang stark unter dem Hochwasser vom September 2002 gelitten, bei dem viele Häuser in Ufernähe zerstört wurden, deren Ruinen lange etwas gespenstisch gewirkt haben. Die Schäden sind aber inzwischen nicht mehr zu erahnen, da die Häuser vollständig abgerissen worden sind. Im Sommer 2023 hatte der Fluss sehr wenig Wasser.

In Collias kann man auch fantastisch wandern, zum Pont du Gard (mit der Markierung die Straße am Campingplatz vorbei aufwärts – von uns nicht getestet) oder in die Schlucht des Gardon:

Durch die Gorges du Gardon

Wann immer man Ihnen in diesem Teil Frankreichs eine Wanderung empfiehlt, ist es der Weg durch die **Schlucht des Gardon**. Wenn Sie schon mehrere Reise- und Wanderführer kennen und sich fragen, ob es wirklich sein musste, dass auch der WOMO-Verlag seinen Beitrag zur fußläufigen Erschließung des berühmten Flusstals leistet, wird die Antwort eindeutig ausfallen: Niemand hat Ihnen nämlich bislang verraten, dass Sie im **Frühling** auch **Badeschuhe einpacken** sollen und tunlichst einen Wanderstock. Wir hatten an Ostern beides nicht dabei und mussten das sehr bedauern, allerdings in einem regenreichen Frühjahr:

TOUR 13

Der Weg beginnt nahe Platz Nr. 197 unter der Straßenbrücke von **Collias**, wo Sie auf dem linken, nördlichen Ufer (auf dem das Dorf liegt) nach Westen (das Dorf im Rücken nach rechts) in die Schlucht hinein wandern. Das macht sofort Spaß, weil Steine, Himmel und Wasser, möglichst auch die Sonne, aus jeder neuen Perspektive ein perfektes Naturerlebnis nach dem anderen liefern. Im Hochsommer, in dem Sie ohne weiteres den ersten Teil der Wanderung wagen dürfen, werden Sie bald eine Badepause einlegen.

Im Frühjahr hingegen werden Sie vielleicht schon nach weniger als einer Stunde ein Orientierungsproblem haben. Nicht, weil Sie sich verlaufen haben. Das ist eigentlich nicht möglich, denn der Weg ist zum einen gelb markiert und führt zum anderen stets am Wasser vorbei, allenfalls einmal ein paar Meter versetzt. Sie werden (im Frühjahr) den Pfad vielmehr überhaupt nicht mehr finden, nachdem Sie eine im Grunde völlig ungefährliche, aber mit einem Drahtseil gesicherte Stelle (unter einem überhängenden Felsen)

passiert haben. Der Pfad endet danach nämlich bisweilen bald im Wasser. Sparen Sie sich die Mühe, einen Umgehungsweg zu suchen. Es gibt keinen.

Aber ich weiß inzwischen, dass wir bei unserer ersten Testwanderung in der ersten Aprilwoche wegen des hohen Wasserstandes einfach Pech hatten. Später haben wir uns nämlich Anfang September auf den Weg gemacht, den wir insgesamt trockenen Fußes bewältigen durften.

Im April konnten wir mit leichten Gleichgewichtsproblemen durch das brutal kalte Wasser waten, was uns mit Badeschuhen und Wanderstöcken, mit denen wir die Tiefe hätten sondieren können, deutlich leichter gefallen wäre. Wir empfehlen, bei gleichen Bedingungen die Hose gänzlich auszuziehen, was Sie angesichts unseres Fotos verstehen.

Nicht lange nach dieser Herausforderung und etwa 1 ½ Stunden nach Collias erkennen Sie auf dem anderen, südlichen Ufer ein paar Häuserruinen (und Ferienhäuser) sowie einen halb in den Fluss hinein gebauten Steindamm. Außerdem kommen Sie an gelben Wegweisern vorbei. Hier werden Sie noch nicht aus der Schlucht heraus wandern.

Zunächst gehen Sie nämlich noch ein Stück weiter, an einer direkt an den Fluss gebauten Hütte vorbei, um etwa 80 m danach scharf rechts zur Kapelle St-Vérédème aufzusteigen. Jenseits der Kapelle führt der Pfad zu einer eindrucksvollen Grotte, die zum Schutze der dort nistenden Fledermäuse im Winter und während der Paarungszeit geschlossen ist. Gehen Sie von hier zurück auf den gelb markierten Weg unten am Fluss. An heißen Sommertagen sollten Sie den Hinweg auch als Rückweg nehmen. Das lohnt sich wegen der schönen Blicke allemal.

Bei gemäßigteren Temperaturen wandern Sie noch etwa 250 m am Fluss entlang, bis der nun deutlich breite Weg ganz allmählich ansteigt und sich vom Gardon entfernt und nach einigen Windungen auf der Hochebene endet. Unterwegs genießen Sie mehrfach einen ausgezeichneten Blick auf das andere Ufer und die dort in Serpentinen an den Fluss führende, schmale Straße. Dort wurden 1953 Teile des Films *Lohn der Angst* gedreht (mit Yves Montand), vermutlich sogar das traurige Ende.

Der Pfad ist bestens markiert, und Sie werden am Ende des Aufstiegs auf einen rot-weiß markierten GR stoßen, der Sie auf einer baumlosen Hochebene mit teilweise sehr schönen Blicken (nach Collias und Uzès – **Foto nächste Seite**) nach Collias zurückführt. Wenn Sie auf dieser Strecke die Markierung verloren haben, befinden Sie sich nicht mehr auf dem rechten Weg. Mit einem Minimum von Sorgfalt können Sie hier, wie auch auf den anderen Teilen der Wanderung, nichts falsch machen, solange Sie die Markierung nicht verlieren. Das einzige Problem der wirklich wunderbaren Strecke ist – bei seltenem hohem Wasserstand – die Wasserpassage. Alles in allem sind Sie am Ende ohne Badepausen knapp **4 ½ Stunden** unterwegs. Die IGN-Karte 2941 OT ist nicht erforderlich, wenngleich der Weg dort (wie auch auf der App) vollständig als markiert eingezeichnet ist.

Collias und der Beginn des Wanderweges – Blick von der Hochebene

Überschwemmungen

Als der Kellner am Morgen des 9. September 2002 in der alteingesessenen *Auberge* am Ufer des Gardon in Collias, der Himmel hatte sich rabenschwarz verdunkelt, den Kaffee servierte, ahnte er nicht, dass sein Arbeitsplatz nur wenige Stunden später eine vom Schlamm überspülte Ruine sein würde, und dass man an den Ufern des Gardon die Toten zählt – im Département Gard starben 23 Menschen. Niemand hatte bedacht, dass innerhalb weniger Stunden (wenn ich richtig informiert bin, waren es nur fünf Stunden) der Wasserpegel des Gardon bis zur Höhe des Geländers der Brücke von Collias anschwellen könnte. Ebenso schnell sanken die Fluten wieder ab, aber danach hingen die weggespülten Kanus in den Baumwipfeln. Unzählige Häuser, darunter auch die *Auberge* von Collias, waren zerstört und sind inzwischen überwiegend abgerissen. Noch nach Jahren spazierten wir an den traurigen Trümmern und sogar noch an Plastikresten in den Ästen großer Bäume vorbei. Ähnlich schlimm waren die Überschwemmungen an anderen Flüssen des Département Gard, erstaunlicherweise blieb der Pont du Gard aber weitgehend unbeschädigt.

Berichte von Überschwemmungen nehmen zu. Zwar brechen nicht jedes Jahr solche Sintfluten über Südfrankreich herein, aber Sie müssen mit ihnen rechnen. Am Tag bemerken Sie das heranziehende Unwetter, in der Nacht hingegen nicht so deutlich. Stellen Sie sich vor, Sie hätten auf unserem Stellplatz am Gardon genächtigt, und die Naturgewalten wären ein paar Stunden früher über die Region hereingebrochen.

Meiden Sie also Stellplätze in Flusstälern, falls mit Gewittern zu rechnen ist, und verlassen Sie die Plätze, wenn der Starkregen beginnt und nicht nach kurzer Zeit, spätestens einer halben Stunde, wieder aufgehört hat. 1992 sind auf einem überschwemmten Campingplatz in der Provence mehr als zwanzig Menschen ums Leben gekommen. Viele Campingplätze an den Flussufern wurden in den letzten Jahren gesperrt oder verkleinert (darunter auch am Pont du Gard). Gehen Sie aber dennoch davon aus, dass Sie bei solchen Unwettern auf sich selbst aufpassen müssen. Die Klimaforscher prophezeien eine Zunahme der Überschwemmungen, gerade im Languedoc und besonders im September.

Achten Sie auf Schilder, die vor Überflutungen warnen: Die Vokabeln ***inondable*** oder ***inondée*** *(Risiko von Überflutungen)* müssen stets an Ihre Wachsamkeit appellieren. Die **Wetter-App** von ***Météo-France*** (siehe beim Stichwort *Reisezeit*) bietet unter *Vigilance (Wachsamkeit)* eine eigene Rubrik für *Crue* an – also für *Hochwasser*. Wenn Sie sich in einem dort als rot markierten Gebiet aufhalten, ist die höchste Gefahrenlage ausgerufen, und Sie müssen Flusstäler schleunigst verlasen.

Wegen der großen Beliebtheit der Region haben wir südlich eine gute Stellplatzmöglichkeit entdeckt, von der wir eine weitere Wanderung empfehlen:

198 Comps

GPS: N 43°51'15" E 4°36'31", Rue N. Mandela. **Max. WOMOs**: 15. **Öffnungszeit**: Ganzjährig. **Ausstattung**: Ver- und Entsorgung, Toilette, Strom (nur an der Entsorgungsstation, falls er überhaupt funktioniert), Mülleimer. **Beschreibung**: Hier sind zwei klappstuhlgeeignete Plätze benachbart: einer seitlich der Bebauung, ein weiterer in einem Wäldchen am Gardon (unser Tipp und wie abgebildet). Am Fluss steht man meistens sehr schön, wenn auch gelegentlich nachts die Jugend feiert. Das ist ein Gelände, das wegen der etwas unsensiblen Nutzung stets von einer Schließung bedroht scheint. Bei Regen große Pfützen. Achtung bei Überschwemmungsgefahr**!** Fußläufig erreichbar ist der Tabakladen, in dem es auch Brot gibt, im Sommer zeitweise eine Pizzeria. **Preis**: 6 € per Automat incl. Wasser (in das Wäldchen am Fluss kommt bisweilen ein Kassierer). **Zufahrt**: Folgen Sie am östlichen Ende von Comps, auf dem Weg von Remoulins nach Tarascon dem Wegweiser zur Entsorgungsstation und biegen Sie vor einer Mauer am Gardon beschildert nach rechts ab. Hier fahren Sie durch die ehemalige Stierkampfarena. Dahinter – rechts liegt ein früheres Waschhaus – geht es geradeaus zunächst leicht bergauf zum Stellplatz am Fluss oder, direkt beim Waschhaus und beschildert, rechts um die Ecke auf den Teil des Stellplatzes mit der Entsorgungsstation.

Die nach dem Jahr 2002 erhöhte Mauer zum Fluss, vor der das südfranzösische Leben einen besonders ruhigen Gang geht, schützt in Comps übrigens auch vor dem Hochwasser der Rhône und nicht nur vor den Fluten des Gardon, der nach ein paar hundert Metern in die Rhône mündet.

Zur Abbaye de Saint-Roman

Wir wandern vom Stellplatz am Fluss, die Wohnmobile im Rücken, nach rechts flussabwärts und verlassen den Uferrandweg an dessen Ende, indem wir einige Stufen hinauf gehen und den weiteren Weg nehmen, bis dieser auf die Straße trifft. Dort wenden wir uns nach rechts, um nach 200 Metern an der Einfahrt einer Müllumladestelle über eine kleine Brücke auf einen Pfad zum Berg hin abzubiegen. Der Pfad stößt auf einen Wanderweg auf der Trasse eines ehemaligen Eisenbahngleises. Hier wandern wir links und durchqueren einen Tunnel. Nun müssen wir nur noch auf die Markierung achten und uns an der Verzweigung nach dem Tunnel halb rechts halten. Vom Parkplatz steigen wir hoch zur Ruine der ehemaligen **Abtei von Saint Roman**.

Blick zur Abbaye de St Roman

Das Kloster wurde schon vor dem 10. Jahrhundert in Felsenhöhlen gehauen und gilt als *einmalig in Europa*. Sehenswert sind vor allem die über hundert Felsengräber *(außer im Juli und August Mo. geschlossen und von Di.–Fr. erst ab 14 Uhr geöffnet; https://abbaye-saint-roman.com/5-2)*.

TOUR 13

Vom Kloster wandern wir weiter zum benachbarten **Mont Aiguille**, genießen die Aussicht und folgen der Markierung hinunter nach La Treille und von dort – weiterhin auf Sicht – zurück nach Comps und zu unserem WOMO. Die Wanderstrecke beträgt **etwa 8 Kilometer**.

Die ehemalige **Abbaye de Saint-Roman** kann auch mit dem WOMO angefahren werden (Parkplatz N 43°49'58" E 4°36'37"). Das angrenzende **Beaucaire**, ein an sich nettes Städtchen mit Promenade am Hafen des Canal du Rhône, beehren wir nur flüchtig, weil verdächtig viele Schilder vor Autoaufbrüchen warnen. Wenn Sie von hier nach Hause fahren, liegt **Villeneuve-lès-Avignon** noch im Languedoc an Ihrer Strecke und müsste deshalb in vorliegendem Führer ausführlich vorkommen. Die Stadt würde es auch verdienen. Aber Villeneuve gehört touristisch wie auch geschichtlich zu Avignon auf dem anderen Rhône-Ufer und lässt sich ohne die Papst-Stadt reiseführermäßig kaum aufbereiten. Ich muss Sie daher auf meinen Provence-Führer, *Der Westen* und den dortigen Stellplatztipp verweisen.

So steuern wir in der Gegenrichtung **Nîmes** an, eine quirlige Großstadt mit 150.000 Einwohnern. Sie hat unter allen südfranzösischen Städten den reichhaltigsten Bestand an römischen Bauten bewahrt, welche sogar besser erhalten sind als die Relikte in Rom. Wer jene im Sommer abklappern möchte, muss hitzefest sein, denn Nîmes ist außerdem die heißeste Stadt Frankreichs. Auch Nîmes leidet unter dem Nachteil fast aller südfranzösischen Großstädte, dass sie nämlich keinen zentrumsnahen für Wohnmobile geeigneten Parkplatz finden und sich behelfen müssen. Am besten ist ein privater Garten mit begrenzten Kapazitäten, die weiteren Tipps sind nur Parkplätze, über die im Internet nicht von Aufbrüchen berichtet wird:

199 Nîmes – Chemin de Russan

GPS/Kontakt: N 43°51'26" E 4°21'34", Chemin de Russan 1134., Tel. 06 61 10 33 98; wegen der begrenzten Kapazität lohnt sich ein vorheriger Anruf. **Max. WOMOs**: 5. **Öffnungszeit**: Ganzjährig. **Ausstattung**: Ver- und Entsorgung, Strom (zeitweise weniger als 230 V), Mülleimer. **Beschreibung**: Das ist ein privater, klappstuhlgeeigneter Garten, 2,8 km von der Arena entfernt, aber in den Hügeln. Sie können nichts einkaufen, es gibt auch keine nahen Restaurants. Die Betreiber sind sehr freundlich, sprechen aber kein Deutsch. **Preis**: 20 €. **Zufahrt**: Folgen Sie dem Navi in den Norden der Stadt und meiden Sie Straßen, durch die Ihr Fahrzeug nicht sicher durchpasst.

Parkplatz 1: N 43°49'08" E 4°21'20", Rue Antoine Blondin; das ist eigentlich ein Parkplatz mit normalen Pkw-Markierungen, aber mit seitlichen Bereichen, die sich auch für größere Fahrzeuge eignen; vor allem gibt es im Umfeld sehr viele Parkplätze; in das Zentrum (Arena) sind es 2,1 km. Das Gelände liegt **südlich der Innenstadt** in der Nähe der N 113 bei der Police Municipale.

Parkplatz 2: N 43°50'36" E 4°20'57", Rue de la **Tour Magne**, nur für wenige WOMOs bis etwa 7 m sinnvoll, dann aber fast ein Geheimtipp. Damit Sie sich nicht in den engen Gassen der Stadt verfranzen, reisen Sie am besten von Norden über die D 926 an und biegen südlich der Bahnbrücke (siehe Michelin-Karte) vor einer Tankstelle ab; die Koordinaten dieser Brücke sind: N 43°50'54" E 4°20'48"; fahren Sie erst dorthin und schalten Sie erst hier auf die endgültigen Koordinaten um.

An Pfingsten wird die Parkplatzsuche noch schwieriger, denn dann rüstet man zur *Feria*, dem Volksfest des Jahres, nach dem Münchener Oktoberfest das wohl zweitgrößte in Europa. In der Innenstadt werden Tische, Stühle und Ausschankbuden aufgestellt, an denen vor allem abends alkoholisch die Post abgeht. Ein ganzes Stadtviertel ist voller Jahrmarktstreiben, auf mehreren Bühnen proben schon die Jazzer, und in die Arena darf nur noch, wer dort einem blutigen Stierkampf beiwohnen will. Die

Nîmes – Amphitheater

berühmtesten Toreros sind im Lande, und in speziellen Lokalen serviert man honorigen Gästen das Fleisch unterlegener Stiere. Es unterliegen übrigens alle Stiere.

Das **Amphitheater** ist zwar kleiner als das von Arles, aber das *besterhaltene des gesamten Römischen Reiches* (und trotzdem nicht auf der UNESCO-Liste; sehenswert ist das Bild bei Google-Earth). 24.000 Menschen fanden in antiker Zeit dort Platz, um sich an Gladiatorenkämpfen und Tierhatzen zu ergötzen. Die Kapazität ist seit der Antike geschwunden, da die oberen Zuschauerränge abgetragen wurden, sie dienten im Mittelalter als Steinbruch. Am Zweck des Bauwerkes hat sich aber so viel nicht geändert. Wenn nämlich keine Stiere abgestochen werden, gastieren hier internationale Stars. Und im Winter überzieht man *Les Arènes* sogar mit einem Plastikdach *(täglich Jan., Feb., Nov., Dez. 9-17:30 Uhr; März und Okt. 9 - 17.30 Uhr; Apr., Mai und Sept. bis 18 Uhr; Juni bis 18:30 Uhr; Juli/Aug. bis 19:30 Uhr; keine Besichtigung an Veranstaltungstagen, vor allem während der Pfingst- und September-Feria; Termine unter www.arenes-nimes.com; die Eintrittskarte – 13 € – berechtigt zur Besichtigung von 3 Sehenswürdigkeiten der Stadt, die Arena allein kostet 10 €).*

Direkt gegenüber der Arena hat im Jahr 2018 hinter einer modernen Silberfassade das imponierende **Musée de la Romanité** eröffnet, in dem 5.000 ausgezeichnet erhaltene, vornehmlich römische Fundstücke perfekt zur Schau gestellt werden; nach Zeitabschnitten gegliedert und mit Multimediapräsentationen mundgerecht serviert, wenn auch leider nicht auf Deutsch (jedoch auf Englisch). Besonders eindrucksvoll sind Glasgefäße und

Skulpturen, darunter auch das hier abgebildete Kind mit Hund. Das Museum ist eine weitere Pflichtaufgabe im Languedoc, ein Muss nach, vor und notfalls sogar statt der ähnlichen, aber nicht so modernen Sammlung in Arles *(täglich 10–19 Uhr, Nov.–März nur bis 18 Uhr und Di. geschlossen; 9 €; Kombiticket mit den anderen röm. Sehenswürdigkeiten 17 €; außer im Juli/Aug., vermutlich am ersten So. im Monat kostenlos).*

Den ausgezeichnet erhaltenen römischen Tempel, die **Maison Carrée**, können Sie auf dem Boulevard Victor Hugo, wenige hundert Meter vom Theater entfernt, nicht verfehlen. Er steht ganz frisch seit 2023 auf der *Liste des UNESCO-Weltkulturerbes*. Man glaubt kaum, dass der Römertempel, er gilt in manchen Quellen als der besterhaltene weltweit, fast 2.000 Jahre auf dem Kreuz hat, zumal seine Geschichte mehr als bewegt ist; war er nämlich in späterer Zeit Rathaus, Kirche und sogar einmal Pferdestall. Man muss allerdings zugeben, dass die schöne Kassettendecke der Vorhalle und einige andere Bauteile originalgetreue Rekonstruktionen sind, im Gegensatz zum prächtigen Mosaikfußboden, der noch aus römischer Zeit stammt. Ehrlich gesagt hat der Tempel mir mit Patina besser gefallen als im derzeitigen Strahleweiß *(täglich 10–18:15 Uhr oder länger; 6 €).*

Nîmes – Maison Carrée

Es wäre ein großer Fehler, an der Maison Carrée wieder umzukehren. Bummeln Sie stattdessen auf dem Boulevard Victor Hugo, bzw. den Boulevard Alphonse Daudet, noch knapp 100 Meter weiter nach Norden und biegen Sie an dessen Ende nach links in die Rue de la Fontaine ab. Am platanengesäumten Kanal stehen die Häuser früherer protestantischer Tuchhändler. Nîmes ist nämlich nicht nur eine Hochburg des französischen Protestantismus, aus dem sich lange Zeit die Führungsriege der Stadt rekrutierte, sondern war ab Mitte des 18. Jahrhunderts auch Zentrum der Textilherstellung und wurde damit weltberühmt – was jedoch kaum jemand weiß. Wer denkt schon daran, dass die Bluejeans aus einer Stoffqualität genäht sind, die in der Fachsprache *Denim* heißt – *de Nîmes (von Nîmes).*

Nach einem kurzen Gang entlang des Kanals steht man rechter Hand vor dem Tor der **Jardins de la Fontaine** *(täglich 9:30–18*

Nîmes – Jardins de la Fontaine und Tempel der Diana

Uhr oder länger). Diese Parkanlage aus dem 18. Jahrhundert ist einer meiner liebsten Orte in Nîmes. Den Hang hinauf sind dort kleine Terrassen mit wunderschönen Balustraden und kleinen Bänkchen angelegt, auf denen man im Sommer die Zeit verdösen kann. Die Nemausus-Quelle, die schon in der Antike sprudelte, speist kleine Teiche und Kanäle, um die herum eine barocke Parkanlage geschaffen wurde, deren Reiz auch darin besteht, dass ihr ein Anflug von *Nonchalance* anhaftet. Dafür gibt es im linken Teil noch ein römisches Überbleibsel, den sogenannten **Tempel der Diana**, der vermutlich gar kein Heiligtum, sondern eine Bibliothek oder ein Wohnhaus war.

Wer noch Kraft hat, klettert die Treppenstufen des Berghangs ganz hinauf zur **Tour Magne** *(täglich 9:30–18:15 Uhr; Mittagspause von 12:45–14 Uhr von Sept.–März; 3,50 €).* Der Turm war ursprünglich Bestandteil der römischen Stadtbefestigung und etwa zehn Meter höher als heute. Trotzdem hat man von der Plattform immer noch einen umfassenden Blick auf die Stadt und über das Rhône-Tal; bei gutem Wetter sogar bis zum Mont Ventoux. Beim letzten Mal haben wir hier geparkt und den Rundgang ab hier durch den Park bis zur Arena begonnen *(siehe oben Parkplatz 2).*

Vermutlich reicht Ihre Energie nicht mehr bis zum **Castellum Divisorum** (am nördlichen Ende des Boulevard Alphonse Daudet nach rechts auf dem Boulevard Gambetta, dann die zweite Straße nach

Nîmes – Tour Magne

links bergauf, westlich der Festung in der Rue de la Lampeze). Man findet dort ein rundes Becken von 5,50 m Durchmesser, das antike Wasserreservoir, in welches das kostbare Nass vom Pont du Gard geleitet worden ist. Der Abfluss konnte über 10 Bleirohre beliebig reguliert werden, deren Anschlüsse an der Beckenwand noch deutlich erkennbar sind. Das von Uzès herbeigeschaffte Wasser wurde in der Stadt mittels Blei- oder Tonröhren verteilt, was die Wissenschaft noch heute darüber rätseln lässt, weshalb nicht ein großer Teil der Bevölkerung an Bleivergiftung gestorben ist. Zwei Theorien werden gehandelt: Nach der einen war das Wasser so kalkhaltig, dass sich in den Rohren eine Schutzschicht gebildet hatte. Der anderen nach tranken die Römer hauptsächlich dünnen Wein (und nahmen das Wasser zum Zähneputzen und Wagenwaschen?).

Für einen kleinen Umweg empfehle ich Ihnen hinter der Maison Carrée die Durchquerung der Altstadt, deren Zentrum die kleine **Place aux Herbes** ist, direkt vor der Kathedrale. Vielleicht kommen Sie im Norden der Innenstadt (am nördlichen Ende des Boulevard Amiral-Courbet) an der **Porte d'Auguste**, einem viertorigen, römischen Stadttor, vorbei, womit Sie die wesentlichen antiken Erbschaften abhaken könnten.

Vermutlich sind Sie aber längst vorher im Jardin de la Fontaine oder in einem der zahlreichen schattigen Straßencafés hangen geblieben. Sie beruhigen sich damit, dass Ihr Südfrankreich-Urlaub der Erholung dienen soll. Und liegen damit goldrichtig.

Unsere nächste und letzte Tour wird wieder etwas mehr an Ihren Nerven zerren, sie führt in die touristisch strapazierte Schlucht der Ardèche. Wenn Sie vorher Luft holen wollen, sollten Sie sich ruhig noch etwas im Herzen des Languedoc aufhalten. Beispielsweise in dem Städtchen **Sommières** (4.700 Einwohner), einem ebenso beschaulichen wie sehenswerten Lieblingsort, 28 Kilometer westlich von Nîmes, mit zentralem Marktplatz, überwölbten Gassen, Glockenturm, (stark restaurierter) Römerbrücke und lauschigen Uferkais. Der Stierkampf wird hier ab Anfang Mai an Sonntagen unblutig ausgetragen. Der Sinn des Wettkampfes, genannt ***Cours Camarguaise***, liegt nicht im Tod des Tieres, sondern sportliche junge Männer versuchen, ihm

Sommières

ein Band zwischen den Hörnern zu entreißen. Man kann sich das auf *YouTube* mal vorher anschauen und dem Treiben von dem der Arena benachbarten Campingplatz zuhören. Leider ist der frühere freie Stellplatz davor gesperrt. Ein Ersatz liegt weiter vom Zentrum entfernt:

200 Sommières – *Camping Le Garanel*

GPS/Kontakt: N 43°47'14" E 4°05'13", Ch. de la Princesse, Tel. 04 66 80 33 49; https://camping-garanel.fr. **Öffnungszeit**: 1.4.–30.9. **Ausstattung**: Kleiner Pool, im Sommer Brotverkauf. **Beschreibung**: Der schöne, schattige Platz liegt 500 m vom Zentrum entfernt, einen Supermarkt finden Sie auf der anderen Flussseite. **Preise**: 13 €-22 €. **Zufahrt**: Das Gelände grenzt auf dem östlichen Ufer an die Arena. Verwechseln Sie den Wegweiser nicht mit einem anderen Campingplatz weit südlich des Ortes.

201 Sommières – *La Royalette*

GPS: N 43°46'49" E 4°05'03", Ch. de la Royalette. **Max. WOMOs**: 10. **Öffnungszeit**: Ganzjährig. **Ausstattung**: Wasser (keine Entsorgung), Strom, Mülleimer. **Beschreibung**: Die schattenlose und klappstuhlgeeignete Wiese ist nur in der Übergangszeit oder am Abend angenehm, das Zentrum ist 550 m entfernt, ein Supermarkt grenzt fast an. **Preis**: 7 €. **Zufahrt**: Der Platz liegt westlich des Flusses, nahezu in Sichtweite zum historischen Ortskern beim Sportgelände.

TOUR 13

Ein leckeres Essen bekommen Sie unter den Arkaden seitlich des zentralen Platzes in der Altstadt, wobei Sie sich fragen, was eigentlich der Name des **Restaurants *Le Null Part Ailleurs*** bedeutet: *So etwas gibt es anderswo nicht*! Und der Name ist fast Programm *(Tel. 04 66 80 00 34; Mo. u. Di. geschl.; Hauptgerichte ab 22 €)*.

Ebenfalls am Fluss Vidourle, allerdings weiter im Norden und näher an Tour 9 (22 Kilometer östlich von Ganges; siehe Übersichtskarte in der hinteren Klappe), liegt das pittoreske mittelalterliche **Sauve** (1.600 Einwohner), das wie Sommières im September 2002 unter dem verheerenden Hochwasser gelitten hat. Schauen Sie sich in Sommières an den Häusern der zentralen Gasse die Wasserstandsmarkierungen an! In Sauve können Sie außerdem betrachten, wie Gabeln geerntet werden: An *Zürgelbäumen*, wo an Blattansätzen drei Knospen sitzen, die man zu Gabelzinken wachsen lässt. Das dazu gehörende Museum finden Sie am nördlichen Ortsrand. Sie fahren auf der D 999 ab Ganges durch Sauve, falls Sie am Ende unserer 8. Tour die Cevennen auslassen. Sehr gut hat uns das schlichte, preiswerte, aber farbenfrohe **Restaurant *Le Bossens*** gefallen *(Tel. 06 47 06 85 62, schöne Terrasse, Menü 29 €)*. Ein naher Stellplatz ist daher kein Fehler:

Sauve

202 Sauve – D 999

GPS: N 43°56'25" E 3°57'06", D 999. **Max. WOMOs**: 5-7. **Ausstattung**: Sehr schlichte Ver- und Entsorgung. **Beschreibung**: Das nicht besonders schöne Asphaltgelände innerhalb der Bebauung ist überwiegend ein normaler Parkplatz und nichts für den Hochsommer. Man steht nahe an der Durchgangsstraße, auch wenn man das nicht so empfindet. Die Verkehrsgeräusche sind bei geöffneter Dachluke auch nachts störend, beispielsweise an Ostern aber erträglich. Geschäfte und Gaststätten erreichen Sie nach wenigen Schritten. Eine Badestelle liegt möglicherweise unterhalb (haben wir noch nicht ausprobiert). **Zufahrt**: Das Gelände grenzt unterhalb der Straße an die D 999 südlich der Brücke.

203 Sauve – *Domaine de Bagard*

GPS/Kontakt: N 43°56'08" E 3°57'27", Chemin de Bagard, Tel. 06 99 36 92 68; https://domainedebagard.com/. **Max. WOMOs**: 36. **Öffnungszeit**: Unbekannt. **Ausstattung**: Ver- und Entsorgung, Toiletten, Duschen, Strom, Pool, im Sommer Brotverkauf und Snack. **Beschreibung**: Das ist eher ein gepflegter Campingplatz mit weiteren Behausungen und mein Tipp für Sauve. Sie stehen auf einem schattigen Wiesengelände zwischen hohen Hecken im Park eines Herrenhauses oberhalb des Flussufers. Das Ortszentrum ist 1,4 km entfernt (nachts überwiegend nicht beleuchtet). **Preis**: 19 €. **Zufahrt**: Die Domaine ist südlich von Sauve an der D 999 beschildert.

Ortswechsel und zurück an den Anfang dieser Tour: Wenn Sie von Uzès direkt nach Norden aufbrechen und noch ein paar Stunden Zeit haben, sollten Sie 17 Kilometer nördlich von Uzès, das perfekt auf einem Bergkegel gelegene Dorf **Lussan** beehren. Es ist eines der *Schönsten Dörfer Frankreichs* und inzwischen leider ähnlich ausgestorben wie seine Geschwister, weil es schick geworden ist, in einem solchen Vorzeigeort eine Ferienwohnung zu besitzen. Schön ist es trotzdem. Aber die berühmten ***Céramiques***

Lussan

de Lussan müssen Sie lange suchen, denn die ungewöhnlichen Keramikvögel, allen voran Perlhühner, die Sie schon in vielen Boutiquen gesehen haben (darunter in Uzès), werden nördlich des Dorfes an der D 37, der Straße nach Saint Ambroix, produziert und verkauft *(N 44°09'21" E 4°21'28", preiswerter als anderswo; April–Sept. auch So. von 10–19 Uhr, sonst nur Mo.–Sa. und Pause von 12–14 Uhr).*

Der geschotterte Parkplatz liegt eine Etage tiefer vor dem Dorf seit man Wohnmobile nicht mehr durch die engen Gassen fahren lässt:

204 Lussan

GPS: N 44°09'16" E 4°22'01". **Max. WOMOs**: 10. **Ausstattung**: Toilette, Mülleimer. **Beschreibung**: Der klappstuhlgeeignete, geschotterte, schattenlose Parkplatz liegt in schöner Umgebung außerhalb der Bebauung etwas einsam unterhalb des Dorfes, in dem sie keine Einkaufsmöglichkeit finden (nur unten an der D 979), dafür eine Gaststätte *(So. abends und Mo. geschlossen)*, Wanderweg. **Zufahrt**: Fahren Sie an der Zufahrt zum Dorf rechts auf eine große Fläche.

Bevor Sie einen ruhigen Tag ausklingen lassen, beispielsweise in Lussan oder auf den Stellplätzen am Anfang der nächsten Tour, können Sie sich noch die kleine Schlucht des Aiguillon zu Gemüte führen, genannt **Les Concluses**. Sie parken am besten auf dem zweiten Parkplatz (die Zufahrt dahin ist beschildert), von dem Sie dann auf einer einstündigen **Wanderung** in die schmale Klamm absteigen. Nur ein paar Schritte auf dem Weg geradeaus (bei dem großen Stein) sind es zum Belvédère, wo Sie sich erst mal anschauen sollten, ob sich der Abstieg überhaupt lohnt – und das Aufbruchsrisiko am abgestellten WOMO.

Tour 14

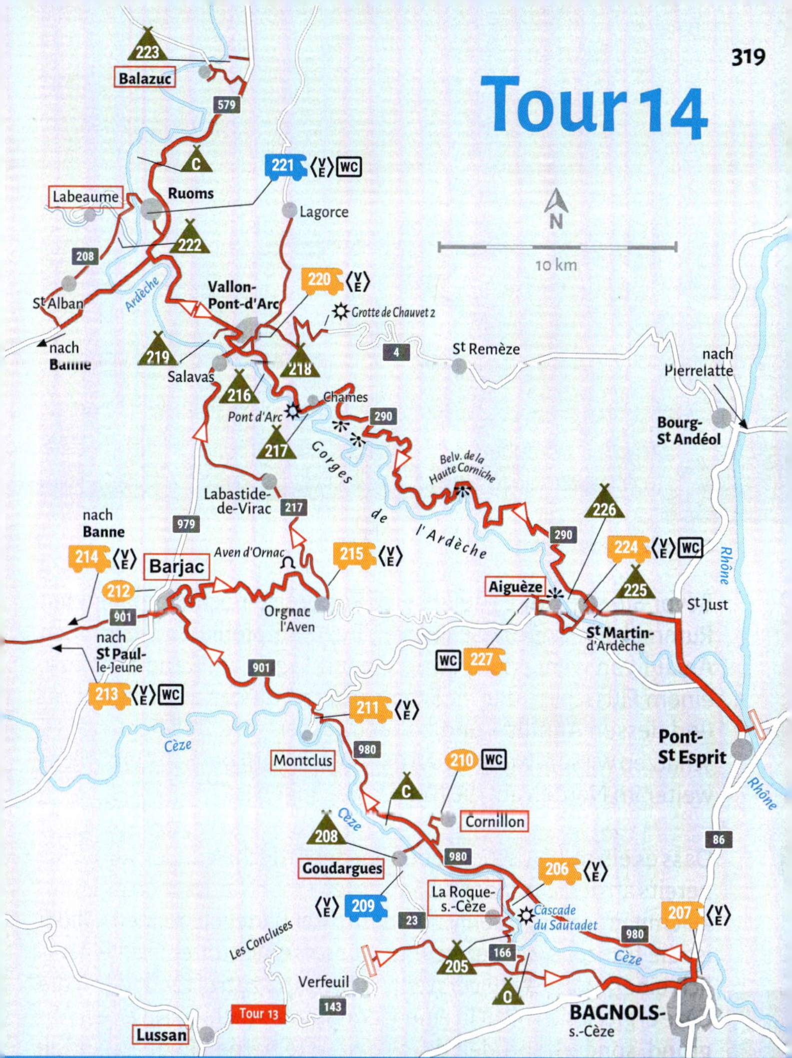

Tour 14

Traumschlucht mit Anlauf
Cèze und Ardèche
240 km

An Badegewässern wird es Ihnen auf dieser Tour nicht mangeln. Eher an freien Stellplätzen. Dafür werden Sie sehr schön gelegene Campingplätze besuchen, Sie werden abermals paddeln, und Sie werden die nachgebaute Chauvet-Höhle besuchen – und davon noch nach Jahren schwärmen. Die besonderen Höhepunkte sind:

- Cascades du Sautadet
- Goudargues
- Gorges de l'Ardèche
- Grotte de Chauvet 2
- Aiguèze

Cascades du Sautadet

Bevor Sie sich am Ende unserer Rundreise noch einmal in den Rummel der Ardèche-Schlucht stürzen, empfehle ich Ihnen einen Anlauf von wenigstens zwei ruhigen Tagen am Rand der **Cèze**, einem Flüsschen, das im Schatten der Ardèche zu kurz kommt und dessen Anmut – und Badegewässer – Sie vielleicht erst zu schätzen wissen, wenn Ihnen der Auftrieb am berühmteren Fluss weiter im Norden auf die Nerven gegangen ist.

Dass es ein touristisches Leben vor der Ardèche gibt, erfahren Sie bereits an den **Cascades du Sautadet**, einer Natursehenswürdigkeit mit im Sommer sehr stark besuchter Badegelegenheit. Dabei ist die französische Bezeichnung *Cascade*, worunter man eigentlich einen Wasserfall versteht, nicht ganz zutreffend, denn die Cèze ergießt sich nicht in einem donnernden Schwall in einen Abgrund, sondern sprudelt durch einen steinernen Engpass zu Tal. In der Wasserklamm selbst ist das Baden zu Recht verboten, weil hier die Naturgewalten mit ungeahnter Kraft zu Werke gehen (30 Tote seit 1960 – gefährlich sind vor allem die glatten Felsplatten am Rand des Gewässers). Aber am Ende des vielleicht 200 Meter langen Einschnitts kann man sich wunderbar in die Fluten stürzen. Selbst wenn Sie nur die rauschende Natur betrachten, ist der kleine Umweg zu den Cascades du Sautadet keine vergebliche Mühe, denn sehenswert ist die Stelle allemal. Außerdem kann man in ihrer Nähe frei übernachten oder einen sehr schön gelegenen Campingplatz mit Zugang zum Badeplatz am Fluss wählen. Das nahe Dorf **La Roque-sur-Cèze** klebt malerisch am Hang und gehört zu den *Schönsten Dörfern Frankreichs*, es gibt aber auch dort kaum noch ständige Bewohner.

Mit einem großen Wohnmobil müssen Sie sich entscheiden, welche Seite der Cèze Sie anfahren möchten, weil die ampelgeregelte **Brücke der D 166**, die das Westufer mit dem Ostufer – La

La Roque-sur-Cèze

Roque-sur-Cèze mit der D 980 verbindet, nicht von allen Fahrzeugen benutzt werden kann. Sie ist nämlich für Fahrzeuge über 3,5 t und über 2,10 m Breite oder für Wohnmobile verboten. Mit unserem Kastenwagen konnten wir unbehelligt vor den Augen der Polizei passieren. Trotzdem übernehmen wir für Sie selbstverständlich keine Verantwortung:

205 La Roque-sur-Cèze – *Camping Les Cascades*

GPS/Kontakt: N 44°11'20" E 4°31'30", Tel. 04 66 82 72 97; www.camping-lescascades.com/. **Öffnungszeit**: Mitte April bis Ende September. **Ausstattung**: Jede Parzelle hat einen eigenen kleinen Sanitärraum, beheizter Pool, Zugang zum Fluss mit breitem Naturstrand, Restaurant mit Pizzeria und Brotverkauf. **Beschreibung**: Das ist ein schön gelegener, sehr gepflegter Platz mit nach meiner Meinung etwas übertriebener Ausstattung. Das Ortszentrum ist 0,7 km entfernt. **Preise**: Werden nicht veröffentlicht, aber in der Hochsaison vermutlich bis 60 €. **Zufahrt**: Der Platz liegt sehr schön ca. 500 m oberhalb der *Cascade* an der D 166 auf dem Westufer der Cèze; beachten Sie zur Brücke die Hinweise im vorstehenden Text.

Falls Sie in der Hochsaison keinen Platz bekommen, sollten Sie (an der D 166 ein paar Kilometer vorher, ebenfalls auf dem Westufer) ***auf Camping La Vallée verte*** nachsehen, der ebenfalls am Fluss liegt, und von dem Sie zu den Cascades spazieren können. Der Platz ist im Sommer weniger überlaufen. Man kann hier ebenfalls im Fluss baden.

TOUR 14

Auf dem Parkplatz an der Brücke können Sie wegen einer Teppichstange nicht mehr parken. Sie müssen dazu (wahrscheinlich außen herum – siehe oben) auf das Ostufer fahren, wo Sie nahe der Brücke inzwischen einen wirklich angenehmen Stellplatz in der Natur finden:

206 La Roque-sur-Cèze

GPS: N 44°11'45" E 4°31'24", D 980. **Max. WOMOs**: 28. **Öffnungszeit**: Ganzjährig. **Ausstattung**: Ver- und Entsorgung, Strom, Mülleimer. **Beschreibung**: Das schattige, klappstuhlgeeignete Naturgelände ist 600 m vom Ort und 800 m von der Cascade mit guten Badebedingungen entfernt (auf dem Westufer nach der Brücke gleich links). Sie stehen ganz leicht einsam, aber ständig besuchte Häuser sind benachbart, theoretisch können Sie am Platz in der sauberen Cèze baden, der Einstieg ist hier aber etwas schlammig; gute Crêperie im Ort, weitere Gaststätte nördlich nach 150 m diesseits der Brücke. **Preise**: 5 €/5 Std.; 14 €/24 Std. Es handelt sich um einen Platz von *Camping-Car Park*; zu den Benutzungsregeln siehe bei den Tipps unter *Freies Camping / Stellplätze / übernachtungsgeeignete Parkplätze*. **Zufahrt**: Der Stellplatz liegt auf dem Ostufer, nördlich der Brücke; beachten Sie die Hinweise vor Platz Nr. 205.

Falls Sie also mit einem breiteren WOMO unterwegs sind, müssen Sie, so Sie von der *Cascade* auf dem östlichen Ufer der Cèze nordwärts zur Ardèche weiterfahren möchten, den Umweg über die D 143/D 23 nach Goudargues nehmen oder über **Bagnols-sur-Cèze**, eine für die Gegend relativ große Stadt (18.200 Einwohner) mit hässlichen Vorortsiedlungen. Aber sie hat eine Attraktion zu bieten, die den Freunden der Malerei geläufig ist: Ein gewisser Albert André hat im Jahre 1918 den Posten des Museumsdirektors übernommen, was allein nicht erwähnenswert wäre. Jedoch war Monsieur André ein Freund des Malers Renoir und anderer Impressionisten und Fauvisten. Die Künstler schenkten deshalb der Stadt eine Reihe ihrer Werke, womit sich im Museum ohne nennenswerte Geldausgabe allmählich eine bedeutende Sammlung zusammentat. Der Schatz war jedoch so schlecht gesichert, dass im Jahr 1977 16 der berühmtesten Gemälde auf Nimmerwiedersehen verschwanden, darunter Bilder von Dufy, Matisse, Monet und Renoir. Aber trotz dieses Verlustes lohnt es sich immer noch, in das **Musée Albert André** zu schauen *(das Museum ist in der Marie am Marktplatz untergebracht; tägl. außer So. und Mo. 10–12 und 13:30–17 oder 18 Uhr, Juli/August nur Mo. geschlossen, im Feb. und an*

Feiertagen geschlossen; kostenlos). Man kann während der Besichtigung gut auf dem ausgewiesenen Stellplatz nördlich der Innenstadt an der Durchgangsstraße parken, den ich allerdings für die Übernachtung für zu hässlich und zu laut halte

207 **N 44°10'06" E 4°37'11"**, Route du Moulinet; mit Ver- und Entsorgung, alles kostenlos.

Der Diebstahl geschah just zu der Zeit, als sich Bagnols auf eine neue Zeit eingestellt hatte und den Atomkraftmanagern mit offenen Armen entgegengelaufen war. Die hatten nämlich eine Schlafstadt für die Arbeiter und Angestellten der nahen Kraftwerke gesucht, weshalb Bagnols um eine Neustadt erweitert werden musste. Es gab (damals) keine Protestbewegungen und auch keinen Widerstand. Man war vielmehr stolz auf das Atomzentrum Marcoule, wo schon 1956 das weltweit erste Atomkraftwerk kommerziell Strom (bis 1984) geliefert hat. Später wurden sogar ein pannenanfälliger ›Schneller Brüter‹ angeschlossen, der aber längst wieder abgeschaltet ist, und eine Wiederaufbereitungsanlage, die weiter in Betrieb ist. Nicht weit entfernt, bei Pierrelatte, drohen die Kühltürme der Atom-Großanlage von Tricastin, wo seit 1982 rund 1 000 (!) Menschen beschäftigt sind. Hier wurde bis 2012 Uran angereichert, angeblich 25 Prozent des Weltbedarfs, die vier Reaktorblöcke sind weiter in Betrieb.

Die Cèze aufwärts, also nordwestlich, liegt **Goudargues** (950 Einwohner), ein *pittoreskes Dorf*, das sein Flair einem in mehreren Armen durch den Ort sprudelndem Wasserlauf verdankt sowie einer romanischen Kirche mit wuchtigem Portal (und lautem Glockenschlag). Häufig wird man die Reise hier erst mal unterbrechen. Die Idee ist gar nicht so ungewöhnlich, wie die gute Bele-

Goudargues

gung des innerörtlichen beschaulichen Campingplatzes zeigt, der am Rand der Cèze liegt und von einem glasklaren Bächlein unterteilt wird. Auch die Stellplatzalternative liegt günstig:

208 Goudargues – *Camping La Grenouille*

GPS/Kontakt: N 44°12'51" E 4°28'08", Av. du Lavoir, Tel. 04 66 82 21 36; www.camping-la-grenouille.com. **Öffnungszeit**: 1.4. bis etwa 10.10. **Ausstattung**: Pool. **Beschreibung**: Das ist ein sehr beschaulicher kleiner Platz im Dorf mit Läden und Restaurants. Auf einer Seite fließt die Cèze mit der Möglichkeit, Boot und SUP zu benutzen, Wanderwege. Die Glocke der nahen Kirche schlägt auch nachts jede halbe Stunde – zweimal und laut. Im Sommer ist das Gelände bisweilen belegt. **Preise:** 16 €–30 €. **Zufahrt**: Der Platz ist in Goudargues nicht zu verfehlen (nicht mit zwei anderen Plätzen bei Goudargues verwechseln).

209 Goudargues

GPS: N 44°12'37" E 4°28'07", rue d'Uzès. **Max. WOMOs**: 31. **Öffnungszeit**: Ganzjährig. **Ausstattung**: Ver- und Entsorgung, Strom, Mülleimer. **Beschreibung**: Der ehemalige Campingplatz *Gambionne* wurde von *Camping-Car Park* übernommen und liegt schön an der aufgestauten *Cèze mit Bademöglichkeit* am kleinen Kiesstrand (Boot und SUP sind möglich). In das Dorf mit Läden und Restaurants führt entlang dem Fluss auf 550 m ein unbeleuchteter Weg. **Preis**: 14 €; zu den Benutzungsregeln siehe bei den Tipps unter *Freies Camping / Stellplätze / übernachtungsgeeignete Parkplätze*. **Zufahrt**: Folgen Sie dem Wegweiser zum Campingplatz *Gambionne*; der Stellplatz liegt an der Straße nach Verfeuil.

Nur drei Kilometer entfernt thront **Cornillon** (im alten Kern höchstens 100 Einwohner) auf einem Hügel, ein lieblicher Ort mit

Cornillon - ***La Vieille Fontaine***

Burgruine und herausgeputzten (Zweit-) Häusern. Weit reicht der Blick von der vordersten Bastion, kaum weniger weit vom schönen, ruhigen Parkplatz:

210 Cornillon

GPS: N 44°13'31" E 4°29'17", D 220. **Max. WOMOs**: 3-4. **Ausstattung**: Toilette, Mülleimer, Spielplatz. **Beschreibung**: Das asphaltierte Gelände liegt halbschattig am Ortsrand. Gegen Abend kann man sicher auch die Klappstühle auspacken. Es gibt Wanderwege. Die Einkaufsmöglichkeiten kennen wir nicht, nur das fußläufig erreichbare gute Restaurant. **Zufahrt**: Biegen Sie von der D 980 nach Cornillon ab und fahren Sie hoch bis zu zwei Terrassen vor dem Ort.

Von allen Plätzen der Gegend könnten Sie einen Abend im **Restaurant *La Vieille Fontaine*** erleben. Die Sicht von der Terrasse ist so prächtig wie vom benachbarten Aussichtspunkt und reicht weit über das Tal der Cèze. Nur selten werden Sie ähnlich schön speisen – und niemals besser gefüllte Miesmuscheln *(moules farcies)*, die Spezialität des Hauses, zu denen Ihnen die Kellnerin erklären muss, wie Sie die Umschnürung lösen, mit der die Füllung gehalten wird. Auch die anderen Gerichte sind außergewöhnlich lecker. 45 Euro für ein Dreigangmenü sind unter diesen Umständen akzeptabel *(in Cornillon Tel. 04 66 82 20 56; Mai–Okt. und außer sonntags nur abends geöffnet, kein Ruhetag)*.

TOUR 14

Bald folgen am Rand der Cèze einige Bade- und auch ein paar sehr ruhige Campingplätze sowie mit **Montclus** ein weiteres Bilderbuchdorf, *Eines der schönsten Frankreichs*, das ebenfalls, wenn auch nicht ganz so stark wie seine Nachbarn, ausgestorben wirkt. Nachdem die Wohnmobilvergrämung mit Campingverbotsschildern nicht erfolgreich war, hat man es mit Teppichstangen versucht. Dann hat man allerdings eingesehen, dass die Metalltore doch keine so gute Idee waren und der Firma *Camping-Car Park* erlaubt, abseits des Flusses und abseits der Ortschaft, 1,2 Kilometer entfernt, einen Stellplatz zu bauen, noch baum- und strauchlos und vielleicht in ein paar Jahren mehr als eine Notlösung:

211 **N 44°16'08" E 4°25'41",** seitlich der D 980, Ver- und Entsorgung, Strom, attraktive Badestelle nach 1,1 km, 12 €.

Auch **Barjac** (1.500 Einwohner) möchte von Wohnmobilen nichts mehr wissen und hat seinen offiziellen Stellplatz geschlossen. Wer sich die historische, sehenswerte Altstadt anschauen möchte, kann seitlich der D 979 auf dem Präsentierteller parken.

212 **N 44°18'36" E 4°20'46".**

Aber kaum jemand möchte hier schlafen. Lieber benutzt man 24 Kilometer westlich den kleinen offiziellen Stellplatz von **Saint-Paul-le-Jeune**. Oder davon 3,3 Kilometer weiter im Norden, in **Banne**, einen extrem schönen Stellplatz mit Traumsicht (beide Plätze haben nicht mehr auf unsere Karte gepasst und sind ab Barjac über die D 901 zu erreichen):

213 Saint-Paul-le-Jeune

GPS: N 44°20'22" E 4°09'11", Place Charles Guynet. **Max. WOMOs**: höchstens 5. **Öffnungszeit**: Ganzjährig. **Ausstattung**: Ver- und Entsorgung, Toilette, Mülleimer. **Beschreibung**: Das Gelände auf einer kleinen Wiese im Ort ist bedingt klappstuhlgeeignet, Gaststätten und Geschäfte sind fußläufig erreichbar. **Zufahrt**: Der Platz ist seitlich der D 104 beschildert und liegt hinter dem ehemaligen Bahnhof.

214 Banne

GPS: N 44°21'54" E 4°09'25". **Max. WOMOs**: 10. **Öffnungszeit**: Ganzjährig. **Ausstattung**: Ver- und Entsorgung, Strom (möglicherweise alles defekt), Mülleimer. **Beschreibung**: Das innerörtliche Gelände auf grasigem Schotter ist klappstuhlgeeignet. Die Sicht auf eine alte Festung ist sehr schön. Sie finden Gaststätten, aber wahrscheinlich keine Einkaufsgelegenheit. Weniger erfreulich ist der nächtliche Glockenschlag von der unmittelbar benachbarten Kirche. Die Zufahrt durch das Dorf ist etwas eng und möglicherweise für Fahrzeuge, die besonders breit sind, schwierig (Sie können nachsehen und zur Not vor der Engstelle wenden). **Zufahrt**: Der Platz liegt im Ort beschildert *(Camping-Car)* in wunderbarer Lage hinter der Kirche.

Bevor Sie in den Trubel der Gorges de l'Ardèche eintauchen, das klassischste aller klassischen Kajakreviere, gönnen Sie sich eine letzte Atempause, wenn auch bei einem anderen touristischen Mekka, einem *Grand site national*, dem **Aven d'Orgnac**. Ein Aven ist, wie Sie vielleicht wissen, ein Höhlengebilde, das sich nur nach oben durch einen engen Schacht öffnet. Der war beim Aven d'Orgnac weitgehend verschüttet, weshalb sich erst im Jahre 1935 ein Höhlenforscher in die unterirdische Riesenkammer vorarbeiten konnte, wo heute sein Herz in einer Urne aufbewahrt wird. Längst gibt es einen Aufzug, der Sie in den Saal des *Chaos* führt, in ein Trümmerfeld aus Tropfsteinen. Vor 50 Millionen Jahren hatte ein Erdbeben Stalagmiten und Stalaktiten wild durcheinandergeworfen, ehe darauf wieder neue Tropfsteine wachsen konnten *(Führungen 1 Std., alle 30 Minuten: Okt.–März eingeschränkt, April - Sept. 10–12 und 13:30–17:30 Uhr, Juli/August bis 18 Uhr und ohne Pause; 14,90 €; wie bei jeder Höhle Pullover mitnehmen; www.orgnac.com/de).*

Im Parkplatzwäldchen dürfen Sie nicht übernachten. Stattdessen finden Sie nördlich des Dorfes einen offiziellen Stellplatz:

215 Orgnac-l'Aven

GPS: N 44°18'48" E 4°25'51". **Max. WOMOs**:25. **Öffnungszeit**: Ganzjährig. **Ausstattung**: Ver- und Entsorgung, Strom, Mülleimer. **Beschreibung**: Der teilweise schattige Platz von *Camping-Car Park* auf Naturboden liegt etwa 900 Meter vom Dorf sowie 2,1 km von der Grotte entfernt bei einem **Campingplatz** und ist klappstuhlgeeignet. **Preis**: 14 €; zu den Benutzungsregeln siehe bei den Tipps unter *Freies Camping*. **Zufahrt**: Der Stellplatz ist nördlich des Ortes seitlich der D 217 beschildert.

Auf der weiteren Strecke kurven Sie durch das Dorf **Labastide-de-Virac**, das von einer Burg überragt wird und zu den erfreulicheren Erscheinungen der Gegend gehört.

TOUR 14

Szenenwechsel! Die letzte Tour dieses Buches erlebt nun eine radikale Verwandlung. Wir nähern uns nämlich den **Gorges de l'Ardèche**.

Ardèche – Blick von der Haute Corniche

Ardèche

Es ist schon ein paar Jahre her, als ein Gerücht wie ein Donnerhall die Runde machte: Die Ardèche sei gesundheitsgefährdend verschmutzt. Es gab sogar ein paar Warnschilder und vielleicht auch ein paar Urlauber weniger. Seit Jahren ist der Fluss aber sauber. Oder sagen wir lieber, er gilt als unbedenklich. Wenn Sie mich fragen: Tausende pinkeln im Juli/August ins erstaunlich warme Wasser, und von der Chemie möchte ich erst gar nichts wissen.

Europas berühmteste Paddel-Strecke ist im Grunde wunderschön und mit Recht hochberühmt. Aber im Hochsommer ist sie stellenweise leider überfüllt. Der ruhigste Teil ist die bekannte **Aussichtsstraße** zwischen Vallon-Pont-d'Arc und Saint-Martin, die größtenteils weit oberhalb des Flusslaufes angelegt ist, sodass man nur von einigen beschilderten Aussichtspunkten ins tief eingeschnittene Tal hinabblicken kann. Man darf sich davon nicht zu viel versprechen. Immer wieder hält man in der Hoffnung auf ein Aha-Erlebnis an. Stattdessen sieht man tief unten zwischen steil abfallenden Hängen ein oder zwei Flussbiegungen, eine Menge Boote und drumherum eigentlich wenig. Das ändert sich auch nicht im populärsten Teil, der sogenannten **Haute Corniche** (siehe Michelin-Karte). Aber in der berühmten Verdon-Schlucht gibt es auch nicht mehr zu sehen (siehe mein Buch über die Ostprovence, Band 38 der WOMO-Reihe). Man kann vielerorts nicht einfach an den Straßenrand fahren, sondern man muss auf eigens angelegten, nicht sehr großräumigen Parkplätzen anhalten, was für große Wohnmobile nur möglich ist, solange nicht zeitgleich Besitzer ähnlicher Elefanten die Schlucht fotografieren.

TOUR 14

Will man die Ardèche wirklich kennenlernen, muss man auf ihr paddeln, wobei ein wenig Wildwassererfahrung sinnvoll ist

Will man die Ardèche wirklich kennenlernen, muss man auf ihr paddeln. Dafür wiederum sollte man, jedenfalls in der Vorsaison (und falls der Klimawandel den Wasserstand nicht dauerhaft reduziert), schon einige Wildwassererfahrungen besitzen, denn der Fluss hat es an manchen Stellen in sich. Eigentümer eines Bootes muss man jedoch nicht unbedingt sein, mehr als 18.000 Kanus und Kajaks werden an abenteuerhungrige Urlauber vermietet. Selbstverständlich transportiert Sie der Bootsvermieter wieder an den Ausgangspunkt zurück, ganz gleich, ob Sie nur ein paar Stunden oder zwei Tage mit den Stromschnellen gekämpft haben. Richten Sie sich darauf ein, dass Sie kentern! Verpacken Sie Ihre Wertsachen, vor allem die etwaige Fotoausrüstung und die Smartphones, in wasserdichte Tonnen, die man samt Schwimmweste gleich mitmietet. Nur um Ihre Flusswanderkarte müssen Sie sich nicht sorgen, die gibt es nämlich aus wasserfestem Papier. Sie werden nicht nur Ihrer eigenen Ungeschicklichkeit zum Opfer fallen, sondern mindestens so leicht derjenigen von denen, die genauso unerfahren sind wie Sie. Boot hinter Boot lässt sich flussabwärts treiben, und wer sich einmal querstellt, gerät leicht ins Fahrwasser des Hintermanns, der nicht willens oder in der Lage ist, auf Abstand zu achten oder gar auszuweichen.

Paddeltouren auf der Ardèche

Es gibt in der eigentlichen Schlucht im Wesentlichen **vier Tourvarianten**, was daran liegt, dass man in der Schlucht mit dem Auto und den Transportfahrzeugen nur an zwei Stellen, bei Chames und bei Sauze, ans Ufer fahren kann:

- von **Vallon Pont d'Arc nach Chames**, häufig als *Mini-Descente* bezeichnet, 7–8 km, mindestens 25 €–29 € / Person;
- von nördlich von **Les Mazes nach Chames**; 12–13 km, mit vier Bootsrutschen an den Stauwehren und demgemäß ruhigem Fahrwasser am Anfang; 33 €–36 € / Person;
- von **Vallon Pont d'Arc nach Sauze**, 31–32 km rund 40 €;
- von **Chames nach Sauze**, 24 km, rund 40 €.

TOUR 14

Wir haben die sogenannte *Mini-Descente* getestet – ab *Camping L'Ardéchois*, und raten Ungeübten oder Urlaubern mit Kindern, die ohnehin wenigstens 7 Jahre alt sein müssen, von längeren Strecken ab. Auf dem kurzen Stück paddeln Sie durch das Felsentor, den berühmten Pont d'Arc, und schon die *Kleine Abfahrt* hat es in sich: Wir trieben – Ende August und bei niedrigem Wasser – rückwärts in die schlimmste Stromschnelle *(Rapide)* und sind nur um Haaresbreite dem Kentern entgangen. Dafür rauschte unser Hintermann, ein Vater mit zwei

Buben, von denen einer schon seit der vorherigen Schnelle angstvoll weinte, mit Karacho in unser Heck, kippte um und lag mit Kindern und allem Gepäck im Fluss. Danach heulte auch der andere Sohn.

Die Kajakfahrt scheint nicht wirklich gefährlich zu sein (obwohl es immer mal wieder Tote gibt). Sie sollten aber auch auf dem kurzen Stück Folgendes beachten:

- Sie müssen schwimmen können;
- theoretisch ist ein Kanu *(Canoë)* besser geeignet als ein Kajak, weil es weniger leicht kentert; jedoch läuft es beim Kentern voll und sinkt; deshalb werden fast nur **Kajaks des Typs Sit-on-Top** angeboten; sie sind unsinkbar und man kann beim Kentern nicht mit den Füßen im Boot hängen bleiben; außerdem liegen sie gut im Wasser;
- mieten Sie für zwei Personen kein Dreierkajak, das sich schlechter lenken lässt (falls es das überhaupt noch gibt);
- ziehen Sie Turn- oder Badeschuhe an, damit Sie beim regulären oder notfallmäßigen Aussteigen auf den glitschigen Flusskieselsteinen waten können;
- ziehen Sie Badekleidung an und packen Sie Handtücher sowie trockene Sachen ein, Sie werden unvermeidlich richtig nass;
- lassen Sie deshalb die Tour bei kühler Witterung lieber sein;
- binden Sie Ihre Brille mit Schnur fest;
- denken Sie an Sonnenschutz und Trinkwasser;
- unterlassen Sie die Tour, wenn es Ihnen in einem engen Bus in schnell gefahrenen Kurven schlecht wird (Plastiktüte einpacken) – der Busfahrer gibt auf dem Hin- oder Rückweg nämlich tüchtig Gas!

Wer nicht paddeln oder seinen Hund mitnehmen möchte, kann sich ab Chames mit einer **Barke** *(Barque)* 24 Kilometer nach Sauze rudern lassen. Die Chauffeure stehen bei ihrer mühsamen Muskelarbeit im Boot und machen das nur, weil sie sicher sind, auf dem hier ruhigeren Wasser nicht zu kentern *(auch für Nichtschwimmer und Kinder ab 3 Jahren; 125 €/Erwachsener, 100 €/Kind, 80 € pro Hund – der ist preiswerter, weil er ohne Schwimmweste einsteigen darf; www.bateliers.net).*

In Ermangelung freier Übernachtungsmöglichkeiten bleibt jedenfalls in Flussnähe bis auf eine Ausnahme für Ihr Wohnmobil nur der Campingplatz. Beachten Sie aber, dass es im Mittelteil der Schlucht fast keine Zeltplätze gibt, sondern nur an deren Anfang und Ende. Schöner ist dabei der westliche Schluchteingang, die Campingmöglichkeiten ziehen sich von dort bis zum Pont d'Arc in die Gorges hinein.

Als wir uns Ende Juli, also in der höchsten Hochsaison, auf den Plätzen umsehen, stehen wir nur teilweise vor verschlossenen Toren. Belegt sind die Plätze mit hohem Ausstattungsniveau und guter Lage nahe Vallon-Pont-d'Arc. Stattdessen konnten wir uns damals noch am berühmten **Pont d'Arc** einmieten, dem Felsgebilde, das sich in Form eines gewaltigen Tores über den Fluss

Pont d‘Arc

spannt. Direkt davor gibt es einen Strand, auf dem sich die Leiber tagsüber aber fast stapeln. Denn die Badestelle ist von der Natur reichlich mit Schönheiten gesegnet – und von der Straße her für die Öffentlichkeit zugänglich (Straßenparker Achtung, es gibt Diebe!). Man kann in der Nähe parken, aber nicht frei übernachten. Der nahe Campingplatz, von der Lage ein Traum, ist inzwischen, weil völlig heruntergekommen, geschlossen.

Den vielleicht schönsten und breitesten Badestrand mit fast sandigem Kies, wo der Fluss zum Schwimmen ordentlich tief wird, finden Sie beim *Camping Des Tunnels*, den ich deshalb trotz nicht perfekter Sanitärausstattung empfehle. Trotz aller geschilderter negativen Begleitumstände können Sie hier wunderbare Badetage erleben:

216 Ardèche-Schlucht – *Camping Des Tunnels*

GPS/Kontakt: N 44°23'26" E 4°24'17", D 290, Tel. 04 75 88 00 22; www.ardeche-vacance.com/. **Öffnungszeit**: April bis etwa 20.10. **Ausstattung**: Laden, zeitweise Restaurant, sehr schöner Badestrand, Bootsvermietung. **Beschreibung**: Das ist ein naturbelassener Platz mit einfacher Ausstattung in sehr schöner Lage. Zum Ortszentrum sind es 2 km; zum Pont d'Arc 800 m. Bisweilen stört Lärm von Jugendlichen, besonders von einem Lager auf dem anderen Ufer. **Preise**: 20 €–26 €. **Zufahrt**: Der Platz liegt an der D 290 südöstlich von Vallon-Pont-d'Arc.

217 Ardèche-Schlucht – *Camping du Midi*

GPS/Kontakt: N 44°22'31" E 4°25'13", D 290, Tel. 06 85 13 83 71; www.camping-ardeche-midi.fr. **Öffnungszeit**: 1.4– Anfang Oktober. **Ausstattung**: Schöner Badestrand, Brot- und Getränkeverkauf. **Beschreibung**: Der kleine naturbelassene Platz liegt sehr schön direkt am Fluss, ist aber schlecht ausgestattet und wenig gepflegt. Zum Pont d'Arc sind es 800 m. **Preise**: 20 €–30 €. **Zufahrt**: Der Platz ist an der D 290 südöstlich des Pont d'Arc beschildert.

Erfahrungsgemäß sind die Plätze auf dem rechten Ufer, bei Salavas, weniger besucht.

Wir haben auch bei Vallon-Pont-d'Arc zwei Campingplätze selbst getestet. Wegen der guten Startbedingungen für die Kajakfahrt, weil man nämlich vor der WOMO-Tür lospaddeln kann, empfehlen wir *Camping l'Ardéchois*. Wer einen schön gelegenen Luxus-Platz sucht, an dem keine Boote vermietet werden, wählt *Camping La Roubine*. Diese beiden Plätze haben, wie fast alle bei Vallon-Pont-d'Arc, nicht das Flair der Schluchtplätze, dafür einen Pool, zahlreiche Mobilhomes und sehen aus, wie ähnliche Plätze an hunderten von anderen Stellen in Südfrankreich. Und die Gemeindeverwaltung hat die Notwendigkeit eines Stellplatzes eingesehen. Dass am Ufer kein Platz dafür war, versteht jeder, und die Lage am Rand der Kleinstadt ist nicht so schlecht:

218 Vallon-Pont-d'Arc – *Camping Nature Park l'Ardéchois*

GPS/Kontakt: N 44°23'54" E 4°23'56", Route des Gorges, Tel. 04 75 88 06 63; www.ardechois-camping.com/. **Öffnungszeit**: 1.4.–30.9. **Ausstattung**: Relativ kleiner Badestrand, beheizter Pool, Sauna, Restaurant, kleiner Laden, Bootsvermietung, Spielplatz mit Ritterburg. **Beschreibung**: Das ist ein komfortabler Fünf-Sterne-Platz schattig, gepflegt und einigermaßen ortsnah (1,7 km; überwiegend unbeleuchtet) mit den unverzichtbaren festen Behausungen unterschiedlicher Bauart. **Preise**: Nicht veröffentlicht; in der Hochsaison über 50 €. **Zufahrt**: Der Platz liegt südöstlich von Vallon-Pont-d'Arc am Beginn der Schlucht neben weiteren Campingplätzen.

TOUR 14

Ähnlich ist der Nachbar Camping *Rives d'Arc*, der aus dem früher hier empfohlenen *Camping Provençal* entstanden ist, aber inzwischen überwiegend feste Behausungen anbietet.

219 Vallon-Pont-d'Arc – *Camping La Roubine*

GPS/Kontakt/: N 44°24'20" E 4°22'45", Chemin de la Roubine, Tel. 04 75 88 04 56; www.camping-roubine.com. **Öffnungszeit**: Mitte April - ca. 10.9, **Ausstattung**: Badestrand hinter einem Stauwehr, beheizter Pool, gutes Restaurant, Laden, besonders aufwendiger Spielplatz. **Beschreibung**: Große, halbschattige Parzellen auf einem gepflegten Fünf-Sterne-

Platz; das Ortszentrum ist nach einem bequemen, aber überwiegend unbeleuchteten Fußweg 1,7 km entfernt. **Preise**: Nicht veröffentlicht; in der Hochsaison bis zu 60 €. **Zufahrt**: Der Platz liegt nordwestlich von Vallon-Pont-d'Arc und ist an der Straße nach Ruoms, der D 579, beschildert.

220 Vallon-Pont-d'Arc – innerörtlich

GPS: N 44°24'19" E 4°23'49", D 390/Chemin du Chastelas. **Max. WOMOs**: 20. **Öffnungszeit**: Ganzjährig. **Ausstattung**: Ver- und Entsorgung, Mülleimer. **Beschreibung**: Der schattenlose, theoretisch klappstuhlgeeignete Schotterplatz ist nicht besonders schön, aber wegen seiner Ortsnähe praktisch. An die 1,6 km entfernte Ardèche fährt ein kostenloser Bus. Sie sollten früh anreisen, weil der Platz im Sommer viel zu klein ist. **Preis**: 8,80 €. **Zufahrt**: Der Platz liegt östlich des Ortes an der auf der Michelinkarte eingezeichneten D 390 beim Krankenhaus *(Hôpital)*; das Navi schickt Sie möglicherweise durch für WOMOs verbotene Straßen.

Vallon-Pont-d'Arc (2.300 Einwohner), der Hauptort an der Ardèche, war einst ein Obstbauerndorf, das aber heute vom Massentourismus lebt und sich diesem ergeben hat. WOMOs dürfen auf den meisten Plätzen nicht mal parken, sogar ein Teil des Supermarktparkplatzes war zeitweise durch eine Barriere versperrt. Selten sah ich in einer Kühltruhe eine größere Auswahl an Grillgut, selten findet man aber auch auf ähnlich engem Raum über 50 Campingplätze! Wer von den Campingplätzen nach Vallon-Pont-d'Arc spaziert oder geradelt ist oder sein WOMO weit außerhalb geparkt hat, wird sich im Hochsommer mit Grauen abwenden. Nepp und Nippes sind hoch konzentriert. Umso erstaunlicher ist das **Restaurant *Le Chelsea***, das seine Tische am Abend vielfach besetzen könnte und ein überraschend gutes Menü auftischt, richtig empfehlenswert *(wer bis 18:30 Uhr reserviert, hat meistens Glück; Menü 35 €)*.

Restaurant *Le Chelsea*

Vallon-Pont-d'Arc ist ein Top-Ziel in diesem Buch, seit im April 2015 der 55 Millionen (!) Euro teure **Nachbau der Chauvet-Höhle** in Betrieb genommen worden ist, den wir zunächst nur pflichtschuldig besucht haben, der sich dabei aber als hochklassige Sehenswürdigkeit entpuppt hat. Das bedeutet bei einem Höhlenhasser, wie ich einer bin, wirklich die Höchstbewertung:

Die *Grotte de Chauvet 2 (Caverne du Pont d'Arc)*

Nachdem sich Forscher, unter ihnen Jean-Marie Chauvet, im Dezember 1994 durch ein zufällig entdecktes Loch in der Größe einer Zeitung gezwängt hatten und sie auf einer Strickleiter in die Höhle hinabgestiegen waren, tat sich vor ihnen eine Welt von Malereien auf, die weltweit einmalig ist. Vor 36.000 Jahren haben sich dort menschliche Künstler mit über 400 Tierdarstellungen verewigt. Die Geschichte der Höhlenmalerei musste neu geschrieben werden, denn die Bildnisse von Chauvet sind älter als die aller bislang bekannten Höhlenkunststätten, darunter Altamira (16.000 Jahre – Nordspanien) oder Lascaux (21.000 Jahre – Dordogne) und sogar älter als die Zeichnungen in der Cosquer-Höhle bei Marseille (19.000 - 27.000 Jahre alt). Viele der bisherigen Erkenntnisse wurden auf den Kopf gestellt. So hat man bei Pont d'Arc beispielsweise das Bild eines Panthers entdeckt, ein Tier, das die Forscher in vergleichbaren Höhlen noch nicht gefunden haben.

TOUR 14

Aber die Originale wird der Normalsterbliche niemals betrachten dürfen. Selbst Höhlenforscher dürfen nur für kurze Zeit und in Abständen eintreten. Die Forschung hat nämlich aus den Sünden der jüngeren Vergangenheit gelernt, in der man solche Höhlen unbeschränkt den Besuchern preisgegeben hat. Als Junge durfte ich in Altamira für ein paar Peseten selbst noch mit den Fingern die Konturen der frühzeitlichen Tierwelt abtasten. Und in Lascaux wurden mehr als 100.000 Menschen durch die prähistorische Galerie geschleust, ehe man bemerkt hat, dass mit den Besucherströmen eine Temperaturveränderung einhergegangen war und sich der Atem der Massen als Feuchtigkeit auf den Wänden niedergeschlagen hat. Dadurch hatte sich ein moosiger Belag gebildet, der innerhalb von 20 Jahren beinahe zerstört hätte, was über Jahrtausende unversehrt geblieben war.

So hat man sich entschlossen, bei Vallon-Pont-d'Arc, wie auch schon bei Altamira oder Lascaux, ein **detailgenaues Plagiat** zu bauen, das alle anderen Höhlennachbildungen in den Schatten stellt und hervorragend gelungen ist. Nur am Anfang der Führung ist man etwas über die relativ hohe Temperatur irritiert, und dass der modrige Höhlengeruch fehlt. Das stört aber nicht, denn die Bilder sehen echt aus, auch die Handabdrücke der vorzeitlichen Bewohner, die Kratzspuren der Höhlenbären und die Nachbildungen zahlreicher Bärenschädel, mit denen man in der Originalhöhle 192 verschiedene Tiere identifizieren konnte.

Sogar von außen ist das Bauwerk sehenswert: Mit makellos glattem, fast rissefreiem Sichtbeton sind so kunstvoll gefaltete Wände konstruiert, dass man alle bösartigen Gedanken vergessen möchte, die man im Laufe der Reise durch Languedoc und Roussillon beim Anblick von Beton immer wieder hatte.

Sie müssen Ihren Besuch im Internet nicht zwingend vorbuchen, was aber trotzdem zu empfehlen ist. Wir haben auf der Internetseite www.grottechauvet2ardeche.com / die deutsche Sprache eingestellt und auf diese Weise mit einigen Tagen Vorlauf automatisch (oder zufällig) eine deutsche Führung gebucht, was sich sehr gelohnt hat (sonst bekommen Sie einen deutschen Audioguide, deutsche Führungen sind selten). Ohne verständliche Anleitung macht die Visite weniger Sinn. Die Höhle liegt 5,5 Kilometer oberhalb und westlich von Vallon-Pont-d'Arc an der D 4 und ist inzwischen als ›***Grotte de Chauvet 2***‹ beschildert *(N 44°24'22" E 4°25'54"; 18 €, Jugendliche 9 €; je nach Jahreszeit 9:30 bis 18 Uhr, Näheres im Internet, Sie bekommen nach der Online-Zahlung eine Buchungsbestätigung, die Sie ausdrucken oder auf dem Smartphone vorzeigen können).*

Und wenn man mit dem Besichtigen begonnen hat, macht man vielleicht im Seidenraupenmusen weiter – oder man überbrückt dort einen Wartetag vor der Höhlenführung:

Seidenraupenzucht

Zu den Sehenswürdigkeiten der Gegend zahlt das **Seidenraupen-Museum** von **Lagorce**, einem Dorf sieben Kilometer nördlich von Vallon-Pont-d'Arc *(https://lagorceardeche.com/musee-magnanerie; komplizierte Öffnungszeiten siehe Internet, meistens nur nachmittags 14–17:15 Uhr; 6,50 €).*

Die Führungen in der Seidenraupenfarm (*Magnanerie*) dauern eine ¾ Stunde, sind aber nicht mehr obligatorisch, und man kann nicht nur sehen, wie die Seidenraupen von der Nadelkopfgröße bis zum ausgereiften Wurm heranwachsen, man kann sogar hören, wie sich die Tierchen schmatzend durch Maulbeerblätter fressen und in fünf Wochen ihr Gewicht verzehntausendfachen. Zur Seidenproduktion hat man die Raupen, bevor ihnen in ihrem fein gesponnenen Seidenkokon Flügel wuchsen, vergast. Schließlich ging es ja um das Nest aus Seide, das von dem entpuppten Falter zerstört worden wäre. Die Seidenraupenzucht war in Südfrankreich, vor allem in den Cevennen-Tälern, vom 17. bis zum 19. Jahrhundert ein wichtiger (Neben-) Erwerbszweig, ehe die Eröffnung des Suez-Kanals im Jahre 1869 und damit das Vordringen der asiatischen Ware die Aufzucht der Raupen immer unrentabler machte. Das Geschäft war nämlich sehr mühsam, frisst eine Raupe kurz vor ihrem Tod immerhin 20 Gramm Maulbeerblätter pro Tag, das ergibt bei einem durchschnittlichen Zuchtbestand von 10.000 Raupen die stolze Menge von 200 Kilogramm (!). Dafür erzielte man 2.000 Meter Seidenfaden pro Raupe. Zu wenig, um diesen verschwenderischen Umgang mit der Natur und immer größere Maulbeerbaumanpflanzungen aufrechtzuerhalten. Zumal diese Pflanzen dann auch noch von einem anderen Schädling gebeutelt wurden, sodass schließlich im Jahre 1965 in Frankreich die letzte Seidenweberei ihre Tore schloss. Dies alles und noch viel mehr erfahren Sie beim Rundgang durch die *Magnanerie* von Lagorce.

Deutlich ruhiger als Vallon-Pont-d'Arc ist **Ruoms** (2.200 Einwohner – freitags beliebter Markt), mit kleiner historischer Altstadt und einem Gelände aus der neuen Serie *Camping de mon Village*, der Mischung von Camping- und Stellplatz von *Camping-Car Park*. Mit dem WOMO dürfen die meisten Straßen nicht befahren (!) werden:

221 Ruoms – *Camping de mon Village*

GPS: N 44°27'04" E 4°20'10"; Allée du Stade. **Max. WOMOs**: 100. **Öffnungszeit**: Ganzjährig; Campingplatzvariante von Mitte April bis Mitte Sept. **Ausstattung**: Ver- und Entsorgung, Toilette, Dusche (beides nur im Sommer), Strom, Mülleimer. **Beschreibung**: Das schöne, schattige Gelände liegt an der Ardèche mit Badestrand, 0,3 km vom Ortszentrum entfernt und ist der frühere städtische Campingplatz. **Preis**: 15 €; siehe hinten bei den Stichworten *Campingplätze* und *Freies Camping*. **Zufahrt**: Fahren Sie in Ruoms zur Ardèche.

Überquert man in Ruoms die Ardèche, zweigt dahinter die Zufahrtsstraße nach **Labeaume** ab, einem romantischen Dorf mit Badestrand und Exstellplatz, nachdem auch hier die Schilderindustrie und ein Schlosser ein Scherflein verdienen durften. Schade, Sie können nirgends legal parken und deshalb auch nicht den spektakulären Wanderweg flussaufwärts unterhalb der Felswand erreichen.

Etwa fünf Kilometer entfernt finden Sie an der Beaume (Baume), einem Nebenflüsschen der Ardèche, einen angenehmen kleinen Campingplatz:

222 Saint-Alban-Auriolles – *Camping du Vieux Pont*

GPS/Kontakt: N 44°26'53" E 4°19'44", D 208, Tel: 04 75 39 75 98. **Öffnungszeit**: Mitte April - Anfang September. **Ausstattung**: Schöner, breiter Badestrand, an dem man in der Nähe unterhalb einer hohen Felswand im Fluss La Beaume richtig schwimmen kann. Wagen mit Getränken. **Beschreibung**: Das Gelände bietet nur 25 naturbelassene Plätze, liegt aber dicht an der Straße; das Ortszentrum von Ruoms ist 2,1 km entfernt. **Preise**: 15 €–21 €. **Zufahrt**: Überqueren Sie in Ruoms die Ardèche, um dann links auf die D 208 nach Süden abzubiegen. Fahren Sie Richtung St Alban-Auriolles bis zur Brücke über die Beaume, direkt dahinter ist der Platz beschildert, also noch 3,2 km nördlich von St Alban-Auriolles.

Flussaufwärts finden Sie weitere Campingplätze an der Beaume, darunter das geräumige Gelände von *Camping Les Platanes*. Labeaume ist von dort aber mit dem Auto nur umständlich erreichbar.

Balazuc

TOUR 14

Es würde das Thema dieses Buches sprengen, wenn wir der Beaume flussaufwärts oder der Ardèche weiter nach Norden folgen. Nur noch **Balazuc** (370 Einwohner), ein malerisches Hangdorf mit Aussichtspunkt, Strand und Bootsvermietung, eines der *Schönsten Frankreichs*, soll erwähnt werden, obwohl man auf dem ortsnahen Parkplatz von April bis September nicht mehr übernachten darf. Man kann sich noch gut vorstellen, dass sich von einer Festung auf den zum Fluss abfallenden Felsen einst Gallier gegen Römer verteidigt haben. Erstaunlich ist die zurückhaltende Vermarktung im Vergleich zu anderen *Schönsten Dörfern*. Vielleicht liegt das an den etwas unwegsamen Flusskieselsteinen in den steilen Gassen. Vom schön gelegenen Campingplatz können Sie die Ansiedlung zu Fuß oder mit dem Rad gut erreichen und auch die ***Voie Verte Via Ardèche***, einen Fahrradweg auf einer früheren Bahntrasse. Die Strecke verläuft von Vogüé, ebenfalls ein *Schönstes Dorf*, im Norden bis Grospierres im Süden siehe https://levallondusavel.fr/fr/activites/voie-verte.html):

223 Balazuc – *Camping de la Falaise*

GPS/Kontakt: N 44°30'45" E 4°23'04", Les Salles, Tel. 04 75 37 74 27; www.camping-balazuc.com. **Öffnungszeit**: 1.4.–30.9. **Ausstattung**: Badestrand (vermutlich zu flach zum Schwimmen), Kanuvermietung, Brotverkauf, Snack. **Beschreibung**: Das ist ein sehr schön vor einer Felswand gelegener Naturcampingplatz. Der kürzeste Weg ins Dorf misst 1,6 km: Biegen Sie von der D 579 am Ende der Linkskurve nach rechts auf ein Asphaltsträßchen ab. Bevor dieses eine Linkskurve macht, biegen Sie vor einer Trockenmauer nach rechts auf einen überwachsenen Wanderweg ab, der nach 200 Meter auf Asphalt und nach weiterer kurzer Strecke geradeaus in einen weiteren Wanderweg übergeht, auf dem Sie stets geradeaus gehend im Dorf ankommen. Wenn Sie nicht auf den Wanderweg einbiegen, sondern auf der Asphaltstraße bleiben, sind Sie auf 1,9 km unterwegs. Die *Voie Verte* sehen Sie an der D 579. **Preise**: 16 €–31 €. **Zufahrt**: Der Platz ist an der D 579 nördlich von Balazuc beschildert.

In Balazuc kehren wir um und fahren zurück nach Vallon-Pont-d'Arc, um die Ardèche auf der schon beschrieben Strecke von oben zu betrachten. Die **Haute Corniche** und die Aussichtsstraße oberhalb des Flusses sind zusammen etwa 40 Kilometer lang, was bei den vielen Kurven und den Aussichtspunkten wie ein Halbtageswerk scheint, aber dann doch unerwartet schnell bewältigt ist, weil man geneigt ist, weniger häufig als erwartet, anzuhalten. Mit anderen Worten: Die Kurverei lohnt sich nur bei einem Stopp an jedem *Belvédère* – und möglichst noch mehreren Urlaubstagen in oder bei **Saint-Martin-d'Ardèche** (900 Einwohner). Einen legalen freien Stellplatz am Ufer werden Sie auch dort nicht mehr finden, dafür mehrere schöne Campingplätze, von denen ich zwei besonders empfehle. Am liebsten stehen wir auf dem früheren städtischen Campingplatz aus der schon erwähnten Serie *Camping de mon Village*, der Mischung von Camping- und Stellplatz von *Camping-Car Park*:

TOUR 14

Saint-Martin-d'Ardèche – im Hintergrund der Mont-Ventoux

224 Saint-Martin-d'Ardèche – *Camping de mon Village*

GPS: N 44°18'12" E 4°33'57", Rue du Nord. **Max. WOMOs**: 54. **Öffnungszeit**: Ganzjährig; Campingplatzvariante von Ende April bis Mitte Sept. **Ausstattung**: Ver- und Entsorgung, Toilette, Dusche (beides nur im Sommer), Strom, Mülleimer. **Beschreibung**: Das schöne Gelände liegt 0,3 km vom Ortszentrum entfernt und ist der frühere städtische Campingplatz; einen sehr schönen Badestrand mit richtig tiefem Wasser erreichen Sie nach etwa 350 m Fußweg; wegen der Straße tagsüber etwas laut, nachts sehr ruhig. **Preis**: 15 €; siehe hinten bei den Stichworten *Campingplätze* und *Freies Camping*. **Zufahrt**: Biegen Sie westlich von St- Martin von der D 290 flusswärts zum Ort hin ab und bei erster Gelegenheit sofort links; fahren Sie bis zum beschilderten Platz, der als Stellplatz beschildert ist.

225 Saint-Martin-d'Ardèche – *Camping Huttopia Le Moulin*

GPS/Kontakt: N 44°18'00" E 4°34'16", Rue du Moulin, Tel: 04 75 04 66 20; https://europe.huttopia.com/de/site/camping-le-moulin-ardeche. **Öffnungszeit**: Anfang April bis Ende September. **Ausstattung**: Pool, direkt an der Ardèche, aber nur hüfttiefes Wasser, Brotbestellung, Snack mit Pizza. **Beschreibung**: Das ist der eindeutig schönste Platz in Saint-Martin, ein naturbelassenes, großzügiges Wiesengelände mit hohen Bäumen, einzelnen Buschnischen, Nachtigallen und Wiedehopf, nachts richtig dunkel. Wegen der Straße tagsüber stellenweise etwas laut. Gaststätten und Geschäfte finden Sie in der Nähe, Kanuvermietung, Ortszentrum 400 m. **Preise**: Werden nicht veröffentlicht. **Zufahrt**: Der Platz liegt unmittelbar östlich von St Martin.

226 Saint-Martin-d'Ardèche – *Camping des Gorges*

GPS/Kontakt: N 44°18'41" E 04°33'20", D 290, Tel: 04 75 04 61 09; www.camping-des-gorges.com. **Öffnungszeit**: Ende April - 15.9. **Ausstattung**: Großer Pool, direkt an der Ardèche, schöner, breiter Kiesstrand mit tiefem Wasser, Gaststätte, Laden, Kanuvermietung. **Beschreibung**: Das ist der Platz mit der besten Infrastruktur, aber vielen Mobilhomes. Wegen der Straße tagsüber etwas laut, Ortszentrum 1 km; Fußweg nach St- Martin (1 km) am Ufer beschildert. **Preise**: 22 €–45 €. **Zufahrt**: Der Platz liegt westlich von St Martin im Ortsteil Sauze.

Dass Saint-Martin-d'Ardèche eine der bedeutendsten Kanuvermietstationen ist, wird Sie überraschen, wenn Sie meine obigen Ausführungen noch im Ohr haben, als ich Ihnen die Alternativen genannt habe. An den Streckenvarianten ändert sich trotzdem wenig. Sie werden nämlich zu einigen der oben genannten Startpunkte chauffiert.

Zum Essen haben Sie keine große Auswahl mehr. So trifft es sich, dass fast nur noch das Lokal übrig bleibt, in dem Sie auch am schönsten mit Blick auf die Hängebrücke und die Ardèche sitzen: **Restaurant *Belle Vue*** *(Tel. 04 75 04 66 72, kein Ruhetag, Menüs ab 28,50 €).*

TOUR 14

Spazierweg nach Aiguèze

Ich sprach davon, dass Sie vor der Heimreise noch mehr als einen Urlaubstag benötigen. Einen davon, besser eine Nacht und ein paar Stunden davor, könnten Sie in **Aiguèze** vertrödeln, das sich als eines der *Schönsten Dörfer Frankreichs* rühmen darf – und es auch ist. Allein schon die Lage hoch über der Ardèche ist einmalig, und erstaunlicherweise sucht man auch hier Andenkenläden vergeblich. Obgleich das Dorf von der Burg bis zum fotogenen Friedhof über alle positiven Attribute eines sonst meist ausgestorbenen südfranzösischen Vorzeigedorfes verfügt, sich aber durch einen offiziell ausgewiesenen Stellplatz von vielen anderen unterscheidet:

227 Aiguèze

GPS: N 44°18'19" E 4°33'09". **Max. WOMOs**: 20. **Öffnungszeit**: Ganzjährig. **Ausstattung**: Trockentoilette, Mülleimer. **Beschreibung**: Das Gelände auf Naturboden zwischen niedrigen Bäumen und außerhalb der Bebauung ist klappstuhlgeeignet, allerdings nur bis 3,5 t erlaubt, was vermutlich niemand genau kontrolliert; aber sehr große Fahrzeuge können zwischen den Bäumen auch gar nicht manövrieren. Der Ort mit Laden und Gaststätte (es kommt vermutlich nur *Le Bouchon* ernsthaft infrage) ist 350 m entfernt; Wanderweg und Fußweg nach St Martin sind beschildert. **Preis**: 6 €, die von einem Gemeindemitarbeiter vermutlich nur von Mai bis Mitte September um 9 Uhr kassiert werden. **Zufahrt**: Fahren Sie auf der normalen Straße nach Aiguèze und biegen Sie vor dem Dorf beim Wegweiser ›*Aire naturelle*‹ zum Parkplatz unter Bäumen ab.

Die an sich schon sehenswerte Hängebrücke von Saint-Martin über die Ardèche scheint für Wohnmobile zu schmal. Sie ist aber breit genug, auch Laster fahren darüber. Vielleicht müssen Sie die Spiegel einklappen. Aber zu kaum einem Thema habe ich mehr Zuschriften erhalten als zu der Frage, welches *zulässige Gesamtgewicht* auf dieser Brücke erlaubt ist. Im Sommer ist es nämlich auf 3 t verringert, aber wenn man im Frühjahr unterwegs ist, reibt man sich die Augen und schreibt mir vielleicht eine E-Mail, weil nun die Gewichtsbeschränkung auf 12 t angehoben ist. Ich habe vor Ort nachgefragt und das Rätsel gelöst: Im Sommerzeitraum, der den Einheimischen selbst nicht genau bekannt ist, auf jeden Fall im Juli, August und September, gilt die Gewichtsbeschränkungen auf 3 t, im Winter wird sie wieder geändert. Es könnte mir mal ein Tragwerksplaner dazu Genaueres schreiben. Laienhaft vermute ich, dass durch die wärmebedingte Ausdehnung der Tragseile die Tragfähigkeit sinkt. Betrachtet man den (ampelgeregelten) Verkehr, sieht man auch im Hochsommer örtliche Handwerker mit Fahrzeugen, die ein zulässiges Gesamtgewicht von 3,5 t haben, über die Brücke fahren. Rechtstreue Leser müssen im Sommer einen südlichen Umweg wählen.

Wir empfehlen Ihnen, wenn Sie in Saint-Martin vorübergehend sesshaft geworden sind, über diese Brücke und danach gleich rechts nach Aiguèze zu **spazieren**. Sie brauchen höchstens 20 Minuten und müssen, wenn Sie am Ende nicht der Straße, sondern der rot-weißen Markierung folgen, zweimal ein klein wenig über Steine klettern (im Hellen völlig unproblematisch). Schöner laufen Sie selten – vor allem auf dem Rückweg, weil dann der Mont Ventoux vor Ihnen aufragt und Sie bei klarem Wetter sogar die Dentelles de Montmirail erkennen (Näheres in meinem Provence-Führer, Der Westen).

Aiguèze

Literarisch haben wir in fünf Vorauflagen die letzte Nacht im nördlichsten Zipfel des Languedoc verbracht, in **Pont-Saint-Esprit** (10.000 Einwohner). Trotz aller Verklärung habe ich schon in der vorletzten Auflage meinen Stellplatz-Tipp gestrichen. Keinem Leser hat er gefallen. Und ich wollte ihn nicht weiter schönschreiben. Auch der Ort selbst ist eher uninteressant. Einziges sehenswertes Bauwerk ist die **Brücke**, der Pont-Saint-Esprit, der fast 1.000 m lang in 25 Bögen mit leichter Krümmung zwischen 1265 und 1309 von der Brückenbauerbrüderschaft »Zum Heiligen Geist« errichtet worden ist. 19 alte Bögen sind noch vorhanden. Verschwunden sind die befestigten Brückenköpfe wie auch ein Pfeiler zwischen den beiden der Stadt zugewandten Bögen. Dort sind nämlich im Laufe der Jahrhunderte unendlich viele Schiffe zerschellt, bis man in der Mitte des 19. Jahrhunderts die Durchfahrt verbreitert und damit einen schwerwiegenden Konstruktionsmangel behoben hat. Den soll übrigens der Heilige Geist mitzuverantworten haben, der einer Sage zufolge den Baumeistern mit Rat und Tat zur Seite gestanden, sich allerdings eher als architektonischer Dilettant erwiesen hat. Denn das Bauwerk ist

auch reichlich schmal geraten, sodass sich über Jahrzehnte der Verkehr vor der Brücke stauen musste. Das ist allerdings seit Jahren vorbei, seit die neue größere Brücke weiter südlich dem Verkehr übergeben worden ist.

Vielleicht machen Sie Ihrer Familie noch eine Freude und besichtigen in Pierrelatte die **Ferme aux Crocodiles**. Ich selbst war noch nicht dort. Wenn die Reptilien und die Riesenschildkröten so spektakulär sind, wie die Werbung verspricht, werden Sie mir womöglich in Ihren Zuschriften vorschwärmen und mich wissen lassen, dass nichts auf Ihrer Reise eindrucksvoller war als die hungrigen Mäuler der Krokodile kurz vor der Fütterung um 15 Uhr *(täglich 10–17 Uhr; 17,50 €, Kinder 11,50 €; viele Leser haben entsprechend geschrieben).*

Einst haben wir uns unter den Bäumen des schönen Naturstellplatzes von Aiguèze zum ersten und einzigen Mal im Urlaub den Handywecker gestellt, um frühzeitig die Heimreise zu beginnen. Wir traten noch einmal an den Rand des Platzes mit Blick über das Dorf, in der Luft des jungen Tages lag der Geruch des Midi, und die jenseits der Rhône aufgehende Sonne brannte in unsere Gedanken eine Sehnsucht nach Südfrankreich, die uns über manchen grauen und depressiven Wintertag hinweggeholfen hat.

Tipps und Infos

Anreise

Ausschnitt

Anreise

Einzelne Routen

Die Darstellung der Anreise ist eine undankbare Aufgabe, weil ich damit Leser, Leserinnen und Diverse von weit auseinanderliegenden Startorten ins Ziel führen muss. Deshalb kommen wesentlich mehr Hauptreiserouten infrage, als ich lange dachte, weil ich sie selbst nie benutze. Aber zu allen hat der WOMO-Verlag Reiseführer im Programm. Wer es genau wissen möchte, sollte lieber dort nachlesen.

Luxemburg-Metz-Nancy-Dijon-Route

Es mussten sich erst Leser beschweren, damit mir klar geworden ist, dass man, um ins Rhônetal zu gelangen, aus Köln und dem Ruhrpott die **Luxemburg-Metz-Nancy-Dijon-Route** wählt, dass man dabei in Luxemburg preiswert tankt und sich anschließend an der mautfreien französischen Autobahn **A 31** bis Nancy erfreut. Falls man spät weggekommen ist, braucht man einen Platz für das Nachtlager:

A01 Metz

GPS: N 49°07'26" E 6°10'07", Allée de Metz Plage. Verlassen Sie die A 31 bei der Ausfahrt Nr. 33 *(Metz-Nord)* und fahren Sie parallel zur Autobahn bis zum Wegweiser ›*Devant lès Ponts*‹, danach links über die Brücke, sodann ›*Centre Ville*‹; nach der Überquerung von Kanal und Mosel folgen Sie dem Wegweiser zum Campingplatz auf einen gemischten Parkplatz am Ufer. Die Zufahrt von Süden (Nancy) ist ohne Navigationsgerät schwieriger: Sie verlassen die Autobahn bei der Nr. 31 und folgen dem Wegweiser ›*Pontiffroy*‹, solange kein Wegweiser zum Camping auftaucht. Es gibt 7 ausgewiesene WOMO-Plätze, man kann mit nicht zu langen Fahrzeugen auch auf einigen Parkplätzen daneben stehen; Ver- und Entsorgung.

A02 Metz

GPS: N 49°07'26' E 6°10'10", Allée de Metz Plage. Mitte April - Ende September. Siehe bei vorstehendem Stellplatz, der direkt vor dem Campingplatz liegt; zentrumsnah, direkt an der Mosel.

A03 Nancy – Port de Plaisance

GPS: N 48°41'32" E 6°11'35", Bv. du 21. Regiment d'Aviation. Wechseln Sie südlich von Nancy von der A 33 auf die A 330 (von Norden kommend: Richtung ›*Nancy-Sud*‹ danach ›*Nancy-Centre*‹ oder von Süden kommend: ›*Nancy- Centre*‹ und fahren Sie bis zum Ende der A 330 Wegweiser ›*Centre Ville*‹ später ›*Office de Tourisme*‹, bis nach einer Ampel der Stellplatz rechts unter Bäumen auftaucht; Ver- und Entsorgung, Strom, Toilette und Dusche; 17 €.

A04 Toul

GPS: N 48°40'35" E 5°53'07", Chemin du Cimetière. Verlassen Sie die A 31 bei der Anschlussstelle 13, fahren Sie Richtung ›*Centre Ville*‹ und dann

›*Côtes de Toul*‹; der Platz liegt sehr ruhig westlich des Zentrums in der Nähe eines Kanalhafens; Ver- und Entsorgung, Strom; bis 3,5 t, oft belegt; 7 €.

A05 Langres

GPS: N 47°51'18" E 5°20'06", Rue de la Salle des Fêtes. Der Platz liegt ruhig und beschildert südlich der Innenstadt und östlich der D 674, der Straße nach Dijon; Ver- und Entsorgung, Strom, klappstuhlgeeignet, etwa 1,5 km ins Zentrum; 10 €.

A06 Dijon – *Camping du Lac Kir*

GPS: N 47°19'17" E 5°00'39", Boulevard Chanoine Kir. Der Platz liegt westlich der Innenstadt. Man kommt an der beschilderten Zufahrt vorbei, wenn man von der Innenstadt Richtung A 38 fährt, das ist die Autobahn nach Auxerre. Falls Sie ohne Navi unterwegs sind, müssen Sie mithilfe der Michelinkarte an den auf der Karte eingezeichneten kleinen See am Westrand der Stadt fahren, der weiträumig als ›*Lac Kir*‹ beschildert ist. Anfang April bis 31.10; 12. Im Sommer an Wochenenden häufig ausgebucht. Direkt davor gibt es einen ebenso oft belegten **Stellplatz.**

Route durch die Schweiz

Aus dem Großraum München oder aus Österreich fährt man schräg durch die Schweiz, über (Basel) Bern, Lausanne und Genf nach Lyon. Und wenn Sie wissen wollen, was ich dort empfehle, schauen Sie in meinen Provence-Führer, Der Osten. Die Fahrt durch die Schweiz ist trotz der inzwischen vollkommenen autobahnmäßigen Erschließung reizvoll und hat den Vorteil, dass man Autobahngebühren spart – sofern man die Schweizer Vignette ohnehin kaufen würde (zuletzt kostete sie 41 €).

Diese Autobahnplakette lohnt sich vor allem, wenn man den Heimweg über die Provence wählt und auf der sogenannten ***Route-Napoléon***, dem landschaftlich schönsten An- oder Rückreiseweg, über Sisteron und Grenoble die Verbindung nach Norden sucht.

Basel-Mulhouse-Belfort-Besançon-Lyon-Strecke

Die meisten Deutschen wählen für die Fahrt in den Raum Lyon die auf unserer Anreisekarte als Ausschnitt dunkel hinterlegte **Basel-Mulhouse-Belfort-Besançon-Strecke**, auf der französischen **A 36** über Mulhouse und Besançon zur **A 39**, der östlichen Parallel-Autobahn zur französischen A 6. Fahren Sie auf dem Hinweg ab Dôle erst Richtung Lyon und später Richtung Marseille und lassen Sie sich nicht von den Navis verwirren, die Sie bei Dôle weiter Richtung Beaune und A 6 schicken, während Sie auf die **A 39** Richtung Marseille – über Bourg-en-Bresse –wechseln und sich später, nahe Lyon, stur an der **Beschilderung nach Marseille** orientieren, falls das Navigationsgerät Sie partout durch Lyon lotsen möchte (was tatsächlich kürzer, aber wesentlich stauträchtiger ist).

Genauso wenig darf man auf der **Heimreise** südlich von Lyon der elektronischen Wegweisung gehorchen, falls diese Ihnen auch in jener Richtung die etwas kürzere Durchquerung von Lyon aufdrängen möchte. Sie folgen den **Wegweisern nach Strasbourg**. Das ist etwas irritierend, weil man damit noch nicht rechnet. Man wird auf dieser Route weitläufig um Lyon geleitet, und gegen sie sprechen nur ihre Eintönigkeit und die Kosten.

Alle, die in Nordbaden oder weiter oben wohnen, werden sich fragen, wie sie am besten zur französischen A 36 bei Mulhouse gelangen. Bei wem fruchten schon die Appelle, den Urlaub sonntags oder montags zu beginnen? Benutzen Sie deshalb statt der deutschen A 5, Frankfurt-Basel, die ein paar Kilometer westlich zur deutschen Autobahn die im Elsass beinahe parallel verlaufende Autoroute A 35 (nur die großräumige Umfahrung von Strasbourg kostet Maut) und vorher in Deutschland die A 65. Am besten bleiben Sie ab Colmar auf der A 35, bis diese bei Mulhouse auf die A 36 stößt. Das Elsass glänzt mit idealen Wohnmobilbedingungen, von denen ich Ihnen in meinem Führer berichte. Dort und in den beiden Provence-Führern finden Sie diverse Übernachtungstipps für die Anreise, vor allem für den Weg durch Burgund. Da Sie diese vielleicht alle schon abgearbeitet haben, liefere ich nachfolgend ein paar Ergänzungen für den französischen Jura, deren Notwendigkeit geschwunden ist, seit das Ehepaar Newe Sie im WOMO-Führer durch den Jura führt. Dennoch:

A07 Belfort – *Camping Étang des Forges*

GPS: N 47°39'12" E 6°51'53", Rue du Général Béthouart. Der Platz ist nördlich von Belfort beschildert, liegt schön an einem See, und die fußläufig erreichbare Stadt Belfort ist lohnend; Ende April - 30.9.

A08 L'Isle-sur-le-Doubs – *Camping Les Lumes*

GPS: N 47°27'08" E 6°34'58", Rue des Lumes. Der Platz ist am Fluss Doubs beschildert; Badestelle im Fluss; 1.4. - 30.9.

Wer die Autobahn nur ein paar Kilometer verlässt, entdeckt in Ranchot, westlich von Dampierre, ein Plätzchen an einem Seitenkanal des Doubs:

A09 Ranchot

GPS: N 47°08'55" E 5°43'22". Verlassen Sie die A 36 am besten westlich von Besançon *bei der Anschlussstelle Nr. 2.1 und folgen Sie den Wegweisern ›Arc-et-Senans‹*, bis Sie nach etwa 4,5 km am südlichen Ortsrand von Ranchot auf dem nördlichen Ufer eines Kanals bei einer Anlegestelle für Hausboote den kleinen Parkplatz sehen. Fahren Sie südlich des Kanals über eine Brücke und dann links (rechts liegt ein Campingplatz auf einer Halbinsel); das Verbotsschild betrifft den Uferweg; Wasser, Mülleimer, Picknickbänke, klappstuhlgeeignet.

Sie können Geld sparen, wenn Sie auf dem Weg nach Süden die **Nationalstraßen** benutzen, welche stärker als in Deutschland für den Fernverkehr ausgebaut sind (wo aber eine Geschwindigkeitsbeschränkung von 80 km/h gilt). Sie benötigen bis in das Midi mindestens einen halben Tag länger. Nehmen Sie vielleicht nur zwischen Besançon und Lons-le-Saunier die Landstraße, die **N 83**. Sie kommen so durch den schönsten Teil des französischen Jura, der für die Sommermonate noch ein Geheimtipp ist. Wenn das Wetter mitspielt und Sie den Anreisetag badend in einem Fluss beschließen wollen, achten Sie auf das Städtchen **Quingey**, etwa 20 Kilometer südlich von Besançon: Im Ort (also nicht auf der Umgehungsstraße) gibt es seitlich der Brücke einen schönen, bescheidenen Campingplatz. Ebenso beschaulich endet der Tag, wenn Sie etwa 10 bis 14 Kilometer weiter nach Süden zu den Dörfern **Rennes** oder **Port Lesney** fahren. Stell- und Campingplätze liegen an einem wunderbaren Badefluss, der **Loue**, von der ich Ihnen seitenlang vorschwärmen könnte:

A10 Quingey – *Camping Les Promenades*

GPS: N 47°06'10" E 5°53'07". Der Platz ist in Quingey seitlich der Brücke nicht zu verfehlen; 1.5. - 30.9.; in der nahen Gaststätte *La Truite* wird nicht überwältigend, aber gut gekocht, Badestelle; über Winter können Sie davor frei stehen, aber auch nur dann.

A11 Port-Lesney – *Camping Les Radeliers*

GPS: N 47°00'12" E 5°49'27". Biegen Sie etwa 14 km südlich von Quingey von der N 83 nach Port-Lesney ab und fahren Sie dort bis zum beschilderten Campingplatz; 1.5. - 30.9. Hier haben uns eine riesige Wiese mit Bäumen, wo sogar kleine Lagerfeuerchen geduldet werden, und davor das **Restaurant *Le Bistrot de Port-Lesney*** besonders gut gefallen.

Ganz nahe dabei, aber touristisch dennoch vor allen anderen Zielen im Jura liegt das verschlafene Dorf **Arc-et-Senans** mit einer Top-Sehenswürdigkeit, die es bis in die UNESCO-Liste des Welterbes geschafft hat: Die 1779 in Betrieb genommene **Saline Royale** (Königliche Saline) ist ein Muster für eine am Reißbrett entworfene vorindustrielle Ansiedlung, in der in zwei riesigen Hallen über Feuern aus salzhaltigem Quellwasser kostbares Salz gelöst worden ist. Die Sole musste in Rohren etwa 26 km weit umgeleitet werden, weil erst bei Arc-et-Senans am Rande eines großen Waldgebietes ausreichend Brennholz zur Verfügung gestanden hat. Die Arbeiter wohnten mit ihren Familien in halbkreisförmig angeordneten Häusern auf dem Gelände. Und wäre im Jahr 1789 nicht die Revolution dazwischengekommen, wäre hier vielleicht sogar eine bereits geplante, nach den Vorstellungen der Aufklärung »ideale« Stadt entstanden *(Näheres erfahren Sie vor Ort, die Anlage ist im Sommer bis 19 Uhr geöffnet)*. Das Top-Ziel wird durch einen Top-Stellplatz ergänzt:

A12 Arc-et-Senans

GPS: N 47°01'57" E 5°46'50", Grand Rue. Verlassen Sie die A 36 am besten westlich von Besançon bei der Anschlussstelle Nr. 2.1 und folgen Sie den Wegweisern bis Arc-et-Senans, wo Sie an der großen Kreuzung in der Ortsmitte Richtung Mouchard fahren und kurz danach auf einen wunderbaren Stellplatz im Park hinter dem Rathaus geleitet werden (ganz nahe bei der Saline Royale); Ver- und Entsorgung, Toilette, klappstuhlgeeignet. An der nahen Loue gibt es auch einen Campingplatz.

Allerdings ist wahrscheinlich nicht der schöne Stellplatz dafür verantwortlich, dass sich das ***Relais d'Arc-et-Senans*** am Platz bei der Kirche, das ich in den Vorauflagen noch als bescheidenen Landgasthof beschrieben habe, zu einem guten Restaurant entwickeln konnte *(Tel. 03 81 57 40 60; So. abends und Mo. geschlossen; Menüs ab 42 €)*. In diesem Zusammenhang weise ich auf die vielen Käsereien hin, die entlang der N 83 für ihren *Comté* werben.

Die französische Autobahn A 39 ist bis südlich von **Lyon** wenig befahren. Dieser Zustand ändert sich erst, wenn Sie auf die A 7, die *Autoroute du Soleil*, treffen, die Sie dann bei **Orange** mit der A 9, der *Languedocienne*, Richtung Montpellier tauschen. Bei zügiger Fahrweise kommen Sie auf diese Weise in einem Tag von Karlsruhe nach Montpellier.

Das geht allerdings ins Geld. Gut 100 Euro (WOMOs bis 3 m Höhe) müssen Sie für die einfache Strecke von Mulhouse nach Montpellier einplanen, die Sie nicht wählen sollten, wenn Sie im Languedoc als erste westlichen Ziele insbesondere die Tarnschlucht und unsere Touren 8 bis 11, ansteuern. Dann würde ich durch das Burgund reisen und von der französischen A 6 nicht auf die Umgehung von Lyon, die A 46, abbiegen, sondern weiter im Süden, aber noch nördlich von Lyon, nach Westen auf die A 89 wechseln und die **Strecke Clermont-Ferrand - Millau** wählen, weil die A 75 kostenlos ist und landschaftlich sehr reizvoll häufig auf rund 1.000 Höhenmetern durch das Zentralmassiv führt. Kostenpflichtig ist nur die beeindruckende Tarnbrücke Viaduc de Millau (Touren 10 und 11), die man umfahren kann (siehe Karte vor Tour 9).

Mit der Bezahlung der **Maut** beschäftige ich mich später unter der Überschrift *Verkehr*. Wird Ihnen auf Anzeigetafeln an der Autobahn ein *Bouchon* signalisiert, müssen Sie mit einem *Stau* rechnen.

Die **Kraftstoffpreise** kann man bei der Routenauswahl nicht mehr vernachlässigen, seit der Dieselpreis in der Schweiz (noch) mit Abstand der höchste in den betroffenen Ländern ist. In Frankreich sind die Autobahntankstellen am teuersten (etwa 10 Cent teurer als normale Tankstellen und bis zu 20 Cent teurer als an den Zapfsäulen bei Supermärkten).

Campingplätze

Wir beschäftigen uns immer intensiver mit Campingplätzen – und widmen diesen auch in vorliegendem Buch mehr Raum, zumal Sie im Sommer beim Badeurlaub an der Küste und erst recht an den Flüssen zum Campingplatz nur wenige Alternativen haben.

Die sanitären Ausstattungen sind verschiedenartig, am schlichtesten sind sie in der Regel auf den allmählich aussterbenden städtischen Plätzen *(Camping municipal)*, die aber auch wiederum die preiswertesten sind. Zu den Ursachen des Rückgangs könnte man viel schreiben. Zwei Gründe sind das Ausbleiben echter Camper mit Zelt sowie die wachsende Nachfrage nach Unterkünften, zu denen man nur mit Koffer anreist, die aber von den Gemeinden nicht bedient werden kann. Viele dieser Plätze wurden und werden von der Gesellschaft *Camping-Car Park* übernommen und teilweise als reine Stellplätze, also ohne Sanitäranlagen, weitergeführt, teilweise aber auch während der Sommermonate wie echte Campingplätze betrieben. Dann ist sogar das Duschwasser heiß. *Camping-Car Park* nennt einen solchen Platz ***Camping de mon Village***. Und in diesem Reiseführer wird er auf den Tourenkarten als Stellplatz geführt.

Leider nehmen auf Campingplätzen Behausungen, die sich rentabel vermieten lassen und mit denen man baurechtliche Beschränkungen unterlaufen möchte, pestartig zu. Man nennt die Hütten oftmals *Mobilhomes* (wegen der Alibi-Rädchen), in Wirklichkeit sind es aber Baracken – und sehen auch so aus. Fest installierte Zelte und andere *Hébergements* nehmen viel Platz weg und füllen den Campingplatz, auch wenn sie leer stehen. Sie sind umso hässlicher, je weniger besucht der Platz insgesamt ist. An der Küste gibt es Plätze, auf denen *Mobilhomes* die traditionellen Camper beinahe vollständig verdrängt haben.

An der **Küste** bekommen Sie Probleme, wenn Sie direkt am Strand urlauben möchten. Zwischen dem 15.7. und 25.8., neuerdings teilweise sogar bis in den September, sind Campingplätze stark belegt und häufig *complet*. Das Problem hat sich nach Corona deutlich verschärft, zumal fast alle Campingplätze an der Küste zur Hälfte oder mehr mit fest installierten Behausungen vollgestellt worden sind. Leider nehmen »freie« Stellplätze nicht in dem Maß zu, in dem Campingplatzkapazitäten wegfallen. Mit Wohnmobiltouristen ist, haben diese ihr Fahrzeug bezahlt, einfach kein Geschäft mehr zu machen! Wenngleich die Entwicklung in allerneuster Zeit etwas stagniert. Camping ist in der Hochsaison, schwieriger geworden, wenn es der Caravan-Industrie, also den Verbänden der Reisemobilhersteller, nicht gelingt, für akzeptable Ferienplätze ihrer Kunden zu sorgen.

Dummerweise ist auch die Anzahl der dicht am Meer liegenden *Campings* geringer als erwartet. Sie müssen deshalb lernen, in der Hochsaison mit einem Platz ein paar hundert Meter abseits des Strandes zufrieden zu sein. Nehmen Sie Fahrräder mit! Und leider müssen Sie rechtzeitig vorbuchen, wenn Sie Ihren Kindern in den großen Ferien einen Platz am Meer versprochen haben (diesen Tipp gebe ich in einem Reiseführer, der stets an Ihre Spontanität appelliert, sehr ungern). Vielleicht müssen Sie nur ein oder zwei Tage überbrücken.

Mit Abstrichen gilt alles das auch für die Plätze an den **Flüssen**, besonders an der Ardèche.

Je früher am Tag Sie den Campingplatz anfahren, umso größer sind die Chancen auf Einlass. **Die beste Zeit ist vormittags zwischen 11 und 12 Uhr**, wenn andere Leute gerade aufgebrochen sind.

Auf immer mehr Campingplätzen pflegt man eine ausgedehnte Mittagspause (häufig zwischen 12 und 14 Uhr), in der Sie sich meistens nicht anmelden können.

Die Nacht auf dem Campingplatz kostet natürlich Geld, Kinder über 6 Jahre zahlen meistens voll, und so legt man für eine 4-köpfige Familie in der Nähe eines Gewässers schon mal pro Nacht bis zu 80 Euro auf den Tisch, gelegentlich aber auch weniger als 25 Euro. Es gilt das Gesetz von Angebot und Nachfrage, weshalb die Preise außerhalb der Hochsaison meistens niedriger sind. Je aufwendiger die Ausstattung des Campingplatzes ist, umso teurer wird die Chose, wobei die aufgemotzten Plätze oft nicht die schönsten sind. Die sanitären Ausstattungen sind unterschiedlich, am schlichtesten sind sie in der Regel auf den städtischen Plätzen *(municipal)*, die aber auch wiederum die preiswertesten sind und an der Küste kaum vorkommen.

Einige Jahre habe ich eine sogenannte *CampingCard* des **ACSI** besessen *(man spricht nur von der ‚Axicard'; Näheres unter www.campingcard.com/de; Lieferzeit von über zwei Wochen!)*, mit der man in der Nebensaison (!) erhebliche Preisvorteile erzielen kann, für die sich der Preis der Ermäßigungskarte für etwa 17 Euro pro Jahr lohnt. Aber ich wurde seit der letzten Bestellung mit Zahlungserinnerungen und einem Dauerauftrag belästigt, den ich bewusst nicht abgeschlossen hatte. Das hat mir die Freude genommen. Außerdem wurden zunehmend die Preisvorteile nur noch bei der Belegung von unattraktiven Parzellen gewährt, jedenfalls nicht für die schönen Stellen, die wir uns auf Campingplätzen ausgesucht hatten.

WiFi (WLAN) gibt es inzwischen eigentlich auf allen Plätzen. Oft sogar flächendeckend. Erstaunlich oft ist es kostenlos, ähnlich oft aber auch langsam. Ich weise ganz bewusst nicht darauf hin, weil ich für eine seriöse Information Angaben über Kosten, Reichweite, Geschwindigkeit und Stabilität machen müsste. Diese Eigenschaften verändern sich ständig, häufig abhängig von der Tageszeit und der Anzahl anderer Nutzer. Ausführungen dazu gaukeln demnach verlässliche Infos nur vor.

Es gibt auf französischen Campingplätzen selten noch **Stromanschlüsse**, in die nicht die dicken (blauen) CE-Stecker passen, sondern haushaltsübliche Stecker, die in Frankreich allerdings mit einem Loch ausgestattet sein müssen (weil das Gegenstück für den Schutzleiter einen Stift entgegenstreckt). Wer dann keinen Adapter dabei hat, bekommt keinen Strom. Das Kabel unserer Kabeltrommel habe ich daher mit einem **Stecker mit Loch** bestückt, den man bei uns in jedem Baumarkt bekommt. Notfalls funktionieren auch – allerdings ohne Schutzleiter – Adapter sogenannter Reisestecker.

Hunde sind so gut wie immer erlaubt, ich weise auf Verbote hin, die auf manchen Plätzen nur im Juli/August angeordnet werden. Insoweit sind meine Angaben nicht ganz verlässlich, weil die Platzbetreiber öfter die Regeln ändern.

Freies Camping / Stellplätze / übernachtungsgeeignete Parkplätze

Den klassischen **freien (kostenlosen) Stellplatz**, wie ihn die Älteren noch kennen und der Ihnen von der Reisemobilindustrie in der Werbung vorgegaukelt wird, das Wohnmobil mit glücklichen Menschen an einem Strand oder Gewässer, gibt es in einigermaßen erschlossenen Gebieten in Südfrankreich schon lange nicht mehr. Von wenigen Ausnahmen abgesehen finden Sie solche Plätze nur noch in Gebieten, in denen Sie nicht übernachten oder in die Sie nicht mal reisen möchten. An Gewässern, besonders an der Küste, finden Sie als Alternative zu Campingplätzen fast nur noch speziell eingerichtete, kostenpflichtige offizielle Plätze.

Stellplätze werden Ihnen heute von verschiedenen Internet-Apps 10.000-fach präsentiert, mit Fotos, Koordinaten und Kommentaren der Nutzer. Vorbei sind auch die Wohnmobil-Goldgräber-Zeiten, in denen ich Ihnen erklären musste, wo und mit welchen Hilfsmitteln alte Hasen die besten Plätze aufspüren. Mit geeigneten Programmen drücken Sie an Ihrem Smartphone auf einen Touchscreen, und es erscheinen alle geeigneten (und noch mehr ungeeignete) Stellplätze und Campingplätze im Umkreis, und wenn Sie möchten, können Sie sich sogar dorthin navigieren lassen.

Wer die Szene aufmerksam beobachtet, findet auf diesen Internetseiten auch Plätze, die von Autoren des WOMO-Verlages und, bei aller Bescheidenheit, ebenfalls von mir, vor vielen Jahren entdeckt und publiziert worden sind. Eine Zeit lang konnte man dort sogar die eigenen Fehler wiederfinden. Auch insoweit haben sich die Zeiten geändert. Denn die Autoren der WOMO-Reihe orientieren sich ebenso an dem reichhaltigen Angebot des Internets. *Aber wir wählen aus!* Wir trennen die Spreu vom Weizen, und eine wesentliche Aufgabe meiner Reiseführer besteht heute darin, soweit es um anderweitig veröffentlichte Stellplätze (und Campingplätze) geht, nur diejenigen in meine Bücher aufzunehmen, die ich für geeignet halte, und Sie gelegentlich auch einmal vor bestimmten Plätzen zu warnen. Wenn Sie also mit dem erwähnten Klick die Stellplätze der Umgebung abrufen und diese bei mir wiederfinden, können Sie annehmen, dass ich sie mir angesehen habe.

Es existieren zweifellos gute, vielleicht sogar hervorragende Plätze, die ich nicht kenne oder die nach dem Erscheinen dieses Buches neu entstanden sind. Von dieser Einschränkung abgesehen sind Sie auf der sicheren Seite, wenn Sie möglichst solche Plätze anfahren, die wir Autoren für gut befunden haben.

Sie fragen, ob man in Frankreich eigentlich überall **frei stehen** darf. Nach unseren Erfahrungen ist das dort möglich, wo es nicht durch Schilder ausdrücklich verboten ist oder wo man wegen des berüchtigten Balkens in zwei Meter Höhe erst gar nicht hinkommt. Ob man mit *Camping interdit* (Camping verboten), das bisweilen auch an manchen Einfahrtsstraßen der Ortschaften auftaucht, ein Wohnmobil meint, wird heiß diskutiert. Französische Wohnmobilisten ignorieren dieses Verbot meistens. Sie behaupten, damit sei nur das Zelten gemeint – und machen sich über unseren deutschen Obrigkeitsgehorsam lustig. Gehen Sie davon aus, dass Schilderaufsteller durchaus fähig sind, ein eindeutiges WOMO-Verbotsschild zu montieren, wenn sie dieses wollen (viel zu oft wollen sie das). Wir interpretieren das *Camping interdit* wie die Franzosen, wir tolerieren jedoch stets ein Verbot für *Camping-Cars* (Wohnmobile).

Auf allen Plätzen sollten Sie so stehen, dass Sie nicht zugeparkt werden können. Fahrzeuge mit langem Radstand sind besonders gefährdet. Sie sollten außerdem so parken, dass Sie **wieder wegfahren** können. Dieses Problem wird gerade von Anfängern häufig unterschätzt. Wenn Sie ein Fahrzeug mit langem Hecküberhang ungünstig dicht an einer Mauer oder an einem Verkehrsschild abgestellt haben, kommen Sie nicht mehr vom Platz, falls nachträglich dicht vor und hinter Ihnen andere Fahrzeuge hinzugekommen sind.

Leistungsfähige, das heißt hohe **Keile** sind auf der Wohnmobilreise dringend notwendig. Achten Sie darauf, dass Ihr Mietfahrzeug entsprechend ausgestattet ist und kaufen Sie erforderlichenfalls Keile dazu (möglichst solche mit einer eingearbeiteten Begrenzung, die verhindert, dass Ihr WOMO über die Keile fahren kann, wenn Sie zu viel Gas geben). Aber achten Sie darauf, dass Sie die Keile vor Ort nicht vergessen und dass Sie bei Ihren Rangiermanövern auch wieder problemlos von den Keilen hinunterrollen können.

Jedes Jahr lesen Sie in der Zeitung von **Waldbränden**. Aus diesem Grunde schreitet die Polizei in feuergefährdeten Bezirken gegen wildes Campieren ein. Auch wenn Sie nicht vertrieben werden, stellen Sie sich niemals so, dass Sie im Schlaf von einem Feuer überrascht werden könnten. Meiden Sie Wälder und die *Garique*. Und schlafen Sie bei schlechtem Wetter nicht an (ausgetrockneten) Flussläufen, wo mit **Überschwemmungen** zu rechnen ist (Näheres grauer Kasten bei Tour 13).

In unserem Zielgebiet liegen zunehmend mehr kostenpflichtige Stellplätze des Unternehmens ***Camping-Car Park***. Sie können diese Plätze nur mit einer Mitgliedskarte befahren, die sich *PASS'ETAPES* nennt. Jene Karte kann man an jedem Platz für 5 € mittels Kreditkarte erwerben und aufladen, nachdem man persönliche Angaben gemacht hat. Der Stellplatzpreis wird vom Konto eingezogen und auf dem *PASS'ETAPES* gespeichert. Bei der Einfahrt hält man den Pass an ein Magnetfeld, und die Schranke geht hoch. Bei der Ausfahrt muss man die Karte erneut einem Feld nähern, wobei überprüft wird, ob man die Parkzeit von 24 Std. nicht überschritten bzw. nachgezahlt hat. Sie können über das Internet aktuell die freien Plätze abfragen. Mit dem zusätzlichen *PACK'PRIVILÈGES* können Sie für 29 Euro/Jahr alle Plätze von *Camping-Car Park* vorbuchen oder noch am Tag der Anreise absichern. Näheres siehe unter www.campingcarpark.com/de_DE/. Sinnvoll ist auch die App auf dem Smartphone. Ich rate jedem Leser, sich schon zu Hause den *PASS'ETAPES* zu bestellen. Sie werden diesen zukünftig in jedem Frankreichurlaub benötigen, zumal das Unternehmen ständig weitere frühere Campingplätze übernimmt und diese zum Teil während der Sommermonate unter der Marke ***Camping de mon Village*** als Campingplätze betreibt, also mit

Sanitäranlagen auch für Zelte und Wohnwagen, und während der restlichen Zeit des Jahres als reine Stellplätze für autarke Fahrzeuge.

Übernachtungsmöglichkeiten finden Sie auch bei ***FRANCE-PASSION***, einer Vereinigung 2.000 Winzern, Landwirten und handwerklichen Betrieben, die in Frankreich etwa 10.000 kostenlose Stellplätze bereithalten. Jeder Grundstückseigentümer, der an dem Programm teilnimmt, hat eine Einladung unterschrieben, die sich ausschließlich an Urlauber im Campingbus oder Wohnmobil mit autarker sanitärer Versorgung (Wasser, Toilette, Abfallentsorgung) wendet. Interessenten erhalten die Einladung über www.france-passion.com. Mit diesem Dokument und einer gleichzeitig versendeten Vignette erteilen die Eigentümer des Bodens den Urlaubern die Erlaubnis, auf dem Land tagsüber wie auch nachts für jeweils 24 Stunden pro Rastpunkt Station zu machen. Alle in Frage kommenden Grundstücke sind in einem jährlich erscheinenden Verzeichnis, dem *Carnet des Invitations (Einladungsverzeichnis)*, aufgeführt. Das Verzeichnis kostet 33 Euro und ist, wie die Erlaubnis, ein Jahr lang, von Ostern bis Ostern, gültig. Nach unseren Erfahrungen werden Sie auch geduldet, wenn Sie keine Vignette an der Scheibe haben. Denn jedenfalls die Winzer wollen Ihnen Wein verkaufen. Bitte fahren Sie aber nicht planmäßig ohne den an die Windschutzscheibe geklebten Ausweis auf die privaten Böden. Mit Plakette unterliegen Sie keinem Kaufzwang – und sollten sich dennoch besser bei Ihren Gastgebern als im Supermarkt eindecken.

Gas

Ich kenne auch niemanden, dessen deutsche Gasflasche in Frankreich befüllt worden wäre. Meines Wissens ist das verboten und wird nicht praktiziert. Bei Gasknappheit hilft eine französische Gasflasche. Der einfache Tausch einer deutschen Gasflasche gegen eine französische Flasche ist nicht möglich.

Stattdessen haben andere WOMO-Autoren, denen bei längeren Frankreich-Aufenthalten das Gas ausgegangen ist, verschiedene Gasflaschen von verschiedenen Anbietern ausprobiert. In den Gasflaschenkasten (-auszug) der meisten Wohnmobile passen **silber-blaue 13 kg-Gasflaschen** der Firma *Butagaz* (geht angeblich auch anstelle der schweizerischen 17 Kiloflasche von *Vitogaz*) und auch **lilafarbene 11 kg-Gasflaschen** der Firma *Clairgaz*, die nicht häufig und wenn, dann vorwiegend bei *E. Leclerc* angeboten werden. Bei der lilafarbenen Flasche ist unter Umständen der Umfang des Metallkragens am oberen Ende der Flasche zu berücksichtigen. Die Flaschen enthalten Propangas und sind beispielsweise an den Tankstellen vieler Supermärkte zu finden. Zur Nutzung der **silber-blauen Flasche wird auf jeden Fall der Euro-Adapter Nr. 4**, ein spezielles Anschlussstück, benötigt, das direkt an die Gasflasche noch vor die Schlauchbruchsicherung und den Regler geschraubt wird. **Lilafarbene Flaschen sind ohne Adapter** zu nutzen.

Am besten erwirbt man ein Euro-Adapter-Set schon zu Hause, da es in Frankreich nicht immer vorrätig ist und man sich zusätzlich bereits vor Antritt der Reise mit der Handhabung vertraut machen kann. Da das Set aus mehreren Adaptern besteht, deckt man gleich noch die Anschlussfrage für andere europäische Länder ab.

Wenn die französische Gasflasche leer ist, kann sie innerhalb Frankreichs, wie auch bei unserem deutschen Tauschsystem, gegen eine volle Flasche getauscht werden, oder man gibt sie überall dort ab, wo die Marke der zuvor erworbenen Flasche angeboten wird. Zu erwähnen ist, dass viele Flaschen mit Butangas (zum Beispiel rotfarbene Flasche von *Clairgaz butane*) gefüllt sind, während wir im Sommer in Deutschland meist Propangas verwenden.

Außerdem gibt es die blauen 2,75 und 5 kg *Campingaz* Flaschen, die auf vielen Campingplätzen sowie in Supermärkten erhältlich sind und in Ihren Gasflaschenkasten passen. Zudem ist an fast allen Tankstellen, in Supermärkten und in Baumärkten eine große Auswahl weiterer Gasflaschen erhältlich. In diesem Fall müssen wir uns auf Infos aus dritter Hand beschränken. Danach benötigen auch alle diese Flaschen einen entsprechenden Adapter und man sollte bei der Rückgabe der Flaschen aufpassen, da angeblich nicht jede Supermarktkette die Gasflaschen der anderen Kette zurücknimmt oder tauscht. Auf jeden Fall sollten der Kassenbeleg für die Füllung und das Flaschenpfand gut aufgehoben werden, da ohne den Bon die Rückgabe vermutlich nicht möglich ist.

Wohnmobilbesitzer mit fest eingebautem **Gastank** oder Gastankflasche sind in Frankreich vergleichsweise gut dran, dort ist das Gas-Tankstellennetz relativ dicht, außerdem ist das Gas preiswert. Gas-Tankstellen erkennt man an dem Schild *G.L.P.*

In Frankreich darf man – theoretisch, von Kontrollen habe ich nie gehört – nur mit zugedrehtem Gasflaschenventil fahren. Es sei denn, das Auto ist, wie viele neuzeitliche Fahrzeuge, mit einer Schlauchbruchsicherung oder dem Strömungswächter ***Monocontrol CS*** (oder *Duocontrol CS*, beides von Truma und Nachfolger von *SecuMotion*) ausgerüstet, der serienmäßig eine Schlauchbruchsicherung, bzw. einen Crashsensor enthält. Dieser Regler ist am Fahrzeug montiert, und Sie brauchen für ausländische Gasflaschen passende Anschlussschläuche (nicht für die Flasche von *E. Leclerc*). Dieser Regler ist am Fahrzeug montiert, danach folgt der Schlauch und dann meistens noch eine Schlauchbruchsicherung, die an die Flasche oder den Euro-Entnahme-Adapter geschraubt wird.

Für (ältere) Fahrzeuge ohne diesen Schutz empfehle ich eine **Schlauchbruchsicherung**, der Einbau dauert 15 Minuten. Sie ist unerlässlich, wenn Sie unterwegs mit Gas kühlen, was fast alle tun, was aber ohne Strömungswächter, wie erwähnt, in Frankreich verboten ist. Die Sicherung verhindert, dass Gas bei einem Unfall oder nach einem Schlauchbruch in großer Menge ausströmt.

Geld

Frankreich ist in Europa das Land der **Kreditkarte**. Mit der Carte Bleue (CB) kann man fast überall bezahlen. Zu dieser Kreditkarte zählen die **VISA-Karte** und die **Eurocard**. Ich brauche in Frankreich nur noch für kleine Einkäufe richtiges Geld – und sehr selten in Restaurants. Streng genommen ist die Kredit-Karte für Frankreich unverzichtbar, weil Sie zahlreiche Zahlungsvorgänge sonst gar nicht (z. B. an Stellplätzen) oder nur schlecht (an Autobahnen) vornehmen können. Möglichst sollte auch Ihr Reisepartner über eine VISA-Karte verfügen, weil immer mal wieder der Chip beschädigt wird (ist mir schon passiert).

Als Deutscher zog man Geld bislang flächendeckend mit PIN-Code aus dem **Bankautomaten**, entweder mit der (deutschen) **Girocard** (so heißt seit 2007 die frühere EC-Karte) fast genauso oft auch mit der Kreditkarte (Visa oder Mastercard), was aber deutlich teurer war. Auch ab 2023 kann jede in Umlauf befindliche Girocard in Frankreich wie bisher benutzt werden.

Zu den Reisedokumenten höchster Wichtigkeit, deren diebstahlgeschützter Ablageplatz niemals in Vergessenheit geraten darf, gehört der Zettel mit der Kreditkarten- und Scheckkartennummer sowie der Telefonnummer der Zentrale. Beides brauchen Sie für die Kartensperre: In Deutschland erreichen Sie unter 0049-116 116 die Hotline für etwa 90 Prozent aller Bank- und Zahlungskarten wie Maestro, EC, Euro/MasterCard, VISA und American Express (Näheres unter www.kartensicherheit.de). Rufen Sie dort **umgehend** an, wenn die Karte abhandengekommen ist, und sei es auch mitten in der Nacht. Nur wenn Sie davon berichten können, dass Ihnen das Stück Plastik gerade erst, vor wenigen Minuten, verlustig gegangen ist (und dass Sie die Geheimzahl nirgends aufgeschrieben haben), zahlt die im Kredit- oder Scheck-Kartenvertrag enthaltene Versicherung, falls ein Böscwicht Missbrauch treibt!

GPS / Navigation

In diesem Reiseführer sind für alle Stell- und Campingplätze die Koordinaten angegeben. Das nutzt Ihnen nur, wenn Sie selbst ein Navigationsgerät (oder Smartphone) besitzen, in das man Koordinaten eingeben oder, noch besser, zugleich eine Datei mit allen Koordinaten aufspielen kann. Sie können beim WOMO-Verlag die Koordinaten als sogenannte **POIs** (das ist die Abkürzung von **P**oint **o**f **I**nterest) beziehen und auf Ihr Navi überspielen. Falls Sie das Navi wechseln und die Koordinaten in einem anderen Format benötigen, können Sie diese mit dem kostenlosen Computerprogramm *RouteConverter* selbst umwandeln.

Viele Leser navigieren mit dem **Smartphone** und dabei mit ***Google Maps***. Man kann sogar offline navigieren, wenn man sich zuvor den Kartenausschnitt heruntergeladen hat. Die Routensuche mit *Google Maps* funktioniert überraschend gut, wenn man weiß, wie man dort Koordinaten eingibt: Man tippt N oder E (groß oder klein) ein und danach die Ziffern. Sonderzeichen für Grad, Minuten und Sekunden sind bei Google Maps nicht erforderlich. Anstelle dieser Sonderzeichen muss man ein Leerzeichen eingeben, bei etwaigen Nachkommastellen anstelle des Kommas einen Punkt.

Bei fast allen festeingebauten Geräten kann man die **Darstellung** der Koordinaten einstellen. Der WOMO-Verlag hat sich für die Angabe von **Grad, Minuten und Sekunden** entschieden, aber es gibt sowohl Geräte wie auch Publikationen mit anderer Schreibweise. Wir bekommen immer noch Zuschriften irritierter Leser, die die Stellplätze nicht finden, weil sie in ihr Gerät statt Sekunden einen Nachkomma-Wert von Minuten eingeben! In diesem Buch werden Ihnen überwiegend keine Nachkommastellen genannt, die viele Geräte gar nicht anzeigen. Sie werden die Nachkommastelle für die Navigation zu einem Stell- oder Campingplatz allenfalls in extremen Ausnahmefällen benötigen.

Hunde / Katzen

Wenn Ihr Hund oder Ihre Katze Sie in den Urlaub begleiten sollen, beachten Sie bitte, dass diese vor allem wegen des Impfstatus nicht jünger als drei Monate sein dürfen, mittels eines Mikrochips und durch einen Europäischen Heimtierausweis (Ausstellung bis zum 29.12.2014 gem. EU-Entscheidung Nr. 2003/803 – Ausstellung nach dem 28.12.2014 gem. EU-Verordnung Nr. 577/2013) identifizierbar sein müssen. Vor dem 3.7.2011 tätowierte Tiere dürfen auch weiterhin einreisen. Die 3 Jahre gültige Tollwutimpfung wird auch in Frankreich, soweit der Impfstoff explizit angegeben ist, anerkannt. Ansonsten gelten die für Deutschland gesetzlich vorgeschriebenen Impfregelungen. Sowohl die Mitnahme als auch die reine Durchreise von Kampfhunden der 1.

Kategorie ist verboten und wird als Straftat bewertet. Gleiches gilt für Hunde der 2. Kategorie (hierzu zählen auch Rottweiler), bei deren Einreise zahlreiche Bedingungen erforderlich sind, die einen kurzen Aufenthalt in Frankreich quasi unmöglich machen, da Hund und Halter die verschiedenen Eignungsnachweise, Verhaltensbegutachtungen und Besitzgenehmigungen (diese sind mit einem Wohnsitz in Frankreich verbunden) in Frankreich erwerben müssen. Hunde der Rassen (und nicht des Typs) Dobermann, Deutsche Dogge und Staffordshire Bull Terrier gehören nicht zu r 1. oder 2. Kategorie, und ihre Mitnahme ist erlaubt.

Das Tragen eines Maulkorbes und die Leinenführung durch eine volljährige Person werden aber empfohlen. Für alle Rassen wird auf Campingplätzen unter Umständen die Vorlage des Heimtier-Ausweises verlangt.

In öffentlichen Verkehrsmitteln müssen Hunde angeleint sein und man sollte einen Maulkorb für Hunde dabeihaben. Je nach Größe des Tieres muss ein Ticket zum halben Preis gelöst werden. Häufig sind Hunde in öffentlichen Verkehrsmitteln verboten. Auch an den meisten Stränden sind Hunde verboten.

Alle Katzen und Hunde, die länger als drei Monate in Frankreich bleiben, müssen identifiziert und in ein innerstaatliches Register (I-CAD) eingetragen werden.

Grundsätzlich dürfen Hunde in Frankreich überall dort frei laufen, wo es nicht explizit verboten ist, solange der Hund abrufbar ist und in der Nähe bleibt. Sollte er eine Distanz von 100 Meter überschreiten, handelt es sich um eine Ordnungswidrigkeit und er darf von öffentlicher Stelle eingesammelt und in eine Auffangstation gebracht werden. Ähnliches gilt für Herumstreunen. Während der Brut- und Setzzeit vom 15.4 bis 30.6. muss der Hund in Feld, Wald und Flur an der Leine bleiben, und zudem dürfen Sie mit ihm gemeinsam noch nicht einmal den Weg verlassen. Bei Nichteinhaltung droht in allen Fällen eine nicht unerhebliche Geldbuße. In Natur- und Vogelschutzgebieten herrscht ohnehin Leinenpflicht.

Für die Hinterlassenschaften der Hunde gibt es zahlreiche Beutel-Spender (weitere Infos unter *www.ambafrance-de.org/Haustiere-Einreisebestimmungen*).

Kriminalität / Autoaufbrüche

In meinem Führer über den Westteil der Provence berichte ich Ihnen, dass an unserem Fahrzeug die Seitenscheibe der Beifahrertür eingeschlagen worden ist und wie man sinnvollerweise mit einem solchen Ereignis umgeht. Das möchte ich hier nicht noch einmal wiederholen. Das Einschlagen einer Scheibe ist eine der gebräuchlichsten Aufbruchvarianten, die selbst in Wohngebieten praktiziert wird. Dagegen kann man sich nur damit schützen, dass man den Ort, an dem man das Fahrzeug unbeaufsichtigt parkt, nicht leichtfertig auswählt, dass man die wichtigsten Wertsachen nicht im Fahrzeug lässt (schon gar nicht sichtbar) und dass man Vorkehrungen trifft, die ein Öffnen der Türen durch die eingeschlagene Scheibe einschließlich der Aufbau- oder Schiebetür verhindert, nachdem eine schmale Person in das Fahrzeug geklettert ist. Sonst räumen die Diebe im ungünstigsten Fall das ganze Fahrzeug leer. Um das zu verhindern, benötigt man **mechanische**, **abschließbare (!) Verriegelungen**. Der WOMO-Verlag verkauft Ihnen den *WOMO-Knacker-Schreck*, den Sie auch in Mietmobilen einsetzen können und der das Öffnen der Vordertüren verhindert (funktioniert nicht bei Ford-Modellen, weil die Armlehnen in den Türen eine Öffnung zum Einhaken haben müssen). Die beste Lösung sind die Schlösser der Firma ***Heosafe*** *(www.heosolution.de)*. *Heo-*

safe hat auch taugliche Angebote für Kastenwagen im Programm, darunter ein Schloss, mit dem sich die Schiebetür eines Fiat Ducato (Peugeot, Citroën) auch nachts von innen perfekt verriegeln lässt.

Wegen der beschädigten Scheibe wenden Sie sich am besten an die Firma *Carglass* (siehe im Internet), die uns mit einer kostenlosen Notscheibe geholfen hat.

Sinnvoll ist außerdem eine **Alarmanlage**, die auch in unserem Fall die Diebe vertrieben hat, bevor besonders viel gestohlen werden konnte. Abgesehen davon, dass eine solche Vorrichtung Lärm macht, den Sie im benachbarten Restaurant oder an einem Badeplatz möglicherweise selbst hören, dürften schon entsprechende Aufkleber an den Seitenscheiben oder ein blinkendes Lichtchen eine gewisse Warnfunktion haben. Der Einbau ist leider teuer und kostet gut und gerne 500 Euro, aber er belohnt Sie mit einem sorgenfreieren Urlaubserleben. Zufrieden bin ich mit der Alarmanlage des Herstellers ***Thitronik***, der einen beeindruckenden Service bereitstellt *(www.thitronik-automotive.de/)*.

Ein wichtiger Tipp: Bewahren Sie wertvolle Dinge und wichtige Utensilien (täglich benötigte Medikamente) nicht in Aktentaschen oder kleinen Koffern auf. Alles, was ein Schloss hat, wird als erstes geklaut; besonders der Schminkkoffer, der, wie uns die Leserbriefe zeigen, nicht nur zum festen Repertoire eines deutschen Mietmobils, sondern auch zur Lieblingsbeute eines eiligen WOMO-Knackers gehört. Ständig benötigte Medikamente sollten Sie doppelt dabeihaben, davon einmal in einem sicheren Versteck. Auch in unserem Fall wurden solche Medikamente gestohlen!

Es gilt eine **Grundregel**, die Sie eisern befolgen müssen: **Verlasse nie dein WOMO mit nichts als dem Autoschlüssel in der Hand.** Denn die Diebe lauern womöglich hinter den Büschen und wissen, dass Sie mehr als diesen Autoschlüssel dabeihaben: Geld, einen Laptop und die Damen eine Handtasche. Tragen Sie aber nichts unterm Arm, müssen diese Dinge zwangsläufig im WOMO zurückgeblieben sein.

Trotz aller Warnungen hören wir immer wieder von Diebstählen, bei denen die Besatzung das WOMO zu einer Besichtigung nur kurze Zeit verlassen und sogar abgeschlossen hat, während aber alle Wertgegenstände im Fahrzeug verblieben sind, einschließlich Geld und Ausweisen, häufig in einem Rucksack auf dem Bett oder an einem anderen deutlich sichtbaren Ort.

Das alles hat mit der **Übernachtungssicherheit** auf freien Stellplätzen nichts zu tun. Nur vier Provencefahrer haben mir im Verlauf von 31 Jahren von einem nächtlichen Einbruch berichtet. Drei standen auf einem Autobahnrastplatz, wo ich **niemals** übernachten würde. Es gibt nichts Gefährlicheres, auch wenn Sie mobile Nachbarn haben! Der nächtliche Diebstahl unterscheidet sich von dem, der tagsüber stattfindet, dadurch, dass man nachts versucht, heimlich und ohne große Geräusche das Schloss zu knacken, während man tagsüber inzwischen fast immer an Orten die Scheibe einschlägt, wo das Klirren wenig auffällt. Die oben genannten mechanischen Hürden verhindern natürlich auch das Öffnen der Türen, wenn Schlösser geknackt worden sind. Zur etwa notwendigen **Kartensperrung** lesen Sie Näheres beim Stichwort *Geld*.

Landkarten – auf Papier und virtuell

Unter den **Straßenkarten** gibt es zu den **Michelin-Karten *Départemental* Nr. 339**, *Gard, Hérault* (in Deutschland *Local Languedoc*), und **Nr. 344**, *Aude, Pyrénées-Orientales* (in Deutschland *Local Roussillon*) im Maßstab 1: 150.000 (1 cm =

1,5 km) allenfalls eine einzige echte Alternative, die Michelin-Karte ***Régional Nr. 526***, *Languedoc-Roussillon*, mit dem vollen Programm dieses Buches – bis auf einen kleinen Teil von Tour 11 – die mit dem Maßstab 1:200.000 (1 cm = 2 km) kaum schlechter ist, aber etwas unhandlicher, weil man sie umfalten muss. Den fehlenden Zipfel bei Albi (Tour 11) muss man mit der Karte ***Départemental Nr. 338*** ergänzen. Die Karten im Maßstab 1:200.000 sind aktueller. Möglicherweise werden die Karten mit dem größeren Maßstab nicht mehr neu aufgelegt.

Glauben Sie bitte nicht, Ihr Navigationssystem mache die Michelin-Karten überflüssig.

Wenn ich mich online orientieren oder nur die Verkehrslage checken möchte, verwende ich die kostenlose Seite von ***ViaMichelin***. Sobald Sie am Rand der Karte den Punkt mit den beiden Fahrzeugsymbolen berühren, wird die Verkehrslage ein- oder ausgeschaltet. Grüne Straßen sind freie Straßen, schwarze Straßen zeigen Sperrungen an, rote bedeuten Staus und orange Zähflüssigkeit. Man muss für diese Funktion, im Gegensatz zu *Google Maps*, keine Route eingeben.

Wenn Sie ***ViaMichelin*** am Computerbildschirm anschauen, kann man die Kartendarstellung Schritt für Schritt vergrößern, bis am rechten Bildrand ein kleines viereckiges Feld mit der Aufschrift *Michelin Karte* auftaucht, und zwar wenn auf der Karte unten links der Maßstab 5 km, 3 km oder 1 km angezeigt ist. Klickt man dann auf dieses Feld, öffnet sich ein neues Fenster mit der Michelinkarte, wie wir sie kennen, das man allerdings nicht zu stark vergrößern darf, damit die Karte sich nicht in eine andere Darstellung umwandelt. Mir gefällt diese **klassische Michelin-Karte auf dem Computerbildschirm** (das funktioniert nicht mit der Smartphone- oder Tablett-App), ausgezeichnet, und ich plane damit praktisch alles, zumal die klassische Karte auch Entfernungsangaben enthält.

Mit ***Google Maps*** orientieren wir uns kostenlos online innerhalb von **Städten** und **Dörfern**, wenn wir konkrete Ziele, beispielsweise eine Gaststätte, (zu Fuß oder mit dem Rad) suchen. Das funktioniert derart perfekt, dass ich bei den Touren kaum noch Wegbeschreibungen zu Gaststätten angebe.

Falls Sie ab und zu wandern möchten, suchen Sie nach **Wanderkarten**, die es für die Provence flächendeckend gibt; Näheres können Sie unter der Überschrift *Wandern* nachlesen.

Literatur

Sie werden sich vielleicht einen weiteren Reiseführer kaufen, der sich intensiver mit Kunst, Kunstgeschichte und Architektur beschäftigt. Leider ist die Auswahl nicht mehr groß.

Locker und umfassend ist der Reiseführer aus dem Michael Müller Verlag mit dem Titel, *Languedoc-Roussillon*. **Ralf Nestmeyer** hat mit unglaublicher Fleißarbeit eine Informationsfülle zusammengetragen, vor der man nur den Hut ziehen kann.

Bei Drucklegung gab es weder einen aktuellen *Grünen Michelin* auf Deutsch noch ein Buch von *Baedeker*.

Märkte

Leser bemängeln gelegentlich, zu einem Frankreichreiseführer gehören zu jedem Ort die Angabe des Markttages. Ich verweise daher auf die Internetadresse, unter der Sie die **Wochenmärkte** für ganz Frankreich – sortiert nach

Départements – recherchieren können: www.markttagfrankreich.com/. Das Gebiet dieses Buches liegt in den Départements Ardèche, Aude, Aveyron, Gard, Hérault, Pyrénées Orientales, Tarn.

Auch für **Flohmärkte** (franz. *Brocante, Vide greniers,* oder *Marché aux puces*) gibt es eine Internetseite: https://vide-greniers.org/.

Notfälle

Ärzte

Wir empfehlen dringend eine sehr preisgünstige **Auslandskrankenversicherung** (bis zu 45 Tagen). Sie sollte für jeden Wohnmobilreisenden eine Selbstverständlichkeit sein. Wer sich dazu nicht entschließen kann, benötigt für Italien und die Transitländer die **europäische Krankenversichertenkarte** (EHIC). Das Dokument kann direkt bei Ärzten und Kliniken vorgelegt werden. Wer in Deutschland gesetzlich versichert ist, muss die Karte nicht beantragen, sie ist automatisch auf der Rückseite der Versichertenkarte aufgedruckt. Gewährt werden bei der Vorlage alle notwendigen Leistungen – allerdings zu den Bedingungen, die vor Ort gültig sind. Wer die EHIC nicht vorweisen kann, wird zu entsprechenden Tarifen als Privatpatient behandelt und muss in Vorleistung treten. Gegen Rechnungsvorlage wird in der Heimat möglicherweise ein Teil wiedererstattet. Das gilt auch für zahnärztliche Behandlungen, bei denen Ihnen die EHIC nicht hilft.

Adressen deutschsprachiger **Ärzte** erhält man bei den Konsulaten oder vom ADAC, München (Tel. 0049 89 22 22 22), aber auch bei den örtlichen Touristenbüros oder beim Campingplatzverwalter.

Im schlimmsten aller schlimmen Fälle: Wenn Sie einen Auslandsschutzbrief haben, werden Sie, Ihre Familie und das WOMO kostenlos nach Hause transportiert; ADAC siehe eben.

Apotheken

Französische Apotheken *(Pharmacies)* haben nicht einheitlich geöffnet. Vor allem montags sind die meisten Apotheken dicht. Normalerweise müsste ein Schild an der Eingangstür auf die diensthabende Apotheke hinweisen *(Pharmacie de Garde).* Die Bereitschaftsapotheke steht auch in der Zeitung; wenn Sie nicht weiterkommen, wenden Sie sich an die Polizei, die Sie angeblich nachts ohnehin brauchen, denn dann öffnet Ihnen wahrscheinlich kein Apotheker die Tür, weil er Angst vor Überfällen hat.

Konsulate / Botschaften

Konsulat der **Bundesrepublik Deutschland**: Avignon 5, rue Noël Biret, 84000 Avignon (Postanschrift: Consul Honoraire de la République fédérale d'Allemagne, 5, rue Noël Biret, 84000 Avignon, Frankreich); Tel. 04 9 81 00 42; weitere Konsulate in Marseille und Toulon siehe unter www.konsulate.de; Botschaft: 13/15 Avenue Franklin D. Roosevelt, 75008 Paris, Tel. 01 53 83 45 00.
Notruf des Auswärtigen Amtes in Berlin: 0049 30 5000 2000
Konsulat der **Republik Österreich**: 27, cours Pierre Puget 13006 Marseille, Tel. 04 91 53 02 08;
Botschaft: 6 Rue Fabert, 75007 Paris. Tel. 01 40 63 30 63; siehe auch unter https://embassy-finder.com/de/austria_in_france
Konsulat der **Schweiz**: Consulat général de Suisse 7, rue d'Arcole 13291 Marseille Cedex 6, Tel. 04 96 10 14 10 / 11; Consulat de Suisse 66, allée Mac Lare, 34090 Montpellier, Tel. 0467 54 98 18;
Botschaft: 142 Rue de Grenelle, 75007 Paris, Tel. 01 49 55 67 00; siehe auch

unter www.eda.admin.ch/eda/de/home/vertretungen-und-reisehinweise/frankreich/schweizer-vertretunginfrankreich.html

Notrufe (die auch per Handy funktionieren)
Allgemeiner Notruf: 112
Polizei *(police secours)*: 17
Feuerwehr *(sapeurs-pompiers)*: 18
Rettungsdienst: 15
ADAC-Auslandsnotruf, München: Tel. 0049 89 22 22 22. (Pannen, Unfälle, Verlust von Dokumenten, Rückholdienst etc.)

Pannendienst
Über den Polizeinotruf (siehe oben), und zwar entweder über die Notrufsäulen an der Autobahn und einigen Nationalstraßen, sonst überall über die Ruf-Nr. 17. Außerdem kann man mittels der Telefonnummer 05 10 61 06 über *AIT-FIPA Assistance* einen Pannenhilfsdienst rufen, wahrscheinlich auch über 0825 800 822. Weitere Infos erhalten Sie unter dem Stichwort *Unfall*.

Rad fahren

Ich habe mich in meinen Reiseführern schon vor vielen Jahren entschlossen, Aktivurlaubern bevorzugt Wanderstrecken anzubieten, da jeder gesunde Wohnmobilreisende zu Fuß unterwegs sein kann, aber nicht unbedingt Fahrräder dabeihat. Außerdem kann ich nicht sowohl Wandervorschläge als auch Radtouren seriös recherchieren.

Das gilt umso mehr, als es unter den Radfahrern inzwischen unterschiedliche Gruppierungen gibt: die Rennradfahrer, die E-Biker und den Rest, der immer kleiner wird. Diese Gruppierungen fahren auf unterschiedlichen Strecken, und sie erfordern auch unterschiedliche Wohnmobile, weil man die E-Bikes nicht ohne weiteres auf Heckgepäckträgern transportieren kann. Die meisten werden nämlich heute in Heckgaragen verzurrt. Man gönnt sich ja ein WOMO von sieben Metern und mehr. Häufig werden die Stahlrösser aber unbenutzt erst wieder zu Hause ausgepackt. Im hiesigen Zielgebiet ist das anders. Camping- und Stellplätze am Meer liegen oft nicht in der unmittelbaren Nähe von Ortschaften. Der Zweiventiler ist demnach bei einem mehrtägigen Aufenthalt unverzichtbar, falls Sie nicht nur in der Sonne braten und Konserven öffnen – oder aus jener Heckgarage den dritten Bierkasten.

In Frankreich müssen alle Radler außerhalb geschlossener Ortschaften bei Nacht, in der Dämmerung sowie auch tagsüber bei schlechten Sichtverhältnissen (Nebel, Regen) eine **Warnweste** in Neongelb tragen, sonst droht ein Bußgeld von 35 Euro. Für **Kinder unter zwölf Jahren** besteht Helmpflicht. **Elektrofahrräder** mit mehr als 250 Watt dürfen nur mit Führerschein benutzt werden und nicht auf den Radwegen.

Reisezeit / Klima / Feiertage

Die Angst vor Überfüllung der Strände und besonders der Campingplätze (oder der kostenpflichtigen Stellplätze) ist in der Zeit zwischen dem 10.7. und dem Samstag nach dem 15.8. (in Frankreich ein Feiertag) berechtigt, auf besonders beliebten Plätzen auch mal ein paar Tage länger. Nach dem 15.8. wird das Schild *›complet‹* nur noch selten an Campingplatztore gehängt. Bereits in der ersten Septemberwoche sind viele Zeltplätze allenfalls noch halb voll oder sogar schon geschlossen.

Differenzierter ist das **Wetter**. Unser Reisegebiet fällt überwiegend in den Bereich des Mittelmeerklimas. Was schreibt ein ordentlicher Reiseführer über die beste Reisezeit in dieser Klimazone? Sie ahnen es, aber wir sind gar nicht so: Wir teilen Ihnen nämlich nicht mit, dass die günstigsten Reisemonate Mai und September sind, dass Sie Languedoc und Roussillon im Juli und August meiden sollen. Vermutlich gehören nämlich auch Sie zu den Leuten, die just dann in ein südliches Land reisen, wenn Ihnen unsere Zunft abrät. Weil Sie nämlich nur dann Urlaub bekommen oder die Kinder Ferien haben. Außerdem wäre eine solche Aussage für unser ganzes Reisegebiet auch nicht zutreffend, denn es gibt durchaus Landstriche, in die Sie nur im Juli oder August, vielleicht noch Anfang September, fahren sollten. Wir müssen also bezüglich der Reisezeit zwischen den einzelnen Landschaften unseres Buches unterscheiden:

Januar und **Februar** sind keine Wohnmobilmonate, praktische Südfrankreicherfahrungen für diese Zeit besitzen wir nicht, auch wenn ich immer wieder von unbeschreiblich klaren Wintertagen lese, die erstaunlich sonnig und regenarm sind, und mir Leser begeisterte Briefe schreiben.

Zum **Frühjahr** nehmen leider die Niederschläge kräftig zu. Wenn es auf Ostern zugeht, erlebt man garantiert ein klimatisches Wechselbad. Man hat traumhaft schöne Tage, mit blühenden Bäumen unter tiefblauem Himmel, man legt sich in das schon sichtbar gewachsene Gras und döst in der Sonne. Oder man schlägt sich die Zeit um die Ohren, die Wohnmobilheizung ist unverzichtbar und der Regen trommelt stundenlang aufs Dach. Sie werden Ende März/Anfang April normalerweise beides erleben. Beachten Sie jedoch, dass dann eine durchaus gute Zeit für das Rhône-Tal angebrochen ist, dass aber in der Ebene des Languedoc das Klima noch deutlich rauer ist. Der Küstenabschnitt an der Côte Vermeille ist dann häufig von den sich an den Pyrenäen stauenden Wolken überdeckt, und in den Corbières hinkt die Natur spürbar weiter hinterher als in den warmen Teilen Süddeutschlands. Beinahe indiskutabel sind dann auch die Cevennen, wo noch vielerorts Schnee liegt, und genauso wenig einladend sind die Flusstäler.

Ende April kann man bei gutem Wetter schon mal im Meer baden, die Küste liegt aber noch im Winterschlaf. Campingplätze und Restaurants sind häufig noch geschlossen. April und Mai sind die Monate, in denen man noch auf vereinzelten Parkplätzen am Meer nächtigen kann, am Ende von Stichstraßen, die zum Strand führen, und vielleicht auch auf dem einen oder anderen Geheimplätzchen, das einen Monat später zugeparkt, abgesperrt oder gar nicht mehr da ist. Dennoch sind die idealen klimatischen Bedingungen noch nicht eingetreten.

Ende **Mai** – ich kann es mir doch nicht verkneifen – bricht die beste Reisezeit für die Küste an, für die Camargue, die Côte Vermeille und die Corbières. Wenn Klatschmohn und Ginster blühen, wenn die Regentage seltener werden, wenn man sich an manchen Tagen schon wie im Sommerurlaub fühlt, wenn aber dennoch die meisten Touristenziele einigermaßen leer sind.

Ab Mitte **Juni** rollen dann die ersten Sommerurlauber heran, die Küste beginnt sich zu füllen, und das Wetter wird stabil (in manchen Jahren gibt es Ausnahmen). Ab Anfang **Juli** kann man in den Flüssen des Hinterlandes baden, und nun beginnt die Reisezeit für die Cevennen, für das Tarn-Tal, dessen Nebenflüsse und für die anderen Badegewässer im Landesinnern. Man muss jetzt weniger befürchten, dass die Wolken tagelang an den Bergen hängen bleiben, wenngleich wir auch schon im Hochsommer, vor allem in den Cevennen, Perioden wolkenreichen und gewittrigen Wetters erlebt haben. Die Temperaturen sind dann zwar meistens angenehm, aber es darf

Sie nicht überraschen, wenn auch im Juli und August, besonders in den bergigen Teilen Südfrankreichs, kein Badewetter herrscht, wenn die Flucht vor Gewittergüssen das Tagesprogramm beeinflusst.

Zu allen Jahreszeiten gilt übrigens, dass oftmals über einem relativ schmalen Küstenstreifen das Wetter erheblich besser ist als im gebirgigeren Landesinnern.

Die genannten Flusstäler sollte man sinnvollerweise im Juli, August oder Anfang September besuchen, wenn man baden kann, da der Reiz dieser Gebiete doch sehr stark vom Kontakt zu den klaren Flüsschen geprägt ist. Die Wanderfreunde sind insoweit weniger anspruchsvoll, für sie ist das Wetter ohnehin nur eine Frage der Kleidung (dennoch sollte man sich, gerade auf den Hochebenen, im Sommer vor Blitzschlägen in Acht nehmen – man liest in den Zeitungen immer wieder von Opfern).

Wettermäßig nicht ganz beständig sind die zweite Hälfte im **September** und der **Oktober**. Nach schweren, langanhaltenden Gewittern kam es in mehreren Jahren gerade am Südrand der Cevennen, also zwischen Béziers und Avignon, aber auch bei Carcassonne, zu verheerenden **Überschwemmungen**. Seien Sie in dieser Zeit bei flussnahen Übernachtungen – auch auf Campingplätzen – besonders vorsichtig! Lesen Sie dazu meine Hinweise bei Tour 13.

In vielen Jahren kann man bis Anfang **November** noch baden. Ein schöner Monat soll sogar der **Dezember** sein, aber jetzt sind wir schon fast wieder bei der Theorie.

Während des ganzen Jahres, also auch im Hochsommer, kann Sie der Wind ganz schön nerven. Besonders der **Mistral**, denn der »Herr der Winde« ist ein überaus rauer Geselle, der aus nordwestlicher Richtung kräftig das Rhône-Tal hinunter bläst, aber auch auf den Landstrichen seitlich davon noch sturmartig die Zypressenreihen hin und her schüttelt, welche die Felder vor dem Wind schützen sollen. Sein nicht weniger ungastlicher Bruder ist der **Tramontane**, der weiter westlich durch die Corbières und das Aude-Tal pfeift. Die Geschwister unterscheiden sich ein wenig: Der Mistral weht seltener, dafür umso heftiger, wenn sich über dem Golf du Lyon (das ist das Meer südlich der Rhône-Mündung) ein Tiefdruckgebiet aufgebaut hat. Dessen Sogwirkung zieht die kalte Luft im Norden an, wobei das Rhône-Tal den Luftstrom richtig in Fahrt bringt. Dort pustet der »Herr der Winde« dann die Wolken weg, weshalb nicht selten das Phänomen entsteht, dass im Rhône-Tal und in den angrenzenden Gebieten ein tiefblauer Himmel strahlt, während anderswo das Wetter schlecht ist. Der Tramontane ist etwas zahmer, aber auch er wird durch das genannte Tiefdruckgebiet in Schwung gebracht, wobei er umso heftiger weht, je schlechter im Norden das Wetter ist. Dann zieht nämlich der Wind südlich eines nordfranzösischen Tiefs vom Atlantik zum Mittelmeer und leider genau über unsere Hauptreiseziele hinweg.

Beide Winde können äußerst unangenehm werden und Ihren eingeölten Körper am Strand mit Sand panieren, sofern man trotz mitunter empfindlicher Kühle überhaupt an den Strand geht. Wenn man die Winde am nötigsten braucht, an glutheißen Sommertagen, wehen sie am wenigsten, da dann die für die Sogwirkung verantwortlichen Tiefdruckgebiete fehlen.

Die Winde rütteln mitunter brutal an Ihrem WOMO. Der größte Vorteil besteht darin, dass die Winde den Dunst aus den Ebenen pusten und Ihnen ideale, klare Lichtverhältnisse bescheren. Das ist dann die Zeit der Fotografen, aber auch die der Gipfelstürmer, die von den Cevennen das Meer sehen dürfen. Vorbei sind die lauen Abende, an denen Sie vor Ihrem WOMO den Grillen lauschen.

Über die **Wetteraussichten** informiert man sich heutzutage mittels einer **Wetter-App**. Wir arbeiten mit den Apps von *WetterOnline* und *Météo-France*, wobei die französischen Wetterberichte eine Spur weniger optimistisch scheinen. Vor allem kann man sich dort ausgezeichnet über Unwettervorhersagen und drohende Überschwemmungen informieren.

Feiertage in Frankreich sind:
1. Januar Ostermontag 1. Mai
8. Mai (Waffenstillstand 2. Weltkrieg) Christi Himmelfahrt
Pfingstmontag (nach Protesten wieder eingeführt)
14. Juli (Nationalfeiertag) 15. August (Mariä Himmelfahrt)
1. November (Allerheiligen) 11. November (Waffenstillstand 1. Weltkrieg)
25. Dezember

Restaurants

Im Jahr 2010 wurde die Französische Küche als immaterielles Kulturgut in die Welterbeliste der UNESCO aufgenommen. Gemeint war dabei nicht die Küche pauschal (die das auch nicht verdient hätte und immer weniger verdient), sondern ausdrücklich ihre kulturell höher entwickelte Form, die, wie es in der offiziellen Begründung der UN-Kulturorganisation heißt, »gebräuchliche soziale Praxis, die dazu dient, die wichtigsten Momente im Leben von Einzelpersonen oder Gruppen zu feiern«. Das französische Bewerberkomitee hatte zuvor die Aufnahme mit der Begründung angeregt, das traditionelle Essen mit Apéritif, Vorspeise, Hauptgericht, Nachtisch, Käse und Kaffee finde nur noch selten statt und müsse deshalb als Kulturerbe besonders geschützt werden. Die Mahlzeiten würden immer kürzer und vor allem die junge Generation müsse angesprochen werden.

Die Nachwachsenden werden sich die herkömmliche Küche allerdings kaum noch leisten können, weder zeitlich zu Hause, noch finanziell in Restaurants, in denen man sich stets den Tisch zuweisen lässt. Dort wird nicht mehr überall das klassische, französische Mehrgangmenü angeboten. Sie finden zunehmend empfehlenswerte Häuser ohne Menüauswahl, die eher als Bistro daherkommen. Diese sind allerdings nicht unbedingt preiswerter, zumal das Menü die kostengünstigste Variante bleibt.

Das Essen in einer französischen Gaststätte ist oberhalb des Fast-Food-Niveaus relativ teuer, eindeutig teurer als in Deutschland, nach unseren Erfahrungen auch teurer als in Österreich, aber erschwinglicher als in der Schweiz. Sofern ein Lokal über Mittag geöffnet hat, gibt es zum *Déjeuner* fast ausnahmslos preisgünstigere Gerichte, was daran liegt, dass der Franzose, vornehmlich in Städten, während der Mittagspause essen geht (und erstaunlich oft auch ein Glas Wein trinkt). In den Städten machen die meisten Lokale deshalb das beste Geschäft über Mittag.

Sie können in einem Restaurant bestellen, was Sie wollen; seien es nur ein Hauptgang (von dem Sie häufig nicht satt würden) oder zwei Vorspeisen.

Es gibt zweifellos Gasthäuser, in denen Sie am Abend (!) für unter 25 Euro ein Dreigangmenü bekommen. Dass das in ordentlicher Qualität serviert wird, ist nach unseren Erfahrungen so gut wie ausgeschlossen. Von ökologischen Gesichtspunkten, wie beispielsweise der Massentierhaltung von Truthähnen *(Dinde)* und deren Auswirkung auf den Preis, möchte ich hier gar nicht schreiben.

Ein Steak ist ohne ausdrückliche Weisung nie durchgebraten und hat umso mehr Knorpel, je billiger es angeboten wird. Allerdings wird das *Entrecôte* anders geschnitten als ein deutsches Rumpsteak und fast ausnahmslos mit Fettrand serviert, den der Gast klaglos abschneidet, ja sogar wünscht.

Wir haben häufiger als Sie denken schlecht gegessen und den Eindruck gewonnen, dass vor allem in der unteren Preisklasse das gastronomische Niveau in ganz Frankreich auf dem Abstieg ist. Schlecht essen bedeutet für zwei Personen mit Wein meistens trotzdem eine Rechnung von über 70 Euro, was rausgeworfenes Geld ist. Mehr noch als in früheren Zeiten rate ich zu lieber selteneren Restaurantbesuchen, für die Sie dann aber pro Essen mehr Geld ausgeben. Auch dabei können Sie reinfallen, aber nach unseren Erfahrungen seltener als bei preisgünstigen Menüs. Vielleicht sind wir anspruchsvoller als der durchschnittliche Leser, und überhaupt ist nichts subjektiver als das Essen.

Bezahlt wird heute fast ausnahmslos nicht mehr beim Bedienpersonal, sondern an der Kasse (Tresen), wo man auch das in Frankreich eher maßvolle **Trinkgeld** ablegt.

Sie müssen zum Essen auch keinen **Wein** trinken. Aber wenn Sie es tun und eine Flasche bestellen, bekommen Sie diese selten unter 25 Euro. Nach unseren Erfahrungen wird eine Flasche Wein im französischen Restaurant mindestens für das Doppelte des Weingutpreises verkauft. Sehr häufig kann man offenen Wein bestellen, der genauso wirkt wie Flaschenwein, aber oft schlechter schmeckt. Entscheiden Sie, worauf es Ihnen mehr ankommt. Hin und wieder kann man edleren Wein glasweise ordern.

Das Internet erleichtert die **Restaurant-Auswahl** und erschwert sie zugleich: In allen meinen Reiseführern empfehle ich Ihnen die Michelin-App, die es inzwischen für ganz Europa kostenlos gibt. Sie heißt *Guide Michelin*. Es geht sogar noch einfacher, wenn Sie auf *VIAMICHELIN* die Restaurantauswahl anklicken. Das funktioniert am besten mit der *VIAMICHELIN*-App, aber auch, wenn Sie *VIAMICHELIN* über das Internet aufrufen (www.viamichelin.de) und dann auf das Feld *Restaurants* klicken oder tippen. Sie bekommen auf diese Weise eine Karte mit eingezeichneten Restaurants (die Einblendungen verschwinden wieder, wenn Sie links der Karte auf das Feld *Karten* tippen; um sich erneut Restaurants anzeigen zu lassen, müssen Sie auf das Messer- und Gabelsymbol oberhalb der Karte tippen). Ein von Michelin empfohlenes Lokal ist nie besonders preiswert, es ist eher gut besucht, weshalb wir stets spätestens am Nachmittag reservieren, bisweilen ist auch das Preis-Leistungs-Verhältnis nicht besonders günstig, aber Sie erleben nach unseren Erfahrungen niemals einen größeren Reinfall. Dummerweise gibt es an vielen Zielen keine von Michelin empfohlenen Restaurants. Dann ist die Internetseite (es gibt für Frankreich keine Smartphone-App) von *Gault & Millau* die Notlösung, vermeidet aber nicht zuverlässig den Reinfall. Unsere Erfahrungen mit *TripAdvisor* sind hingegen gemischt. Gerade die Bewertungskommentare der Esser decken sich bisweilen überhaupt nicht mit unseren Bewertungen, sowohl im Schlechten als auch im Guten.

In den Restaurants sollte man sich so frühzeitig wie möglich anmelden, je bekannter das Haus ist, umso eher. Die Reservierung über Internet wird zunehmend gebräuchlich. Oft genügt es, ab 18 Uhr vor Ort zu reservieren. Abends öffnen die Restaurants meistens erst um 19.30 Uhr und sind dann sehr schnell besetzt.

Sehenswürdigkeiten / Schönste Dörfer / Öffnungszeiten

Zu unseren beliebtesten Zielen gehören die Dörfer, die in den Verein *Les Plus Beaux Villages de France (Die Schönsten Dörfer Frankreichs)* aufgenommen worden sind – Näheres dazu in meinem Buch *Provence, Der Westen*, bei Tour 1. Ich zähle Ihnen die bei den Touren beschriebenen Orte hier nochmals auf (in der Reihenfolge der Touren):

Baume-les-Messieurs (Anreise)
Lagrasse (Tour 7)
Olargues (Tour 7)
La Couvertoirade (Tour 9)
Peyre (Tour 10)
Lussan (Tour 13)
Montclus (Tour 14)
Aiguèze (Tour 14)
Castelnou (Tour 5)
Minerve (Tour 7)
Saint-Guilhem-le-Désert (Tour 8)
Cordes-sur-Ciel (Tour 10)
Sainte-Énimie am Tarn (Tour 11)
La Roque-sur-Cèze (Tour 14)
Balazuc (Tour 14)

Wenn wir uns mit Listen beschäftigen, sollen hier auch die Bauwerke und Landschaften unseres Reisegebietes zusammengefasst werden, die auf der **UNESCO-Liste des Welterbes** stehen, welche sich zusammen setzt aus Stätten des Weltkulturerbes, des Weltnaturerbes und des Erbes der immateriellen Kulturgüter:

Königliche Saline in Arc-et-Senans (Anreise)
Jakobsweg in Frankreich (dessen Teil die Basilika von Saint-Gilles ist, ferner St Guilhem-le-Désert – Touren 1 und 8)
Altstadt und Stadtmauer von Carcassonne (Tour 6)
Canal du Midi (Tour 7)
Agropastorale Landschaften der Causses und Cevennen (Touren 9, 11 und 12)
Bischofsviertel der Stadt Albi (Tour 10)
Römischer Aquädukt Pont du Gard (Tour 13)
Maison Carrée in Nîmes (Tour 13)
Chauvet-Höhle (Tour 14)
Französische Küche (alle Touren).

Nicht selten werden Ihre Pläne durch ungünstige Öffnungszeiten durchkreuzt. Am besten gehen Sie davon aus, dass über Mittag, also zwischen 12 oder 12.30 und 14.30 Uhr, alles dicht ist, mitunter sogar die Kirchen. Museen und andere Sehenswürdigkeiten haben manchmal einen ganzen oder halben Ruhetag, häufig montags oder dienstags. Das Unangenehme daran ist aber, dass es keine Gesetzmäßigkeit oder Verlässlichkeit gibt. Die Öffnungszeiten ändern sich leider von Jahr zu Jahr, weshalb auch die von mir angegebenen Zeiten sicherlich nicht mehr überall zutreffen. Ich nenne Ihnen die Zeiten, in denen nach meinen Informationen, die ich selbst überwiegend aus dem Internet gewonnen habe, die Kassen schließen.

Am 25. Dezember, 1. Januar und meistens auch am 1. Mai sind fast alle Sehenswürdigkeiten geschlossen.

Telefonieren

Innerhalb Frankreichs ist immer eine Null zu wählen (auch für Paris). **Vom Ausland wird diese Null weggelassen**, es folgen nach der Auslandsvorwahl also nur noch 9 Ziffern. Da Sie die von mir genannten Nummern in der Regel von Frankreich aus anrufen, enthält dieser Reiseführer die zehn Ziffern mit der Null.

Die Auslandsvorwahl **nach** Frankreich, der die 9-stellige Nummer folgt (also ohne Null!), ist aus Deutschland, Österreich und der Schweiz dieselbe, es ist die 0033. Alle Angaben gelten auch für das Mobiltelefon, bei dem Sie im französischen Netz keine Ländervorwahl, dafür aber die Null wählen müssen. Mobilnummern beginnen in Frankreich immer mit der 06.

Die Auslandvorwahlen **von** Frankreich aus sind:

nach Deutschland	0049
nach Österreich	0043
in die Schweiz	0041

Toiletten / Entsorgungsstationen / Wasser

Wenn ich bei den Stellplatzempfehlungen **Toiletten** erwähne, geschieht das in erster Linie nicht, um Ihnen einen Fingerzeig zur Entleerung Ihrer bordeigenen Chemietoilette zu geben, sondern das dient hauptsächlich den Lesern, die ohne Toilette unterwegs sind oder ein Örtchen nur außerhalb der fahrbaren vier Wände aufsuchen (die Anzahl derer ist größer, als man denkt). Die Chemietoilette sollten Sie dort möglichst nicht entleeren, weil das so gut wie nie ohne Spritzer abgeht und weil es dazu an den zahlreichen Entsorgungsstationen Alternativen gibt. Allenfalls französischen Stehtoiletten sind für Entleerungsvorgänge eingeschränkt geeignet.

Sie finden ausreichend flächendeckend **Entsorgungsstationen** und auf fast allen Campingplätzen spezielle Möglichkeiten, um das Chemieklo zu entleeren. Allerdings gibt es nicht überall eine Rinne für das sogenannte Grauwasser. Ständig beobachte ich Kollegen, die einen an der Station angebrachten Schlauch oder Wasserhahn in den **Ausguss ihres Toilettentanks** (!!!!) halten. Machen Sie das auch? Weil ich das befürchte, meide ich viele Wasserstellen an solchen Stationen und desinfiziere im Zweifel den Hahn. Ich benutze so gut wie nie einen fremden Schlauch!

Unerfreulich sind solche, leider nicht seltenen Stationen, an denen man **Wasser** nur mit **Jetons** tanken kann, die man irgendwo, oft im Bürgermeisteramt, kaufen muss – weit weg vom Ort der Entleerung und häufig geschlossen. Es gibt Leser, die dann ohne Unrechtsbewusstsein im Fundus ihrer stets mitgeführten Notjetons kramen. Aber das ist ein strafbarer Betrug!

Glücklicherweise gibt es in ganz Frankreich wegen der zahlreichen *WC publics* relativ viele öffentliche Wasserzapfstellen.

Unfall

Seit einem unverschuldeten Auffahrunfall in Italien verfügen wir über neue Erfahrungen mit einer wesentlichen Erkenntnis: Schließen Sie bei der Anmeldung Ihres Wohnmobils mit der Haftpflichtversicherung eine **Auslandsschadensversicherung** ab und sichern Sie an der Unfallstelle Beweise, die Sie in der Heimat verwerten können (das schreibe ich für deutsche Leser, weil ich die Umstände in der Schweiz und in Österreich nicht verlässlich recherchieren kann). Machen Sie aussagekräftige **Fotos** von der Unfallstelle und den Schäden an allen beteiligten Fahrzeugen (und deren Kennzeichen) und füllen Sie gemeinsam mit dem Unfallgegner den **Europäischen Unfallbericht** aus (den können Sie für jedes Land in der entsprechenden Sprache über die Internetseite des ADAC vor der Reise ausdrucken; in Frankreich heißt er *Constat amiable*). Achten Sie darauf, dass der andere Unfallbeteiligte unterschreibt.

Die Polizei kommt nur bei Personen- oder schweren Sachschäden.

Wenn sich der Unfall in einem EU-Staat ereignet hat oder wenn der Unfallgegner aus der EU stammt, kann der Schaden prinzipiell von zu Hause aus in deutscher Sprache reguliert werden. Beim **Zentralruf der Autoversicherer** erfahren Sie in Deutschland (unsere Leser aus Österreich und der Schweiz bitten wir um Nachsicht, dass ich auch diese Einzelheiten nicht recherchieren konnte) unter 0800-2502600 (Anrufer aus dem Ausland erreichen den Zentralruf unter +49 40 300 330 300), falls Sie das Kfz-Kennzeichen und möglichst auch die Versicherung des Unfallverursachers angegeben haben, einen Regulierungsbeauftragten, meist ein anderes Versicherungsunternehmen. Wenn Sie die Versicherung nicht kennen, ermittelt der Zentralruf anhand des Kennzeichens zunächst auch jene und den sogenannten Schadensrepräsentanten. Man kann sogar in Deutschland klagen, obwohl sich der Unfall im Ausland ereignet hat. Es gilt aber das Schadensrecht des Unfallortes (also die dortigen Verkehrsregeln und auch die dortige Gesetzgebung über Schadensersatz, Schmerzensgeld, Rentenansprüche etc.).

Das alles klingt beruhigend, ist es aber nicht. Wenn nämlich die französische Versicherung schweigt, zahlt auch der deutsche Repräsentant nichts. Und französische Versicherungen schweigen oft, und wenn sie nach langem Schweigen zahlen, sind das häufig nur Teilbeträge. Falls Sie allerdings in Deutschland mit Ihrer Haftpflichtversicherung den erwähnten **Auslandsschadensschutz** abgeschlossen haben (kostet beispielsweise bei der *HUK-Coburg* weniger als 10 Euro im Jahr), bekommen Sie dort die Ansprüche ersetzt, die Ihnen nach deutschem Recht zustehen würden, wenn sich der Unfall in Deutschland ereignet hätte. Informationen finden Sie unter www.adac.de/Auslandsunfall. Aber auch dafür muss die Schuldfrage zu Ihren Gunsten nachweisbar sein (deshalb die Fotos, der Unfallbericht und Mitfahrer als Zeugen).

Da die Schuldfrage aber oft zweifelhaft scheint, empfehle ich Ihnen eine **Rechtsschutzversicherung.** Dass Sie für Ihr Wohnmobil eine **Vollkaskoversicherung** abschließen sollten, die sie auch nach Monaten in Anspruch nehmen können, muss ich nicht gesondert erwähnen. Dort werden Sie allerdings bei einer Inanspruchnahme – anders als bei der Auslandsschadensversicherung – in der Prämienhöhe zurückgestuft.

Sie haben ein Wohnmobil **gemietet**? Rufen Sie am besten Ihren Vermieter spontan von der Unfallstelle aus an und versuchen Sie die Polizei zu rufen. Fragen Sie Ihren Vermieter nach der Rechtsschutzversicherung. Falls er keine unterhält, Sie sich aber selbst rechtsschutzversichert haben, beispielsweise für Ihr normales Auto, genießen Sie Rechtsschutzversicherungsschutz auch als Fahrer eines fremden Autos, sofern Ihre eigenen Rechte betroffen sind. Dieses gilt für den gesamten strafrechtlichen Bereich, also für Geldstrafen, Freiheitsstrafen und auch für die Durchsetzung Ihrer eigenen Schadensersatzansprüche, wenn Sie einen Körperschaden erlitten haben. Achten Sie darauf, dass Ihre Familienmitglieder in dieser Rechtsschutzversicherung mitversichert sind. Wir können Sie, um dieses unheilvolle Kapitel zu beschließen, nicht eindringlich genug bitten, alle diese Dinge nicht auf die leichte Schulter zu nehmen.

Schließen Sie nach einem Unfall sofort das **Gasflaschenventil**. Weitere Tipps gebe ich Ihnen oben unter dem Stichwort *Notfälle* und zur **Schlauchbruchsicherung** an der Gasflasche unter *Gas*.

Verkehr / Straßen / Umweltzonen / Tankstellen

Die **Straßen** sind in einem relativ guten Zustand, sie sind in den Flusstälern häufig schmal und kurvig, aber auch für breite Wohnmobile passierbar, soweit bei den Touren nicht vor schmalen Straßen gewarnt wird. Die **Autobahn** ist überwiegend kostenpflichtig (Näheres siehe bei der Anreise am Anfang dieses Buches).

Bisweilen sind in Ortschaften Strecken für Fahrzeuge mit einem Gesamtgewicht von mehr als 3,5 t gesperrt. Das hat meistens nichts mit der Straßenbreite zu tun, sondern soll Lkw fernhalten. Schwere WOMO ziviler Größen sind davon betroffen, obwohl die Durchfahrt physikalisch möglich ist. Wir haben solche Verbotsschilder sogar schon an Campingplatzzufahrten entdeckt. Kein einziger Leser hat uns im Verlauf von 30 Jahren berichtet, sein zu schweres WOMO sei irgendwo beanstandet worden (das ist aber kein juristischer Freibrief, für den wir den Kopf hinhalten).

Die **Höchstgeschwindigkeiten**: **innerorts** 50 km/h; auf Straßen **außerorts** ohne bauliche Trennung der Gegenspuren (insbesondere durch Mittelleitplanken – ein weißer Strich reicht nicht) gilt ab 2018 ein **Tempolimit von 80 km/h**, es sei denn, ein Verkehrsschild erlaubt mehr, häufig 90 km/h. Bei zwei in jeder Richtung und baulich durch Mittelstreifen getrennten Fahrbahnen gilt ein Limit von 110 km/h (bei Nässe 100 km/h); auf **Autobahnen** gelten 130 km/h (bei Nässe 110 km/h). Ist Ihr Führerschein jünger als ein Jahr, dürfen Sie höchstens 90 km/h fahren. Überwachungsanlagen (Blitzer) sind häufig, und Bußgelder sind höher als in Deutschland. Ich kenne kaum einen regelmäßigen Frankreichfahrer, der nicht immer wieder von Frankreich aus in Deutschland zur Kasse gebeten wird. Offenbar durchschaut man als Ausländer nicht so leicht, wo die Blitzer aufgestellt werden.

Folgende weitere französische **Verkehrsregeln** sind ungewohnt:

- Gelbe Randsteine oder Linien bedeuten Halte- (bei durchgezogener Farbe) oder Parkverbot (bei unterbrochenem gelbem Strich).
- In der *Zone Bleue* oder im Bereich blauer Linien am Randstein darf man nur mit Parkscheibe parken.
- Vorfahrtsstraßen enden an den Ortsschildern.
- Häufiger als bei uns gilt *Rechts vor Links*.
- Ein gelber blinkender Pfeil erlaubt bei Ampeln das Abbiegen in Pfeilrichtung – der Querverkehr hat aber trotzdem Vorfahrt!!
- Ein Rotlicht in Kreuzform auf der gegenüberliegenden Straßenseite bedeutet, dass der entgegenkommende Verkehr *Rot* hat.
- **Warndreiecke** dürfen auf Autobahnen nicht verwendet werden.
- Fahrzeuge **über 7 Meter Länge** dürfen in Kreisverkehren nicht die innere Fahrspur verwenden, und auf mehrspurigen Straßen sind nur die beiden rechten Fahrspuren erlaubt, auf Autobahnen also nicht die dritte Fahrspur am Grünstreifen.
- Ab dem 1.11.2021 gilt in der Provence **Winterreifenpflicht** bis zum 31.3. unabhängig davon, ob der Straßenzustand das erfordert. Nach meinen bisherigen Recherchen gilt das auch außerhalb bergiger Gebiete. Ob davon einzelne Gemeinden ausgenommen oder die Pflicht nur auf einzelne Gemeinden begrenzt werden können, war bislang nicht verlässlich zu recherchieren. Ich vermute, dass alle Gemeinden betroffen sind. Ich gehe weiter davon aus, dass vorläufig die Pflicht nur dadurch umgangen werden kann, dass man für die beiden Antriebsräder Schneeketten im Gepäckraum bereithält. Die Regelung ist besonders unangenehm, wenn Sie

in den Osterferien verreisen und Ostern früh liegt.

- In Frankreich darf man hinter dem Steuer (also auch an der Ampel) weder **essen, noch trinken**, noch **telefonieren**, noch ein **Headset** tragen – und man darf sich nicht **schminken**!
- In Frankreich gilt **Warnwestenpflicht** für **alle Insassen**.
- Regeln für **Radfahrer** siehe bei Radfahren.

Für Wohnmobile mit einem zulässigen Gesamtgewicht **über 3,5 Tonnen** gelten Sonderregelungen:

- Auf baulich getrennten vierspurigen Straßen (siehe oben) gilt ein **Tempolimit** von 100 km/h, auf Autobahnen von 110 km/h.
- **Innerorts** gilt eine Geschwindigkeitsbegrenzung von 50 km/h, auch wenn 70 km/h erlaubt sind.
- Rot umrandete **Verbotsschilder mit einem Lkw** gelten nicht, weil diese nur den Güterverkehr betreffen, während Wohnmobile dem Personenverkehr dienen (es gelten aber die Schilder mit reinen Gewichtsangaben).
- Sie benötigen **zwei** Warndreiecke.
- Sie benötigen drei (magnetische oder klebende) Warntafeln, die Radfahrer und Fußgänger vor den **toten Winkeln** *(Angles morts)* warnen sollen; davon eine rechts am Heck (Höhe zwischen 90 cm und 150 cm) und je eine auf den beiden Seiten im Bereich der Türen (Höhe wie am Heck, 100 cm von der Vorderfront entfernt).
- Die Bezeichnung *Sauf Desserte* betrifft eine Ausnahme für den Anlieferverkehr und nicht für Anlieger *(Riverains)*. Streng genommen dürfen Sie dort nicht fahren.

Blaue Richtungsschilder schicken Sie zu Autobahnen, **grüne** zu Fernstraßen. Die Pflicht zum Mitführen von Alkoholtestgeräten ist wieder abgeschafft, möglicherweise aber nur vorübergehend. Eine generelle **Lichtpflicht** gibt es tagsüber **nicht**. Eine **grüne Versicherungskarte** ist für Frankreich nicht erforderlich, sie wird aber allgemein empfohlen.

Achten Sie in Wohngebieten auf die zahlreichen, bisweilen überraschend hohen **Fahrbahnschwellen**, mit denen Raser ausgebremst werden, die aber in ungünstigen Fällen die Unterseite Ihres Fahrzeuges beschädigen.

Ab und zu wird man durch einen gelben Wegweiser mit der Aufschrift *Déviation* **umgeleitet**, der Sie seltener betrifft, als es zunächst den Anschein hat. Oft gibt es nämlich noch einen Zusatz: ***P.L.***, der bedeute ***P****oid* ***L****ourde* und damit den Schwerverkehr, dessen zulässiges Gesamtgewicht meistens zusätzlich erwähnt wird (*V.L.* gilt für Leichtverkehr).

In Frankreich gibt es feste und **wetterabhängige Umweltzonen**. Letztere *(Zones de protection de l'air / ZPA)* umfassen einzelne Zonen, meistens Städte, oder ganze Départements (dann heißen sie *ZPAd*) und können je nach Luftverschmutzung kurzfristig in Kraft gesetzt werden oder treten automatisch in Kraft. Dies bedeutet, dass unter Umständen zuvor einfahrberechtigte Vignettenkategorien plötzlich (innerhalb 24 Stunden) nicht mehr einfahren dürfen. Ein großer Teil unseres Reisegebietes (Montpellier / Hérault) liegt in einer solchen Zone.

Eine Feste Umweltzone gibt es bei Drucklegung in **Montpellier** *(zones à faibles émisions / ZFE)*. Dort und in einigen Nachbargemeinden sind für Wohnmobile mindestens Plaketten *Crit'Air 4* oder niedriger erforderlich. Einzelheiten zu den betroffenen Gebieten siehe unter www.green-zones.eu/de/umweltzonen/frankreich/herault/montpellier.

Die **Fahrzeuge** werden in sechs Kategorien eingestuft, für die man unter www.certificat-air.gouv.fr/ mit deutschsprachiger Bedienführung sogenannte ***Crit'Air*-Plaketten** bestellen kann. Wohnmobile unter 3,5 Tonnen gelten als Pkw, andere als Lkw. Keine Plaketten sind für Pkw erhältlich, die vor dem 31.12.1996 zugelassen wurden (Lkw vor dem 30.9.2001). Einzelheiten erfahren Sie unter der genannten Internetadresse im Menüpunkt *Allgemeine Informationen*.

Eine **wetterabhängige ZPA-Zone** gibt es zusätzlich für den Großraum um Montpellier (Karte siehe unter www.eu-umweltplakette.de/die-umweltzone-von-marseille/). Angeblich erfolgen Aktivierungen immer häufiger, wenngleich wir sie noch nicht erlebt haben. Keine Beschränkungen gelten für die Autobahnen sowie einige Fernstraßen (siehe www.green-zones.eu/de/umweltzonen/frankreich/marseille).

Mit der kostenlosen **App *Green-Zones*** überblicken Sie alles – europaweit. Damit können Sie auch (deutlich überteuert) eine Plakette bestellen.

Ich habe unter www.certificat-air.gouv.fr/de/demande-ext/cgu für die Plakette 4,21 € bezahlt und sie nach 10 Tagen per Post bekommen.

Das **Tankstellennetz** ist stark ausgedünnt, weil der Sprit bei Supermärkten wesentlich preisgünstiger ist. Dieselkraftstoff *(Gazole)* kostet dort mehr als in Deutschland. Meiden Sie möglichst die Autobahntankstellen, denn dort ist Diesel etwa 10 Cent teurer als an normalen Tankstellen und bis zu 20 Cent teurer als an den Zapfsäulen bei Supermärkten. Nur ein Teil meiner Versuche, mit der sogenannten EC-Karte an Automaten (an Supermärkten kann man fast nur mit Karte bezahlen) den Tank zu füllen, hat – mit PIN – funktioniert, manchmal erst beim zweiten Versuch. Selbst nicht jede VISA-Karte lässt den Zapfhahn sprudeln (bisweilen funktioniert nicht die Karte, bei der man durch Unterschrift bezahlen kann, zuletzt wurde meistens sogar ohne PIN getankt, bei *Carefour* hat bei Lesern nichts funktioniert). Fahren Sie nicht ›*mit dem letzten Tropfen*‹, weil Sie nie sicher sein können, Sprit zu bekommen. *AdBlue* aus dem Zapfhahn gibt es nicht bei jeder Autobahntankstelle (bei Lkw nachsehen) und nur selten an anderen Tankstellen. Eine funktionierende App zum Finden von *AdBlue à la pompe* kenne ich nicht.

Personaleinsparungen an den **Mautstellen** und die Umrüstung auf Automaten haben aber die Geldabgabe erschwert. Zahlen Sie dort möglichst mit der Kredit-Karte (ohne PIN), die zur Grundausstattung gehört, wenn Sie mit uns nach Frankreich reisen. Die sogenannte EC-Karte funktioniert nicht. Schieben Sie erst das Autobahnticket in den **blinkenden Schlitz** (!) und danach die Kreditkarte bisweilen in einen anderen **blinkenden Schlitz**, der, was selbst Franzosen verwirrt, in seltenen Fällen nicht neben dem ersten aufleuchtet. Wenn Sie die Karte in eine nicht beleuchtete Öffnung drücken, kann sie stecken bleiben, und die Autos hinter Ihnen hupen, bis Ihnen das Bedienpersonal hilft. Bei manchen Automaten blinkt nichts, dort hatten wir nie Probleme. Geldscheine funktionieren ähnlich, möglicherweise nicht 50-Euro-Scheine oder größeres Geld! Menschlichen Kassierer sind selten. An den großen Mautstellen auf der Strecke *(Gare de péage)* können Sie wählen: Wo ein Kreditkartensymbol über der Fahrspur aufleuchtet, dürfen Sie nicht mit Geldscheinen bezahlen. Auch menschlichen Kassierern überlassen Sie möglichst Ihre Kreditkarte (ebenfalls ohne PIN), was den Zahlvorgang erheblich beschleunigt. An den automatischen Zahlstellen können fehlerhafte elektronische Höhenmessungen bei Wohnmobilen mit Dachgepäck zu Einstufungen in eine zu hohe Kategorie (3 statt 2) führen. Es wird dringend geraten, die

Kategorie sofort zu überprüfen und gegebenenfalls per Knopfdruck über die Gegensprechanlage Mautpersonal zur Klärung anzufordern.

Das kleingeschriebene orange ***t*** über der Bezahlspur ermöglicht den Zahlvorgang, für den ein Zusatzgerät erforderlich ist.

Endlich habe ich mich zu ***telepéage***, zur **automatischen Mautabrechnung** mit einem elektronischen Erfassungsgerät entschlossen. Das funktioniert tadellos und vereinfacht die Reise viel mehr, als ich dachte. Ich verwende den Transponder des **französischen Anbieters *bip&go***. Der gilt nämlich für Italien, Frankreich, Spanien und Portugal für Fahrzeuge bis 3,5 t und 3 Meter Höhe (weshalb eine falsche Kategorie ausgeschlossen sein dürfte). Für WOMOS über 3,5 t wird die Auswahl des Anbieters schwieriger (und die falsche Angabe der Gewichtsklasse wäre nach deutschem Recht ein strafbarer Betrug). Auch hier dient der ADAC mit einer Übersicht unter www.adac.de/reise-freizeit/maut-vignette/frankreich/. In seltenen Fällen gibt es keine Bezahlspur mit dem orange ***t*** oder sie ist mit einer Höhenbeschränkung auf 2 Meter ausgestattet. Dann können Sie auch über die normale Bezahlspur ausfahren. Die Kamera erkennt jedoch ihren Transponder erst sehr spät, wenn Sie kurz vor der Schranke angekommen sind (passiert auch sonst häufig). Es gibt nie einen Grund, rückwärts zu fahren, bei uns ging jede Schranke auf

Frankreich führt nach und nach eine elektronische Maut mittels Kennzeichenerfassung ein, jedoch bislang nicht in unserem Zielgebiet.

Wird Ihnen auf Anzeigetafeln an der Autobahn ein ***Bouchon*** signalisiert, müssen Sie mit einem *Stau* rechnen.

Wanderungen

Wenn Sie auf Ihren Reisen durch das Zielgebiet wandern, werden Sie auf jeden Fall ungeahnte Möglichkeiten vorfinden, nachdem inzwischen auch für die erforderlichen Hilfsmittel gesorgt ist: Es gibt erstaunlich viele markierte Wege. Trotzdem brauchen Sie **Wanderkarten**. Unter den analogen Möglichkeiten sind die ***Blauen Karten** des **IGN*** im Maßstab von 1: 25.000 (1 cm = 250 m) alternativlos. Sie sind so genau, dass nahezu jeder Trampelpfad und alle in der Natur mehr oder weniger gut markierten Wanderwege eingezeichnet sind. Die Karten kosten je nach Bezugsquelle rund 15 Euro und haben den Nachteil, dass man bei manchen Wanderungen gleich zwei von ihnen braucht. Sie können die Karten in Frankreich überall im Buchhandel, teilweise auch in Tabak- oder Andenkenläden kaufen. In Deutschland können Sie alle Karten, wenn Sie es wünschen, nach kompetenter Beratung, beim Reisebuchladen Heidelberg/Karlsruhe bestellen (www.reisebuchladen-heidelberg.de). Das habe ich getestet, und überhaupt ist diese Adresse eine erste Adresse für Reiseliteratur.

IGN bietet die Wanderkarten auch in **elektronischer Fassung** als **App**. Leider gab es insoweit über Jahre viele Veränderungen, weshalb meine Ausführungen in anderen Büchern teilweise nicht mehr richtig sind. Sie brauchen eine Version, die zur Verwendung offline eine Kartenspeicherung zulässt. Das funktioniert nach meinen letzten Recherchen nur mit der **App *IGNrando*** für 16,99 € pro Jahr (mit kurzer Probezeit). Für Apple geht das auf dem normalen Weg über den App Store. Für Android muss man vermutlich unter https://ignrando.fr/fr/boutique/appli-randonnee-ignrando im Menü *APPLI IGNRANDO* das Programm ***CARTES IGN LIBERTÉ*** kaufen (ebenfalls 16,99 € für ein Jahr).

Die elektronische IGN-Gesamtkarte können Sie sich unter https://ignrando.fr/fr/ auch am Computer betrachten. Sie müssen auf Vollbild klicken, in der rechten unteren Ecke die kleine grüne Karte *TOP 25 IGN* oder *CARTES IGN*

MULTIECHELLES auswählen, und Sie erkennen bei entsprechender Vergrößerung sämtliche markierten Wanderwege. Die elektronische Karte können Sie sich unter www.geoportail.gouv.fr auch am Computer betrachten. Den Umgang mit der IGN-App müssen Sie üben, vor allem das Herunterladen eines Kartenausschnitts, um diesen offline verwenden zu können. Seit Jahren raufe ich mir die Haare, weil ich mit ständigen Veränderungen zu kämpfen habe. Es könnte sich mal ein Leser mit guten Französischkenntnissen und noch besserem Verständnis für den Umgang mit dieser Technologie bei mir melden, um mit mir eine Vereinbarung über die Erstellung einer kleinen Gebrauchsanweisung für die IGN-App zu treffen.

Ich habe inzwischen auch ein paar Wanderungen mit der App von ***Outdooractive*** getestet. Das funktioniert nach meinen Erfahrungen längst nicht so übersichtlich gut wie die Orientierung mit der IGN-App. Sie brauchen *Outdooraktive Pro*, weil nur damit eine Offline-Navigation möglich ist, die Sie wiederum benötigen, weil Sie im Gelände keine Internetverbindung haben. *Outdooractive Pro* kostet immerhin 29,99 € / Jahr, und das Programm funktioniert keineswegs so selbsterklärend, dass Sie ohne Übung losmarschieren können. Der große Vorteil der IGN-App ist demgegenüber, dass Sie sofort merken, ob Sie auf einer markierten Strecke wandern oder nicht.

Im Großen und Ganzen sind die Strecken gut markiert, aber teilweise nicht ganz vollständig, weshalb wir bei fast jeder ausgedehnten Tour wenigstens einmal genauer nach dem Weg suchen mussten, ihn aber mithilfe der Karte (oder App) stets gefunden haben. Die Orientierung wird zum Kinderspiel, wenn man auf einem Fernwanderweg, einer *GR (Grande Randonnée)* marschiert, die immer gründlich rot-weiß bepinselt ist (und an Gabelungen meist mit gekreuzten Strichen vor dem Weg in die falsche Richtung warnt – gekreuzte Markierungen warnen ausnahmslos vor dem falschen Weg). Auf den anderen, weniger bekannten Wegen ist die Markierung meist gelb, nicht so pedantisch, bisweilen nachlässig, ohne Karte verfranzt man sich hier leichter.

Ohne Wanderschuhe sollten Sie nicht starten, denn der Untergrund ist sehr oft steinig und geröllartig. Noch im April empfehle ich Ihnen wegen des starken Windes eine Wollmütze und, lachen Sie nicht, Handschuhe.

Bei der diesbezüglichen Literatur ist der **Rother-Wanderführer** die Bibel. Er ist im Zielgebiet dreibändig: *Languedoc-Roussillon* von **Daniel Anker** und **Jacques Maubé**, *Cevennen* von **Bettina Forst** und *Provence* von **Thomas Rettstatt** mit dem Unterlauf der Ardèche und benachbarten Gebieten. Sie werden viel unterwegs sein, bis Sie die dortigen Wandervorschläge abgearbeitet haben. Wer mit seinem Smartphone umgehen kann, kauft die Rother-Wanderführer als ***Guides Touren Apps*** für 9,99 Euro pro *Guide* (Buch) für Android oder IOS. Dann bekommen Sie neben der Beschreibung die Wanderkarte aufs Gerät und können offline (!) stets nachverfolgen, ob Sie noch auf dem richtigen Weg sind, bzw. diesen mit der App suchen. Das Buch über die Cevennen gibt es bislang nur gedruckt. Eine gute Alternative ist das **Gold-Abo** von **Rother**, bei dem Sie für 29,99 € pro Jahr alle elektronischen Produkte des **Verlages Rother** laden können, darunter sämtliche verfügbaren *Guides*, und mit dem Sie gute Karten mit den meisten markierten Wanderwegen zusätzlich erhalten.

Eltern mit Kindern empfehle ich das Buch von **Regina Stockmann** und **Stefanie Holtkamp**, *Ardèche und Cevennen mit Kindern*, in dem 50 Wander- und Entdeckertouren zwischen Ardèche, Chassezac, Lot, Tarn und Gardon beschrieben und bebildert sind.

Nachfolgend fasse ich die in diesem WOMO-Führer abgewanderten 22 Strecken zur besseren Übersicht noch einmal zusammen:

Um den Étang du Doul (Tour 3)
Zum Cap Leucate und nach La Franqui (Tour 3)
Von Collioure zum Fort St Elme und zur Einsiedelei Notre-Dame-de-Consolation (Tour 4)
Von Port-Vendres zum Cap Béar und in die Bucht von Paulilles (Tour 4)
Rundwanderung bei Banyuls-sur-Mer (Tour 4)
Zum Château d'Aquilar (Tour 6)
Von Duilhac zum Château de Peyrepertuse (Tour 6)
Bei Rennes-le-Château (Tour 6)
Rundweg um Lagrasse (Tour 7)
Von Minerve durch die Gorges de la Cesse (Tour 7)
In die Gorges d'Héric (Tour 7)
Spaziergang zu den Schleusen von Fonsérannes (Tour 7)
Durch den Cirque de Mourèze auf die Montagne de Liausson (Tour 8)
Von St Guilhem-le-Désert durch den Cirque de l'Infernet (Tour 8)
Von Navacelles zu den Moulins de la Foux (Tour 9)
Im Gelände der Cité des Pierres à Montpellier-le-Vieux (Tour 9)
Von Le Rozier zum Rocher de Capluc (Tour 11)
Von La Malène zum Roc des Hourtous (Tour 11)
Von St Bonnet zum Pont du Gard (Tour 13)
Durch die Gorges du Gardon (Tour 13)
Zur Abbaye de Saint-Roman (Tour 13)
In die Concluses (Tour 13)

Wein

Das Wichtigste vorab: In Frankreich gilt die **0,5-Promille-Grenze**, und Alkoholkontrollen nehmen zu.

Die Region Languedoc-Roussillon ist das größte Weinanbaugebiet der Welt. Masse ist aber nicht gleich Klasse, auch wenn hier 40 Prozent aller französischen Weine erzeugt werden. Viele Produkte sind einfache Tafelweine, nur 35 Prozent von ihnen gehen als Qualitätswein durch, der *Appellation d'origine protégée – AOP (früher AOC)*. Nur diese Qualitätsstufe ist interessant.

Das südlichste französische Anbaugebiet **Collioure** und **Banyuls** hat vor Jahren die Anbaufläche deutlich vergrößert. Die Preise sind relativ hoch, weil die Ernte wegen der niedrigen Rebstöcke mühsam ist. Ein guter Erzeuger ist ***Abbé Rous*** aus Banyuls, der allerdings Amateure nicht im Weingut versorgt (aber online). In Collioure gibt es am zentralen Platz eine Verkaufsstelle. Gut sind *Cornet & Cie* 12–16 Euro in rot, rosé, weiß oder süß, letzterer aus der Lage *Banyuls* mit dem Zusatz *Muté sur grains, mise tardive* für 23 Euro. Preiswerter ist das Weingut ***Domaine Reno*** mit einer Verkaufsstelle an der Straße nördlich von Collioure nahe den Campingplätzen (Tour 4). Dessen süßer Banyuls muss sich nicht verstecken. Der Traditionalist kauft in Banyuls selbst. Die meisten Winzer des Ortes sind in einer Winzergenossenschaft zusammengeschlossen, der ***Cellier des Templiers***, an der Straße nach Mas-Reig, westlich des Ortes *(auf der Michelin-Karte eingezeichnet und im Ort beschildert; zu besichtigen im Winter täglich von 9–13 und 14:30–18:30 Uhr, 1.4. - 31.10. von 10–19:30 Uhr)*. Etwas weiter oben Richtung Mas-Reig kann man in der *Grande Cave* einen 20-minütigen Film zur Geschichte des Weins betrachten *(Juli/August täglich)*. In Mas-Reig selbst, dem Ort, in dem einst die Burg der Tempelritter stand, sind im Hause *Reig* die Krönungen, die *Banyuls Grands Crus*, zu verkosten und zu kaufen. Günstigere Preise erwarten Sie in der ***Domaine de la Rectoire*** in der Avenue du Puig del Mas (auf dem Weg zum gleichnamigen Ortsteil).

Im Languedoc empfehle ich **Château *La Négly***. Der Weißwein *La Falaise Blanc* ist hervorragend (22 €), der ordinäre Rote liegt deutlich über dem Durchschnitt. Auch der Rotwein *La Falaise* kostet richtig Geld (23 €) und ist richtig gut. Ich fahre wegen des *vin blanc* gerne zum Château bei Fleury *(es gibt auch preiswertere Flaschen ab 7 €; siehe Tour 3, das Weingut ist dort auf der Karte eingezeichnet)*.

Die meisten Leser erwarten an dieser Stelle Spitzenweine zu Niedrigstpreisen: Rotwein zum Niederknien und unter 10 Euro. Wenn es das gäbe, hätte auch ich das Achtmetermobil mit der großen Heckgarage und würde das karge Autorenleben mit dem eines Importeurs tauschen. Leider reichen für meinen Lieblingswein ein kleiner Kofferraum, der Bettkasten einer kurzen Seitenbank oder das Fach ganz unten im Küchenschrank. Denn den roten Spitzenwein *Prieuré de St Jean de Bébian* kann man sich nur dosiert leisten: 38 Euro werden im Weingut aufgerufen. Für die Flasche! Die kleine Schwester heißt *La Chapelle* (16 Euro) und lohnt ebenfalls den Umweg in die Route de Nizas nach **St Jean de Bébian** zum gleichnamigen Weingut *(auf der Michelinkarte nördlich von Pézenas eingezeichnet – siehe auch unsere Karte vor Tour 8; N 43°29'00" E 3°24'45", mit Spitzenrestaurant)*.

Hervorragend ist auch der Weißwein *Duché d'Uzès* aus der ***Domaine Chabrier et fils*** *(Vignoble Chabrier)* in **Bourdic** *(Verkostung und Kauf an Werktagen von 9–12 und 14–18 Uhr)*. Das Dorf liegt westlich von Uzès (siehe Karte Tour 13).

Siehe auch bei der ***Domaine Saint Firmin*** in Uzès, Tour 13.

Zuletzt doch noch ein Rotweinschnäppchen, von dem mir Leser berichtet haben: In **Fitou** (Tour 3) verkauft das ***Château Abelanet*** neben einem Spitzenwein die *Cuvée Tradition* für gut 10 Euro *(Av. de la Mairie – mitten im Ort; täglich 9–12 und 14–19 Uhr)*.

Wenn es Ihnen Spaß macht, fahren Sie zum Erzeuger, verkosten Sie ein paar Qualitäten und packen Sie auch was ein. Gelegenheit haben Sie dafür genug. Unzählige Erzeuger werben für ihre *Caves* (Keller). Aber eines dürfen Sie nicht, sich weinmäßig im südfranzösischen Supermarkt eindecken (wobei ich dort schon die *Prieuré de St Jean de Bébian* gekauft habe).

Damit kehren wir am Ende dieses Buches wieder zu dessen Hauptanliegen zurück. Ich wollte Sie informieren, gelegentlich auch warnen. In erster Linie aber wollte ich Ihnen helfen, Ihren Urlaub ohne sinnlose Vielfahrerei zu planen. Falls dieses Anliegen auch nur im Ansatz angekommen ist, werden Sie Ihr Fläschchen ohnehin erst entkorken, wenn Sie entspannt vor Ihrem Fahrzeug sitzen und mit sich und der Wahl Ihres Urlaubszieles im Reinen sind.

Stichwortverzeichnis

Bildnachweis

Autorenfoto, S, 109: © Regine Staudt; Titelbild: ecstk22-stock.adobe.com; S. 27 ©Cyril Redor-stock.adobe.com; S. 40 ©Cyril PAPOT stock.adobe.com; S. 57 oben: ©wikimedia commons/Christelle Molinié/Musée Cap d'Agde-Ephèbe (2).jpg; S. 76: ©Richard Semik-stock.adobe.com; S. 91: ©ODIN Daniel-stock.adobe.com; S. 124: ©Gilles Paire stock.adobe.com; S. 129 unten, 147 unten, 179, 207: ©Reinhard Korn; S. 140 unten: Santi Rodríguez-stock.adobe.com; S. 141: ©QUARK22 /Shutterstock.com; S. 145 unten, 177, 193, 197, 263: ©Alexander Ramin; S. 156: © JONATHAN-stock.adobe.com; S.158 unten: ©wikimedia commons/Devisme alain/Alet les Bains 02.jpg; S. 184: © istock.com/RKing2710: S. 205: ©Pictures news-stock.adobe.com; S. 240: © istock.com/stanth; S. 241: © AdobeStock/Photo Passion; S. 248 unten ©Frank Staub; S. 259: © istock.com/RuissieseO; S. 261: ©wikimedia commons/Krzysztof Golik /Castle Peyrelade.jpg; S. 266 unten: Alain Vermeulen-stock.adobe.com; S. 288: ©Stefanie Holtkamp; S. 289 oben: ©wikimedia commons/Okki /Train vapeur des Cevennes 20110917 02.jpg; S. 291 oben: ©Paul Atkinson /Shutterstock.com; S.291 unten:©istock.com/Gilles_Paire; S. 335 wikimedia commons/Panneau des chevaux-detail©Patrick Aventurier-grotte chauvet 2 ardèche.jpg.

Bei den vorstehenden Fotos wurde der Bildinhalt nicht verändert;
alle anderen Fotos: ©Ralf Gréus

Der WOMO® Online-Service

Nutzen Sie auch das Angebot unseres Online-Shops!
Unter **www.womo.de** finden Sie nicht nur sämtliche Reiseführer, sondern weitere wertvolle Anregungen und Zusatzinformationen – von der Gesamtübersicht aller Touren eines WOMO-Reiseführers bis zu weiterführendem Material. Dazu gehören:

- die **besten Autokarten**, die garantiert die komplette Reiseroute abdecken
- und die **passenden Rother-Wanderführer** mit den schönsten Wanderregionen Ihres Reiselandes.

Einfach sicher unterwegs.

Sichern Sie Ihr Wohnmobil ab: mit unserer **exklusiven**, universellen und **sofort sichtbaren** Einbruchssperre. Sie wird **ganz einfach** in die beiden Tür-Armlehnen eingehängt, zusammengeschoben und abgeschlossen.

Der WOMO® Knackerschreck

- Passend für Ducato, Peugeot, Renault Master, MB Sprinter bis 2018 und VW (alle Typen)
- Krallen aus **10 mm massivem**, einbrennlackiertem, also nahezu unverwüstlichem Stahl

und nur bei **www.womo.de**

Alle WOMO® Reiseführer auf einen Blick

Albanien, Ulrike und Frank Staub
Allgäu, Heiner Newe
Andalusien, Christina und Christian Winkler
Baden-Württemberg, Heiner Newe
Baltikum, Stefanie Holtkamp und Andrea Bergmann Neu 2024
Bayern Der Nordosten, Heiner Newe
Bayern Der Südosten, Christina und Christian Winkler
Bayern Der Nordwesten, Heiner Newe
Belgien/Luxemburg, Ulrike und Frank Staub
Bretagne, Anette Scharla-Dey und Franz Peter Tschauner
Burgund, Ralf Gréus Neu 2024
Dänemark, Anke Globi
Elsass, Ralf Gréus
England Der Süden, Christina und Christian Winkler Neu 2024
England Der Norden, Christina und Christian Winkler
Finnland, Uwe und Annegret Rohland
Französische Alpen, Heiner Newe
Französischer Jura, Heiner Newe
Griechenland, Waltraud Roth-Schulz und Reinhard Schulz
Harz, Heiner Newe
Hessen Der Norden, Anette Scharla-Dey und Franz Peter Tschauner
Hessen Mitte und Süden, Anette Scharla-Dey und Franz Peter Tschauner
Hunsrück/Mosel/Eifel, Anette Scharla-Dey und Franz Peter Tschauner
Irland, Uwe und Annegret Rohland
Island, Jutta und Alexander Ramin
Katalonien, Ulrike und Frank Staub Neu 2024
Korsika, Stefanie Holtkamp und Andrea Bergmann Neu 2024
Kroatien und Montenegro, Anne und Michael Lindner Neu 2024
Languedoc-Roussillon, Ralf Gréus Neu 2024
Ligurien, Ralf Gréus
Lothringen, Friedrich Riehl
Lüneburger Heide, Heiner Newe
Marokko, Ulrike und Frank Staub
Mecklenburg-Vorpommern Teil 1, Stefanie Holtkamp und Andrea Bergmann
Mecklenburg-Vorpommern Teil 2, Stefanie Holtkamp und Andrea Bergmann
Münsterland, Regina Stockmann
Namibia, Ute Nast-Linke und Frank Linke
Neuseeland Nordinsel, Andrea Lossen und Dieter Giesen
Neuseeland Südinsel, Andrea Lossen und Dieter Giesen Neu 2024
Niederlande, Friedrich Riehl
Normandie, Anette Scharla-Dey und Franz Peter Tschauner Neu 2024
Norwegen Der Süden, Waltraud Roth-Schulz und Reinhard Schulz
Norwegen Der Norden, Waltraud Roth-Schulz und Reinhard Schulz
Österreich Der Osten, Christina und Christian Winkler
Österreich Der Westen, Christina und Christian Winkler
Ostfriesland, Heiner Newe

Weitere Infos unter **www.womo.de**

Pfalz, Ralf Gréus
Piemont und Aostatal, Ralf Gréus
Peloponnes, Waltraud Roth-Schulz und Reinhard Schulz
Polen Der Norden, Nicola Kluftinger
Portugal Der Norden, Stephanie Seufert
Portugal Der Süden, Stephanie Seufert
Provence Der Westen, Ralf Gréus
Provence Der Osten, Ralf Gréus
Pyrenäen, Stefanie Holtkamp und Andrea Bergmann
Rumänien, Christina und Christian Winkler
Sachsen, Anette Scharla-Dey und Franz Peter Tschauner
Sardinien, Waltraud Roth-Schulz und Reinhard Schulz
Schleswig-Holstein und Hamburg, Heiner Newe
Schottland, Anke Globi
Schwarzwald, Ralf Gréus
Schweden Der Norden, Uwe und Annegret Rohland
Schweden Der Süden, Anke Globi
Schweiz Der Osten, Stefanie Holtkamp und Andrea Bergmann
Schweiz Der Westen, Stefanie Holtkamp und Andrea Bergmann
Sizilien, Christina und Christian Winkler
Slowakei, Ulrike und Frank Staub
Slowenien, Silvia Sussmann und Peter Simm
Spanien Der Norden, Waltraud Roth-Schulz und Reinhard Schulz
Süditalien Der Osten, Waltraud Roth-Schulz und Reinhard Schulz
Süditalien Der Westen, Waltraud Roth-Schulz und Reinhard Schulz
Südafrika Krügernationalpark, Ute Nast-Linke und Frank Linke
Südwestfrankreich, Stefanie Holtkamp und Andrea Bergmann
Südtirol, Waltraud Roth-Schulz und Reinhard Schulz
Tal der Loire und Paris, Anette Scharla-Dey und Franz Peter Tschauner
Thüringen, Katja Eisenschmidt
Toskana und Elba, Ralf Gréus
Trentino und Gardasee, Angela Misslbeck
Umbrien und Marken, Ralf Gréus
Ungarn, Silvia Sussmann und Peter Simm
USA Südwesten mit Yellowstone, Regina Stockmann
Venetien und Friaul, Christina und Christian Winkler
Wales, Christina und Christian Winkler
Zentralspanien Der Osten, Ulrike und Frank Staub
Zentralspanien Der Westen, Ulrike und Frank Staub

Außerdem im Programm:
Die gordische Lüge – Reiseroman, Ralf Gréus
Allgemeines Wohnmobil Handbuch, Reinhard Schulz
Allgemeines Wohnmobil Kochbuch, Waltraud Roth-Schulz
Heitere Wohnmobil Geschichten, Silvia Sussmann und Peter Simm

Ihr WOMO® Stellplatz-Dienst

Wir führen Sie zu den **schönsten Orten**, die unsere erfahrenen Autoren **selbst besucht und getestet** haben. Die GPS-Daten ihrer Stell- und Campingplatz-Empfehlungen finden Sie im Online-Shop unter **www.womo.de**

Mehr erfahren. Mehr erleben.

womo.de ist der **Spezialist** für Ihren entspannten **Erlebnisurlaub auf vier Rädern**. Profitieren Sie für Ihre Reisevorbereitung und -planung von unserer **jahrzehntelangen Erfahrung**. Seit 2022 arbeiten wir daran, Bewährtes noch besser zu machen: Dazu gehört die **moderne Optik** unserer neu gestalteten und **neu aufgelegten** Reiseführer.

Selbstverständlich werden unsere WOMO-Reiseführer permanent auf einen **aktuellen inhaltlichen Stand** gebracht. Jeder einzelne bietet eine Fülle an Ideen, Inspiration und Information **für Ihren Erlebnisurlaub**.

Wenn Sie persönliche Anregungen oder **konkrete Fragen zu Ihrer Reiseplanung haben**, dann schreiben Sie uns gern unter: **verlag@womo.de**

Den kostenlosen Download-Link für die **GPS-Daten** zu diesem WOMO-Reiseführer finden Sie im Shop unter: **www.womo.de** Ihr Passwort lautet: **La4deg**

WOMO®
Der Wohnmobil-Verlag
An der Liethe 4
36452 Kaltennordheim
Telefon: 036946 20691
www.womo.de